HEYNE<

Das Buch
Harald Wessbecher beweist: Nicht allein Künstler und sogenannte »große Menschen« haben eine persönliche Bestimmung, sondern wir alle. Lebensnah und ohne jeglichen theoretischen Ballast zeigt der bekannte Lebenslehrer, wie jeder Mensch seine ureigenen, wirklichen Ziele erkennen und erreichen kann. Mit zahlreichen, vielfach bewährten Übungen und Meditationen werden unbewusste Potenziale und verborgene Energien aktiviert – um aus fremdbestimmten Lebensmustern auszusteigen und ein glückliches, erfolgreiches Leben im Einklang mit unserer wahren Bestimmung zu führen.

Der Autor
Harald Wessbecher, ursprünglich Architekt, vermittelt seit fast zwei Jahrzehnten in Vorträgen, Seminaren und persönlichen Coachings praktische Methoden, wie wir unser Leben gesund, erfolgreich und mit mehr Lebensqualität leben können. Seine eigenen medialen Fähigkeiten ließen ihn frühzeitig die ungenutzten Möglichkeiten des menschlichen Bewusstseins erforschen mit dem Ziel, jene verborgenen Energien wahrzunehmen, die unser Leben prägen.

HARALD WESSBECHER

Entfalte deine Bestimmung

Lebe so, wie es dir entspricht und gefällt

WILHELM HEYNE VERLAG
MÜNCHEN

FSC
Mix
Produktgruppe aus vorbildlich
bewirtschafteten Wäldern und
anderen kontrollierten Herkünften

Zert.-Nr. SGS-COC-1940
www.fsc.org
© 1996 Forest Stewardship Council

Verlagsgruppe Random House FSC-DEU-0100
Das für dieses Buch verwendete FSC-zertifizierte Papier
München Super liefert Mochenwangen.

Taschenbucherstausgabe 01/2008

Copyright © 2003 by Integral Verlag, München,
in der Verlagsgruppe Random House GmbH
Printed in Germany 2007
Redaktion: Dr. Juliane Molitor, Braunschweig
Umschlaggestaltung: hilden_design, München
unter Verwendung eines Motivs von © Shutterstock
Druck und Bindung: GGP Media GmbH, Pößneck

ISBN 978-3-453-70080-2

http://www.heyne.de

Inhalt

Vorwort 11

1. TEIL
Winter
In der Ruhe gewinnen wir Klarheit
über unsere Lebensabsicht. 15

Einstimmung 17
    Was ist spirituelle Magie? 17
    Die Lebensabsicht 19
    Das Bewusstsein als Gestalter der Wirklichkeit 22
    Klare Ideen und kraftvolle Visionen 26
    Meditation – Freude 28
    Meditation – Menschen als Vorbilder 30
    Meditation – Dankbarkeit, Geborgenheit,
    Schönheit und Liebe 33

Warum wir überkommene Werte
in Frage stellen müssen 36
    Sicherheitsdenken 37
    Das Leistungsprinzip 41
    Verzerrtes Zeitverständnis 44

Das Wesen zeigt sich in der äußeren Form 48

Das bewusste Sein als schöpferische Kraft 50
    Der Urzustand 51
    Lebenskraft 53

Unsere Seele ist eine Dimension	54
Übung: Was langweilt mich in meinem Leben?	58
Der Wechsel von einer Dimension in eine andere	59
Parallele Wirklichkeiten	62
Positive und negative Berührung	71
Übung: Welche Menschen berühren mich?	73
Meditation: Zwei Energiepunkte spüren	83
Vier Schöpfungsideen oder Bewusstseinszustände	89
Bewusstseinszustand Schönheit	90
Bewusstseinszustand Geborgenheit	92
Bewusstseinszustand Dankbarkeit	94
Bewusstseinszustand Liebe	95
Meditation – Gestaltung der Persönlichkeit	101
Übung: Welche Orte,	
Länder und Kulturen berühren mich?	103
Übungen für jeden Tag:	
Suche nach dem Wesen und dem Wesentlichen	104
Meditation – Sehnsucht nach dem Wesen	106

2. TEIL
Frühling
Das Bewusstsein wird zum
Gestalter der Wirklichkeit. ... 109

Rückblick	111
Meditation – Lebenssinn	116
Meditation – Vorbilder	119
Der feste Wille anzukommen	123
Einstimmung	126
Das Dreieck der Psyche	127
Die menschliche Idee	130
Der Instinkt	131

Die Grundpersönlichkeit 133
Der See des Unterbewusstseins 136

Von der Unzufriedenheit zur Depression 141

Wer bin ich? 150

Der Weg des Abenteurers 152

Der Weg des Beobachters 153
   Übung: Welche Wesensaspekte
   fühlen sich aufgehalten? 154
   Meditation – Das Tor zum Wesen öffnen 157
   Meditation – Erforschung des Wesens 160
   Entscheidungsprobleme 162
   Flucht vor der Erkenntnis 163
   Jeder Mensch ist auf der Suche
   nach seinem Wesen 165
   Meditation – Verständnis, Toleranz und Liebe 171
   Woran erkennt man,
   dass ein Mensch sein Wesens-Ich lebt? 175
   Übungen für jeden Tag: Auflösung von
   Verwicklungen und Abhängigkeiten 178
   Meditation – Der Beginn eines neuen Weges 179

3. TEIL
Sommer
Mit Kraft und Motivation
bringen wir unser Leben in Bewegung. 183

Rückblick 185
   Übung für jeden Tag:
   Das Wesen verinnerlichen 194
   Meditation – Schönheit, Geborgenheit,
   Dankbarkeit und Liebe 196
   Meditation – Inspiration 198
   Meditation – Ein Dialog zwischen
   Wesens-Ich und geschichtlichem Ich 201

Die schöpferischen Kräfte unseres Bewusstseins 204

Übung: Die drei Bücher der
Gefühle und Resonanzen 206
    Buch 1: Die Vergangenheit beleuchten 208
    Buch 2: Das Hier und Jetzt beobachten 209
    Buch 3: Angenehme Visionen und
    Phantasien entwickeln 210
    Das Schreibritual 212

Das Kern-Ich 227
    Übung: Geistloses Starren 230
    Meditation – Besinnung auf das Wesentliche 236
    Übung: Ordnen und Klären 238

Die Basis des freien Willens 240
    Übungen für jeden Tag: Das Kern-Ich stärken,
    den freien Willen aufbauen 242
    Meditation – Freiheit und Hingabe
    an das eigene Wesen 243

4. TEIL
Herbst
Wir ernten die Früchte dessen,
was wir in Bewegung gebracht haben. 247

Rückblick 249
    Wahrnehmung und Bewusstseinsqualität 253
    Der Kampf zwischen Gut und Böse 258
    Der Körper ist kein Selbstzweck 261
    Meditation – Erstes Gespräch mit dem
    geschichtlichen Ich und dem Wesens-Ich 264
    Meditation – Zweites Gespräch mit dem
    geschichtlichen Ich und dem Wesens-Ich 267

Der Weg des Begreifens 272
    Der freie Wille 273
    Die Entscheidung für das Wesen 274

Vier Möglichkeiten, die Entscheidung
für das eigene Wesen zu stärken 277
    1. Peinlichkeiten aus der
       eigenen Geschichte beichten 277
    2. Verwicklungen mit Menschen auflösen 279
    3. Nicht reagieren 282
    4. Bewusstes Ausrichten der Wahrnehmung 283

    Meditation – Freiheit der Wahrnehmung 289
    Übung: Schwächen zugeben 294
    Meditation – Entscheidung für die Freiheit 300

Geistige Freunde, Helfer,
Lehrer und der freie Wille 303

Der Weg zur Meisterschaft 310

Unser ständiger Begleiter ist der Tod 312
    Meditation – Lösung aus der Geschichte 313

Übungen für jeden Tag 323
    1. Aspekte der Geschichte ablösen 323
    2. Rollen erforschen 324
    3. Verheimlichtes beichten 325
    4. Selbstbeobachtung 326

Die Weichen werden gestellt 326
    Meditation – Einklang mit dem Wesen 327

5. TEIL
Winter
Wenn das Alte endet, beginnt das Neue. 331

Die Wahrnehmung neu ausrichten 333

Einstimmung zum Aufbruch 342
    Meditation – Gefühle für die Zukunft 351
    Meditation – Freiheit und Verantwortung 355

Übung: Visionen für die nächsten fünfzehn Jahre 358

Meditation – Der Weg zum Wesen 364

Vortrag von Harald Zwei 368

Harald Zwei Meditation – Ausrichtung
der Schöpferkräfte unseres Bewusstseins 376

Ausklang der Übung 379

Abschlussmeditation –
Spirituelle Magie des Bewusstseins 393

Anhang 397

Meditative Übungen auf Kassetten und CDs 397

Weiterführende Literatur 412

Über den Autor 416

Vorwort

Wünsche und Sehnsüchte machen unser Leben lebendig. Als Kinder lassen sie uns mit großen, neugierigen Augen ins Leben gehen, und wenn wir dann erwachsen sind, geben sie uns Motivation und Kraft, unser Leben dynamisch anzugehen und unser Glück zu suchen.

So sollte es zumindest sein, aber es scheint nicht immer so einfach. Wir alle spüren zwar Wünsche und Sehnsüchte in uns, aber wenn wir ihnen folgen wollen und sie zu erfüllen versuchen, stellen wir oft fest, wie schwierig das ist, weil wir nicht die notwendigen Fähigkeiten dafür zu haben glauben, oder weil sich nicht die richtigen Gelegenheiten ergeben.

Und selbst wenn wir erfolgreich waren, sind wir manchmal überrascht, weil sich unser Leben dadurch kaum verändert hat und wir auch überhaupt nicht zufriedener zu sein scheinen.

Aber wie kann das sein? Wenn wir uns umschauen, scheint in der Natur doch immer alles so geordnet zu sein, dass es zueinander passt, dass sich alle Dinge zusammenfügen und ein harmonisches Ganzes entsteht. Wie können wir mit Sehnsüchten geboren sein, für deren Erfüllung wir nicht die notwendigen Fähigkeiten und Möglichkeiten in uns tragen oder sich in unserem Leben keine Gelegenheiten ergeben?

Ich glaube, das kann überhaupt nicht sein. Und es ist auch nicht so!

Unser Problem scheint eher zu sein, dass wir nicht wirklich wissen, was wir wollen, und Wünschen nachjagen, die gar nicht aus uns selbst kommen, weshalb uns auch die Möglichkeiten für ihre Umsetzung fehlen. Und selbst wenn wir schließlich mit viel Mühe und Anstrengung erreicht haben, dass solche Wünsche in Erfüllung gehen, kann uns dieser Erfolg gar nicht vergnügt und zufrieden machen, weil er uns nämlich überhaupt nicht berührt, solange unsere wahren Wünsche nach wie vor unerfüllt bleiben. Solange wir uns selbst nicht kennen, neigen wir dazu, Dinge zu tun, an denen uns gar nichts liegt, weil unser Umfeld oder unsere Vergangenheit uns dazu anleiten. Oder aber wir lassen uns von den Dingen abhalten, die uns wirklich berühren und weiterbringen würden, weil die anderen sie auch nicht suchen oder weil uns gesagt wurde, dass sie ohnehin nicht erreichbar sind.

All das macht uns unzufrieden, vielleicht sogar aggressiv, oder erzeugt zumindest Resignation und Lustlosigkeit. Wie viele Erwachsene gehen noch mit großen, freudigen Kinderaugen durch die Welt? Auf jeden Fall nicht so viele, wie wünschenswert wäre. Die meisten von uns tun Dinge, die sie nicht wirklich freuen, die aber scheinbar notwendig sind und unsere Sicherheit fördern.

Doch haben Sie sich schon einmal gefragt, warum Sie auch Dinge tun, die nichts mit Ihrer scheinbaren Sicherheit zu tun haben oder nicht direkt zum Überleben notwendig sind? Genau! Weil es Ihnen Freude macht. Wir leben eben nicht nur, um zu überleben, sondern wollen etwas aus unserem Leben machen, und zwar auf eine Weise, die uns gefällt. Aber warum widmen wir dann den Dingen so wenig Zeit, die uns erfreuen und gut tun? Warum strengen wir uns statt dessen ständig an und denken sogar noch, dies sei ein Zeichen von Reife? Ich glaube, wir tun das, weil wir gelernt haben, dass es so seine Richtigkeit hat, und deshalb nach nichts anderem mehr suchen.

Ich glaube nicht, dass Gesundheit, Erfolg und Lebensqualität uns von Geburt an als natürliche Geschenke für dieses Leben mitgegeben worden sind, aber ich glaube, dass sie das Ergebnis von bewusster und sinnvoller Lebensführung sein können, wenn wir uns auf die Suche nach unseren inneren Möglichkeiten machen.

Dieses Buch wird Sie auf eine Reise zu sich selbst und zu Ihren Möglichkeiten führen. Sie werden lernen, sich nicht mehr als

Produkt Ihrer Vergangenheit zu erleben und Ihre persönliche Geschichte abzulegen und damit auch alte Sichtweisen, Gewohnheiten und Verhaltensweisen, die Sie bis jetzt gefangen gehalten haben. Wenn Sie davon frei sind, können Sie sich auf die Suche nach sich selbst machen und nach Ihren wirklichen Wünschen und Sehnsüchten, die Ihnen sowohl zeigen, *wie* Sie durch diese Welt gehen möchten, als auch, *was* Sie erlebt haben wollen, bevor Sie irgendwann aus diesem Leben gehen. Und schließlich werden Sie lernen, die schöpferischen Kräfte Ihres Bewusstseins zu entdecken und sie gezielt und kraftvoll einzusetzen, um Ihre Bestimmung zu erfüllen.

Dieses Buch zeigt Ihnen den Weg zu Ihrem Wesen, aber gehen müssen sie ihn natürlich allein. Und wie Sie wahrscheinlich schon ahnen, wird sich Ihr Wesen mit seinen Sehnsüchten und Möglichkeiten Ihnen nicht plötzlich offenbaren. Es wird vielmehr ein längerer Weg dorthin sein, auf dem Sie viel Entschiedenheit und Ausdauer brauchen.

Dabei möchte Ihnen dieses Buch helfen. Es kann eine Art Begleiter für Sie sein, der Sie inspiriert, der Ihre Wahrnehmung für sich selbst und Ihr Leben schult, der Ihnen immer wieder Mut macht, nicht auf halbem Weg stehen zu bleiben, und der erst zufrieden ist, wenn Sie das deutliche Gefühl haben, auf dem Weg zur Freiheit zu sein und von Ihrer Bestimmung geführt zu werden.

Jede Entwicklung in der Natur vollzieht sich in einem natürlichen Rhythmus, zum Beispiel im Rhythmus der Jahreszeiten. Um zu verdeutlichen, dass jede Veränderung und jede Entwicklung Zeit braucht und einem natürlichen Rhythmus folgt, habe ich die notwendigen Schritte zur Befreiung und Entwicklung Ihrer Möglichkeiten bis hin zur Entfaltung Ihrer Bestimmung den Jahreszeiten und ihren Qualitäten zugeordnet. Diesen Weg zur eigenen Bestimmung sind vor Ihnen schon viele Menschen gegangen, mit denen ich persönliche Gespräche geführt habe oder die mir in meinen Seminaren begegnet sind. An den Erfahrungen und Erkenntnissen, aber auch an den Problemen dieser Menschen möchte ich Sie teilhaben lassen, weil ich darauf vertraue, dass Sie Inspiration und Ermutigung daraus beziehen werden. Daher habe ich echte Fragen und Rückmeldungen zu bestimmten Inhalten, Lernschritten oder Erfahrungen in dieses Buch aufgenommen und sie nur so weit sprachlich angepasst, dass die Privatsphäre der betreffenden Personen gewahrt bleibt.

Der Weg zu Ihrer Bestimmung ist ein praktischer Weg, den Sie natürlich nur selbstständig gehen können. Deshalb habe ich als Hilfestellung zu diesem Buch die meditative Übung *Entfalte deine Bestimmung* auf CD entwickelt, die alle im Buch gemachten Erfahrungen zusammenführt und Ihnen hilft, die Schöpferkräfte Ihres Bewusstseins kraftvoll zu aktivieren und auf eine Zukunft auszurichten, in der sich Ihre Bestimmung entfalten wird.

Außerdem gebe ich im Anhang weitere praktische Anregungen, die Ihnen, wie ich glaube, eine Hilfe auf Ihrem Weg sein können.

Jetzt wünsche ich Ihnen, dass Sie die Möglichkeit wahrnehmen und das werden, was Sie sein könnten: Sie selbst, einzigartig und im Einklang mit dem großen Sein.

Harald Wessbecher

Winter

In der Ruhe gewinnen wir Klarheit über unsere Lebensabsicht.

*Wir können uns nicht verändern,
wenn wir nicht über uns nachdenken
und uns neu begreifen.*

Einstimmung

Wer bin ich? Wo komme ich her? Wo gehe ich hin? Was tue ich zwischen Beginn und Ende dieses Lebens? Wie kann ich das, was ich tue, möglichst erfolgreich, gezielt und bewusst tun? Diese Fragen klingen vielleicht einfach, aber sie sind gar nicht so leicht zu beantworten, und noch schwieriger ist es, entsprechend zu leben.

Selbst wenn wir den Weg zu den Antworten kennen – und dieses Buch zeigt mögliche Wege dorthin –, wird die Suche viel Zeit in Anspruch nehmen, und noch länger wird es dann dauern, die erhaltenen Antworten in das eigene Leben zu bringen, sie praktisch umzusetzen. In dieser Zeit der Suche wird sich aber schon vieles verändern. Sie werden lernen, aktiver und bewusster mit Ihrem Leben umzugehen und Veränderungen nicht mehr als bedrohlich zu erleben, sondern sie als Beginn eines Weges zu sehen, der Sie zu sich selbst führt. Geistige Souveränität, Freiheit und letztendlich Freude und Erfolg sind das Ziel dieses Entwicklungsprozesses. Die Basis aber, das, was diesen Prozess ermöglicht, heißt spirituelle Magie.

Was ist spirituelle Magie?

Unter Magie verstehe ich zunächst den Prozess, in dem wir die schöpferischen Kräfte unseres Bewusstseins aktivieren, bündeln und so ausrichten, dass sie genau das in unser Leben ziehen, was ihnen entspricht. Unsere Wirklichkeit ist also ein Spiegelbild unserer Schöpferkräfte, jener geistigen Kräfte, die wir in unserem Bewusstsein hegen und bewusst und konzentriert mit

Energie versorgen können. Natürlich ist unsere Wirklichkeit immer das Resultat eines magischen Prozesses, selbst wenn wir unbewusst mit unseren Schöpferkräften umgehen. Die Magie, mit der wir uns hier beschäftigen, ist aber noch mehr als eine Technik, die wir gezielt einsetzen, um unser Leben zu gestalten. Ich nenne sie spirituelle Magie, weil sie zwar auch die Schöpferkräfte unseres Bewusstseins zur Gestaltung unserer Wirklichkeit lenkt und nutzt, sich aber andererseits in einem entscheidenden Punkt von dem unterscheidet, was wir normalerweise unter Magie verstehen: Sie gestaltet nicht nur unsere Wirklichkeit, sondern wirkt auch entsprechend unserer Lebensabsicht. Sie strebt die Verwirklichung unseres Selbst an, den erfolgreichen Ausdruck unserer Grundpersönlichkeit, unserer Sehnsüchte, unserer Fähigkeiten und Möglichkeiten im Einklang mit dem Sein und den Naturgesetzen, den göttlichen Schöpfungsprinzipien und dem göttlichen Plan.

Spirituelle Magie lässt die göttliche Absicht, das göttliche Bewusstsein durch uns wirken, während Magie, die als reine Technik verstanden wird, beliebige, möglicherweise stark egoistisch geprägte Ziele verfolgen kann, die mit der großen göttlichen Absicht und dem natürlichen Schöpfungsfluss vielleicht wenig bis gar nichts zu tun haben.

Es scheint mir nicht sinnvoll, magische Methoden zur Aktivierung und Nutzung unserer Schöpfungskräfte zu erlernen, wenn es nur darum geht, unseren unerfüllten Sehnsüchten nachzujagen und von außen übernommene Bedürfnisse zu befriedigen, die nichts mit unserer Bestimmung und unserem Wesen zu tun haben. Auf diese Weise würden wir wahrscheinlich nur das erfolgreicher tun, was wir schon immer getan haben, nämlich nach Sicherheit streben, Liebe und Anerkennung suchen und uns scheinbar gegen unsere Ängste schützen, statt sie aufzulösen. Damit würden wir der Masse folgen und wären dann so erfolgreich auf der Flucht vor uns selbst und unserer Lebensabsicht, dass wir uns vielleicht völlig verlieren würden. Und wenn wir uns nicht mehr spüren könnten, wäre auch die Suche nach uns selbst beendet.

Die magische Fähigkeit, die Schöpfungskräfte in unserem Bewusstsein zu aktivieren, sollten wir nur dann konsequent anstreben, wenn wir damit Ziele in unserem Leben erreichen wollen, die unserer Selbstentfaltung dienen und im Einklang mit dem großen Sein sind. Unser innigster Wunsch sollte sein: »Ich möchte in meinem Leben all das erzeugen und geschehen lassen, was meinem Kern, meinem Wesen entspricht, und nur das.«

Die Lebensabsicht

Der Anfang dieses Buches ist der Suche nach unserer Lebensabsicht gewidmet. Wir alle sind nicht nur geboren, um zu überleben, sondern wir überleben, um etwas ganz Bestimmtes, uns Entsprechendes zu tun. Wir bringen eine Absicht in dieses Leben mit. Woher diese Absicht kommt und wie sie sich von der Absicht anderer unterscheidet, ist nicht wirklich relevant. Entscheidend ist die Tatsache, dass wir uns nur dann wirklich wohlfühlen und Energie haben, wenn das Leben, das wir führen, uns entspricht, wenn unsere wirklichen Sehnsüchte erfüllt werden und wir unsere Fähigkeiten nutzen können. Wenn wir Dinge tun, die wir eigentlich nicht wirklich tun wollen, oder nicht das tun, woran uns wirklich etwas liegt, sind wir unzufrieden, verärgert und lustlos, haben keine Energie mehr und werden sogar krank. Deshalb stellen wir uns hier folgende Fragen: Wer bin ich und was will ich? Welche Aufgaben habe ich in dieses Leben mitgebracht und welche Ziele muss ich anstreben, damit sich der Sinn dieses Lebens erfüllt? Die Frage nach den Lebenszielen, nach dem, was wir lernen, erfahren oder erreichen möchten, bevor wir sterben, berührt aber nur einen Aspekt unserer Lebensabsicht. Genauso wichtig ist die Frage: Wie will ich diese Ziele erreichen? Oder besser: Auf welche Weise will ich durchs Leben gehen, damit ich diese Ziele erreichen kann? Welche Umstände, Menschen oder Situationen suche ich? Was muss in meinem Leben geschehen und auf welche Weise muss es geschehen, damit ich mich darüber freuen, in guter Stimmung einschlafen und fröhlich aufwachen kann? Was will ich suchen, damit ich mich freuen kann? Freude am Leben ist wichtig, denn Freude gibt Energie, die Energie, die wir brauchen, um unsere Ziele zu erreichen. Das, worüber wir uns freuen können, ist letztendlich das, was zu uns gehört und uns entspricht. Alles, worüber wir uns nicht freuen, gehört auch nicht zu uns.

Damit wir unsere Ziele finden und erreichen können, müssen wir zunächst herausfinden, welche Fähigkeiten wir in dieses Leben mitgebracht haben, die uns helfen können, unsere Ziele zu erreichen. Unter Fähigkeiten verstehe ich nicht nur eine spezielle logische oder emotionale Intelligenz oder herausragende Begabungen handwerklicher, künstlerischer oder sonstiger Natur, sondern auch all die kleinen persönlichen Eigenheiten, die uns einzigartig machen. Unsere Lebensabsicht hat uns individuell und unverwechselbar gemacht und sie hat uns mit allem ausgestattet, was wir für ihre Erfüllung brauchen. In unserem Leben werden wir umso erfolgreicher, je mehr wir unsere Einzigartigkeit erkennen und umsetzen. Kein Mensch ist wie ein anderer. Daher sollten wir uns auch keinen anderen Menschen zum Vorbild nehmen, das wir ganz und gar nachahmen wollen. Wenn wir unsere Fähigkeiten und Eigenheiten entdecken und ausprobieren wollen, kann es allenfalls sinnvoll sein, einzelne Verhaltensweisen einer Person nachzuahmen und deren Wirkung auf uns selbst zu erforschen. Ein solches Vorbild wäre dann eine Inspiration auf dem Weg zu uns selbst. Jeder Mensch ist anders, weil jeder eine andere Lebensabsicht hat und andere Ziele verfolgt. Einen Menschen völlig zu kopieren, bedeutet langfristig, sich selbst zu verlieren. Doch obwohl wir einzigartig sind, haben alle Menschen, mit denen wir im Laufe unseres Lebens zusammentreffen, auch etwas mit uns zu tun. Irgendwie sind sie uns ähnlich und können uns auch etwas über uns selbst erzählen.

Deshalb werden wir der Frage nachgehen, warum wir mit unserer Lebensabsicht, mit unseren Möglichkeiten und Fähigkeiten genau zu dieser Zeit, an diesem Ort und mit diesen Menschen zusammen sind. Und dabei wird sich herausstellen, dass unser Schicksal, verstanden als Summe aller Fähigkeiten, Möglichkeiten und Ziele, die wir in dieses Leben mitgebracht haben, besonders von den Menschen geteilt wurde, zu denen wir am Anfang unseres Lebens eine enge Beziehung hatten.

Wir werden entdecken, dass unsere Grundpersönlichkeit und unsere Lebensabsicht der unserer Eltern, Geschwister und Verwandten erstaunlich ähnlich ist und wir teilweise sogar ähnliche Aufgaben und Ziele mitgebracht haben. Auch wenn uns das vielleicht nicht gefällt, werden wir merken, dass wir vergleichbaren Herausforderungen begegnen und ähnliche Sehnsüchte haben wie unsere Eltern und Geschwister – und nicht nur wie sie, sondern wie viele Menschen, die uns in den ersten sechs bis acht Jahren unseres Lebens irgendwie begleitet oder geprägt haben. In schwächerer Form gilt das auch für Menschen, die uns auf unserem späteren Lebensweg begegnet sind oder auch jetzt noch begegnen. Wir können unsere Lebensabsicht sogar noch besser erforschen, wenn uns bewusst ist, dass uns alle Menschen, die uns berühren – gleich, zu welchem Zeitpunkt sie in unserer Leben getreten sind –, auf unsere Lebensabsicht hinweisen oder sogar direkt zu ihr hinführen. Alles, was uns berührt, egal, ob es uns ärgert oder begeistert, hat mit unserem Wesen zu tun und weist uns auf unsere Grundpersönlichkeit sowie auf unsere Sehnsüchte und Fähigkeiten hin. Wenn uns Menschen berühren durch das, was sie tun oder sind, und wir diese Zusammenhänge kennen, können wir nach solchen Entsprechungen zu unserem Wesen suchen und verstehen, wieso wir im Laufe unseres Lebens bestimmte Menschen getroffen haben und wieso diese Menschen vielleicht immer noch da sind. Manchmal begegnen wir zum Beispiel dem gleichen Typ Mensch immer wieder, obwohl wir ständig versuchen, ihn loszuwerden. Dann ist dieser Typ Mensch ein Teil unseres Weges und unserer Bestimmung. Wir können bei den Menschen, die uns begegnen, grundsätzlich Rückenwindtypen, Gegenwindtypen und Konfrontationstypen unterscheiden, die uns an unsere Stärken erinnern oder die uns Probleme machen und dadurch zwingen, unsere Möglichkeiten zu nutzen, oder die uns in Frage stellen, damit wir unseren Standpunkt überprüfen. Interessanterweise gilt das gleichermaßen für Situationen oder Umstände, in denen wir uns regelmäßig wiederfinden.

Solche Zusammenhänge aufzudecken und nachvollziehbar zu machen, ist sehr hilfreich auf dem Weg zu uns selbst und daher das Ziel dieser ersten Etappe.

Das Bewusstsein als Gestalter der Wirklichkeit

Später in diesem Buch lernen wir dann die Möglichkeiten kennen, derer sich unser Bewusstsein bedient, um unsere Wirklichkeit zu gestalten. Unser Bewusstsein lässt sich beschreiben als eine Flut von Schöpfungsideen, die wir in unserer Lebensabsicht mitbringen. Schöpfungsideen sind wie Magnete, die ungerichtete Schöpfungsenergie in eine gerichtete Form bringen und damit unsere Wirklichkeit manifestieren. Wir können sie bewusst pflegen und unser Leben damit beliebig gestalten.

Die so geformte Wirklichkeit wird dann wieder von unserem Bewusstsein wahrgenommen. Es erkennt sich dadurch einerseits in seiner Eigenschaft als Schöpfer, und andererseits begreift es seine eigenen Schöpfungsideen immer tiefer. In diesem Prozess wächst sowohl unser Bewusstsein (immer mehr Schöpfungsideen werden begriffen und manifestiert) als auch seine Schöpferkraft. Die Schöpfungsideen werden aktiviert und erhalten Energie über Gefühle, innere Bilder, Gedanken, Erwartungen und über unsere Wahrnehmung. Einmal aktiviert ziehen sie bislang ungerichtete Schöpfungsenergien an und bringen sie zur Manifestation. Das nenne ich den schöpferischen Aspekt der Magie. Unabhängig davon kann unser Bewusstsein seine Wahrnehmung auch auf bestimmte Aspekte der Wirklichkeit richten, die schon manifestiert wurden, während es andere ausblendet. Der Teil der Wirklichkeit, dem das Bewusstsein seine Aufmerksamkeit schenkt, wird auf diese Weise mit neuer Schöpfungsenergie versorgt und dadurch weiter erhalten. Das bezeichne ich als den erhaltenden Aspekt der Magie. Was aus dem Wahrnehmungsfeld unseres Bewusstseins ausgeblendet und ignoriert wird, bekommt keine weitere Schöpfungsenergie und wird aus unserer Wirklichkeit, aus unserem persönlichen Erlebniskreis verschwinden. Das nenne ich den auflösenden Aspekt der Magie.

Durch die Kraft seiner Wahrnehmung kann das Bewusstsein neue Wirklichkeiten erschaffen, eine bereits erschaffene Wirklichkeit erhalten oder diese Wirklichkeit auflösen.

Je mehr wir uns dieser Gesetzmäßigkeiten bewusst werden und sie für unsere Lebensgestaltung nutzen, desto klarer werden wir erkennen, dass wir niemals Opfer sind oder waren und dass niemand außer uns selbst irgendetwas in unserem Leben verursacht. Vielleicht werden wir diese Erkenntnis anfangs als bedrohlich empfinden, weil es dann niemanden mehr gibt, dem wir die Schuld an unseren Misserfolgen geben können. Weder unsere Vergangenheit noch die harte, stressige Welt noch der unpassende Partner oder die schwierige wirtschaftliche Lage kann dann noch als Entschuldigung für Fehlschläge in unserem Leben dienen.

Für die Lebensqualität, die wir suchen, sind äußere Umstände bedeutungslos. Das einzige, was wirklich zählt, sind die Energien, die wir in unserem Bewusstsein pflegen, denn sie aktivieren die entsprechenden Schöpfungsenergien und gestalten nicht nur unser Leben, sondern bleiben sogar nach unserem physischen Tod als Vermächtnis. Wenn wir irgendwann aus diesem Leben in eine andere Dimension überwechseln, nehmen wir die Fülle aller Erfahrungen und Erkenntnisse dorthin mit. Die Wirklichkeit, die wir erleben, haben wir geschaffen. Sie ist der Spiegel jener geistigen Energien, die wir in unserem Bewusstsein pflegen, und dieses Prinzip gilt auch auf anderen Ebenen der Wirklichkeit, soweit ich dies beurteilen kann.

Im Licht dieser Erkenntnis hat die Opferidee natürlich ebenso wenig Platz wie die Vorstellung, wir müssten uns vor irgendetwas schützen, das uns bedroht. Das einzige, was uns möglicherweise bedrohen könnte, sind wir selbst beziehungsweise die geistigen Energien, die wir in uns tragen und pflegen, und davor können wir uns nur schützen, indem wir sie bewusst wählen.

Die meisten Menschen haben allerdings die Tendenz, einmal angenommene Gewohnheiten automatisch und völlig unbewusst fortzusetzen, und geraten auf diese Weise in einen Reaktions- und Wahrnehmungskreislauf, der sie weit von ihrer ursprünglichen Absicht wegführt. Damit bleiben sie das Produkt ihrer Vergangenheit und verspielen die Möglichkeit, ihr Bewusstsein als magische Ebene von Wahrnehmung und Erkenntnis gezielt für ihr weiteres Leben zu nutzen.

Selbstverantwortlich zu leben bedeutet, sich klar darüber zu sein, dass jedes Gefühl, jeder Gedanke, jede Betrachtungsweise – und sei sie auch noch so flüchtig – eine Wirkung hat, und deshalb nicht automatisch und aufgrund von geschichtlichen Prägungen zu reagieren, sondern ganz bewusst mit seinen Gefühlen und Gedanken und auch mit seiner Wahrnehmung umzugehen.

Die Art, wie wir unser Bewusstsein nutzen, und die Inhalte, die wir darin pflegen, prägen unser Sein aber nicht nur in diesem Leben. Nach unserem Tod nehmen wir diese Prägung noch mit in andere Dimensionen. Bewusstseinsreisen in diese Dimensionen und Kontakte mit Verstorbenen zeichnen dazu folgendes Bild: Wenn wir sterben, gelangen wir offensichtlich zunächst in eine Traumdimension, die im Christentum Fegefeuer genannt wird und in der griechischen Mythologie Hades. In dieser Traumdimension nehmen sämtliche Inhalte unseres Bewusstseins aus dem vergangenen Leben noch einmal Form an, manifestieren sich und werden wieder erlebbar. In der Auseinandersetzung damit bekommen wir Klarheit über das Leben, das wir gerade beendet haben. Wir werden uns unserer selbst und der Art und Weise bewusst, wie wir mit den Möglichkeiten des vergangenen Lebens umgegangen sind. Je mehr Klarheit wir bereits in diese Traumdimension mitbringen, je mehr Bewusstsein über uns selbst und darüber, wie wir unser Leben gestaltet haben, desto weniger Zeit müssen wir dort verbringen.

Auch wenn der Tod und alles, was danach kommen mag, noch weit weg und nicht so wichtig zu sein scheint, sollten wir uns schon jetzt Gedanken darüber machen, dass alles, was wir in diesem Leben nicht gelöst und verstanden haben, nach dem Tod als Erfahrung und Herausforderung wieder auf uns zukommen wird. Nichts wird einfach nur dadurch gut, dass wir sterben. Unsere Aufgaben begleiten uns weiter und lösen sich nicht von selbst. Sich in eine Opferrolle zu flüchten, um in Resignation der Selbstverantwortung zu entgehen, funktioniert nicht, weder hier noch woanders.

Deshalb ist es sinnvoll und auch möglich, sich schon in diesem Leben sein persönliches Paradies zu schaffen. Uns muss nur klar sein, dass wir selbst entscheiden, was kommen wird, indem wir uns als Schöpfer empfinden und die schöpferischen Möglichkeiten unseres Bewusstseins gezielt nutzen. Und das bedeutet auch, dass wir unsere Opferhaltung aufgeben müssen und niemandem mehr die Schuld an unseren Problemen und Misserfolgen geben können, zum Beispiel daran, dass wir kein Geld haben oder keinen Menschen an unserer Seite oder nicht die Wohnung, die wir uns wünschen.

Solange wir uns als Opfer der Umstände sehen, können wir die magischen Prinzipien niemals frei und bewusst anwenden. Die Vorstellung, ein Opfer zu sein, lähmt die magische Kraft unseres Bewusstseins, und da sie an alte Erfahrungen anknüpft, bindet sie uns an die Vergangenheit. Und selbst wenn wir uns nicht direkt als Opfer sehen, werden wir häufig von allen möglichen Ängsten geplagt, zum Beispiel von der Angst vor falschen Entscheidungen. Auch Ängste lähmen uns. Diese Angst zum Beispiel hindert uns daran, uns zu entscheiden, und bewirkt, dass wir lieber abwarten, was von selbst auf uns zukommt, und dann tröstet uns nur die Idee, dass schließlich alles einen höheren Sinn hat. Bei dieser Art von Passivität – selbst wenn sie unter dem Deckmantel des Vertrauens auftritt – handelt es sich um eine bedingungslose Hingabe an die eigene Geschichte. Unser Denken, unser Fühlen, unsere Wahrnehmung, unsere Art, uns zum Ausdruck zu bringen, all dies ist geprägt durch unsere Vergangenheit, durch alte Überzeugungen und Wertvorstellungen. Und wenn wir uns nicht bewusst neu entscheiden und Dinge ändern, lassen wir sie zwar scheinbar vertrauensvoll los, geben aber in Wirklichkeit die Kontrolle über unser Leben an unsere Geschichte ab. Da diese sich dann wie von selbst fortsetzt, ohne dass wir uns dessen bewusst sind, können wir auch keinen Einfluss darauf nehmen.

Doch damit nicht genug! Unsere Geschichte ist ja nicht nur von uns selbst geschrieben worden, sondern von noch vielen anderen Menschen, mit denen wir irgendwie verwickelt sind – Eltern, Freunde, Partner, Vorgesetzte, Lehrer –, die weiterhin daran mitschreiben werden, selbst wenn sie körperlich nicht mehr anwesend sind, wenn wir uns nicht ganz bewusst von ihnen und ihrem Einfluss lösen. Wer sich nicht bewusst für neue Energien und Umstände entscheidet, wird zum Spielball seiner eigenen Geschichte. Und das ist das Ende der Freiheit.

Deshalb ist der zweite Teil dieses Buches der aktiven Anwendung magischer Prinzipien gewidmet, mit deren Hilfe wir uns selbst aus unserer Geschichte und aus der Abhängigkeit von Menschen und Umständen befreien können. Erst wenn diese innere Freiheit erreicht ist und unsere Entscheidungen von keinerlei Ängsten mehr geprägt sind, können wir den Weg des Loslassens gehen.

Erst wenn wir unsere Opferhaltung aufgeben und unsere Schöpfungsideen bewusst intensivieren, um unsere Absicht zu leben, sind wir frei.

Klare Ideen und kraftvolle Visionen

Im letzten Teil dieses Buches werden wir lernen, klare Ideen darüber zu formulieren, was wir erreichen und manifestieren wollen, und aus diesen Ideen kraftvolle Visionen entstehen zu lassen, indem wir sie in unserem Gefühlskörper verankern und mit Gefühlsenergie nähren. Starke Visionen geben die Richtung vor, in der Schöpfungsenergien nach magischen Prinzipien wirksam werden. Ideen sind zunächst nur geistige Strukturen. Die dynamischen Kräfte des Gefühls geben ihnen Energie und lassen die Motivation wachsen, die nötig ist, um sie manifest werden zu lassen.

Magie braucht Motivation, und Motivation braucht eine Vision. Visionen lenken Schöpfungsenergien und richten unser Leben neu aus.

Auf dem Weg zur Freiheit entwickeln wir Visionen, die zu unserer Lebensabsicht passen, nähren sie nach magischen Prinzipien mit Energie, werden uns völlig klar darüber, dass wir keine Opfer sind, und erinnern uns immer daran, wer wir sind, wo wir hinwollen und wie wir leben möchten. Spirituelle Magie ist ein praktischer Weg in die Freiheit, der verstanden, gefühlt und gegangen werden muss. Wer diesen Weg geht, handelt selbstverständlich und souverän. Unauffällig und dennoch kraftvoll, aber ohne Anstrengung setzt er geistige Energien in Bewegung.

Spirituelle Magie findet im Herzen statt, nicht auf der Ebene der Vernunft. Sie braucht keinen starken Willen, sondern eine klare Absicht. Sie stellt sich nicht gegen den natürlichen Fluss der Dinge, sondern fließt wie von selbst mit ihm. Spirituelle Magie braucht man nicht zu verstehen. Sie ist spürbar und kann gelebt werden, ganz aus dem Gefühl heraus, im Einklang mit dem großen Sein.

Wer den Weg der spirituellen Magie gehen will, muss bereit sein, alles aufzugeben, was er an lieben Gewohnheiten hat, alles zu hinterfragen, woran er bisher glaubte und wonach er sich sein Leben lang gerichtet hat. Es wird nichts mehr geben, hinter dem er sich verstecken kann, und er wird erkennen, dass alles, was in sein Leben tritt, alles, was ihm widerfährt, in irgendeiner Weise das widerspiegelt, was er durch geistige Energien und konkrete Handlungen selbst in Gang gesetzt hat. Statt in Selbstmitleid zu versinken, erforscht er die Ursachen seines Unglücks und findet heraus, womit er es vielleicht angezogen hat. So findet er den Schlüssel für die erfolgreiche Veränderung seiner Situation.

Alles, was Raum in unserem Bewusstsein hat, prägt unser Leben, und zwar mit unserer Erlaubnis.

Spirituelle Magie lässt keinen Raum für Erklärungen oder Entschuldigungen, warum wir handeln oder nicht handeln. Entscheidend ist, ob wir tun, was getan werden muss, weil es unserem Wesen und unseren Sehnsüchten entspricht. Weder Eltern noch Freunde, Vorgesetzte oder Lehrer dürfen die Macht haben, uns an der Entfaltung unseres Wesens zu hindern.

Spirituelle Magie findet im Moment statt und funktioniert unabhängig von unserer Vergangenheit.

Indem wir jemanden in der Vergangenheit oder in der Gegenwart für unsere momentanen Bewusstseinsinhalte verantwortlich machen, setzen wir unsere Freiheit aufs Spiel und verschenken unsere Kraft. Entschuldigungen und Schuldzuweisungen sind Hindernisse auf dem Weg zur freien Lebensgestaltung. Wenn wir uns selbstverantwortlich verhalten, werden wir auf diesem Weg Hilfe bekommen, von unserer Seele und von geistigen Freunden, aber nur dann, wenn wir selbst den ersten Schritt tun, getreu dem geflügelten Wort: »Hilf dir selbst, dann hilft dir Gott.«

Die folgende Meditation soll uns daran erinnern, dass wir mit einer Absicht hierher gekommen sind. Den Weg zur Erfüllung dieser Absicht weisen uns unsere Sehnsüchte. Sie lassen uns nach Dingen suchen, die uns berühren und die über die Sicherung des Überlebens hinausgehen. Und schon bevor diese Sehnsüchte Erfüllung finden, werden unsere Herzen von Freude berührt.

MEDITATION – FREUDE

Schließe die Augen. Atme langsam tief ein und aus.
Denke an deine beiden Knie. Atme langsam ein und aus.
Denke an deine beiden Schultern. Atme langsam ein und aus.
Denke an deinen Solarplexus. Atme langsam ein und aus.
Denke an dein Herz. Atme langsam ein und aus.
Stelle dir jetzt mit jedem Atemzug vor: Du atmest strahlende, kraftvolle Energie ein, und beim Ausatmen verteilst du diese Energie in deinem Körper und in deinem Bewusstsein.
Spüre, wie sich dein Körper mehr und mehr mit Energie füllt.
Atme weiter Energie ein und schicke diese Energie beim Ausatmen über die Grenzen deines Körpers hinaus in den Raum.
Fülle den Raum mit strahlender, kraftvoller Energie.
Diese Energie hat die Kraft, deine Gedanken, deine Ge-

fühle und deine inneren Bilder Wirklichkeit werden zu lassen, wenn du das möchtest.

Atme langsam tief ein und aus und sage dann leise in Gedanken zu dir selbst, wenn du möchtest, sage und empfinde:
»Ich bin unbegrenzt, ewig und frei.«
»Ich möchte spüren, warum ich in dieses Leben gekommen bin.«
»Ich möchte spüren, was ich lernen will, was ich erfahren möchte, was ich tun will und was ich hinterlassen möchte, wenn ich eines Tages gehe.«
»Ich möchte spüren, wie ich durch dieses Leben gehen will, welche Gefühle mich begleiten sollen.«

Atme langsam tief ein und aus.
Und jetzt sage leise zu dir selbst, wenn du möchtest, sage und fühle: »Ich möchte Menschen anziehen, die mir den Weg zu mir selbst zeigen, zu mir, wie ich bin. Partner, Freunde, Lehrer und alle Menschen, die mich berühren.
Ich möchte sie anziehen, damit sie mir den Weg zu mir selbst zeigen können.
Ich möchte Situationen anziehen, die mich spüren lassen, wie ich wirklich bin, was ich wirklich möchte und was mich freut.«

Atme langsam tief ein und aus und lass jetzt Erinnerungen an deine Vergangenheit aufsteigen, vielleicht an etwas, das weit zurückliegt.
Eine Erinnerung an etwas, das dich erfreut hat: ein Geschenk, ein Wort, ein Kontakt, eine Überraschung, ein Naturerlebnis. Was immer es war, lass die Erinnerung daran aufsteigen.
Spüre die Freude, spüre sie im Herzen, spüre sie in deinem Gesicht.
Diese Freude zeigt dir den Weg, den Weg zu deinen Zielen und zu der Art und Weise, wie du leben möchtest.
Wenn du diese Freude empfindest, zieht sie alles an, was zu ihr passt und was sie nährt.

Atme langsam tief ein und aus und spüre dann tief in dir:
»Ich bin unbegrenzt, ewig und frei.
Ich habe eine Bestimmung in diesem Leben, die ich spüren
und einen Lebensweg, den ich gehen möchte.
Ich möchte frei werden, diesen Weg zu gehen und meine
Bestimmung zu fühlen.
Ich bin ewig, unbegrenzt und frei.
Ich wünsche mir, dass sich mein Leben so ordnet, wie es
meiner Absicht entspricht und wie es mich tief innen freut.
Tief in meinem Herzen will ich mich freuen über das, was
ich erlebe und in meinem Leben bewege.
Nur das soll Raum in mir und in meinem Leben haben.
Ich bin.«

Atme langsam tief ein und aus und beschließe dann noch
einmal tief in dir: »Ich will spüren, wer ich bin und was
mich freut.«

Atme jetzt langsam tief ein und aus und öffne allmählich
die Augen.

Die nächste Meditation erweitert die eingefahrene und oft negativ ausgerichtete Betrachtungsweise, die wir von uns selbst haben, und lässt uns wieder spüren, dass es auch in der Vergangenheit immer wieder Menschen gab, die uns berührt und an unser wahres Wesen erinnert haben, selbst wenn es uns damals vielleicht nicht bewusst war und wir ihre Inspiration ignoriert haben.

MEDITATION – MENSCHEN ALS VORBILDER

Schließe die Augen. Atme langsam tief ein und aus.
Denke an deine beiden Knie. Atme langsam ein und aus.
Denke an deine beiden Schultern. Atme langsam ein und
aus.
Denke an deinen Solarplexus. Atme langsam ein und aus.
Denke an dein Herz. Atme langsam ein und aus.

Stelle dir jetzt mit jedem Atemzug vor: Du atmest strahlende, kraftvolle Energie ein, und beim Ausatmen verteilst du diese Energie in deinem Körper und in deinem Bewusstsein. Spüre, wie sich dein Körper mehr und mehr mit Energie füllt.

Atme weiter Energie ein und schicke diese Energie beim Ausatmen über die Grenzen deines Körpers hinaus in den Raum.

Fülle den Raum mit strahlender, kraftvoller Energie.

Diese Energie hat die Kraft, deine Gedanken, deine Gefühle und deine inneren Bilder Wirklichkeit werden zu lassen, wenn du das möchtest.

Atme langsam tief ein und aus und sage dann leise in Gedanken zu dir selbst, wenn du möchtest, sage und empfinde: »Ich bin unbegrenzt, ewig und frei.

Ich möchte spüren, wer ich bin und wie ich bin.

Ich möchte spüren, was ich lernen möchte in diesem Leben, was ich erfahren will und was ich schaffen möchte.«

Atme langsam tief ein und aus.

Und jetzt stell dir vor: Du wirst mit jedem Atemzug größer und dehnst dich aus wie ein Ballon.

Mit jedem Atemzug größer und größer.

Atme langsam ein und aus.

Empfinde, wie du größer wirst und wie du dich mit jedem Atemzug mehr ausdehnst.

Dehne dich aus, hinein in den Raum. Werde größer und größer.

Und dann sei still.

Spüre diesen Zustand der Ausdehnung und sei still.

Und jetzt stelle tief hinein in dein Inneres die Frage: »Welche Menschen gefallen mir? Welche Art Mensch spricht mich an?«

Lass deine Vergangenheit vorüberziehen und schau dir diese Menschen an, spüre sie.

Welche Menschen sprechen mich an?

Welche Menschen gefallen mir?

Welche Menschen berühren mich?

Was an diesen Menschen gefällt mir?

Was an diesen Menschen berührt mich?

Gibt es etwas, das all diese Menschen gemeinsam haben?

Atme langsam tief ein und aus und jetzt stell dir vor, wie du dich verändern würdest, wenn du so wärst wie diese Menschen?

Wie würdest du denken und fühlen?

Was würdest du tun?

Wie würdest du das Leben erleben, wenn du so wärst wie diese Menschen?

Was hättest du in der Vergangenheit anders gemacht, wenn du so wärst wie diese Menschen?

Was würden diese Menschen am Ende ihres Lebens wohl sagen, wenn sie gefragt würden, wie sie gelebt und was sie erlebt haben?

Stell dir vor, was diese Menschen über ihr Leben sagen würden.

Wie fühlt es sich an, wenn du das Gleiche über dein Leben sagen könntest?

Atme langsam tief ein und aus und frage dich: »Wie wäre der Mensch, den ich gern fragen würde, ob das, was ich tue, zu mir passt?«

Stell dir diesen Menschen vor, sieh ihn und spüre ihn.

Was wäre das für ein Mensch?

Präge dir dieses Bild ein, denn dann wird dieser Mensch als Phantasiebild für dich Gestalt annehmen und immer für dich da sein. Du kannst ihn rufen und ihm Fragen stellen, wann immer du willst.

Frage ihn jetzt, was er davon hält, dass du hier bist und dich mit diesem Thema beschäftigst.

Höre dir seine Antwort an. Höre, wie er zu dir spricht.

*Nimm diese Antwort in dich auf und atme langsam tief ein
und aus.*

*Erinnere dich heute Nacht, wenn du schlafen gehst, an die-
sen Menschen, den du gern befragen würdest.*

*Erinnere dich auch an die Vorbilder, die dich ansprechen,
die dich berühren.*

*Denke beim Einschlafen an Menschen, die du gut findest,
und mache dir bewusst, dass das, was du an ihnen magst,
auch ein Teil von dir selbst ist.*

*Entschließe dich, diesen Teil mehr und mehr zu spüren und
ihn in dein Leben zu integrieren.*

Atme langsam tief ein und aus und öffne die Augen.

Alle Menschen, die uns positiv oder negativ berühren, haben etwas mit uns zu tun, denn sie erinnern uns an gelebte oder unge-
lebte Aspekte unseres Wesens. Die Positiven zeigen uns, wie wir
sein könnten. Die Negativen führen uns vor Augen, was wir
nicht mehr wollen, oder auch, wovor wir Angst haben, und regen uns damit zum Handeln und zur Veränderung an.

Die nächste Meditation hilft uns, mehr von unserem wahren
Wesen zu spüren und die Haltung zu relativieren, die wir uns
selbst und dem Leben gegenüber gewohnheitsmäßig einnehmen. Das wachbewusste Ich, unser Ego, ist von seiner Wichtigkeit überzeugt und gibt den im Laufe seiner Geschichte erwor-
benen Standpunkt von selbst niemals auf. Wir müssen also
einerseits die Energien in unserem Wesen, in unserer Grundpersönlichkeit aktivieren und andererseits Inhalte aus unserer Geschichte durch neue Informationen relativieren, damit wir
innerlich frei werden können für eine neue, bewusst gestaltete
Zukunft, die unserem Wesen entspricht.

MEDITATION – DANKBARKEIT, GEBORGENHEIT, SCHÖNHEIT UND LIEBE

Schließe die Augen. Atme langsam tief ein und aus.
Denke an deine beiden Knie. Atme langsam ein und aus.

Denke an deine beiden Schultern. Atme langsam ein und aus.

Denke an deinen Solarplexus. Atme langsam ein und aus.

Denke an dein Herz. Atme langsam ein und aus.

Stelle dir jetzt mit jedem Atemzug vor: Du atmest strahlende, kraftvolle Energie ein, und beim Ausatmen verteilst du diese Energie in deinem Körper und in deinem Bewusstsein.

Spüre, wie sich dein Körper mehr und mehr mit Energie füllt.

Atme weiter Energie ein und schicke diese Energie beim Ausatmen über die Grenzen deines Körpers hinaus in den Raum.

Fülle den Raum mit strahlender, kraftvoller Energie.

Diese Energie hat die Kraft, deine Gedanken, deine Gefühle und deine inneren Bilder Wirklichkeit werden zu lassen, wenn du das möchtest.

Atme langsam tief ein und aus und sage dann leise in Gedanken zu dir selbst, wenn du möchtest, sage und empfinde:

»Ich bin unbegrenzt, ewig und frei.

Ich möchte mehr und mehr spüren, wer und was ich bin.

Ich möchte spüren, wozu ich dieses Leben lebe, und ich möchte spüren, wie ich es leben will.

Ich möchte Menschen und Situationen in mein Leben ziehen, die mir den Weg zu meiner Lebensabsicht zeigen, zu meiner natürlichen Art und Weise zu leben und zu den Zielen, die ich erreicht haben will, bevor ich dieses Leben wieder verlasse.

Ich möchte lernen, der Stimme meines Herzens zu folgen.

Ich möchte lernen, alles hinter mir zu lassen, was mich einschränkt und mir keine Freude bereitet.

Ich möchte mich von meiner Freude durchs Leben ziehen lassen, von meiner Freude an mir selbst, von meiner Freude am Sein, von meiner Freude an dem, was ich erleben kann und will.«

Atme langsam tief ein und aus.
Stelle dir nun vor, dass du mit jedem Atemzug größer wirst.
Du dehnst dich aus wie ein Ballon.
Mit jedem Atemzug größer und größer. Dehne dich aus.
Und jetzt, in diesem Zustand der Ausdehnung erinnere dich an das Wesen, das du gern fragen möchtest, wer du bist und was zu dir passt.
Stelle dir dieses Wesen oder diesen Menschen noch einmal vor.
Dieser Mensch hilft dir jetzt, in deiner Phantasie das ideale Leben zu entwerfen, die Welt, die genau deinem Wesen entspricht.

Frage tief in dich hinein: »Wie wünsche ich mir, dass Menschen in dieser Welt miteinander umgehen?« Menschen im Privatleben – Freunde, Partner, Nachbarn. Wie sollen sie miteinander umgehen?
Menschen im Berufsleben – in Büros, in Geschäften, überall dort, wo sie beruflich miteinander zu tun haben. Wie sollen die Menschen dort miteinander umgehen?
Jetzt frage dich, was die Menschen zuhause erleben sollen. Was würden sie gern über ihr Zuhause erzählen?
Wie wollen die Menschen ihr Zuhause erleben?
Dann frage tief in dich hinein, welche Naturerlebnisse du dir für die Menschen wünschst. Was sollen sie in der Natur sehen, spüren und erleben können?
Und dann frage tief in dich hinein, was Schönheit für die Menschen in dieser Welt bedeutet.
Frage dich, was Geborgenheit für diese Menschen bedeutet. Wo und wie erfahren sie Geborgenheit?
Dann frage dich, was Dankbarkeit für diese Menschen bedeutet. Wie und wofür sind sie dankbar?
Frage dich schließlich, wie diese Menschen Liebe empfinden, Liebe zu sich selbst, Liebe zu anderen Menschen, Liebe zum Sein.

Die Menschen deiner Phantasie sind ebenso ein Teil von dir, von deinem Wesen wie alles, was du ihnen wünschst.

*Was du in ihnen gesehen hast, was du ihnen wünschst,
liegt auf deinem eigenen Weg und kommt in dein Leben,
wenn du dafür Raum lässt.
Empfinde noch einmal Dankbarkeit, Geborgenheit, Schönheit und Liebe tief in dir.*

*Jetzt spüre deinen Körper wieder. Atme langsam tief ein
und aus.
Und dann spüre noch einmal all das in dir, was du für diese
Menschen gewünscht und empfunden hast. Es ist ein Teil
deines eigenen Wesens.
Atme langsam tief ein und aus und öffne dann allmählich
die Augen.*

Warum wir überkommene Werte in Frage stellen müssen

Was hindert uns daran, unsere wahren Werte zu leben? Die Antwort ist einfach. Es sind jene überkommenen Werte, die wir im
Laufe unserer Geschichte erworben und eigentlich nie hinterfragt haben. Dennoch oder gerade deshalb haben sie uns so fest
im Griff, dass wir unser Wesen und unsere wahren Werte, die uns
sagen, was an uns, an unserem Leben und an der Welt, in der wir
leben, unverantwortlich ist, weder spüren noch leben können.
Die Aussicht, magische Fähigkeiten zu entwickeln, erscheint vielen Menschen verlockend, besonders wenn sie sich davon versprechen, letztendlich in jeder Hinsicht so leben zu können, wie
sie gern möchten. Aber wie ich schon sagte, macht es keinen
Sinn, diese Fähigkeiten zu entwickeln, ohne vorher erforscht zu
haben, wie wir damit den Ausdruck unseres Wesens unterstützen können und welche Ziele wir genau damit verfolgen möchten. Wir sind alle von unserer Geschichte geprägt und leben in
der Regel nicht das, wozu wir auf diese Welt gekommen sind.
Statt dessen orientieren wir uns an fremden Werten, die wir von
Kindheit an aus unserem Umfeld übernommen und selten in
Frage gestellt oder ausgetauscht haben. Einige dieser Werte sind
weit verbreitet, obwohl gerade sie besonders einschränkend auf

uns wirken. Sie klar zu erkennen und zu begreifen, ist der einzige Weg, um wirklich von ihnen frei zu werden, aber selbst wenn wir sie in ihrer einschränkenden Wirkung klar durchschauen, ist es nicht so einfach, uns von ihnen zu lösen, weil wir uns lange Zeit an ihre Durchsetzung gewöhnt haben und weil so viele andere Menschen ihnen ebenfalls verhaftet sind.

Sicherheitsdenken

Einer von diesen besonders einschränkenden Werten basiert auf der weit verbreiteten Annahme, das Wichtigste im Leben sei das Überleben. Wir fragen gar nicht, wozu wir überleben sollen, aber es scheint wichtig, dass wir überleben. Und weil das offenbar so wichtig ist, suchen wir nach allen möglichen äußeren Sicherheiten, die das Überleben garantieren sollen, zum Beispiel materielle Sicherheiten, damit wir im Alter unseren Lebensstandard halten können; emotionale Sicherheiten, damit wir uns geborgen und geliebt fühlen. Diese Suche nach Sicherheiten beeinflusst unseren Entscheidungsprozess erheblich. Wir kündigen eine ungeliebte Arbeitsstelle nicht, weil wir fürchten, keine bessere zu bekommen. Wir verlassen einen Partner nicht, weil wir nicht sicher sind, ob ein besserer nachkommt. Da bleiben wir lieber bei dem »schlechten« Partner, wo wir immerhin wissen, was wir haben, denn wer weiß schon, was kommt und ob überhaupt noch was kommt.

Viele von uns reisen nicht in Länder, wo sie die Sprache nicht verstehen, aus Angst, sich nicht mehr ausdrücken zu können. Manche lassen sich aus Angst regelmäßig vom Arzt durchchecken und gehen zu jeder Vorsorgeuntersuchung, obwohl sie vielleicht wissen, dass sie gerade dadurch ihre Aufmerksamkeit und Energie ständig auf das lenken, was sie befürchten und nicht wollen, und damit die Wahrscheinlichkeit erhöhen, dass es doch kommt. Auf diese Weise entsteht ein Teufelskreis, der immer enger wird. Wir suchen nach immer mehr Sicherheit, aber gerade dadurch lenken wir unsere Aufmerksamkeit auf das, was wir vermeiden möchten. Nach einer Untersuchung ist die Angst momentan zwar geringer, doch insgesamt wächst sie natürlich mit jedem Arztbesuch, weil uns die Anfälligkeit unseres Körpers immer mehr bewusst wird. Wir lassen uns gegen Krankheiten versichern und gegen Verdienstausfall, und genau das erhöht die Wahrscheinlichkeit, dass wir krank werden. Andere Menschen leben in ständiger Angst, überfallen und ausgeraubt zu werden. Sie gehen beispielsweise spät abends nicht mehr allein ins Theater oder ins Kino und parken grundsätzlich nicht in Tiefgaragen, und genau dadurch ziehen sie die Umstände an, die sie vermeiden wollten. Der Glaube daran, dass das Überleben an sich wichtig ist und dass deshalb alles getan werden muss, damit das Leben sicher bleibt, hat mehr Einfluss auf unsere Entscheidungen, als wir vielleicht zugeben wollen. Diese eifrige Suche nach Sicherheit oder besser, nach der Illusion von Sicherheit, hat jedoch einen großen Haken: Häufig vergessen wir darüber, zu leben und wir selbst zu sein. Weil wir so an Sicherheit interessiert sind, verlieren wir völlig aus den Augen, dass wir auch Lebensqualität suchen und Sehnsüchte haben, die befriedigt werden wollen. Diese ständige Jagd nach Scheinsicherheiten und die vielen unerfüllten Sehnsüchte sind der Grund, warum viele Menschen schon morgens lustlos aufstehen und einen Tag verleben, den sie nur anstrengend finden, bevor sie dann abends endlich wieder erschöpft in die Kissen sinken.

Viele Menschen sind nur mit ihrem Überleben beschäftigt. Aber was ist, wenn sie am Ende ihres Lebens möglicherweise erkennen müssen, dass sie zwar überlebt, aber nie wirklich gelebt haben und dass sie nichts Wesentliches aus diesem Leben mitnehmen können?

Sicherheitsdenken wirkt sich enorm schwächend auf die Empfindungskraft der Menschen aus, der Kontakt zu den eigenen Gefühlen geht verloren, und irgendwann spüren sie gar nichts mehr von ihrem wahren Wesen und ihren Fähigkeiten und Sehnsüchten. Wenn wir unser Leben in Ruhe betrachten, werden wir wahrscheinlich erkennen, dass wir eine Menge Entscheidungen mit dem Ziel getroffen haben, alles in einem sicheren und kalkulierbaren Rahmen zu halten, aber nicht, weil wir das, wofür wir uns entschieden haben, wirklich wollten. Ich selbst kenne jedenfalls nur ganz wenige Menschen, die das nicht so gemacht haben und statt dessen dem Ruf ihrer Sehnsucht gefolgt sind.

Um dieses Verhalten, zu dem wir tief innen natürlich nicht wirklich stehen, zu rechtfertigen, haben wir eine Menge Entschuldigungen auf Lager. Jede Angst lässt sich rechtfertigen, aber dennoch bleibt die Tatsache bestehen, dass wir nicht tun, was wir eigentlich wollen, beziehungsweise etwas tun, das uns gar nicht entspricht. Wie oft hören wir Sätze wie: »Man braucht schließlich Geld«, »Genießen kann nur, wer Geld hat« oder »Man braucht einfach einen Partner, allein macht das Leben keinen Spaß. Und was ist, wenn ich alt und krank bin und keiner da ist, der mich pflegt?«

Solchen Argumenten liegen Ängste zugrunde, die uns meist schon in frühester Kindheit eingepflanzt wurden. Und solange wir diese Ängste verteidigen, werden wir nicht mutig genug sein, auszubrechen und in Freiheit einen eigenen Weg zu gehen. Ich habe gehört, wie Menschen sagten: Das Erfreulichste im Leben hat sich immer dann eingestellt, wenn ich mutig genug war, zu mir selbst zu stehen und angstfreie Entscheidungen zu treffen.

Auch bei mir war es so. Wann immer ich aus der Routine ausgebrochen bin, mein Streben nach Sicherheit und Ordnung aufgegeben und das getan habe, wozu ich wirklich stehen konnte, was mich wirklich berührte, war ich richtig stolz auf mich. Beispielsweise hatte ich irgendwann eine wichtige Entscheidung zu treffen, bei der es darum ging, etwas aufzugeben, wofür ich ein Jahr lang gearbeitet hatte und dennoch erkennen musste, dass es letztlich nicht zu mir passte. Diese Entscheidung fiel mir damals im Moment zwar sehr schwer und war auch äußerst schmerzlich, weil ich ein ganzes Jahr lang scheinbar umsonst gearbeitet hatte, aber am Ende empfand ich sie als extrem befreiend. Später stellte sich außerdem heraus, dass sie mir ganz neue Möglichkeiten eröffnet hatte.

In diesem Buch werden magische Prozesse und deren Umsetzung praktisch nachvollziehbar werden, aber die intensive Beschäftigung damit macht nur dann Sinn, wenn wir diese neuen Möglichkeiten nicht wieder benutzen, um nur nach äußerer Sicherheit zu streben, denn dadurch würden wir uns in der Tat noch weiter von uns selbst, von unserem Wesen entfernen. Wir würden zwar unsere Bewusstseinskräfte entwickeln, aber wenn wir gleichzeitig wie zuvor in unserer Geschichte verstrickt bleiben, würden wir genau das tun, was wir schon immer getan haben, nämlich nach fremden Werten leben und unterschiedlichste Sicherheiten suchen, nur eben scheinbar erfolgreicher.

Auf der Suche nach unserem Lebensweg bekommen wir Hilfe von unserer Seele. Sie hilft uns, auch dann auf der Suche zu bleiben, wenn wir uns verlieren oder einen falschen Weg einschlagen, indem sie uns Erinnerungen schickt in Form von Rücken- oder Gegenwind. Doch wenn wir all das erfolgreich ignorieren und alte Werte verteidigen, ist sie gezwungen, drastischere und meist wenig angenehme Maßnahmen zu ergreifen. Dazu lenkt sie in der Regel die Energien unseres Lebens systematisch so, dass nach und nach alles bedroht ist, was wir bis jetzt geschaffen haben: unsere Partnerschaft, unser beruflicher Erfolg, unsere Gesundheit. Indem die Dinge in unserem Umfeld nach und nach immer unsicherer werden, werden wir zwangsweise aus unseren Verwicklungen befreit und müssen neue Wege gehen.

Die magische Fähigkeit, geistige Energien zur Gestaltung des eigenen Lebens zu nutzen, kann eine höchst gefährliche Sache für diejenigen sein, die sich ihrer Lebensabsicht nicht bewusst sind und fremden und deshalb sinnlosen Werten hinterherlaufen. Eine freie und bewusste Lebensgestaltung muss unbedingt im Einklang mit unserer Lebensabsicht erfolgen, denn sonst besteht die Möglichkeit, dass wir in noch größere Schwierigkeiten geraten.

Der erste Teil dieses Buches soll uns einerseits erkennen helfen, was wir in diesem Leben erfahren und erreichen wollen. Andererseits soll er uns die Sicherheit geben, dass wir alles erreichen können, was wir wollen und was zu uns passt, weil wir die dazu notwendigen Gesetzmäßigkeiten verstehen und praktisch anwenden können. Auf diese Weise befreien wir uns von der Angst und haben es dann nicht mehr nötig, mit Hilfe dieses

Wissens nach äußeren Sicherheiten zu streben. Wir wissen einfach, dass uns nur das begegnen wird, was wir mit unseren eigenen geistigen Energien anziehen.

Am Ende gehören wir nicht mehr zu den potentiellen Opfern, sondern können mit voller Überzeugung sagen: »Ich erreiche, was ich will und was zu mir passt, und nichts und niemand kann mich aufhalten.«

Der Weg zu diesem Ziel ist allerdings noch lang. Es genügt nicht zu wissen, dass so etwas möglich ist. Man muss es auch fühlen können und verinnerlicht haben, denn Magie findet im Gefühl statt, nicht im Kopf. Uns muss völlig klar werden, dass Sicherheitsdenken uns immer daran hindern wird, unser wahres Wesen zu spüren und zu leben. Angst und das Streben nach Sicherheit sind keine natürliche Eigenschaften des menschlichen Bewusstseins, wohl aber Neugier und die Lust, zu schaffen und zu erkennen. Wir alle streben nach Entwicklung und Entfaltung.

Bevor wir magische Fähigkeiten sinnvoll einsetzen können, müssen wir uns auf die Suche nach unserem Wesen machen und bereit sein, Sicherheit zugunsten von Lebensqualität und Lebenssinn aufzugeben.

Das Leistungsprinzip

Ähnlich stark wie vom Sicherheitsdenken sind wir von dem in unserer Gesellschaft allgegenwärtigen Leistungsprinzip geprägt. Von klein auf hat man uns vermittelt, dass wir nur akzeptabel sind, wenn wir den Anforderungen unseres Umfelds genügen. Damit wir die nötigen Streicheleinheiten bekommen und uns angenommen fühlen, verhalten wir uns lieb und angepasst. Wir tun Dinge, damit wir belohnt werden, und unterlassen andere, damit wir keinen Tadel einstecken müssen. Die Meinung anderer ist uns so wichtig, dass wir nicht nur unser Verhalten, sondern sogar unser Denken und Fühlen mehr und mehr daran ausrichten. Wir verfallen in ein Leistungsdenken, das sich an dem orientiert, was andere vermeintlich von uns erwarten, und vergessen uns selbst völlig darüber.

Dazu möchte ich eine Geschichte erzählen, die mich sehr berührt hat. Einmal kam eine Frau zu mir, die schwer an Krebs erkrankt war und dauerhaft wieder gesund werden wollte. Ihr Problem war unter anderem, dass sie völlig fremdbestimmt lebte und ständig nur daran dachte, was sie noch alles tun musste, was von ihr erwartet wurde oder was gesellschaftlich korrekt war. Eine sehr große Belastung stellten zwei Häuser im Norden Italiens dar, die sie von ihrer Familie geerbt hatte und um die sie sich kümmern musste, wie sie glaubte. Dieser Besitz brachte ihr zwar auch ein wenig Freude, aber hauptsächlich Arbeit und permanenten Ärger, denn ihre Nachbarn waren extrem streitsüchtig. Ständig dort hinzufahren und nach dem Rechten zu sehen, war ein großer Aufwand und strengte sie sehr an. Sie war zwar erfolgreich operiert worden, aber ihre Gesundheit stand immer noch auf der Kippe. In dieser Situation fragte ich sie, was sie denn tun würde, wenn sie genau wüsste, dass sie nur noch ein Jahr zu leben hätte. Die verblüffende Antwort war: »Ich würde schnell alles so ordnen, dass ich mit gutem Gewissen gehen kann.«

Ich war fassungslos, denn schließlich war die Frage sehr real. Sie hätte wirklich in einem Jahr tot sein können. Doch selbst in dieser Situation war es ihr offensichtlich immer noch wichtig, die Zeit, die ihr gewissermaßen von ihrer Seele geschenkt wurde, zu nutzen, um alles so zu regeln, dass sie am Ende in den Augen anderer gut dastehen würde.

Ich fragte sie, ob es ihr wirklich genügen würde, nach ihrem Tod zurückzuschauen und festzustellen, wer welches Haus von ihr bekommen habe und dass alles gut geregelt war. Würde es ihr genügen, wenn sie sonst nichts mitgenommen hätte aus ihrem Leben? Wäre es nicht viel wichtiger, jetzt ihre Bedürfnisse und Sehnsüchte zu befriedigen und viele Erfahrungen zu machen. Sie dachte nach und meinte dann, es sei vielleicht besser, sich von ihren Häusern zu trennen, bevor sie sechzig sei, damit sie mehr Zeit für sich selbst hätte. Den Gedanken, dass sie vielleicht gar nicht so alt werden würde, verdrängte sie völlig. Sie tat einfach so, als würde sie noch lange leben, nur um jetzt nicht aktiv werden zu müssen.

Vielleicht denken Sie jetzt, dass Ihnen so etwas nie passieren würde. Aber da bin ich nicht so sicher. Solche Denkweisen sind mir häufig begegnet, und der Grund dafür ist, dass uns diese Haltung oft schon im Elternhaus antrainiert wird, und erst recht später in der Schule: Wir lernen, Leistung nicht entsprechend unseres eigenen Maßstabs zu erbringen, sondern nach fremden Vorgaben, um akzeptiert und anerkannt zu werden. Das von außen vorgegebene Leistungsprinzip führt dazu, dass wir uns viel häufiger fragen, was von uns erwartet wird und wie wir bei anderen ankommen, als was uns selbst gefällt und entspricht.

Diese Art von freiwilliger Fremdbestimmung ist so normal geworden, dass wir sie kaum noch hinterfragen. Manche Menschen kleiden sich zum Beispiel genau nach dem Diktat der Mode, um nur ja »in« zu sein. Andere legen größten Wert darauf, sich stets sprachlich korrekt und überzeugend auszudrücken, um andere zu beeindrucken. Wieder andere gehen nicht ungeschminkt aus dem Haus, um nicht enttäuschend auszusehen. Doch das hat zur Folge, dass sie sich selbst nicht mehr wirklich spüren und dass sie sich in einer Weise zum Ausdruck bringen, die ihnen nicht entspricht. Manche halten es sogar für eine echte Leistung, sich der Sprechweise anderer, scheinbar erfolgreicher Menschen anzupassen, ihrem Aussehen, ihrem Arbeitsstil, ihrem Tempo oder ihrem Wertesystem. Haben wir nicht alle manchmal den Wunsch, ein Teil des »Fremdbewusstseins« zu sein und dazuzugehören?

Solange wir aber mit einer solchen Haltung magische Methoden einsetzen, bleiben wir dem alten Leistungsdenken verhaftet und haben möglicherweise sogar das Gefühl, besonders erfolgreich zu sein. Wir spüren dann gar nicht mehr, dass wir uns völlig von unserem Wesen abschneiden und im Fremdbewusstsein verlieren.

Wenn wir sinnvoll magisch arbeiten wollen, müssen wir uns gleich zu Beginn dafür entscheiden, dass wir die Magie nur für uns selbst nutzen wollen, also um unser eigenes Wesen zu entwickeln und zu leben. Möglicherweise können wir sie später auch anderen anbieten und diese damit auf den gleichen Weg zur Entwicklung ihres Selbst führen. Aber ganz sicher werden wir sie nicht benutzen, um gut dazustehen, irgendjemanden zu beeindrucken oder fremde Erwartungen zu erfüllen. Wir werden unser Selbstbewusstsein auch nicht mehr von Faktoren wie unserem Einkommen, unserem Image, unserem Erfolg, unseren rhetorischen Fähigkeiten, unserer Ausbildung oder unserem Aussehen abhängig machen wie viele andere Menschen, denn all dies ist wesensfremd, und jeder Versuch, uns durch ein Mehr profilieren zu wollen, bedeutet das Ende unserer Freiheit. Selbst wenn es noch so verführerisch scheint, mit Hilfe magischer Praktiken im Sinne der fremden Werte erfolgreich zu sein und zu erreichen, dass andere Menschen uns begeistert anhimmeln, würden wir uns damit nur von unserem Wesen entfernen und letztendlich an Einsamkeit, Leere und Sinnlosigkeit zugrunde gehen. Und das kann nicht unser Ziel sein.

Verzerrtes Zeitverständnis

Ein anderes Mitbringsel aus unserer Vergangenheit, das uns von unserem wahren Wesen abhält, ist unser Zeitverständnis, genauer gesagt, unsere Überbewertung der Zeit, die in Redensarten wie »Zeit ist Geld« zum Ausdruck kommt.

Kinder pflegen einen sehr eigenen Umgang mit Zeit. Sie leben und handeln in ihrem eigenen Rhythmus und brauchen eben genauso lange, wie sie brauchen, um etwas zu tun oder irgendwo anzukommen. Sie kennen keine Eile, es sei denn, die Sehnsucht treibt sie. Einem Kind einen genauen zeitlichen Rahmen vorzugeben, ist schwierig und eigentlich nur mit Gewalt möglich. Warum ist das so? Ein Kind braucht die Zeit, die es eben braucht, um das, was es tut, *mit Gefühl* zu tun. Für ein Kind ist das Tun und das Fühlen wichtig. Wie viel Zeit dabei vergeht, ist uninteressant. *Und Gefühle brauchen Zeit.*

Wenn man einem Kind erklärt, dass es für gewisse Tätigkeiten nur noch so und so viel Zeit in Anspruch nehmen darf, bringt man ihm bei, keine Gefühle in diese Tätigkeiten zu investieren. Und das ist für Erwachsene ja durchaus wünschenswert, denn damit wird das Kind viel leichter manipulierbar. Wichtig ist, dass geschieht, was geschehen soll, und zwar in möglichst kurzer Zeit.

Es scheint gefährlich, einem Kind Zeit zu geben, denn wer weiß, was ihm in dieser Zeit alles einfallen wird. Dieser Zeitdruck setzt sich im späteren Leben fort, und zwar meist in enger Verbindung mit dem Leistungsdruck, über den wir bereits gesprochen haben: Eine ganz bestimmte Leistung muss in einer ganz bestimmten Zeit erbracht werden. In Handwerksbetrieben gibt es Standard-Zeiten, in denen bestimmte Arbeiten ausgeführt werden müssen. Zum Beispiel darf die Reparatur eines Kotflügels nur so und so lange dauern. Ob zu lösende Schrauben verrostet sind oder der Kotflügel stark verbogen ist, spielt keine Rolle. Arbeit, die über das erlaubte Zeitmaß hinausgeht, wird nicht bezahlt. Wen stört es, dass die Qualität der Arbeit darunter leidet und vor allem die Motivation der Arbeitenden?

Wir haben nicht nur von klein auf gelernt, Leistung zu erbringen, was schon schlimm genug ist, sondern auch, dass diese Leistung in einem bestimmten Zeitrahmen erbracht werden muss. Und das bedeutet letztlich, dass unsere Gefühle und unsere innere Wahrnehmung zugunsten von mehr Funktionalität abgestellt werden.

Unser Wesen – das, was wir wirklich sind – braucht Gefühle, um sich zum Ausdruck bringen zu können.

Wenn wir keine Zeit mehr haben, uns unseren Gefühlen hinzugeben und uns selbst in unserem Tun zu spüren, wenn wir uns auf den Leistungs- und Zeitdruck einlassen, der uns überall vorgelebt wird, ist unser Gefühl irgendwann tot und wir haben überhaupt keine Chance mehr, unser Wesen zu spüren.

Irgendwann haben wir ganz vergessen, dass wir jemals Gefühle hatten. Und dann können wir unsere Gefühle auch nicht mehr einschalten, selbst wenn wir es wollten, weil wir sie so verdrängt haben, dass sie einfach nicht mehr für uns da sind. Und was macht ein Mensch, der seine Gefühle nicht mehr spürt? Er tut das, was er kennt und schon immer getan hat, allerdings noch besser strukturiert und noch funktioneller, damit wieder eine Herausforderung da ist. Er zieht seinen Zeitrahmen noch enger und bringt noch mehr Leistung, um ein Erfolgserlebnis zu haben, das er mit Gefühl verwechselt. Auf diese Weise gerät er in einen Strudel, der ihn noch weiter von seinen Gefühlen und seinem Wesen entfernt.

Das Bewegen in starren Strukturen prägt den Körper. Wo die Gefühle nicht mehr fließen, sind auch die Körperenergien irgendwann blockiert, was zu Herzproblemen, Leberkrankheiten, Wirbelsäulenschäden, Gelenkkrankheiten und anderen Krankheitssymptomen führen kann. In der Medizin gibt es schon seit langer Zeit eine psychosomatische Betrachtungsweise von Krankheiten, die aufzeigt, dass die geistige Einstellung einen direkten Einfluss auf den Zustand des Körpers hat. Krankheiten entstehen, wenn Menschen Dinge tun, die sie eigentlich nicht tun möchten, oder wenn sie nicht das tun, was sie gern tun würden. Doch wer keinen Raum für Gefühle lässt, merkt überhaupt nicht, dass er so lebt, und wird dann nur nach äußeren Ursachen für körperliches Unwohlsein suchen und seine Beschwerden auf der Ebene der körperlichen Symptome zu behandeln versuchen. Das kann die Gefühlsnot natürlich nicht ausgleichen. Im Gegenteil, es verschleiert die wahren Zusammenhänge noch und der Zustand gerät mehr und mehr aus dem Gleichgewicht, bis sich der Mensch vollkommen verausgabt hat.

Männer haben im mittleren Alter häufig einen Herzinfarkt oder leiden unter Prostatabeschwerden. Die Prostata steht symbolisch für dynamisch ausgedrückte und gelebte Lebensenergie, und das Herz ist ein Symbol für das Gefühlsleben. Vereinfacht ausgedrückt entstehen Prostata- und Herzprobleme immer dann, wenn den Gefühlen zu wenig Raum gegeben, wenn die Sehnsucht des Wesens ignoriert und damit die Freude am Leben immer geringer wird. Jede Krankheit ist zunächst ein Energieproblem, und Energie wird aus der Freude geboren. Wenn Menschen wesensfremd leben und Magie nur betreiben würden, um dies noch erfolgreicher zu tun, hätten sie langfristig immer mehr Probleme und immer weniger Raum für Gefühle und ihr wahres Wesen.

Menschen, die keinen Zugang zu ihrer Gefühlswelt und zu ihrem Wesen haben, leben gewissermaßen wie Zombies, nicht wirklich lebendig, aber auch nicht tot. Sie überleben, aber ohne Lebensenergie und ohne Sinn. Um uns herum wimmelt es von routinierten Zombies. Sie sehen aus wie Menschen, manchmal sogar wie sehr erfolgreiche Menschen, aber innerlich sind sie leer. Sie leben kein Wesen, sie haben keine Ausstrahlung. Solche Menschen glauben erfolgreich zu sein, wenn sie gut funktionieren, wenn sie scheinbare äußere Sicherheiten angehäuft haben, wenn sie pünktlich und genau sind oder fremden Erwartungen entsprechen. Sie glauben sogar, dass sie noch erfolgreicher werden können, wenn sie diesen Druck erhöhen und immer effektiver mit dem Leben umgehen. Genau das wird ja auch in vielen Erfolgsseminaren vermittelt: »Positiv denken und beherzt in die Aktion gehen!«

Ich persönlich halte dies für eine katastrophale Entwicklung, und deshalb ist es mir wichtig, eine Gegenbewegung in Gang zu setzen, für uns selbst und für andere. Wir wollen magische Werkzeuge einsetzen, um unser Wesen zu finden und zu entfalten und uns von allem zu lösen, was uns von unserem Wesen und unserer Lebensabsicht entfremdet, allem voran das Sicherheits- und Leistungsdenken und die Überbewertung von Zeit.

Frage:

Was bisher gesagt wurde, leuchtet mir alles ein, aber ich habe bei mir noch ein zusätzliches Problem festgestellt. Meine Partnerin und ich tun bestimmte Dinge in unterschiedlichem Rhythmus, und das gibt immer wieder große Probleme. Ich gehe beispielsweise den Morgen sehr zügig an, aber meine Partnerin trödelt ewig rum. Das Ergebnis ist, dass wir dann nicht wirklich so früh wegkommen, wie ich möchte, und das ärgert mich fürchterlich. Wir wollen doch beide etwas erleben!

Antwort:

Jeder Mensch hat von Natur aus seinen eigenen Rhythmus. Dem Rhythmus Ihrer Partnerin entspricht es, den Morgen gemütlich anzugehen, während Sie möglichst schnell in die Aktion gehen wollen. Natürlich kann man versuchen, die unterschiedlichen Rhythmen bis zu einem gewissen Grad einander anzupassen, aber letztendlich fühlt man sich nur in seinem Rhythmus wohl, und ich glaube, dass Menschen nur dann reibungslos miteinander leben oder arbeiten können, wenn ihre Rhythmen zusammenpassen. Mühelos erfolgreich wird ein Mensch jedenfalls nur, wenn er in seinem natürlichen Rhythmus lebt.

Was für den persönlichen Rhythmus gilt, gilt auch für alle anderen natürlichen Aspekte unseres Wesens: Wir müssen sie spüren, damit wir so leben können, wie es uns wirklich entspricht. Und das heißt auch, dass wir die überkommenen Werte Sicherheit, Leistung und Funktionieren innerhalb eines von außen vorgegebenen Zeitrahmens in Frage stellen müssen.

Wenn wir das tun, was unserem eigenen Wesen entspricht, und unsere Bewusstseinskräfte gezielt dafür einsetzen, werden wir mit der Zeit nur noch Menschen anziehen, die uns entsprechen, die den gleichen Rhythmus haben und eine ähnliche Art und Weise, mit dem Leben umzugehen. Am Anfang werden wir vielleicht das Gefühl haben, gegen eine Welle anzuschwimmen, die uns ständig aufzuhalten droht. Aber wenn sich immer mehr Menschen mit diesen Ideen anfreunden, werden wir als Gruppe ebenfalls eine Welle erzeugen, eine Welle der Freiheit und Selbstverantwortung, die ihre Wirkung nicht verfehlen wird.

Das Wesen zeigt sich in der äußeren Form

Warum hat eine Blume eine Farbe und einen Duft? Biologen würden wahrscheinlich sagen, dass Blumen mit Duftstoffen, Farben und Formen alle möglichen Insekten anlocken, die sie befruchten, und dass damit der Kreislauf des Lebens in Gang gehalten wird. Könnten dann nicht alle Blumen gleich aussehen und ähnlich riechen? Gäbe es dann nicht vielleicht eine bestimmte Farbe und einen bestimmten Duft, deren Kombination Insekten besonders erfolgreich anzieht? Das ist nicht der Fall. Und es gibt sogar Pflanzen, die offensichtlich gar nicht darauf angewiesen sind, für die Befruchtung Insekten anzuziehen, und dennoch sind sie bunt und duften gut.

Ich glaube, dass Pflanzen ihre eigene Schönheit wahrnehmen, dass sie eine Antenne für ihr Aussehen und ihren Geruch haben. Natürlich nehmen sie sich nicht auf die gleiche Art wahr wie wir, aber trotzdem sind sie eins mit dem, was sie sind. Sie erkennen die äußere Form ihres Wesens.

Das Gleiche gilt für Tiere. Auch sie freuen sich an ihrer jeweiligen Form und an ihren Möglichkeiten. Sie haben Spaß an der Bewegung, Spaß daran, die Welt zu erleben, in einer bestimmten Größe, mit einem spitzen oder einem breiten Maul. Hinter jeder äußeren Form sind bestimmte Wesenszüge wirksam. Bei uns Menschen ist das nicht anders. Die Art und Weise, wie wir uns bewegen, wie unsere Sinne funktionieren, das Aussehen unserer Haut, die Form unserer Nase und unseres Mundes – all das ist ein individueller Ausdruck unseres Wesen.

Würde die Natur einfach immer nur das Beste hervorbringen wollen, damit ein optimales Überleben gesichert ist, sähen wir wohl alle gleich aus und hätten die gleichen Möglichkeiten. Aber das ist eben nicht der Fall. Wir sehen alle anders aus und haben jeweils andere Eigenheiten und Fähigkeiten.

Ich glaube, dass hinter jeder äußeren Form eine geistige Idee steckt, ein Schöpfungsprinzip. Wir alle sind mit vielen geistigen Ideen auf diese Welt gekommen. Sie zeigen uns, welchen Energieprinzipien wir folgen sollen, wie wir leben sollen und wozu wir hier sind. Sie machen uns individuell.

In meinem Buch *Das dritte Auge öffnen* habe ich diese Zusammenhänge genau erklärt und an vielen Beispielen gezeigt, wie Farben, Formen, Strukturen, Proportionen und Klänge einem dahinter verborgenen Prinzip folgen, das man wahrnehmen kann und das sogar über seine äußere Form hinaus wirkt. Wenn man sich mit dieser Sichtweise vertraut gemacht hat und diese verborgenen Prinzipien wahrnehmen kann, wird einem jeder Mensch allein durch sein Äußeres ganze Geschichten erzählen, Geschichten über sich selbst, über seine Ideen, darüber, wie er gelebt hat, und darüber, wie er gern leben möchte.

Wir sind nicht geboren, um zu überleben, sondern wir überleben, um etwas ganz Bestimmtes zu erleben, und zwar auf eine ganz bestimmte Weise. Was wir erleben wollen, macht vielleicht bezogen auf ein Leben nicht immer Sinn. Aber wenn man weiß, dass der Mensch nicht nur einmal lebt und dass er seinen Ursprung im ewigen Sein hat, ergibt sich eine größere Perspektive, aus der heraus sich vieles leichter erklären lässt.

Das bewusste Sein als schöpferische Kraft

Wir sind als Teil unserer Seele mit einer Summe von Schöpfungsideen in dieses Leben eingestiegen. Diese Ideen bilden eine Art Filter für die ewig fließenden, unbegrenzten und ungerichteten Schöpfungsenergien. Wenn unser Bewusstsein wahrnehmen kann, wie seine Schöpfungsideen aus der unbegrenzten Flut von Möglichkeiten nur bestimmte auswählt und Wirklichkeit werden lässt, wächst seine Bewusstheit und sein Schöpfungspotential. Das ist aber nur möglich, wenn wir uns als Teil des Schöpfungsprozesses verstehen und uns zu anderen Bewusstseinsformen in ein Verhältnis setzen können.

Wenn ich der einzige Mensch auf der Erde wäre und weder einen Spiegel noch einen See hätte, in dem ich mich sehen könnte, könnte ich dann über mich selbst und mein Äußeres nachdenken? Nein, denn ich könnte mein Äußeres oder mein Sein nicht in Bezug zu etwas setzen.

Könnte ich, wenn mir ein zweiter Mensch begegnen würde, über mein Äußeres nachdenken? Immer noch nicht, denn ich würde nur ihn sehen und unterstellen, dass er aussieht wie ich, außer wir würden uns gleichzeitig im Spiegel sehen. Wenn aber zwei unterschiedlich aussehende Menschen auf mich zukommen würden, würde schnell der Wunsch in mir wach werden, mich in ein Verhältnis zu ihnen zu setzen. Ein Bewusstsein über mein Sein und über das, was ich bin und will, kann sich nur entwickeln, wenn ich einen relativen Standpunkt habe, das heißt, wenn ich mich zu etwas anderem in ein Verhältnis setzen kann.

Unser Bewusstsein und unser Selbstbewusstsein wächst in dem Maße, in dem wir uns relative Standpunkte suchen. So entsteht die Sehnsucht, etwas zu schaffen und zu verändern, der Wunsch, Schöpfungsenergien in Gang zu setzen.

Energie ist eine verändernde Kraft, die einen Zustand in einen anderen überführen kann. Wenn aber alles gleich ist, gibt es keine Energie in Aktion. Ungerichtete Energie ist nicht spürbar, allenfalls als Energiepotential.

Der Urzustand

In den Mythologien aller Kulturen gibt es einen Urzustand, den man auch als das Absolute oder den göttlichen Urgrund bezeichnet oder als das Sein vor dem Sein. Dieses Sein vor dem Sein war eigentlich ein Nicht-Sein, und zwar deshalb, weil in ihm alles gleichförmig war, ohne Unterschied, ohne relative Standpunkte. Deshalb war auch kein Bewusstsein möglich, und Schöpfungsenergie war nicht in Aktion. Es gab keine Schöpfung. Dieser Urzustand war Gott, das göttliche Urmeer der potentiellen Energie und des potentiellen Bewusstseins, das Absolute – eine absolute Energie, die aber noch keine Energie war, und absolutes Bewusstsein, das aber noch nicht Bewusstsein oder Selbstbewusstsein war, weil alles, was in diesem Zustand existierte, gleichförmig war und eins mit sich selbst.

In diesem gleichförmigen Zustand entstand die Sehnsucht, von Nicht-Sein zum Sein zu kommen und das eigene Potential zum Ausdruck zu bringen. Also teilte sich das Sein in zwei Bereiche. Diese zwei Bereiche könnte man den weiblichen und den männlichen Teil nennen. In dem Moment, in dem sich der eine Teil des Gleichen zum anderen Teil des Gleichen in Bezug setzen konnte, entstand Bewusstsein.

Der eine Teil des Nichts hat sich zum anderen Teil des Nichts in Bezug gesetzt. Das Nichts war zwar nur ein gleichförmiger

Zustand ohne Ausdruck, aber potentiell war es alles, was an Energie und Bewusstsein möglich ist. Und dieses Potential hat nach Ausdruck verlangt und die Teilung verursacht.

Als die Gleichförmigkeit zur Unterschiedlichkeit wurde, begann der eine Teil auf den anderen zu wirken. Das Männliche hat auf das Weibliche eingewirkt und das Weibliche wurde durch den Einfluss des Männlichen verändert. Sein Bewusstsein begann sich zu erweitern. Sein Schöpfungspotential wurde aktiviert und es begann nun seinerseits in veränderter Form auf den männlichen Teil einzuwirken.

Wenn ich »männlich« und »weiblich« sage, spreche ich von energetisch wirksamen Prinzipien, nicht von Mann und Frau im Sinne ihrer Geschlechtlichkeit.

Das Männliche hat sich über die Veränderung, die es am Weiblichen hervorgerufen hat, als Veränderungspotential erkannt und damit auch selbst verändert. Aus diesen nun ständig aufeinander einwirkenden Zuständen ergab sich ein Kreislauf der Veränderung, des Neubeginns und des Wachstums, in dem sich das Sein entfaltet.

Man könnte diesen Prozess auch den Uratem Gottes nennen. In diesem Uratem Gottes entsteht ständig etwas: zum einen Bewusstsein – der eine Teil kann sich auf den anderen beziehen und dadurch selbst erkennen – und zum anderen Energie – der eine Teil bezieht sich auf den anderen und bewirkt dort eine Veränderung, indem er Schöpfungsenergie ausrichtet. In diesem Austauschprozess entsteht zwischen den beiden Teilen ein Spannungsfeld, in das zum einen Schöpfungsenergie einfließt, und von dem zum anderen mehr und mehr Schöpfungsideen erzeugt werden, welche die Schöpfungsenergie ausrichten und Wirklichkeit entstehen lassen. Dieses Spannungsfeld könnte man als die Urdimension des Seins bezeichnen.

Die Urdimension des Seins ist so etwas wie eine Ursuppe aus Schöpfungsideen, die potentiell jede beliebige Schöpfung hervorbringen kann.

Diese Urdimension hat sich nun immer wieder geteilt, und die neu entstandenen Teile haben sich miteinander ausgetauscht.

Auf diese Weise entstanden neue Schöpfungsideen und neue Dimensionen. Unsere Dimension ist nur eine von vielen Dimensionen, die aus diesem Urzustand hervorgegangen sind.

Lebenskraft

Wenn einzelne Teile aus der Gleichheit in die Vielheit fallen, nehmen auch die einzelnen Teile der neuen Vielfalt eine Beziehung zueinander auf. Damit wächst ihr Bewusstsein und ihre Energie.

Auch wir, die wir aus der Gleichheit unserer Seele gefallen sind, tun dies, indem wir mit anderen Teilen unserer selbst, aber auch mit fremden Seelen in Beziehung treten. Wir tun es, weil wir herausfinden müssen, wer wir selbst sind und was geschieht, wenn wir auf das Andere oder den anderen einwirken.

Wenn wir Veränderungen wahrnehmen, die wir bewirkt haben, verstehen wir mehr von uns und unseren Schöpfungsideen, aber auch von den durch uns fließenden Schöpfungsenergien. Unsere Sehnsucht nach neuen Schöpfungsideen und noch mehr Erkenntnis wächst und wir entfalten uns immer weiter. Das ist Lebenskraft, das ist die göttliche Urenergie, die ständig Neues schaffen und immer weiter wachsen will – an Bewusstsein, an Schöpfungsideen und an aktiver Schöpfungsenergie.

Lebensenergie ist der ständige Drang, aus der Summe aller im noch nicht Manifestierten schlummernden Möglichkeiten etwas Neues hervorzubringen.

Im Alltag funktioniert dieses Prinzip sehr einfach. Wenn ich einen Freund treffe, der mir begeistert und ausführlich von seinem Trip nach Mexiko erzählt, höre ich ihm nicht nur zu, sondern tausche mich mit ihm aus. Dabei wird mir zum Beispiel bewusst, dass ich noch nie in Mexiko war. Alles, was er erzählt, bewege ich in mir, und mein Bewusstsein erweitert sich schon allein dadurch, dass ich ihm zuhöre. Ich bekomme neue Ideen. Eine Idee könnte zum Beispiel sein, dass ich auch eine

Reise nach Mexiko machen möchte, aber nicht in einem Wohnmobil wie er, sondern auf einem Motorrad. Ich nehme meinen Freund als Flut von Schöpfungsenergien wahr. Er wirkt auf mich durch das, was er tut und getan hat. Damit schafft er neue Ideen in mir, und diese neuen Ideen lenken Schöpfungs-energie in eine neue Richtung. Mit meiner Wahrnehmung be-ginnt sich auch mein Leben zu verändern.

Auf genau diese Weise entwickeln sich alle Formen von Le-ben: Ich nehme etwas wahr und das, was ich wahrgenommen habe, wirkt auf mich. Es verändert mich, lässt neue Ideen in mir entstehen. Das wiederum bringt eine neue Wahrnehmung und einen neuen Ausdruck hervor. Ich bewirke Veränderungen in meinem Umfeld, und diese Veränderungen wirken wieder auf mich zurück. Mein Bewusstsein entwickelt sich weiter, aber auch meine Schöpfungsideen und meine Schöpfungsenergie entwi-ckeln sich. Das Sein und alles, was existiert, entwickelt sich auf diese Weise und lässt ständig neue Schöpfungsideen entstehen.

Eine Dimension ist eine Summe von Schöpfungsideen, durch die das ungerichtete Schöpfungspotential der göttlichen Urener-gie in eine Form kommt und eine bestimmte Wirklichkeit ent-stehen lässt. Wenn beispielsweise weißes Licht ungerichtetes Schöpfungspotential wäre und ich es durch einen Rotfilter schi-cken würde, hätte ich am Ende rotes Licht, denn alles, was nicht rot ist, könnte den Filter nicht passieren. Ähnlich funktio-niert die Ausrichtung von Schöpfungsenergie.

Eine Schöpfungsidee aus unserem Bewusstsein filtert an-dere Aspekte aus dem gesamten Potential der vorhandenen Schöpfungsenergie aus und gibt der Energie damit eine ein-deutige Form. In dieser Form manifestiert sie sich als erleb-bare Wirklichkeit.

Unsere Seele ist eine Dimension

Eine Dimension ist eine unvorstellbar große Ansammlung ver-schiedener Schöpfungsideen, die sich potentiell alle manifestie-ren können. In dem Moment, in dem sich einige dieser Schöpfungsideen manifestieren, bekommt diese Dimension eine eindeutige Qualität. Unsere Seele hat so viele Schöpfungsideen, dass wir sie nicht mehr unmittelbar begreifen können. Im Verhältnis zu uns als Wesen ist die Seele also eine Dimension. Es gibt viele Zustände des erweiterten Bewusstseins, in denen man in bewussten Kontakt mit seiner Seele treten kann. Diese Kontakte werden als so gewaltig erlebt, dass man sie häufig als Gotteserfahrung bezeichnet, und zwar einfach deshalb, weil das, was unsere Seele an Potential und Energie in sich trägt, unser Begriffsvermögen übersteigt. Da man sich an solche Erlebnisse oft weder genau erinnern noch sie exakt beschreiben kann, haben sie durchaus etwas Göttliches an sich. Unsere Seele ist zwar selbst eine riesige Summe von Schöpfungsideen, kommt aber als Abspaltung aus der Überseele, die ihrerseits eine noch viel größere Ansammlung von Schöpfungsideen ist und aus einer noch viel größeren Dimension kommt. Aber schon unsere Seele ist so gewaltig, dass sie für uns nicht mehr fassbar ist. Unser menschliches Bewusstsein ist ebenfalls eine Ansammlung, eine kleine Dimension von Schöpfungsideen, die aus der Seele kommen. Diese Schöpfungsideen bringen wir in diese Dimension, die wir mit anderen Seelen teilen und als Wirklichkeit bezeichnen. Unsere Seele schickt viele Ansammlungen von Schöpfungsideen aus, so dass es eine Reihe von Seelenaspekten gibt, die zusammen mit uns auf die Suche nach Bewusstsein und Energie in dieses und andere Leben geschickt wurden.

Unsere Schöpfungsideen sind so vielfältig, dass wir sie in einem physischen Leben gar nicht ausleben können. Erst alle Leben zusammen vervollständigen das riesige Seelenpuzzle.

Schöpfungsideen sind Aspekte unseres Bewusstseins, die in der Lage sind, ungerichtete, göttliche Schöpfungsenergie in eine Form zu bringen, sie auszurichten und damit zu manifestieren.

Unser Schicksal besteht darin, unsere Schöpfungsideen zu verwirklichen. Wir sind mit einem Sack voller Schöpfungsideen in diese Welt gekommen und haben die Möglichkeit, beliebig viele dieser Schöpfungsideen zu einem beliebigen Zeitpunkt zum Ausdruck zu bringen.

Unser Auftrag besteht aber auch in der Begrenzung der Schöpfungsideen, die wir in dieses Leben mitgebracht haben. Unser freier Wille kann nur aus dieser Flut an Möglichkeiten auswählen und die gewählten Möglichkeiten zum Ausdruck bringen. Er kann jedoch keine neuen Möglichkeiten schaffen. Es geht auch nicht darum, die gewählten Möglichkeiten zu bewerten. Keine Art zu leben ist besser oder schlechter, sinnvoll oder weniger sinnvoll. Man kann nicht sagen, dass ein Bauer sinnvoller lebt als einer, der Autos repariert, oder dass ein Biologe, der Käfer im Urwald sammelt, eine sinnvollere Tätigkeit verrichtet als ein Künstler, der Phantasiebilder sammelt.

Das, was aus unserem Wesen kommt, ist Ausdruck der Seele und in sich sinnvoll. Darüber hinaus braucht es keinen Sinn. Die meisten Künstler würden auf die Frage, warum sie Bilder malen, wahrscheinlich antworten, dass sie malen, um sich selbst auf der Leinwand zum Ausdruck zu bringen, um sich selbst in Form und Farbe zu manifestieren. Ähnlich will sich auch unsere Seele zum Ausdruck bringen. Und dieser Ausdruck kann nicht wirklich bewertet werden. Er findet einfach um seiner selbst willen statt.

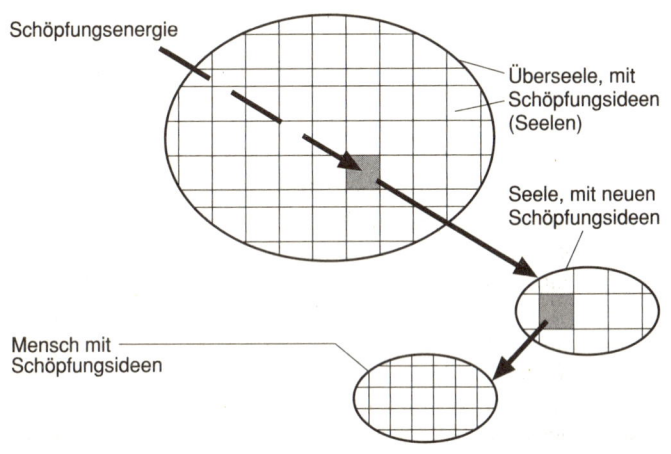

Das Bewusstsein wählt aus der Menge an Schöpfungsideen nur bestimmte aus

Wenn wir unsere Sehnsucht nach Ausdruck durch den Glauben an Sicherheit ersetzen und uns erst äußerlich sicher fühlen wollen, bevor wir uns zum Ausdruck bringen, stellen wir die äußere materielle oder emotionale Sicherheit vor unsere Lebensabsicht und deren Ausdruck und verlieren uns damit selbst. Genauso wenig sinnvoll ist es, unserem Ausdruck eine Ordnung zu geben oder ihn in einen zeitlichen Rahmen zu pressen, denn unsere Schöpfungsideen existieren außerhalb von Raum und Zeit und wollen unabhängig von einer äußeren Ordnung erlebt werden.

Wir sind mit einem Sack voller Schöpfungsideen hierher gekommen, und unsere Aufgabe besteht nun einfach darin, herauszufinden, welche Schöpfungsideen wir mit uns herumtragen und wie sie am besten zum Ausdruck gebracht werden können. Grundsätzlich gilt: Alle unsere Schöpfungsideen begegnen uns auch in unserer Umgebung, da Gleiches aufgrund des Resonanzprinzips Gleiches anzieht. Wir können davon ausgehen, dass es in dem Leben, in das hinein wir geboren wurden, eine Menge Entsprechungen zu unserem Wesen und unserer Lebensabsicht gibt, denn sonst würde es keinen Sinn machen und wir wären nicht hier.

Wenn wir ein Auto kaufen wollen, gehen wir ja auch nicht in einen Spielzeugladen. Auch unsere Seele schickt uns dorthin, wo wir unsere Lebensabsicht erfüllen können. Immer dann, wenn wir unseren Entsprechungen begegnen, erkennt das auch unser Wesenkern und gerät in Erregung. Diese Erregung kann sich als Freude oder als Ablehnung äußern, darin, dass wir uns von etwas angezogen fühlen, oder darin, dass wir uns über etwas ärgern. Beides macht deutlich, dass das, was wir erleben, etwas mit uns zu tun hat und uns auf positive oder negative Weise an unsere natürlichen Schöpfungsideen erinnert.

Wenn uns nichts mehr aufregt, weder im positiven noch im negativen Sinne, und unser Leben nur noch langweilig ist, dann deshalb, weil wir uns in einem Umfeld bewegen, das unseren Schöpfungsideen nicht oder nicht mehr entspricht. Kurzweilig und aufregend ist immer all das, was uns unsere Schöpfungsideen spüren und zum Ausdruck bringen lässt.

ÜBUNG:
WAS LANGWEILT MICH IN MEINEM LEBEN?

In dieser Übung sollen Sie herausfinden, was Sie in Ihrem Leben wirklich berührt, was Ihnen wichtig ist und was andererseits Ihrem Wesen, Ihren Bedürfnissen und Ihren Sehnsüchten nicht entspricht und deshalb unwesentlich ist. Nehmen Sie sich täglich ein wenig Zeit, beobachten Sie sich und Ihr Leben (Menschen, Situationen, Orte etc.) und stellen Sie sich folgende Fragen:

– Was an dem, was ich sehe, erlebe oder tue, begeistert mich und macht mir Freude?
– Was regt mich auf, vielleicht weil ich es auch gern hätte oder tun würde, aber glaube, nicht dazu in der Lage zu sein? Oder regt mich etwas auf, weil ich es auch habe oder tue, aber frei davon sein will, doch statt mich über mich selbst aufzuregen, projiziere ich meinen Ärger nach außen?
– Was lässt mich in der Weise unbeteiligt, dass es für mich keinen Unterschied macht, ob es noch einen Platz in meinem Leben hat oder ich es verliere?

Was Sie berührt, hat mit Ihrem Wesen zu tun und kann Ihnen den Weg weisen. Was Sie langweilt, raubt Ihnen nur Zeit und Energie, ohne Sie Ihrer Bestimmung näher zu bringen. Möglicherweise werden Sie einiges als langweilig und uninteressant entlarven. Und das bedeutet, dass dort nicht mehr Ihre Schöpfungsideen gelebt werden oder vielleicht noch nie gelebt wurden.

Alles, was uns im Leben nicht berührt, hat nichts mit uns zu tun. Wenn es mir zum Beispiel egal ist, dass sich manche Menschen in meinem Umfeld unmöglich verhalten, dann hat dieses Verhalten nicht wirklich etwas mit mir zu tun. Wenn ich andererseits völlig ausflippe, weil jemand eine blöde Kleinigkeit gemacht hat, dann hat das etwas mit mir zu tun und ich sollte herausfinden, woran es mich erinnert. Ist es vielleicht etwas, das ich auch gern tun würde, mich aber nicht zu tun traue? Vielleicht begegnet mir eine bildhübsche Person und ich denke »hübsch«, gehe aber einfach weiter. Dann hat sie nichts mit mir zu tun. Wenn sie mich jedoch tief berührt und ich anschließend ständig an sie denken muss, dann hat sie durchaus etwas mit mir zu tun und etwas an ihr muss mir entsprechen.

Alles, was uns positiv oder negativ berührt, weist auf eine Resonanz zu unseren Schöpfungsideen hin.

Resonanz, ob zwischen Menschen, Tieren, Pflanzen oder sogar Mineralien, stößt immer auf Gegenresonanz. Das liegt in der Natur des Resonanzprinzips. Ob wir uns dessen bewusst sind oder nicht, spielt dabei keine Rolle. Je feiner wir wahrnehmen und je bewusster wir uns in ein Verhältnis zu unserem Umfeld setzen, desto deutlicher werden wir dieses Prinzip erkennen und desto besser werden wir es verstehen können.

Der Wechsel von einer Dimension in eine andere

Eine Dimension ist so etwas wie ein Themenpark, zum Beispiel in Disneyland. Dort gibt es einen Themenpark »Micky Maus«, in dem sich alles um Micky und seine Freunde dreht; einen Themenpark »Future«, wo man auf eine Zeitreise gehen kann, und einen Themenpark, in dem man alles erleben kann, was mit Natur zu tun hat. In jedem dieser Themenparks kann man andere Erfahrungen machen und in jedem werden andere Sehnsüchte angesprochen.

Das gilt auch für die Dimensionen. In jeder Dimension sind andere Dinge erlebbar, kommen andere Manifestationen vor, werden andere Erfahrungen gemacht.

Es ist jedoch immer nur das möglich, was den Schöpfungsideen der jeweiligen Dimension entspricht. Wenn ich von einer Dimension in eine andere wechsle, wechsle ich in einen anderen Bereich von Möglichkeiten, und das bedeutet immer auch, dass mein Bewusstsein neue Dinge schaffen und wahrnehmen kann. Und das, was geschaffen und wahrgenommen wird, verändert und entfaltet wiederum mein Bewusstsein auf eine neue Weise.

Wenn zwei Dimensionen miteinander verschmelzen oder wenn ich ganz bewusst von einem Themenpark in einen anderen überwechsle, kann ich einige Schöpfungsideen von hier dorthin mitnehmen, allerdings nur, wenn sie in die andere Dimension passen.

Bewusstsein kann von einer Dimension in eine andere wechseln, aber nur in eine geeignete Dimension. Die Dimensionen sind durch eine Art Ordnungsnetz miteinander verknüpft, und nicht jede Form von Bewusstsein kann dieses Ordnungsnetz passieren. Manches muss eventuell zurückgelassen werden, während anderes mitgenommen werden kann.

Es ist neuerdings oft die Rede davon, dass wir im Moment einen Dimensionssprung miterleben. Ich empfinde diese Veränderung jedoch nicht als Sprung, sondern eher als ein Hinüberwandern in eine neue Dimension oder als Aufwachen in einer neuen Dimension.

Die Schöpfungsideen der anderen Dimension tauchen allmählich in diese Wirklichkeit ein, und das bedeutet, dass wir unmerklich in eine andere Dimension wechseln, die neue Möglichkeiten, neue Technologien, eine neue Medizin, neue naturwissenschaftliche Erkenntnisse und damit auch ein neues Bewusstsein für uns bereithält.

Dimensionen sind wie Themenparks, wo Schöpfungsenergie mit bestimmten Schöpfungsideen verknüpft und damit erlebbar wird.

Wenn ich neue Möglichkeiten erkenne und neue Dinge erschaffe, um meine Wahrnehmung zu erweitern, dann bedeutet das noch nicht, dass ich die Dimension wechsle. All dies ist auch innerhalb derselben Dimension möglich. Wenn diese

Möglichkeiten jedoch völlig anders sind als alles, was andere Menschen auch kennen, habe ich vielleicht wirklich neue Schöpfungsideen entdeckt, die den Wechsel in eine neue Dimension ankündigen.

Wenn ich beispielsweise immer in der Schweiz gelebt habe und noch nie in Amerika war, würde eine Reise nach Amerika nicht auf den Wechsel in eine neue Dimension hinweisen, sondern nur darauf, dass ich eine neue Schöpfungsidee in dieser Dimension entdeckt habe.

Wenn allerdings überhaupt noch niemand in Amerika gewesen wäre, hätte ich Aspekte einer neuen Dimension gefunden, und das würde nicht nur mich verändern, sondern alle, die an dieser neuen Idee Anteil hätten.

Als Kolumbus Amerika entdeckte, hat er die damalige Sicht der Welt in der Tat von Grund auf verändert. Das war ein Aufwachen in einer neuen Dimension.

Ein noch bedeutenderer Dimensionswechsel fand statt, als zum ersten Mal festgestellt wurde, dass man über die Meere segeln konnte, ohne in einen Abgrund zu stürzen. Früher glaubte man nämlich, die Erde sei eine Scheibe und am Horizont sei die Welt zu Ende.

Wenn wir in einer neuen Dimension aufwachen, lösen sich Aspekte der alten Dimension auf und werden von denjenigen, die in die neue Dimension wechseln, nicht mehr wahrgenommen.

Menschen, die nicht mit in die neue Dimension wechseln, können diese alten Aspekte noch wahrnehmen und werden sie auch verteidigen. Sie leben weiter wie bisher und merken nicht, dass andere bereits in eine neue Dimension gewechselt haben. Ihre Wahrnehmung hat nicht registriert, dass die Weichen neu gestellt wurden, und bleibt auf der alten Spur.

Parallele Wirklichkeiten

Normalerweise gehen wir von *einer* physischen Wirklichkeit aus. Tatsächlich scheint es aber viele Parallelwirklichkeiten zu geben, zu denen wir unter normalen Umständen keinen direkten Zugang haben. Um eine bessere Idee davon zu bekommen, stellen Sie sich einmal vor, dass fünf Dia-Projektoren fünf verschiedene Dias auf eine Leinwand werfen. Und dann stellen Sie sich vor, dass jedes Dia eine eigenständige Dimension ist. Solange diese Dimensionen als Dias nebeneinander stehen, ist das kein Problem, denn sie haben ja zunächst nichts miteinander zu tun. Wenn man die Dimensionen wechseln wollte, müsste man einfach von einem Dia in ein anderes gehen. Dabei würde man das vorausgegangene Dia natürlich verlassen.

Wenn man die Projektoren nun so drehen würde, dass alle Dias auf die gleiche Stelle projiziert würden, würden die verschiedenen Dimensionen einander durchdringen. Dennoch würde der Betrachter immer nur das wahrnehmen und erleben, worauf er eingestimmt ist beziehungsweise seine Wahrnehmung ausgerichtet hat.

Zwar wären alle Bilder gleichwertig und gleichzeitig überall vorhanden, aber dennoch hätte jeder Betrachter, der sich auf seine Dimension bezieht, den illusorischen Eindruck, die einzig vorhandene Realität zu erleben. Er würde nicht wahrnehmen, dass ihn Schöpfungsideen aus anderen Dimensionen durchdringen.

Mit unserer Wirklichkeit verhält es sich sehr ähnlich. Wenn wir die Dimensionen wechseln, verändern wir eigentlich nur unsere Wahrnehmung und damit die vorhandenen Schöpfungsideen und den bewussten Raum unserer Erfahrung. Wir verlassen mit unserer Wahrnehmung die alte Dimension, sind uns dessen aber nicht wirklich bewusst.

Wenn jemand die Dimension nur teilweise wechselt, hat das meist zur Folge, dass die Menschen seiner alten Dimension ihn nicht mehr richtig verstehen und seine Handlungen nicht mehr nachvollziehen können. Wechselt er die Dimension ganz, verschwindet er aus ihrem Wahrnehmungsraum und aus ihrer Erinnerung. Nur wer selbst teilweise in eine andere Dimension gewechselt hat, kann ihn noch erkennen, bis er selbst die Dimension wechselt.

Es gibt Menschen, die in mehreren Dimensionen gleichzeitig leben. Sie haben alle diese Schöpfungsideen integriert und können sich darin frei bewegen, was für Anhänger nur einer Dimension nicht mehr nachvollziehbar ist. Solche Menschen erscheinen »normalen« Sterblichen dann übermenschlich oder als eine Art Meister, was ja auch stimmt, wenn sie den Dimensionswechsel gemeistert haben.

FRAGEN UND ANTWORTEN

Frage:

Wenn alle Menschen in eine neue Dimension wechseln würden, würde sich die alte Welt dann auflösen?

Antwort:

Nein, die alte Dimension bleibt bestehen und lädt neue Bewusstseinsformen zu Erfahrungen ein.

Frage:

In vielen Religionen wird Gott als eine Wesenheit aufgefasst, aber wäre Gott nach den bisherigen Aussagen nicht eher als eine Dimension zu verstehen?

Antwort:

Menschen haben zu verschiedenen Zeiten und in verschiedenen Kulturen immer ihre eigene Auffassung von Gott gehabt. Für mich ist ein Wesen Schöpfungsenergie auf dem Weg zur Manifestation, und zwar Schöpfungsenergie, die durch eine bestimmte und begrenzte Ansammlung von Schöpfungsideen ausgerichtet wurde. Eine Dimension ist auch eine Ansammlung von Schöpfungsideen, aber in einer unvorstellbaren Vielfalt. Sie wird durch Bewusstseinskräfte konkretisiert, die bestimmte Schöpfungsideen an sich binden und damit zu einem konkreten Wesen werden, das seine Wirklichkeit manifestiert.

Ein Wesen kann als Bewusstseinsfeld mit einer bestimmten und begrenzten Ansammlung von Schöpfungsideen definiert werden, die es zur Manifestation bringen will.

Auch wir Menschen sind Wesen, welche die in unserer Körperlichkeit enthaltenen Schöpfungsideen zum Ausdruck bringen wollen.

Der göttliche Urgrund wäre die Summe aller Dimensionen und damit aller Schöpfungsideen und würde wie alle Dimensionen ständig wachsen und an Bewusstsein und Energie gewinnen.

Frage:

Nach meinem Verständnis hat ein Wesen Bewusstheit, während eine Dimension sehr abstrakt ist, eine Ansammlung aus Schöpfungsideen und Energie, aber ohne Bewusstsein. Wenn Gott also eine Dimension und kein Wesen ist, dann hätte Gott ja kein Bewusstsein?

Antwort:

Sowohl eine Dimension als auch ein Wesen hat Bewusstsein. Allerdings ist das Bewusstsein eines Wesens sehr viel mehr ausgerichtet, während das Bewusstsein einer Dimension sehr viel weiter, komplexer, vielfältiger und in sich nicht ausgerichtet ist.

Frage:

Von früheren Ausführungen habe ich behalten, dass man sich durch den Austausch mit einem Gegenüber in dieser Welt verändert und dass man sich auch selbst in diesem Gegenüber erkennen kann. Trifft das in der Traumwelt genauso zu?

Antwort:

Ja, aber nicht nur in der Traumwelt, sondern in jeder Dimension. Und es ist sogar so, dass Erfahrungen, die in der Traumwelt gemacht wurden, sich auch in dieser Welt auswirken. Auch zwischen den Dimensionen gibt es einen Austausch und Entsprechungen nach dem Resonanzprinzip: Ähnliche Energien ziehen sich an und stützen sich.

Frage:

*Ist es so, dass wir mit bestimmten Schöpfungsideen hier an-
kommen und die Resonanz dazu suchen, indem wir uns in
einer bestimmten Familie zur Welt bringen lassen. Erst dann
vergessen wir unserer mitgebrachten Ideen wieder. Aber erst
einmal waren doch einige unserer Schöpfungsideen in Resonanz mit den Randbedingungen, in die wir eingetaucht sind?*

Antwort:

Ja genau so sehe ich es! Die erste Zeit nach unserer Geburt ist
sehr prägend. In dieser Prägung beginnen wir unseren
Schicksalsfaden zu knüpfen. Wir kommen in die Familie, in
der unsere Schöpfungsideen zu einem sehr großen Teil erkennbar und über Vorbilder lebbar werden. Sowohl im Elternhaus als auch im näheren und weiteren Umfeld werden
ähnliche Schöpfungsideen gelebt, und zwar so, dass wir sie
über diese Vorbilder erkennen können. Auch der Zeitgeist,
der aktuelle Stand der Wissenschaft sowie das moralische
und soziale Gefüge passen dazu.

Frage:

*Sind die Schöpfungsideen unseres Wesens in allen Dimensio-
nen die gleichen, obwohl es unterschiedliche Gesetzmäßigkeiten gibt?*

Antwort:

Nein, sie sind nicht gleich. Wenn wir von der Seele mit einer
bestimmten Menge an Schöpfungsideen ausgeschickt werden, sind wir nicht nur hier, sondern auch in der Traumwelt,
in der Astralwelt und in zeitlosen Bereichen aktiv und suchen
überall gleichzeitig nach Ausdruck und Erkenntnis. Auf unterschiedlichen Wirklichkeitsebenen oder in unterschiedlichen
Dimensionen leben wir jeweils dazu passende Schöpfungsideen. Aber einige davon überlappen sich und sind ähnlich.
Und diese Ähnlichkeiten machen eine Verbindung zu anderen Dimensionen überhaupt erst sinnvoll, denn dann können
Erlebnisse zu einer gemeinsamen Erfahrung verknüpft werden.

Unser Bewusstsein ist multidimensional und existiert in verschiedenen Dimensionen gleichzeitig, aber unser Traum-Ich

verfolgt beispielsweise andere Ziele als wir. Die höchste Form von Erkenntnis besteht darin, die verschiedenen Bewusstseinsbereiche zu einer bewussten Erfahrung zusammenzuführen wie ein Puzzle.

Frage:

Aus allem, was gesagt wurde, schließe ich, dass ich umso mehr Energie habe, je mehr ich mich zum Ausdruck bringe und je mehr ich mich erkenne. Aber wie passt das dazu, dass der eine Mensch viel und der andere wenig Grundenergie in dieses Leben mitgebracht hat?

Antwort:

Je mehr wir uns zum Ausdruck bringen, desto mehr kann sich unsere Grundenergie entfalten. Das männliche Prinzip im Menschen, das nichts mit seinem Geschlecht zu tun hat, sorgt zum Beispiel dafür, dass etwas dynamisch und aktiv, geplant und strategisch in einem analytischen Gerüst bewegt wird, während das weibliche Prinzip die Dinge ganzheitlich, intuitiv, gefühlsmäßig und auf die Gegenwart bezogen aufnimmt, erkennt und begreift.

Nur wenn wir männliche und weibliche Aspekte unseres Bewusstseins gleichzeitig in uns bewegen, können unser Bewusstsein und unsere Wahrnehmung wachsen, nur dann haben wir Zugang zu unserem gesamten Energiepotential.

Viele Männer – und auch manche Frauen – sind einseitige, dynamische Macher, die keinen Raum für Gefühle in ihrem Leben lassen und daher auch nicht in der Lage sind, etwas ganzheitlich in sich aufzunehmen und zu verstehen. Solche Menschen schneiden sich langfristig von ihrem Energiepotential ab und können sich nur schwer entfalten, weil ihr weibliches Prinzip und damit auch das Wachstum ihres ganzheitlichen Bewusstseins zu kurz kommt.

Wenn andererseits eine Frau – oder auch ein Mann – sehr offen ist und Gefühlen viel Raum lässt, aber gleichzeitig den eigenen Ausdruck vernachlässigt und passiv wird, pflegt sie oder er zwar das weibliche Prinzip, kann sich aber auch nicht entfalten und geistig wachsen. Es wäre also für jeden Menschen sinnvoll, sowohl männliche als auch weibliche

Aspekte zu leben und damit Zugang zu seinem gesamten Potential zu haben. Viel Energie hat derjenige, der männliche und weibliche Aspekte in seinem eigenen natürlichen Rhythmus lebt.

Jemand der nur männlich aktiv ist, mag zwar einen sehr energetischen Eindruck machen, hat aber nur so lange Energie, bis er erschöpft ist. Dann kommt keine neue Energie nach, er altert und wird vielleicht sogar krank.

Frage:

Was bedeutet es genau, wenn man sagt, dass ein Mensch viel Grundenergie mitgebracht hat?

Antwort:

Viel Grundenergie hat jemand, der in dieses Leben gekommen ist, um viele unterschiedliche Schöpfungsideen zu verwirklichen. Vielleicht würde so jemand eine Firma aufbauen, drei Frauen und vierzehn Kinder haben, mehrere Weltreisen machen, verschiedene Musikinstrumente spielen und sich auch noch sozial, politisch, im Sport oder sonst wie engagieren. Eine Ansammlung von vielen Schöpfungsideen braucht eine Menge Energie, um sich im Leben manifestieren zu können.

Wenn ein Mensch mit vielen Schöpfungsideen und entsprechender Grundenergie dieses Potential nicht zum Ausdruck bringen würde, könnte sich diese Energie gegen ihn richten und er würde sich vor lauter Unzufriedenheit gewissermaßen selbst zerstören.

Natürlich gibt es auch Menschen, die rein äußerlich gar nicht so viel schaffen, in deren Innern sich aber sehr viel bewegt und entwickelt. Aber auch so jemand würde sicherlich nicht dauernd fernsehen oder in der Kneipe sitzen.

Frage:

Wenn jetzt jemand das Männliche oder das Weibliche nicht richtig lebt, wie kann er das ändern?

Antwort:

Der erste Schritt wäre, das Ungleichgewicht überhaupt zu bemerken. Und dann, wenn er sich dessen bewusst ist, sollte er sich Vorbilder suchen und in Kontakt mit Menschen kommen, die beide Prinzipien relativ ausgeglichen leben, oder zumindest das Prinzip, zu dem er noch keinen Zugang gefunden hat. Allerdings ist der Umgang mit solchen Vorbildern nicht immer einfach. Es kann nämlich durchaus sein, dass sich der Betreffende maßlos aufregt über die Art seines Vorbilds, weil er sie noch nicht aushalten und auch nicht wirklich verstehen kann. Oder er ist völlig begeistert davon. Auf jeden Fall gilt immer, dass jeder Mensch, der uns berührt, indem er uns entweder ärgert oder begeistert, etwas mit unserem Wesen zu tun hat. Und da er Persönlichkeitsaspekte lebt, die wir auch haben, aber noch nicht ausleben, kann er uns als Vorbild dienen.

Frage:

Habe ich das richtig verstanden: Das Bewusstsein wird ausgeschickt, um Erfahrungen zu machen, damit sich dadurch die Seele und damit auch die Überseele und sogar Gott selbst zum Ausdruck bringen und erkennen kann?

Antwort:

Ich glaube, dass alles Bewusstsein, der Mensch, die Seele und auch die Überseele Erfahrungen sammeln und Schöpfungspotential zum Ausdruck bringen will, dass wir über das, was wir geschaffen haben, uns selbst erkennen können und dass unsere Seele an diesem Prozess teilhat. Und wenn unser Bewusstsein wächst, indem es sich über das Geschaffene selbst erkennt, wächst gleichzeitig auch das Schöpfungspotential, denn Erkenntnis lässt neue Schöpfungsideen entstehen.

Jede Form von Bewusstsein folgt diesem Drang nach Entfaltung – Entfaltung von Bewusstsein, Entfaltung von Schöpfungsideen und Entfaltung von Energie. Bewusstsein erlebt sich im Ausdruck seiner Möglichkeiten.

Ein Maler trägt zum Beispiel die Idee für ein bestimmtes Bild in sich, aber diese Idee wird erst richtig lebendig, wenn er das Bild auch malt. Und wenn er das fertige Bild dann auf sich wirken lässt, begreift er sich und das, was er geschaffen hat, tiefer. Dann tauchen neue Ideen in ihm auf, was er alles noch anders machen könnte, und er ist mehr und mehr motiviert zu schaffen.

Er hat also dieses Bild geschaffen, nimmt es wahr, und das Bild verändert ihn. Neue Ideen entstehen in ihm und er malt neue Bilder. Genau so meine ich es. Der Maler entwickelt sich in diesem Prozess und sein Bewusstsein und seine Schaffenskraft wachsen im Laufe seiner Entwicklung. Würde der Maler kein einziges Bild malen und nur Ideen in sich tragen, könnte er sich nicht entfalten. Er käme nie wirklich zum Ausdruck.

Dieses Prinzip von Schöpfung, Erkenntnis und Entfaltung lässt sich auch auf die Überseele übertragen, aus der unsere Seele stammt. Die Seele bringt uns als Summe von Schöpfungsideen hervor, und wir bringen neue kleine Ideen hervor, die wir dann weitergeben oder zum Ausdruck bringen. Und indem wir das tun und wahrnehmen, was wir ausgedrückt und manifestiert haben, beginnen wir zu verstehen und zu wachsen.

Wachstum ist in diesem Zusammenhang Selbstzweck, so wie zum Beispiel Spielen für Kinder oder Tiere Selbstzweck ist. Die meisten Spiele haben keinen anderen Sinn, als sich in ihnen zu spüren und zu begreifen.

Es gibt eine ewige Verbindung zwischen uns und der Seele, zwischen der Seele und der Überseele, zwischen der Überseele und der Über-Überseele, zwischen der Über-Überseele und der nächsten Ebene bis hin zum Urgrund. Alle Dimensionen sind miteinander vernetzt, Energie und Erkenntnis fließen in alle Richtungen.

Frage:

Hat Erleuchtung etwas mit Schöpfungsideen zu tun?

Antwort:

In gewisser Weise schon. Als Erleuchteten könnte man einen Mensch bezeichnen, dem bewusst wird, dass seine einzige Begrenzung die Bindung an bestimmte Schöpfungsideen ist. Wenn er diese Bindungen beliebig neu gestalten kann, ist er frei in seiner Wahrnehmung und kann beliebige Schöpfungsideen manifestieren. Er verlässt damit die begrenzten Schöpfungsideen des üblichen Menschen und ist auch in der Vorstellung dieser Menschen nicht mehr erfassbar und beschreibbar.

Frage:
Kommen all diejenigen, die sich jetzt ernsthaft mit solchen Ideen auseinander setzen, aus der gleichen Seele? Oder hat das nichts miteinander zu tun?

Antwort:
Jeder von uns ist als eine Ansammlung von Schöpfungsideen in der gleichen Dimension, die sich im Moment auf die gleiche Weise erweitern will. Wir, die wir uns mit solchen Ideen beschäftigen, wandern gewissermaßen gerade durch einen Dimensionssprung hindurch in eine neue Wirklichkeit. Für jeden von uns stellt sich Wirklichkeit bereits anders dar als für die meisten Menschen und wird auch anders erlebt. Deshalb beschäftigen wir uns intensiv mit diesen Ideen.

Wenn wir uns verändern, indem wir neue Schöpfungsideen integrieren, wird es bald Menschen in unserem Umfeld geben, die uns nicht mehr verstehen, die nicht mehr nachvollziehen können, wie wir denken, fühlen und handeln, und die uns vielleicht sogar für verrückt halten. Das bedeutet aber nicht, dass wir alle, die wir auf diesem Weg sind, von der gleichen Seelenebene stammen. Doch woher wir auch immer kommen mögen, wir sind auf jeden Fall auf der Suche nach ähnlichen Schöpfungsideen, die wir zum Ausdruck bringen wollen.

Wenn wir unsere Wirklichkeit als Gesamtkomposition betrachten, dann setzt sie sich nicht nur aus Aspekten verschiedener Seelen zusammen, sondern auch aus verschiedenen Dimensionen und Schöpfungsideen. Und das bedeutet eine unvorstellbare Flut von Möglichkeiten an Entfaltung, Erfahrung und Wachstum für alle Wesen in dieser Dimension. Unsere Aufgabe in diesem Leben besteht darin, die Summe der Schöpfungsideen zur Entfaltung zu bringen, die wir als Potential mitgebracht haben, und so zur Erkenntnis über uns selbst und das Sein zu gelangen. Deshalb bestehen die ersten Schritte auf dem Weg zur Erfüllung unserer Lebensabsicht darin, die mitgebrachten Schöpfungsideen zu spüren und zu begreifen.

Positive und negative Berührung

Alle Schöpfungsideen haben die Tendenz, in unserer Wirklichkeit vorhandene Entsprechungen anzuziehen. Das können Menschen, Tiere Pflanzen, Situationen oder Umstände sein, die uns in irgendeiner Weise berühren, und zwar positiv oder negativ.

Unter einer positiven Berührung verstehe ich eine Begegnung oder Konfrontation mit einer Energiequalität, die uns begeistert, ein Mensch, eine Situation oder einfach eine Stimmung, die wir integrieren möchten.

Eine negative Berührung erzeugt weder Begeisterung noch Sehnsucht, sondern Ablehnung, Ärger, Aggression, Enttäuschung, Verzweiflung oder sogar Angst.

Aber alles, was uns berührt – positiv oder negativ – spiegelt eine Schöpfungsidee von uns selbst wider, auch wenn wir sie nicht als solche erkennen.

Der Grund, warum uns manche Begegnungen eher aufregen, kann beispielsweise darin liegen, dass sie uns etwas zeigen, das wir zwar gern leben würden, aber bisher versäumt haben. Oder sie zeigen uns etwas, wovon wir glauben, dass es schlecht für uns wäre, obwohl wir uns danach sehnen.

Ein Beispiel: Angenommen ich bin ein ganz Braver, der immer pünktlich zur Arbeit kommt, nur eine ganz kurze Mittagspause macht und erst spät nach Hause geht. Ich verhalte mich so, weil ich glaube, dass es immer günstig ist zu zeigen, wie extrem verlässlich, brav, zugänglich und anpassungsfähig ich bin. Ich suche Bestätigung für meine Leistung und meinen Einsatz.

Eines Tages kommt ein Neuer in mein Großraumbüro, der jeden Tag zu spät kommt und oft auch noch viel zu früh geht. Zwischendurch trinkt er immer mal wieder einen Capuccino, und trotzdem ist er mit allem immer viel schneller fertig als ich. Dieser Kerl regt mich fürchterlich auf, weil er so unseriös ist.

Aus Rache gebe ich ihm die schwierigsten Arbeiten, aber er erledigt sie mit einem Liedchen auf den Lippen. Meine Stimmung wird schlechter und schlechter. Ich versuche ihn anzuschwärzen, weil er immer zu spät kommt, aber mein Chef sieht keine Veranlassung etwas zu unternehmen, weil er ja seine Arbeit macht. Letztendlich ärgere ich mich so sehr, dass ich eine Magenschleimhautentzündung bekomme. Während ich zu Hause im Bett liege und in Selbstmitleid zerfließe, denke ich: »Wieso trifft es immer mich, wo ich doch so brav bin? Warum ärgert mich jeder?«

In diesem Fall ist es vielleicht so, dass ich auch gern ab und zu später kommen und mit einem flotten Liedchen auf den Lippen leicht und erfolgreich arbeiten würde. Aber das entspricht nicht meinem Weltbild. Ich habe bislang nicht geglaubt, dass so etwas funktionieren kann. Statt dessen war ich überzeugt, dass ein reifer Mensch Sorgenfalten haben muss und nur durch harte Arbeit Anerkennung erfährt. Das mit meinem Kollegen hat mich geärgert, weil ich eigentlich auch gern so leben würde wie er und es mir auch entspricht, aber ich habe es mir einfach nie zugetraut. Und deshalb gönnte ich es ihm auch nicht.

Es könnte aber auch sein, dass ein anderer genau das tut, was ich bei mir selbst nicht wahrnehmen will. Aber bei einer anderen Person erkenne ich es sofort und rege mich darüber auf. Und indem ich es verurteile, brauche ich mich selbst nicht zu ändern und stehe sogar noch gut da.

Einmal kam eine Frau als Klientin zu mir, weil sie sich Hilfe für ihre Hautprobleme erhoffte. Ich erklärte ihr, dass dieses Problem ebenso wie einige andere, die sie im Gespräch angesprochen hatte, psychosomatisch betrachtet vielleicht mit ihrer Kritiksucht zu tun haben könnte. Sie wurde sehr wütend und lehnte diese Erklärung rundweg ab.

Ich erwähnte dann noch, dass sich Kritiksucht unterschiedlich äußern kann, zum Beispiel indem man sich selbst kritisiert oder indem man über andere redet. Erbost fiel sie mir ins Wort und sagte: »Ich rede nie über andere, aber meine Nachbarin redet ständig über andere.« Dann erzählte sie mir zehn Minuten lang, was die Nachbarin so alles macht. Ich versuchte ihr klar zu machen, dass sie gerade über jemanden geredet hatte. Da fauchte sie mich an, das sei ja wohl was ganz anderes.

Es war ihr ein Bedürfnis, sich über andere Menschen zu entsetzen, aber ihre eigene Kritiksucht wollte sie nicht anerkennen.

Dennoch war sie unterbewusst sauer auf sich selbst, weil sie nichts aus ihrem Leben machte. Durch Verurteilen anderer wollte sie vor sich selbst besser dastehen.

ÜBUNG: WELCHE MENSCHEN BERÜHREN MICH?

Ziel dieser Übung ist es, Wesentliches und Unwesentliches noch klarer voneinander unterscheiden zu lernen. Und da uns im Leben kaum etwas mehr berührt als andere Menschen und wir uns ständig mit ihren Handlungen und ihrem Aussehen vergleichen, sollen Sie nun besonders nach Menschen suchen, die Sie positiv oder negativ berühren oder berührt haben. Machen Sie diese Übung nicht allein, sondern mit einem Partner oder sogar in einer Gruppe von bis zu fünf Teilnehmern, mit denen Sie sich vertraulich austauschen können.

Schreiben Sie die Namen oder kurze Beschreibungen von Menschen auf, an die Sie sich spontan erinnern, die in Ihrem Leben waren oder noch sind und die Sie irgendwie negativ oder positiv berührt haben.
Schreiben Sie der Übersicht halber in zwei Spalten. In die erste Spalte kommen Menschen, die positiv auf Sie gewirkt und Begeisterung in Ihnen ausgelöst haben. In die zweite Spalte schreiben Sie die Namen der Menschen, die negativ gewirkt und Ärger, Enttäuschung, Wut oder Angst ausgelöst haben. Manche Menschen passen vielleicht in beide Spalten.
Sie können auch Figuren aus der Literatur nennen, aus der Mythologie, aus Filmen, aus dem Fernsehen oder sogar Cartoonfiguren wie Goofy oder Micky Maus. Wichtig ist nur, dass es sich um Figuren handelt, die Sie berühren oder an Ihre Sehnsüchte erinnern.
Je mehr Namen oder Beschreibungen Sie aufschreiben, desto mehr werden Ihnen einfallen und desto wirkungsvoller ist diese Übung. Für diese Vorarbeit sollten Sie sich zwei Stunden Zeit nehmen.

Mit diesen Listen gehen Sie dann zu Ihren Freunden und beginnen mit zwei bis drei Namen, die Sie aufgeschrieben haben. Die anderen sollen das gleiche tun, damit Sie sich gegenseitig inspirieren können. Zunächst versuchen Sie selbst herauszufinden, was an diesen Menschen oder an dem, was sie getan haben, Ihren eigenen Schöpfungsideen entsprechen könnte. Die anderen hören einfach zu. Wenn Ihnen nichts mehr einfällt, können die anderen Hinweise und Hilfestellung geben.

Je mehr Namen Sie zusammen bearbeiten, desto klarer wird werden, welche Bedeutung diese Personen für Sie haben. Interessanterweise werden Sie auch feststellen, dass die Namen und Geschichten Ihrer Freunde Ihre eigene Erinnerung an weitere Personen anregt.

Die einfachste Möglichkeit, uns selbst zu entdecken, besteht darin, auf Schritt und Tritt zu beobachten, was uns berührt, positiv oder negativ. Nur was uns gleichgültig lässt, hat wenig mit uns und unserem Wesen zu tun.

Manche Menschen werden in diesem Zusammenhang glauben, dass sie der Zustand äußerer Sicherheit berührt, doch das ist eine Illusion. Ihre geschichtlich geprägte Vernunft denkt vielleicht, dass Sicherheit erstrebenswert ist, aber in Wirklichkeit begeistert sie nicht. Sie lähmt uns sogar in unseren Entscheidungen und erzeugt Angst vor ihrem eigenen Verlust. Genauso wenig können ein übertriebener Leistungsanspruch oder starr eingehaltene zeitliche Strukturen begeistern, denn auch sie nehmen uns Spontaneität weg und reduzieren unsere Wahrnehmungsfähigkeit für das, was uns wirklich berührt.

Fragen und Antworten

Frage:
Können Sicherheitssymbole wie eine Familie oder ein eigenes Häuschen nicht doch dem echten Wunsch mancher Menschen entspringen, ihrem wahren Wesen? Zum Beispiel

*fühlen sich viele Menschen in familiärer Geborgenheit si-
cher.*

Antwort:

Der Wunsch nach Sicherheit ist niemals Teil der Grundpersönlichkeit oder des Wesens. Er entspringt vielmehr der
Angst, machtlos zu sein oder den erwünschten Erfolg nicht
selbst herbeiführen zu können. Doch wer seine Familie genießt, das Lachen der Kinder, seine hübsche Frau, das
schöne Häuschen mit dem gepflegten Rasen, der so gut duf-
tet, ohne davon abhängig zu sein oder sich dahinter zu verstecken, erfüllt vielleicht die Sehnsüchte seines Lebensstils,
aber kein Sicherheitsbedürfnis. Das ist etwas anderes. So
verstanden würde es sich hier um Schöpfungsideen handeln,
um Ausdrucksaspekte, die ihren Wert im Ausdruck an sich
haben.

Frage:

*Wenn ich in der Übung negative Beispiele untersuchen soll,
fällt es mir nicht leicht herauszufinden, was mich genau ärgert und was das dann über mich aussagt.*

Antwort:

Das stimmt natürlich, aber genau dabei sollen ja die anderen
Personen behilflich sein. Wenn ich zum Beispiel einen Menschen sehe, der mich ärgert, weil er sich richtig blödsinnig
verhält, kann ich auf Anhieb vielleicht keine Verbindung zwischen ihm und mir herstellen, und doch muss seine Art etwas
mit mir zu tun haben, sonst würde ich mich ja nicht über ihn
ärgern.

Vielleicht rege ich mich auf, weil er so gammelig herumläuft,
und ich sehe keinen Zusammenhang, weil ich selbst nie so
rumlaufen wollte. Aber möglicherweise ist es gar nicht das
Gammlige, das mich an ihm ärgert, sondern etwas dahinter,
vielleicht die Tatsache, dass es ihm völlig egal zu scheint, was
andere Menschen von ihm denken, während mir selbst sehr
viel an der Meinung der anderen liegt. Das wäre für mich
selbst vielleicht nicht ohne weiteres erkennbar, wohl aber für
die anderen Teilnehmer an dieser Übung, wenn sie aufmerksam dabei sind.

Vielleicht ärgere ich mich auch über jemanden, der elegant gekleidet ist, ganz Ton in Ton, und die anderen erkennen, dass diese vornehme Zurückhaltung damit zu tun hat, dass er seine Gefühle nicht zeigen will. Es geht also überhaupt nicht um die Kleidung, die ich ablehne, sondern darum, dass mich dieser Mensch an meine eigenen Schwierigkeiten im Umgang mit Gefühlen erinnert. Und statt enttäuscht über mich zu sein, reagiere ich ärgerlich auf ihn. Er lebt Zurückhaltung, will Konflikte vermeiden und unauffällig sein, und meine Ablehnung seiner zu dieser Einstellung passenden Kleidung bedeutet nun, dass ich mich auch so empfinde. Zwar würde ich mich nie so elegant kleiden, aber die Haltung dahinter lebe ich ebenfalls, und sie ärgert mich auch an mir.

Frage:
Wenn mich jemand direkt kritisiert und ich negativ auf diese Kritik reagiere, woran könnte das liegen?

Antwort:
Wann immer wir empfindlich reagieren, mangelt es uns an Selbstbewusstsein und unser Selbstwertgefühl ist nicht stabil. Wer sich gut findet und in sich selbst ruht, nimmt jede Art von Kritik als Denkanstoß, erkennt aber auch, dass sie möglicherweise gar nichts mit ihm zu tun hat, sondern nur eine Projektion dessen ist, der glaubt kritisieren zu müssen. Wer sich selbst gut findet, hört sich Kritik zwar wohlwollend an, nimmt sie aber nur als relevant an, wenn er sie nachvollziehen kann. Eine ärgerliche oder enttäuschte Reaktion auf Kritik deutet auf Selbstzweifel hin. Dann sollte man sich fragen, wo genau man an sich selbst zweifelt. Wo ist man sich seiner selbst nicht sicher?

Jeder Mensch, der Kritik persönlich nimmt, hat ein Problem mit seinem Selbstwertgefühl, und genau deshalb zieht er Kritik an, denn auch diejenigen, die ihn kritisieren, spüren das und wirken als Gegenwind oder Konfrontation.

Kritik sagt immer auch etwas über den Menschen aus, der kritisiert. Aber die Reaktion auf die Kritik sagt etwas über den Kritisierten.

Frage:

Was ist, wenn mich Schlamperei am anderen stört?

Antwort:

Wenn Unordnung jemanden so stört, dass er stark gefühlsmäßig darauf reagiert, hat er wahrscheinlich selbst ein übertriebenes Ordnungsverlangen, weil in seinem Leben zu wenig passiert, was ihn berührt. Übertriebene Ordnung weist oft darauf hin, dass im Leben eines Menschen zu wenig los ist. Dann wird die ganze Aufmerksamkeit auf äußere Ordnung gerichtet.

Frage:

Kann ich auch etwas daraus schließen, dass ich leicht in Panik gerate, wenn auf der Autobahn jemand ganz dicht hinter mir auffährt?

Antwort:

Die Schöpfungsideen, nach denen wir suchen, sind immer positive Ausdrucksideen. Wenn Sie stark auf jemanden reagieren, der Sie bedrängt, dann ist die entsprechende positive Idee, sich nicht bedrängen zu lassen, sondern frei zu sein. Es geht also darum, diese Freiheit zu leben. Statt Ängste vor bedrängenden Situationen zuzulassen, entwickeln Sie regelmäßig Visionen davon, was Freiheit bedeutet. Aber das werde ich später noch genauer erklären. Zunächst ist es wichtig zu erkennen, welche Ideen starken gefühlsmäßigen Reaktionen und Verwicklungen zugrunde liegen.

Wenn wir bestimmte Dinge in uns erkannt haben, hat die Heilung bereits begonnen.

BEISPIELHAFTE ERGEBNISSE DER ÜBUNG »WELCHE MENSCHEN BERÜHREN MICH?«

Erste Geschichte

Der erste Ritter, dargestellt von Richard Gere, hat mich in dem gleichnamigen Film völlig begeistert, vor allem die Freiheit, die er gelebt hat. Er hat sich immer für das Gute und für

das Recht eingesetzt. Er hatte Spaß an seinen eigenen Fähig-
keiten und vollbrachte Dinge, die andere nicht konnten.
Seine Ethik, seine Abenteuerlust und die Unabhängigkeit, mit
der er nur tat, was er für richtig hielt, haben mich beein-
druckt. Und als er dann in die Frau des Königs verliebt war,
hielt er sich trotzdem makellos an sein Versprechen, dem Kö-
nig zu dienen, und war sogar bereit, seine Liebe dafür aufzu-
geben, was er letztendlich dann doch nicht konnte.

Folgerung

Offensichtlich haben Sie an dieser Figur Eigenschaften begeistert, die Sie in Ihrem eigenen Leben zu wenig gelebt haben.
Sie haben dort Sehnsüchte erkannt und Werte, die Sie auch
leben möchten. Zu Ihren Schöpfungsideen gehören demnach
vielleicht Freiheit, Souveränität, Abenteuergeist und ein ganz
eigenes Gerechtigkeitsempfinden. Auch Charaktermerkmale
wie Frechheit, Spritzigkeit und Spontaneität, Handeln aus
dem Bauch heraus, Geschicklichkeit, Ideenreichtum, Kreativität und die Bereitschaft, sich mutig für andere einzusetzen
und hemmungslos zu lieben, gehören dazu, auch wenn Sie
diese Eigenschaften bis jetzt vielleicht zu wenig gelebt haben.

Kommentar

Bei mir gab es früher gar nichts eindeutig Positives oder Ne-
gatives. Es war alles irgendwie Wischiwaschi und ich habe
mich mehr oder weniger durchs Leben geschlichen, aber
nicht gut gefühlt dabei.

Folgerung

Daraus kann man schließen, dass Sie lange Zeit ein sehr be-
langloses Umfeld für Ihr Leben gewählt haben. Wenn man
als Kind unpassende Werte von außen übernimmt, kann das
dazu führen, dass man sich ein Umfeld wählt, das zwar zu
diesen Werten passt, aber nicht zu einem selbst und das einen im Grunde langweilt und vom eigenen Weg abbringt.
Viele Menschen sind gelangweilt und tun nichts dagegen,
weil es ihnen nicht auffällt, da es ja zu den übernommenen
Werten passt. Das Umfeld, das sie gewählt haben, berührt sie
nicht und erinnert sie dann natürlich auch nicht daran, wer
sie wirklich sind. Sie gewöhnen sich an dieses wesensfremde

Umfeld und bleiben dort viel länger, als sinnvoll und gesund ist. Irgendwann fühlen sie sich dort so vertraut, dass sie diese Komfortzone gar nicht mehr verlassen wollen.

Zweite Geschichte

Ich habe einen starken Bezug zu der Serie »Star Trek« (auch: »Raumschiff Enterprise«), nicht zu bestimmten Personen, aber zu den Abenteuern, die dort erlebt werden, und zu den fremden, ungewohnten Aufgaben, die sich der Besatzung ständig stellen. Ich liebe das Abenteuer der Erforschung des Weltraums.

Folgerung

Daraus könnte man schließen, dass Sie neugierig sind, offen für Abenteuer, für Herausforderungen, für fremde Reize, für Veränderung und für die Erforschung unbekannter Dinge. Möglicherweise sind all dies Schöpfungsideen, die Sie in Ihrem Leben zum Ausdruck bringen möchten.

Dritte Geschichte

Mein Vater war Alkoholiker. Er was sehr aggressiv und hat meine Mutter oft verprügelt. Das zu erleben, hat mich als kleiner Junge total niedergedrückt, aber ich versuchte immer, zu meiner Mutter zu halten. Noch heute gelingt es mir kaum, einen betrunkenen Menschen ruhig und gelassen anzuschauen, weil immer noch alte Erinnerungen in mir hochkommen. Wie könnte das mit meiner Lebensaufgabe zusammenhängen?

Ich selbst habe mir überlegt, dass zu meinen Schöpfungsideen vielleicht Selbstsicherheit und Kraft gehören könnten. Statt mich als Opfer behandeln zu lassen, will ich lernen, mich zu wehren, mich für das einzusetzen, was ich will, und gezielt den Weg zu gehen, für den ich mich entschieden habe, ohne mich aufhalten zu lassen. Vielleicht soll ich auch lernen, Schwächere zu beschützen und für solche Personen und Situationen Verständnis zu entwickeln. Alkohol hat ja auch etwas Enthemmendes, verdrängte Gefühle, Wut und Sehnsucht kommen zum Ausdruck. Vielleicht sollte ich mit diesem negativen Vorbild auch lernen, mich ohne solche

Hilfsmittel selbstverständlich zum Ausdruck zu bringen. Bei dem Lernen von Verständnis gegenüber meinem Vater ging es vielleicht auch darum, zu erkennen, durch welche Not er zum Alkoholiker geworden ist.

Folgerung

Das war schon gut überlegt, und offensichtlich gibt es eine Menge Erklärungsmodelle. Zu Ihren Schöpfungsideen scheint mit Sicherheit die Fähigkeit zu gehören, Menschen in ihrer Art zu verstehen, ohne sie zu verurteilen. Ein Mensch, der trinkt, hat an seinem Leben vorbei gelebt und sich nie zum Ausdruck gebracht. Er ist tief enttäuscht und gekränkt und glaubt, dass ihm das Leben übel mitgespielt hat. Da Sie in eine solche Familie eingetaucht sind, haben Sie offensichtlich die Schöpfungsidee, souverän und frei leben zu wollen und dies auch allein zu lernen. Sie wollen nicht leben wie Ihr Vater, sondern wollen lernen, sich nicht einzuordnen, nicht abhängig zu machen und Ihre Freiheit niemals aufzugeben. Ihre Mutter hat sich nicht oder zu wenig gewehrt. Sie lebte die Opferrolle. Damit half sie Ihnen bei der Entscheidung, kein Opfer sein zu wollen, sondern zum Täter, zum Macher Ihres Lebens zu werden.

Kein Opfer zu sein, bedeutet auch, keine anderen Menschen und keine äußeren Umstände für den eigenen Zustand verantwortlich zu machen, weil man ja alles ändern kann – im Jetzt.

Kommentar

Das kann ich gut nachvollziehen. Anderen die Schuld zu geben, war bisher eine starke Tendenz von mir, aber tief innen wusste ich: Es ist falsch und eigentlich will ich anders sein – frei.

Vierte Geschichte

Eine Person aus unserer Übungsgruppe leidet sehr unter der Dominanz anderer Menschen. Schon in der Schule wurde sie von einem Klassenkameraden geschlagen und musste ihm Geld geben, damit er es nicht mehr tut. Dieses Problem zieht sich wie ein roter Faden durch ihr ganzes Leben. Immer, wenn ein sehr dominanter Mensch in ihr Leben tritt, ist sie das Opfer und kann sich nicht wehren. Auch der Mann ihrer Schwester hat sie schon geschlagen. All dies ist offensichtlich, aber wir wissen nicht, wie sie diese Opferrolle auflösen kann.

Folgerung

Möglichkeiten, um so etwas aufzulösen, werden wir erst später erarbeiten. Im Moment ist es wichtig, die größeren Zusammenhänge zu durchschauen. Offensichtlich geht es in ihrem Leben unter anderem darum, so viel Zuversicht zu sich selbst zu erarbeiten, dass solche Menschen erst gar nicht mehr in ihr Leben treten. Wer von außen in seinen Gefühlen vergewaltigt und in seinem Freiraum eingeschränkt wird, also Opfer ist, muss schon von klein an auf diese Opferrolle vorbereitet worden sein. Der Selbstwert eines solchen Menschen wurde nicht unterstützt oder sogar zerschlagen und die Opferrolle wurde für ihn zur normalen Lebenserfahrung. Menschen mit diesem Opferbewusstsein verfolgen in der Regel zwei Strategien, um ihre Haut zu retten. Entweder werden sie aggressiv und schlagen gewissermaßen aus Angst zuerst zu, damit ihnen ganz bestimmt nichts passiert. Oder sie entziehen sich, beziehungsweise bauen eine Mauer um sich herum auf, durch die dann nichts mehr an sie herankommt. Leider sind all diese Methoden nicht wirklich brauchbar, denn sie ändern grundsätzlich nichts an der Situation. Wer ständig aggressiv austeilt, zieht auf Dauer auch Aggression an oder wird isoliert. Und wer sich ständig entzieht, wird irgendwann ausgegrenzt und übergangen und bleibt allein. Wer eine Wand aufbaut, bleibt vielleicht nicht ganz allein, aber er hat nichts von der Gesellschaft anderer, weil ihn nichts und niemand mehr berührt.

Ein Weg aus der Opferhaltung besteht darin, die eigene Einstellung zu sich selbst, seinem Wert und seiner Bedeutung für andere Menschen zu erweitern und damit seine Ausstrahlung so zu verändern, dass man derart dominante Menschen überhaupt nicht mehr anzieht.

Die Schöpfungsidee dahinter heißt Selbstliebe, und sie muss aus eigener Kraft entwickelt werden, da sie in der Kindheit nicht gefördert wurde. Familienmitglieder sind in der Regel durch ein Schicksalsband miteinander verbunden. Das bedeutet, dass die Eltern und auch die Großeltern der betreffenden Person vermutlich ähnliche Probleme mit Selbstwert und Selbstbewusstsein hatten.

Kommentar

Das leuchtet alles ein. Jetzt will die Person aus unserer Gruppe mit ihrer Schwester und deren Mann in die Ferien fahren. Ist das eine gute Idee? Wir glauben, dass die Idee nur dann gut ist, wenn ihre Selbstachtung schon so groß ist, dass sie sich nicht mehr in die Opferrolle drängen lässt oder diese Rolle anzieht. Andererseits erinnere ich mich, gehört zu haben, man sollte das tun, wovor man Angst hat. Können Sie etwas dazu sagen?

Antwort:

Man sollte das tun, wovor man Angst hat, wenn man die Kraft dazu entwickelt hat. Wer nicht schwimmen kann und demnach Angst vor dem Wasser hat, stürzt sich ja auch nicht in die Fluten, bevor er schwimmen gelernt hat. Wenn er gerade schwimmen gelernt hat, wäre das durchaus sinnvoll, um die Angst vor dem Wasser zu verlieren. Bezogen auf den gemeinsamen Urlaub glaube ich, sie darf erst dann mitfahren, wenn sie ganz klar in sich spürt, dass ihre Opferhaltung längst hinter ihr liegt und ihr Selbstbewusstsein verhindern wird, dass so etwas wieder passiert.

Allgemeiner Kommentar

Ganz allgemein stellte sich bei dieser Übung heraus, dass es sehr schwer war, nur zu erzählen und zuzuhören und das Gesagte nicht zu bewerten. Können Sie dazu etwas sagen?

Folgerung

Wir sind so daran gewöhnt, Rat zu suchen, Rat zu geben und die Dinge als gut oder schlecht zu bezeichnen, dass wir unsere neutrale Haltung ganz schnell aufgeben und wieder bewerten und Rat geben wollen. Aber das macht diese Übung weniger erfolgreich. Hier decken wir nur Zusammenhänge auf. Lösungen werden später erarbeitet.

Ich möchte an dieser Stelle auch kurz ein Beispiel von mir geben. In meiner Kinderzeit war Goofy eines meiner Vorbilder.

Ich habe ihn in seiner Menschlichkeit besonders gemocht, die Art, wie er gelacht hat, so aus dem Bauch heraus. Später habe ich mir oft überlegt, was Goofy in mir angesprochen hat. Ich glaube, es war seine natürliche Art, mit den Dingen umzugehen, eine gewisse Grundnaivität. Er unterstellte immer das Beste, hielt sich genau an das, was einer sagte, und kam nicht auf die Idee, dass jemand etwas ganz anderes gemeint haben könnte, als was er gesagt hatte. Diese naive Offenheit hat mich berührt. Goofy war arglos und kindlich und er hatte ein riesiges Urvertrauen. Immer ging er davon aus, dass alles gut wird. Ich glaube, dass ich diese Schöpfungsideen mit ihm teile und auch lebe.

Vorbilder zu erkennen, die uns deutlich machen, wie wir leben wollen, ist eine wichtige Vorraussetzung dafür, dass wir die Kraft und die Motivation aufbringen, die notwendig ist, um unser Leben erfolgreich und unserem Wesen entsprechend führen zu können.

Die folgende Meditation zeigt Ihnen zunächst wichtige Schöpfungsideen und macht diese lebendig. Dann werden Sie zwei Energiepunkte in Ihrem Körper spüren, durch welche die Schöpferkräfte Ihrer Seele in Sie hineinfließen. Diese Punkte können bewusst aktiviert werden und bringen Sie in Kontakt mit Ihrem Seelenpotential.

MEDITATION – ZWEI ENERGIEPUNKTE SPÜREN

Schließe die Augen. Atme langsam tief ein und aus.
Denke an deine beiden Knie. Atme langsam ein und aus.
Denke an deine beiden Schultern. Atme langsam ein und aus.
Denke an deinen Solarplexus. Atme langsam ein und aus.
Denke an dein Herz. Atme langsam ein und aus.
Stelle dir jetzt mit jedem Atemzug vor: Du atmest strahlende, kraftvolle Energie ein und beim Ausatmen verteilst du diese Energie in deinem Körper und in deinem Bewusstsein.

Spüre, wie sich dein Körper mehr und mehr mit Energie füllt.

Atme weiter Energie ein und schicke diese Energie beim Ausatmen über die Grenzen deines Körpers hinaus in den Raum.

Fülle den Raum mit strahlender, kraftvoller Energie.

Diese Energie hat die Kraft, deine Gedanken, deine Gefühle und deine inneren Bilder Wirklichkeit werden zu lassen, wenn du das möchtest.

Atme langsam tief ein und aus und sage dann leise in Gedanken zu dir selbst, wenn du möchtest, sage und empfinde:
»Ich bin unbegrenzt, ewig und frei.«
»Ich habe Verbindung zum Urgrund meiner Seele.
 Dort liegt die Quelle all meiner Kraft, meiner Ideen, meiner Inspiration.
Sie begleitet mich auf meinem Weg durch dieses Leben und erinnert mich daran, wer ich bin und was ich in diesem Leben möchte.
Sie erinnert mich an meine Ziele und an meine natürliche Art und Weise durchs Leben zu gehen.
Sie erinnert mich an das, was mich freut, was mich berührt, weil es ein Teil von mir ist.«

Atme langsam tief ein und aus und erinnere dich:
»Das, was ich schön finde, ist ein Teil von mir.«
Was finde ich schön?
Alles, wo ich mich geborgen fühle, ist ein Teil von mir.
Wo fühle ich mich geborgen?
Alles, wofür ich dankbar bin, ist ein Teil von mir.
Wofür bin ich dankbar?
Alles, wofür ich Liebe empfinde, ist ein Teil von mir.
Wofür empfinde ich Liebe?

Atme langsam und tief ein und aus und frage jetzt tief in dich hinein:
»Wenn ich eines Tages aus diesem Körper gehe und mein Bewusstsein in neue Dimensionen reist, welche Erfahrun-

gen, Gefühle und Erinnerungen möchte ich dorthin mitnehmen?«
Das, was ich mitnehmen möchte, ist ein Teil meines Wesens.
Und das, was ich mitnehmen möchte, weil es ein Teil meines Wesens ist, will ich in diesem Leben bewusst und entschieden suchen.
Alles, was ich nicht als Erinnerung mitnehmen möchte, ist
nicht Teil meines Wesens und soll auch nicht Teil meiner
Lebenserfahrung sein, weder jetzt noch in Zukunft.

Atme langsam tief ein und aus.
Und jetzt spüre in deinem Bauch und in deiner Brust zwei
Punkte, wo sich die Energie deiner Seele konzentriert und
durch die sie strahlt.
Ein leuchtender Energiepunkt in deiner Brust und ein
leuchtender Energiepunkt in deinem Bauch.
Durch diese Punkte fließen die Schöpferkräfte deiner Seele
in dich hinein.
Dieser Fluss bringt Heilung.
Dieser Fluss bringt Ruhe.
Und dieser Fluss bringt Freude im Fließen mit dem Sein.

Konzentriere dich auf diese Punkte und dann empfinde tief
in dir: »Ich bin eins mit meiner Seele und mit meiner Bestimmung.
Alles ordnet sich und wird gut in meinem Leben.
Ich will diese Einheit mit meiner Seele und meiner Bestimmung.
Alles ordnet sich und wird gut in meinem Leben.
Wenn ich weiß, was ich später in eine andere Dimension
mitnehmen möchte, dann weiß ich, was ich erleben
möchte und wem und was ich in meinem Leben Raum geben muss.
Und das will ich tun.«

Jetzt lass diese Bestimmung wirken, deine Bestimmung.
Lass sie wirken in deiner Brust und in deinem Bauch.

Atme tief ein und aus.

Erinnere dich abends, wenn du schlafen gehst, an das, was du später in eine andere Dimension mitnehmen möchtet.

Erinnere dich an die beiden Energiepunkte in deiner Brust und in deinem Bauch.

Und dann schlafe mit der Absicht ein, den Kontakt zu deiner Seele und zu deiner Bestimmung zu spüren.

Atme langsam tief ein und aus und öffne dann allmählich die Augen.

FRAGEN UND ANTWORTEN

Frage:

Wahrscheinlich als Nachwirkung der Meditation ist mir heute morgen aufgefallen, dass ich bestimmte Menschen und Situationen meide. Warum ist das wohl so?

Antwort:

In der Regel meiden wir Situationen oder Menschen, weil wir sie als Gegenwind empfinden, dem wir uns noch nicht gewachsen fühlen und aus diesem Grund vermeiden wollen. Wenn das nicht der Fall ist und wir den Gegenwind als Herausforderung annehmen, erkennen wir möglicherweise, dass bestimmte Energien nicht zu uns passen und unser Energiefeld stören würden. Sie würden uns in unserem Ausdruck nicht unterstützen, sondern eher hemmen. Deshalb vermeiden wir sie bewusst. Dann könnte es noch sein, dass wir bestimmte Energien wünschen und suchen, die uns im Moment aber noch überfordern würden. Deshalb zögern wir die Berührung damit noch hinaus, bis die Zeitqualität stimmt, beziehungsweise bis wir dafür bereit sind. Diese drei Erklärungen fallen mir ein. Was auf Sie zutrifft, müssen Sie selbst herausfinden.

Frage:

Wenn Menschen sehr ausschweifend erzählen und sich ständig wiederholen, weiß ich oft längst, was sie sagen wollen, und muss mich sehr in Geduld fassen, um ihnen nicht ins Wort zu fallen. Solche Menschen versuche ich dann zu mei-

den, damit ich mich diesen Situationen nicht aussetzen muss. Was sagt das über mich aus?

Antwort:

Menschen, die andere mit Worten zuschütten, selbst wenn sie eigentlich nichts zu sagen haben, tun das aus einer gewissen Achtungslosigkeit anderen Menschen gegenüber. Und in der Tat ersticken einen solche Menschen im Gespräch so sehr, dass man schließlich keine Lust mehr hat, zu reden oder zuzuhören. Dass Ihnen solche Menschen begegnen, hat natürlich mit Ihnen und Ihrer Vergangenheit zu tun, in der Sie wahrscheinlich zugelassen haben, dass man Sie dominierte, in welcher Form auch immer. Und von dieser Opferbereitschaft oder diesem eingeschränkten Selbstwertgefühl ist wohl noch etwas übrig, wenn solche Leute nach wie vor in Ihr Leben kommen. Versuchen Sie sich klar zum Ausdruck zu bringen, auch gegenüber dominanten Personen. Wenn jemand Sie mit Worten zuschüttet, fragen Sie ihn doch mal: »Interessieren Sie sich auch für meine Meinung?« Oder: »Soll ich dazu mal Stellung nehmen?« Auf diese Weise können Sie ganz schnell feststellen, ob er nur einen Monolog halten oder sich wirklich austauschen will. Wenn er beispielsweise sagt: »Aber eines muss ich noch sagen«, können Sie weiterfragen: »Soll ich meine Meinung dann später sagen und wie viel später?« Spätestens an dem Punkt haben Sie alles geklärt.

Frage:

Wann ist es in Ordnung, bestimmte Menschen zu meiden?

Antwort:

Ob es sinnvoll ist, bestimmte Menschen zu meiden, kann man nicht generell sagen. Zunächst ist es wichtig herauszufinden, warum man sie meiden will.

Wenn man sie aus Angst meidet, verschenkt man eine Möglichkeit, Selbstbewusstsein und Souveränität zu üben. Sie zu meiden, weil sie das eigene Energiesystem stören, kann sinnvoll sein, weil man so leichter bei sich selbst bleiben kann. Meidet man sie, weil man glaubt, es sei noch zu früh für einen fruchtbaren Austausch, dann muss man klä-

ren, ob es nicht doch versteckte Angst ist, die einen aufhält, und man nicht doch mutig vorpreschen sollte.

Frage:

Ich merke, dass es mir prinzipiell immer besser geht, aber mein Körper ist energielos und verspannt sich immer mehr. Und das verstehe ich nicht, denn eigentlich müsste es ihm doch auch gut gehen, wenn ich mich gut fühle.

Antwort:

Es gibt verschiedene Schichten im menschlichen Bewusstsein, die sich unterschiedlich schnell entwickeln. Manche Energieschichten oder Bewusstseinsqualitäten sind ganz euphorisch und drängen stark nach vorn. Andere halten an der Vergangenheit fest, verteidigen skeptisch ihren alten Standpunkt und halten am Gewohnten fest.

Mit meinen Kassetten und CDs erlebe ich häufig folgendes Phänomen: Die verwendete Rauschtechnik führt den Hörer in einen ruhigen, tief entspannten Zustand, wo er den jeweiligen Übungszielen nachgehen kann. Aber in dem Moment, in dem sich die ersten Anzeichen von tiefer Entspannung einstellen, reagiert der Körper alarmiert, weil er diesen Zustand nicht kennt, und wehrt sich. Er weigert sich loszulassen aus Angst, die Kontrolle zu verlieren, und das obwohl er tief innen weiß, wie angenehm und heilsam Entspannung ist. Manchmal erzeugt diese Weigerung sogar Kopfschmerzen, die sich erst legen, wenn der Körper Vertrauen gefasst hat und loslassen kann.

Man könnte also sagen: Selbst wenn wir geistig neue Wege gehen und sich alles wandelt, ist unser Körper manchmal zu träge, um zu folgen, jedenfalls im Moment. Daraus kann man jedoch nicht den Schluss ziehen, dass sich nichts verändert hat.

Die Meditationen und Übungen in diesem Buch werden vieles aufwühlen und neu ordnen. Und schließlich werden Sie sich und Ihr Leben aus einer höheren Perspektive betrachten und erkennen, wer Sie wirklich sind, was Sie wollen und wozu Sie in dieses Leben gekommen sind. Das ist nicht immer leicht und oft auch sehr anstrengend. Aber es ist die Vorraussetzung dafür, dass Sie im zweiten Teil dieses Buches lernen können, die magischen Werkzeuge Ihres Bewusstseins zu benutzen, um später im Leben all das erzeugen zu können, was Sie erzeugen wollen und was zu Ihnen passt, und nichts anderes. Anfangs mag es Ihnen vielleicht schwer fallen, sich selbst Toleranz und Liebe entgegenzubringen. Vielleicht wird jahrelang verdrängte Wut ans Licht kommen, die sich zwar offensichtlich gegen andere richtete, aber in Wirklichkeit Wut auf sich selbst und die eigene Unfähigkeit war.

Dass man gar nicht auf andere wütend ist, sondern auf sich selbst, ist gar nicht so einfach zu erkennen und zuzugeben.

Später zeige ich, wie die Erkenntnisse, die wir über unser Wesen gewonnen haben, zu kraftvollen Visionen werden und wie durch sie die schöpferischen Fähigkeiten unseres Bewusstseins gelenkt werden und damit zur Manifestation kommen können. In dieser Phase wird die große Herausforderung darin bestehen, gewohnte Sichtweisen von uns selbst und der Welt aufzugeben um Raum zu schaffen für das Neue, das wir suchen.

Dann ist es allerdings nicht mehr möglich, anderen die Schuld an der eigenen Lebensqualität oder dem Mangel daran zuzuweisen und die Verantwortung an sie abzugeben. Es gilt, die alte Opferrolle aufzugeben und Freude an der Verantwortung für das eigene Leben zu entwickeln. Auch jede Form von Selbstmitleid muss aufgelöst werden, bevor man diesen Weg antritt, auf dem die Vergangenheit keine Bedeutung mehr haben darf. Anders kann man den Weg der spirituellen Magie nicht gehen.

Vier Schöpfungsideen oder Bewusstseinszustände

An dieser Stelle möchte ich näher auf die Schöpfungsideen oder Bewusstseinszustände eingehen, denen wir uns in der Meditation »Dankbarkeit, Geborgenheit, Schönheit und Liebe« angenähert haben.

Bewusstseinszustand Schönheit

Wann empfindet ein Mensch etwas als schön? Wenn das, was er erlebt oder wahrnimmt, ganz und gar seinem Wesen entspricht.

Schönheit kann nicht mit einem absoluten Maßstab gemessen werden, denn sie hat etwas mit einer Wesensentsprechung zu tun. Man sagt zwar, dass alles als schön empfunden wird, was sich in einem harmonischen Proportionsverhältnis befindet, wie dem Goldenen Schnitt oder der Fibonacci-Reihe, aber das ist deshalb so, weil sich diese Proportionssysteme an natürlichen Verhältnissen orientieren. Alles, was den Proportionen entspricht, in denen sich das Leben manifestiert, empfinden wir als schön und heilsam. Und alles, was aus diesen Proportionen herausfällt, zum Beispiel viele Produkte oder Phänomene der modernen Technik, wird als unangenehm empfunden und kann sogar eine krankmachende Wirkung haben.

Als schön empfinden wir alle Wirkungskräfte, die genau unserem Wesen entsprechen. Alles, was um uns herum existiert, sendet Kräfte aus, deren Summe unsere Wirklichkeit bildet. Jedes Tier, jede Pflanze, jeder Mensch, jede Farbe, jede Oberflächenstruktur, jedes Material, jeder Klang, jede Proportion und jede dynamisch fließende Energie gehört dazu und wirkt entweder schön und heilsam auf uns oder eben nicht. Auf diese Zusammenhänge bin ich in meinem Buch *Das dritte Auge öffnen* ausführlich eingegangen.

Hinter jeder äußeren Form verbergen sich Schöpfungsideen, die sich durch die Ausrichtung von Schöpferkraft manifestieren. Wenn die Schöpfungsideen und die durch sie manifestierten Formen unserem Wesen entsprechen, empfinden wir sie als schön.

Wenn wir unserem Wesen entsprechend leben, ziehen wir Dinge an, die zu unserem Wesen passen, und leben in einem Umfeld, das wir als makellos schön empfinden. Wenn wir jedoch entsprechend unserer Geschichte leben und in einem Bewusstsein, das nichts mit unserem Wesen zu tun hat, ziehen wir ein Umfeld an, das ebenfalls von unserer Geschichte geprägt ist und als unpassend und nicht schön erlebt wird. Alles Schöne entspricht unserem Wesen, alles nicht Schöne unserer Geschichte. Schönheit berührt uns, weil sie in Resonanz zu uns ist. Deshalb sagt man auch: »Schönheit liegt im Auge des Betrachters.«

Manche Paare passen rein äußerlich betrachtet kaum zusammen. Vielleicht hat der Mann eine Knollennase, eine flache Stirn und einen viel zu ausgeprägten Hinterkopf, aber seine Freundin findet ihn wunderschön, weil er genau ihrem Wesen entspricht. Wenn sie ihn anschaut, geht sie mit ihm in Resonanz und findet ihn schön. Indem ich mich auf das Schöne konzentriere und über Schönheit meditiere, erkenne ich, wann ich von der Spiegelung meines Wesens umgeben bin und mein Wesen lebe.

Dadurch, dass ich mich an schöne Elemente aus meiner Vergangenheit erinnere, kann die Empfindung von Schönheit erneut in mir wach werden. Das verändert meine Ausstrahlung, und ich ziehe das an, was meinem Wesen entspricht. Wenn ich die Empfindung von Schönheit regelmäßig pflege, wird mein Leben und meine Umgebung immer schöner werden.

Wenn ich, statt nach Schönheit zu suchen, immer nur eifrig bemüht bin, das Hässliche zu kritisieren, wird meine Ausstrahlung hässlich, und ich ziehe Hässliches an. Dann wird es mir immer schwerer fallen, mein Wesen zu spüren, denn es bekommt von außen keine Resonanz. Statt dessen werden meine Gefühle und Gedanken von wesensfremden Energien geprägt.

Wer nach Schönheit sucht, wird sein Leben immer schöner machen, weil er immer mehr von dem angezogen wird, was seinem Wesen entspricht. Das bedeutet letztendlich auch, sich selbst schön zu finden. Wer sein Wesen erkennt, kann sich nur noch als schön empfinden, weil er weiß, dass alles an ihm genau dieses Wesen reflektiert. Ähnlich wird es ihm mit allem gehen, was er in seiner Umgebung vorfindet.

Früher hätte so jemand zu einem Kollegen im Büro vielleicht

gesagt: »Wie sieht denn Ihr Schreibtisch aus? Das ist ja das Allerletzte.« Heute schaut er sich den Schreibtisch an und denkt: »Ist das nicht ein netter Chaot? Die Ordnung auf seinem Schreibtisch ist zwar nicht ganz nachvollziehbar, aber er kann gut damit umgehen und es passt so gut zu ihm.«

Indem wir angenehme Dinge als solche erkennen, bekommen wir einen Blick für Schönheit. Und wenn wir das längere Zeit üben, werden wir immer mehr Dinge als schön empfinden und sie auf diese Weise in unser Leben ziehen.

Irgendwann im Leben hat jeder etwas als schön empfunden. Wenn es uns gelingt, dieses Gefühl für Schönheit in der Meditation wachzurufen, wird es uns leichter fallen, es auch im Außen zu finden, und dann wird unser Leben immer schöner werden. Vorher sind wir vielleicht durch die Straßen gegangen und haben uns über die hässlichen Mülltonnen aufgeregt, darüber, dass hier und da ein paar Dachziegel fehlen und dass die Blumen auf den Balkons vertrocknet sind. Jahre später gehen wir durch die gleiche Straße und freuen uns an einem Gänseblümchen am Straßenrand oder am Schnee, der so makellos weiß auf den Dächern liegt. Wir sehen ganz andere Dinge, obwohl es die gleiche Straße ist und vielleicht sogar die gleiche Jahreszeit. Wir haben eine neue Beziehung dazu bekommen.

Sich zu erinnern, wie es sich anfühlt, etwas als schön zu empfinden, ist ein ganz wichtiger Schritt zur Befreiung des Wesens. Denn Schönheit hat mit Wesensentsprechung zu tun.

Bewusstseinszustand Geborgenheit

Geborgenheit darf nicht mit Sicherheit verwechselt werden. Geborgen fühlen wir uns, wenn wir vertraut sind – mit Menschen, aber auch mit Situationen, mit Orten oder mit einem bestimmten Klima. Jede Art von Vertrautheit gibt uns ein Gefühl der Geborgenheit. Man kann also sagen, dass Geborgenheit in Resonanz zum Außen entsteht, ähnlich wie Schönheit. Deshalb gehören Schönheit und Geborgenheit zusammen. Beide Zustände entstehen durch eine tief in unserem Wesen empfundene Vertrautheit.

Ein Mensch kann sich nur in einem Umfeld geborgen fühlen, das er als schön empfindet. Ein Umfeld, das wir als hässlich empfinden, entspricht nicht unserem Wesen und erzeugt deshalb keine Geborgenheit. Was wir für hässlich oder schön halten, weil wir es so gelernt haben, hat mit all dem nichts zu tun, denn in der Regel handelt es sich dabei um fremde Sichtweisen, die nicht unser Wesen widerspiegeln.

Was schön ist und uns Geborgenheit vermittelt, steht in Resonanz mit unserem Wesen. Fänden wir beispielsweise unseren Partner hässlich und wären gleichzeitig überzeugt, ihn zu lieben und zu verstehen, würden wir irgendwo einem Irrtum aufsitzen. Denn was wir lieben und verstehen, können wir nur als schön empfinden.

Geborgenheit und Schönheit gehören immer zusammen. Nur wenn uns die Wirkungskräfte um uns herum entsprechen, können wir uns geborgen fühlen. Die Vernunft kann eine fehlende Entsprechung zu unserem Wesen nicht auf Dauer verschleiern. Manche Menschen versuchen das zwar, indem sie beispielsweise ihre Wohnung oder ihr Auto rechtfertigen: »Meine Wohnung ist doch so billig.« Oder: »Das Auto fährt doch noch.« Oder: »Das Essen schmeckt mir zwar nicht, aber schließlich habe ich es bestellt.«

Doch wer so kompromissbereit und oberflächlich durchs Leben geht, wird sich letztendlich von allem absondern, was ihm wirklich gut tut, und irgendwann sein Wesen gar nicht mehr spüren. Deshalb sollte man sich so oft wie möglich an Situationen erinnern, in denen man sich geborgen fühlte, und so lange in diesen Gefühlen baden, bis man wieder gelernt hat, sie aufrecht zu erhalten und Entsprechendes anzuziehen: Menschen und Umstände, die man als schön und vertraut empfindet, die Geborgenheit geben.

Jeder Mensch sucht im Leben nach dieser Art von Vertrautheit und will sich im Grunde genommen wie in einer Familie aus Wesensgleichen fühlen. Diese Wesensgleichheit ist in einem frei gewählten Freundeskreis oft leichter zu finden als in der genetischen Familie, denn selbst wenn man eine Wesensverbindung zu den anderen Familienmitgliedern empfindet, kommt es oft vor, dass diese ihr Wesen nicht leben.

Wirklich frei ist ein Mensch natürlich nur dann, wenn er Geborgenheit in sich selbst findet und nicht nach Entsprechungen im Außen suchen muss, doch das ist oft ein langer Entwicklungsprozess. Unser wachbewusstes Ich ist winzig im Vergleich zu dem unendlich großen Restbewusstsein, von dem unser Wachbewusstsein nur wenig mitbekommt. Dieses große Bewusstsein dehnt sich in viele Dimensionen aus, bis hinein in unsere Seele, unseren Ursprung.

Wirkliche Geborgenheit ist aus meiner Sicht erst möglich, wenn wir uns mit diesem großen Bewusstsein verbunden fühlen und erfahren, dass wir nicht isoliert sind, sondern Teil eines riesigen Feldes aus Bewusstsein und Energie. Diese Art von Geborgenheit gibt uns Freiheit und wird sich dann auch immer im Außen finden. Solange unser abgekapseltes wachbewusstes Ich in seiner Isolation bleibt, wird es sich niemals geborgen fühlen.

Das ist auch der Grund, warum sich Menschen zu allen Zeiten mit Religion beschäftigt haben. Sie suchten Geborgenheit und glaubten, sie nur in einer übergeordneten göttlichen Dimension finden zu können.

Bewusstseinszustand Dankbarkeit

Dankbarkeit ist ein tiefes Glücksgefühl. Wir empfinden es angesichts der Erkenntnis, dass das, was in unser Leben gekommen ist, unserem innersten Sein entspricht. Manchmal ist das, wofür wir dankbar sind, schon längst da und fällt uns erst jetzt auf, oder es handelt sich um die überraschende Erfüllung einer bewussten oder unbewussten Sehnsucht und berührt uns wirklich tief.

Vielleicht haben Sie einen Partner, den Sie wirklich lieben, obwohl diese Liebe nie richtig in Ihr Wachbewusstsein gedrungen ist. Und dann, eines Morgens wachen Sie auf und sehen, wie er so zerzaust unter der Beckdecke liegt. Da plötzlich steigt diese riesige Dankbarkeit in Ihnen auf, Dankbarkeit dafür, dass Sie diesen Menschen getroffen haben.

Vielleicht haben Sie die ganze Zeit gewusst, dass dieser Partner zu Ihnen passt und dass es schön mit ihm ist, aber trotzdem gibt es Momente, in denen uns die Einheit zwischen dem, was da ist, und dem, was wir sind, so bewusst wird, dass uns eine Woge der Dankbarkeit überrollt.

> *Dankbarkeit ist ein Glücksgefühl. Sie entsteht aus der Erkenntnis, dass etwas da ist, was mir entspricht. Dankbarkeit braucht keine Instanz, an die sie gerichtet wird, sondern ist ein Glücksgefühl an sich. Dankbarkeit kann unser Leben magisch verändern.*

Wenn man der Dankbarkeit Raum in sich gibt, kann sie einen jederzeit überrollen. Vielleicht sehe ich nur ein knallgelbes Butterblümchen frech in der Wiese stehen, und plötzlich habe ich Tränen in den Augen vor Freude und Dankbarkeit darüber, dass es so etwas gibt und dass es mir begegnet. Dankbarkeit ist die tiefe Freude darüber, dass die Dinge sind, wie sie sind. Und wo Dankbarkeit ist, ist auch Liebe.

Bewusstseinszustand Liebe

> *Liebe ist ein Zustand, in dem verschiedene Schöpfungsideen zu einer Einheit verschmelzen und sich gegenseitig vollkommen begreifen.*

Ohne Einheit und ohne Begreifen des Geliebten ist Liebe nicht möglich. Liebe ist ein Zustand der Einheit und des absoluten Verstehens.

Vollkommene Liebe und vollkommene Einheit haben wir alle erlebt: im Mutterleib. Wir alle haben uns unsere Mutter ausgesucht, und sie hat uns eingeladen und war bereit, uns neun Monate lang in ihrem Bauch zu tragen. Zu ihr hatten wir unendliches Vertrauen, ihr haben wir vollkommene Liebe entgegengebracht. Und auch ihre Liebe zu uns, ihr Verständnis und ihre Fürsorge waren vollkommen. Selbst wenn die Mutter damals in einer schwierigen Situation war, hat sie uns, wenn auch unbewusst, mutig eingeladen und damit ein vollkommenes, liebevolles Band geknüpft. Sie war für uns da – als Ganzheit. Wahrscheinlich können Sie sich wachbewusst nicht mehr an diese Zeit erinnern, aber etwas in Ihnen erinnert sich. Sie müssen nur tief in sich hinein fühlen, bis auf den Grund jenes unbewussten Sees, der vielleicht noch von Vorwürfen und Enttäuschungen getrübt ist.

In tiefer Meditation können wir uns wieder auf dieses Gefühl einstimmen – wie es war, im Bauch zu sein, wie es war zu wissen, dass sich die Mutter liebevoll um uns kümmert und dass alles, was sie für uns tun muss, für sie in Ordnung ist.

Wir können in der Meditation die grenzenlose Liebe unserer Mutter spüren, ihre Bereitschaft, Jahre ihres Lebens zu opfern, damit wir die Chance haben, uns in diesem Leben zum Ausdruck zu bringen.
In diesem vollkommenen Urzustand unseres Seins haben wir alle Schönheit, Geborgenheit, Dankbarkeit und Liebe erlebt.

Vielleicht haben wir diesen vollkommenen Zustand später nie wieder erfahren, aber dennoch ist er tief in uns eingeprägt und kann wieder hervorgerufen werden. Je klarer wir uns an diese Stimmung erinnern und sie in uns pflegen, desto mehr Menschen und Situationen ziehen wir in unser Leben, die sie uns wieder erleben lassen.

Versuchen Sie sich an diesen Urzustand zu erinnern, an dieses Gefühl der vollkommenen Geborgenheit. Ich glaube, dass Schwangerschaften nie überraschend kommen, auch wenn es manchmal so aussehen mag. Beide Seiten – Mutter und Kind – haben sich bewusst dafür entschieden. Auch so genannte unerwünschte Kinder sind beabsichtigt, aus welchen Gründen auch immer. Es gibt keine Zufälle. Und deshalb haben wir alle diese Liebe empfunden. Selbst wenn eine Mutter ihre Rolle als schwer empfindet, liebt sie ihr Kind, und hat sich entschieden, es zu tragen und erfolgreich ins Leben zu begleiten.

Selbst wenn ein Kind später abgetrieben wird, gab es eine ursprüngliche Vereinbarung, und ich bin fest davon überzeugt, dass die eintauchende Seele wusste, dass sie nicht lange bei dieser Mutter bleiben darf, weil es aus verschiedenen Gründen nicht geht. Aber immerhin wollte sie ein bisschen in diese Welt hinein schnuppern, und auch die Mutter wollte ihre Rolle kennen lernen.

Die Seele kommt aus einer Dimension jenseits von Raum und Zeit, und sie weiß um ihr kommendes Schicksal. Deshalb ist selbst eine kurze Episode zwischen Kind und Mutter von Verständnis und Liebe geprägt. Das gilt auch für die Embryos, die den Mutterleib im dritten Monat wieder verlassen. Auch sie erleben die vollkommene Liebe der Mutter, aber nicht die Liebe zum Leben. Wenn sie den Mutterleib verlassen, dann in der Regel, um wieder einzutauchen, wenn die Umstände günstiger sind.

Diese Entscheidung fällt meist im dritten Monat, weil das Bewusstsein des Kindes in dieser Zeit eine entscheidende Entwicklungsphase durchläuft. Es kommt zu einer Abspaltung des individuellen Bewusstseins vom großen Bewusstsein, zur Trennung zwischen Wachbewusstsein und Unterbewusstsein. Wenn die Trennung und die bewusste Ausrichtung des neuen Ich auf Raum und Zeit gelingt, entwickelt es sich in diesem Körper weiter, wenn nicht, sucht es sich später bessere Bedingungen: andere Eltern, einen neuen Zeitgeist, eine andere Lebensqualität und so weiter, denn alle Randbedingungen müssen optimal zur Lebensabsicht passen.

FRAGEN UND ANTWORTEN

Frage:
Positiv zu denken ist heute so modern. Ist das vergleichbar mit diesen Bewusstseinszuständen?
Antwort:
Nein! Von vielen Vertretern des positiven Denkens werden die magischen Bewusstseinszustände Geborgenheit, Dankbarkeit, Schönheit und Liebe nicht aktiv erlebt und noch nicht

einmal gesucht. Sie propagieren eine positive Einstellung im Sinne einer leichtherzigen Lebenshaltung, die allzu oft oberflächlich und nicht an einem tieferen Erkennen der größeren Zusammenhänge interessiert ist. Man stimmt sich positiv ein, egal wie die Dinge wirklich sind, sucht nicht nach Wesensaspekten, Resonanz und Entsprechung und verliert dabei den Kontakt zur Kernpersönlichkeit, die mit Unzufriedenheit, Wut und Ängsten darauf aufmerksam machen will, dass sie nicht zum Ausdruck kommen kann. Dankbarkeit, Liebe, Geborgenheit und Schönheit können auf diese Weise nicht tief innen empfunden werden. Sie werden noch nicht einmal geweckt.

Wenn ich etwas nicht als schön empfinde, kann ich nicht einfach sagen: »Das ist alles prima.« Dann verliere ich nämlich den Kontakt zu meinem inneren Wesen und kann Passendes und Unpassendes nicht mehr unterscheiden. Ich fange sogar an, mich von meinem Wesen zu entfremden.

Dankbarkeit, Liebe, Geborgenheit und Schönheit im Leben zu suchen ist ein sicherer Weg zum eigenen Wesen. Das Leben auf oberflächliche Weise ausschließlich positiv zu betrachten, zeugt hingegen von Ignoranz gegenüber dem eigenen Wesen.

Frage:

Was hat es mit dem Öffnen des Herzens auf sich?

Antwort:

Unter dem Öffnen des Herzens verstehe ich die Hingabe an die eigenen Gefühle. Wenn man sich den eigenen Gefühlen hingibt, dann heißt das, dass man auf seine Wesensenergien hört, statt sich nach außen zu orientieren. Die Stimme des Herzens spricht durch unsere Gefühle und lässt uns unser Wesen und unsere Absicht erkennen. Sie führt uns sicher zu dem, was zu uns gehört.

Frage:

Was ist Demut?

Antwort:

Aus meiner Sicht ist Demut ein Zustand, der zum Ausdruck bringt, dass sich das Ich der Vernunft dem Ich des Gefühls und der intuitiven Ebene unterordnet. Im Zustand der Demut erkennen wir uns als kleinen Teil eines großen Ganzen, das uns nach einem großen Plan führt und stützt. Demut ist ein Zustand, in dem der Gefühlsebene, der intuitiven Ebene oder dem eigenen Wesen mehr Raum gegeben wird als der Vernunft, die uns genau sagt, wie die Dinge sein sollen, aber immer auf der Basis der Erfahrungen, die wir in der Vergangenheit gemacht haben. Demut bedeutet Hingabe an den intuitiven Fluss. Sie mildert den Größenwahn der Vernunft, die alles unter Kontrolle haben will. Wenn wir demütig sind, öffnen wir uns dem großen Sein und lassen uns von ihm führen.

Frage:

Was ist Sünde?

Antwort:

Sünde scheint mir in diesem Zusammenhang jede Aktion eines Menschen zu sein, der im Widerspruch zu seinem natürlichen intuitiven Fluss handelt und nicht auf sein Gewissen hört. Das Gewissen ist die Stimme des Herzens, die uns sagen will, was richtig ist. Wenn unser Ego aus Vernunftgründen darüber hinweggeht, sind wir nicht demütig und versündigen uns in dem Sinne, dass wir uns von der schöpferischen, göttlichen Kraft abschneiden, die in uns wirken könnte, und von dem inneren Wissen, das uns sagt, wo wir eigentlich hingehen sollen. Wir verlieren unseren Weg aus den Augen und verirren uns.

Frage:

Ich habe noch eine Frage zu den zwei Energiepunkten, die wir in der Meditation geöffnet haben. Ich habe das Gefühl, dass nach der Meditation tatsächlich etwas geöffnet ist, und weiß nun nicht, was ich damit anfangen soll. Muss ich mich schützen?

Antwort:

Bei diesen beiden Punkten handelt es sich um Energietore, die nur in eine Richtung offen sind. Energie fließt durch sie aus den größeren Dimensionen in unsere Dimension – nie umgekehrt.

Das bedeutet, wir brauchen uns nicht zu schützen. Je offener die Punkte sind, desto mehr Energie kann in uns einfließen: Wesensenergien aus unserer Seele, die auf unsere Kernpersönlichkeit hinweisen und sie stärken; bestimmte Schöpfungsenergien, die unseren Köper heilen, oder andere Energien, auf die wir uns einstimmen.

Je mehr wir uns auf diese Punkte einstellen und auf die Wahrnehmung der Energien, die durch sie hindurch fließen, desto bewusster können wir mit diesem Energiepotential umgehen.

Die gezielte und bewusste Manifestation dieser vier Seinszustände – Liebe, Geborgenheit, Dankbarkeit und Schönheit – in uns ist eine wichtige Voraussetzung für die praktische Anwendung der spirituellen Magie. Es geht darum, sie deutlich zu erinnern und auf das Außen zu übertragen.

Die bewusste Ausrichtung der Wahrnehmung auf diese beiden Punkte stimuliert die Manifestation der vier Bewusstseinszustände im Körper, im See des Unterbewusstseins genau wie auf den schöpferischen Ebenen des Bewusstseins.

Frage:
Haben meine Sehnsüchte in diesem Leben etwas mit den vier Seinszuständen zu tun?

Antwort:
Nicht direkt. Diese vier Bewusstseinszustände sind allen Menschen gemeinsam. Es sind grundlegende Schöpfungsideen, auf denen unser Leben basiert.

Daneben gibt es individuelle Schöpfungsideen für dieses Leben, auf die uns unsere Sehnsüchte hinweisen. Sie sehnen sich zum Beispiel danach, ein Abenteurer zu sein. Es wäre also eine Schöpfungsidee von Ihnen, viel im Leben zu verinnerlichen, Ungewöhnliches zu verknüpfen und ständig ohne Rücksicht auf Verluste, mit vollem Risiko Neues zu suchen. Sie würden eine gierige Neugier leben.

Dieser Schöpfungsidee und auch anderen könnten Sie in den Bewusstseinszuständen Schönheit, Geborgenheit, Liebe und Dankbarkeit nachgehen. Sehnsüchte sind Triebfedern, die uns veranlassen, etwas ganz Bestimmtes zu tun. Und das können wir tun, indem wir unseren Blick auf das Hässliche oder auf das Schöne richten. Sie können hässliche oder schöne Abenteuer erleben. Sie können auf schöne oder auf hässliche Dinge neugierig sein. Auf der Suche nach Abenteuern können Sie sich geborgen oder isoliert fühlen. Sie haben die Wahl.

Unsere Sehnsüchte zeigen uns, was wir erleben möchten. Die Seinszustände machen uns klar, auf welcher Ebene wir es suchen.

Die folgende Meditation erinnert uns an die Kernpersönlichkeit, mit der wir in dieses Leben gekommen sind, und hilft uns, diese Kernpersönlichkeit wieder so stark zu machen, dass sie sich von der Prägung durch unsere Geschichte befreien kann.

Meditation – Gestaltung der Persönlichkeit

Schließe die Augen. Atme langsam tief ein und aus.
Denke an deine beiden Knie. Atme langsam ein und aus.
Denke an deine beiden Schultern. Atme langsam ein und aus.
Denke an deinen Solarplexus. Atme langsam ein und aus.
Denke an dein Herz. Atme langsam ein und aus.
Stelle dir jetzt mit jedem Atemzug vor: Du atmest strahlende, kraftvolle Energie ein und beim Ausatmen verteilst du diese Energie in deinem Körper und in deinem Bewusstsein.
Spüre, wie sich dein Körper mehr und mehr mit Energie füllt.
Atme weiter Energie ein und schicke diese Energie beim Ausatmen über die Grenzen deines Körpers hinaus in den Raum.
Fülle den Raum mit strahlender, kraftvoller Energie.

*Diese Energie hat die Kraft, deine Gedanken, deine Ge-
fühle und deine inneren Bilder Wirklichkeit werden zu lassen, wenn du das möchtest.*

*Atme langsam tief ein und aus und sage dann leise in Ge-
danken zu dir selbst, wenn du möchtest, sage und empfinde:
»Ich bin unbegrenzt, ewig und frei.
Mein Bewusstsein dehnt sich aus durch den Raum, durch
die Zeit, hinein in andere Dimensionen.
Und wo immer ich bin, suche ich nach Schönheit und nach
Geborgenheit, empfinde Dankbarkeit und bin voll Liebe
und Verständnis.
Ich will spüren, wer ich bin und was ich in diesem Leben
möchte.
Und ich möchte die Menschen und Situationen anziehen,
die mir den Weg zu meiner Lebensabsicht zeigen.«*

*Atme langsam tief ein und aus.
Und jetzt stell dir vor: Mit jedem Atemzug wirst du größer.
Du dehnst dich aus.
Wirst größer und weiter wie ein Ballon.*

*Und jetzt, in diesem Zustand der Ausdehnung stell dir vor,
du darfst deine Persönlichkeit ganz neu gestalten.
Wie möchtest du sein?
Betrachte dich in deiner Phantasie von außen und frage
dich: »Wie möchte ich sein?
Welche Eigenheiten möchte ich haben?«
Suche nach Eigenheiten und Merkmalen, die du gern ha-
ben möchtest.
Was möchtet du, dass andere Menschen über dich sagen?
Wenn das Leben ein Film wäre oder ein Theaterstück, wie
sollte der Film oder das Theaterstück sein, in dem du gern
mitspielen würdest?
Welche Rolle würdest du gern spielen und warum?
Was würdest du anderen Menschen gern bedeuten?
Worauf wärst du in diesem Film oder Theaterstück am meis-
ten neugierig?*

Atme jetzt langsam tief ein und aus.
Und dann empfinde tief in dir: »Ich möchte spüren, dass ich mit meinem Leben spielen kann.
Ich möchte spüren, dass ich entscheiden kann, was ich anziehe und was an mir vorbeifließt, ohne mich zu berühren.
Ich kann entscheiden, welche Gefühle ich heute haben möchte. Diese Gefühle sollen mich begleiten, bis ich schlafen gehe.«

Entscheide dich jetzt für die Gefühle.
Und während du die Gefühle suchst, suche auch nach Schönheit und Geborgenheit, nach Dankbarkeit und nach Liebe, in denen diese Gefühle wachsen sollen.
Und dann atme langsam tief ein und aus.

Erinnere dich noch einmal an die Gefühle, die dich heute begleiten sollen. Erinnere dich auch daran, dass nur du über diese Gefühle entscheidest.
Nicht dein Umfeld, nicht deine Vergangenheit und nicht die Gedanken an deine Zukunft.
Nur du entscheidest über deine Gefühle.
Atme dann langsam tief ein und aus und öffne die Augen.

ÜBUNG: WELCHE ORTE, LÄNDER UND KULTUREN BERÜHREN MICH?

In der letzten Übung haben wir Vorbilder gesammelt, die uns irgendwie berührt haben. Die meisten dieser Vorbilder waren Menschen, die uns ja in der Regel mehr beeindrucken und prägen als alles andere auf der Welt. Jetzt konzentrieren wir uns auf Orte, Länder und Kulturen, die uns berührt haben.
Auch diese Übung sollten Sie mit mindestens einem Partner machen oder in einer kleinen Gruppe. Schreiben Sie zunächst alles auf, was Ihnen einfällt. Alles, was Sie berührt hat, ist interessant.

Ein Beispiel: Sie machen Urlaub auf den Philippinen und sind tief berührt von der Art und Weise, wie die Menschen dort mit dem Leben umgehen. Vielleicht ist es das andere Zeitgefühl, vom dem Sie eine Kostprobe bekommen haben, als ein Angestellter an der Rezeption Ihres Hotels Ihnen versicherte: »Ich komme gleich.« Damit meint er so etwas wie: »Die Sache wird wahrscheinlich bis übermorgen erledigt sein.« Ihre erste Reaktion schwankt vielleicht zwischen Enttäuschung und Wut, bis Sie sich an den legeren Umgang mit Zeit gewöhnt haben und ihn sogar als befreiend empfinden, weil Sie erkennen, dass unnötiger Zeitdruck nur Lebensqualität raubt.

Was immer Sie berührt haben mag, Kunst, Architektur, Musik, das Essen, der zwischenmenschliche Umgang, die Natur oder ein altes Auto, das noch einen sehr gepflegten und geliebten Eindruck machte, schreiben Sie es auf und versuchen Sie, zunächst für sich allein und dann mit Hilfe der Gruppe, herauszufinden, wo es Entsprechungen zu Ihrem Wesen geben mag.

Ein Beispiel: Angenommen ich schreibe auf, dass ich mal in Südengland war und dort in einem alten englischen Landhaus gewohnt habe, in dem ich mich gleich zu Hause fühlte. Dann müsste ich fragen, was mich damals berührt hat und auf welche Aspekte meines Wesens das hindeuten könnte. In diesem Fall käme vielleicht heraus, dass ich alte verträumte Häuser liebe, weil ich auch verträumt bin. Ich habe eine romantische Ader, liebe das Unübersichtliche, das Mystische, das Verborgene. Vielleicht sucht mein Wesen solche Stimmungen, um sich kraftvoller zum Ausdruck bringen zu können.

ÜBUNGEN FÜR JEDEN TAG: SUCHE NACH DEM WESEN UND DEM WESENTLICHEN

Achten Sie darauf, dass die Ideen, die Sie bisher gesammelt und die Einsichten, die Sie gewonnen haben, nicht einfach in den Niederungen Ihres Alltags versickern. Jede

Idee, die länger als eine Woche brachliegt und nicht gepflegt und genährt wird, hat keine Kraft mehr. Deshalb lege ich Ihnen ans Herz, jeden Tag darüber nachzudenken, wer Sie sind, was Sie berührt, welche Sehnsüchte Sie haben und was Sie am Ende Ihres Lebens gern darüber sagen würden.

Beobachten Sie sämtliche Menschen um sich herum und fragen Sie sich immer wieder: »Würde ich mich am Ende meines Lebens gern an diese Menschen erinnern? Oder eher nicht?

Gibt es Menschen, die unbedingt noch in mein Leben kommen müssen, weil ohne sie zu wenig Inspiration da ist? Was für Menschen müssten das sein?«

Fragen Sie sich dann: »Was erlebe ich mit den Menschen in meinem Umfeld? Was berührt mich dran, und was sagt das über mein Wesen aus?«

Weiten Sie diese Fragen dann auf Orte aus. Vielleicht gibt es Orte, an denen Sie sich einfach nur wohl fühlen. Finden Sie heraus, was an diesen Orten Sie berührt.

Betreiben Sie auf Partys nicht mehr nur belanglose Konversation über das Wetter, die Politik oder den neuesten Klatsch und Tratsch, sondern versuchen Sie, das Gespräch auf wesentliche Themen zu lenken. Fragen Sie Ihr Gegenüber: »Was würden Sie tun, wenn Sie kein Geld hätten?« Oder: »Was würden Sie tun, wenn Sie ganz viel Geld hätten?« Oder: »Worüber freuen Sie sich am meisten?« Oder: »Was würden Sie am Ende Ihres Lebens gern über Ihr Leben sagen?«

Ganz tiefe Fragen, die unser Wesen betreffen, bringen neue Betrachtungsweisen in Gang und regen uns an, grundsätzliche Perspektiven zu entwickeln und überholte Werte in Frage zu stellen.

Die abschließende Meditation für diesen ersten Teil des Buches soll noch einmal die Grundbewusstseinszustände Schönheit, Geborgenheit, Dankbarkeit und Liebe in Ihnen lebendig werden lassen.

MEDITATION – SEHNSUCHT NACH DEM WESEN

Schließe die Augen. Atme langsam tief ein und aus.

Denke an deine beiden Knie. Atme langsam ein und aus.

Denke an deine beiden Schultern. Atme langsam ein und aus.

Denke an deinen Solarplexus. Atme langsam ein und aus.

Denke an dein Herz. Atme langsam ein und aus.

Stelle dir jetzt mit jedem Atemzug vor: Du atmest strahlende, kraftvolle Energie ein und beim Ausatmen verteilst du diese Energie in deinem Körper und in deinem Bewusstsein.

Spüre, wie sich dein Körper mehr und mehr mit Energie füllt. Atme weiter Energie ein und schicke diese Energie beim Ausatmen über die Grenzen deines Körpers hinaus in den Raum.

Fülle den Raum mit strahlender, kraftvoller Energie.

Diese Energie hat die Kraft, deine Gedanken, deine Gefühle und deine inneren Bilder Wirklichkeit werden zu lassen, wenn du das möchtest.

Atme langsam tief ein und aus und sage dann leise in Gedanken zu dir selbst, wenn du möchtest, sage und empfinde:

»Ich bin unbegrenzt, ewig und frei.

Ich möchte spüren, wer ich bin, und was ich in diesem Leben erreichen will.

Ich möchte Menschen und Situationen in mein Leben ziehen, die mir zeigen, wie ich mein Leben führen möchte und was meine Ziele sind.«

Atme tief ein und aus und denke jetzt an etwas, das du schön findest, einen Menschen oder eine Situation.

Denke an etwas Schönes.

Denke an etwas, das dir Geborgenheit gibt, einen Menschen oder eine Situation.

Und jetzt denke an etwas, wofür du Dankbarkeit empfindest, einen Menschen oder eine Situation.

Und jetzt denke an etwas, einen Menschen oder eine Situation, wofür du Liebe empfindest, was du durch und durch verstehst, womit du dich eins fühlst.

Atme langsam tief ein und aus.
Und dann entscheide dich, die Bewusstseinszustände Schönheit, Geborgenheit, Dankbarkeit und Liebe zur Basis deines Lebens zu machen, zur Basis für alles, was du lebst und erlebst.

Lass nun die Erinnerung an alle Menschen und Situationen, die dich je berührt und begeistert haben, durch dein Bewusstsein ziehen, die Erinnerung an alles, was dich gefreut hat.
Welchen Aspekten deines Wesen entspricht all dies?
Wie bist du, dass du dich darüber freuen kannst?

Und jetzt frage dich: »Was würde sich in meinem Leben ändern, wenn ich das, was ich bin und spüre, jetzt und überall deutlich zum Ausdruck bringen würde?
Was würde sich in meiner Partnerschaft ändern, in meinen Freundschaften? In der Art, wie ich wohne?
In meinem Beruf?
In meinem Körpergefühl?
Was würde sich ändern?«

Atme langsam tief ein und aus.
Und dann spüre noch einmal tief in dir die Sehnsucht nach deinem Wesen, die Sehnsucht, so zu leben, wie es dir entspricht.
Die Sehnsucht nach Freude.
Spüre deine Sehnsucht, dich über Dinge zu freuen, die dir entsprechen.

Atme langsam tief ein und aus und spüre dann tief in dir:
»Das Leben ist voller Möglichkeiten, ich kann entscheiden, welche Möglichkeiten ich anziehe, indem ich mein Wesen klar zum Ausdruck bringe.«

Spüre die Sehnsucht, dich zu freuen – über die Menschen, die da sind, über das, was du tust, über die Orte, an denen du bist.
Es ist die Freude, die dir zeigt, dass du im Einklang mit deinem Wesen bist, das sich im Außen spiegelt.

Entschließe dich, in deinem Alltag genau zu beobachten, worüber du dich freust oder freuen könntest. Forsche in der Nacht, wenn du schlafen gehst, nach deinem Wesen, nach deiner Grundpersönlichkeit.
Spüre, dass dein Bewusstsein ewig ist, unbegrenzt und frei.
Spüre, dass du hier bist, um Erfahrungen zu machen.
Atme langsam tief ein und aus.
Öffne dann allmählich die Augen.

Frühling

Das Bewusstsein wird zum Gestalter der Wirklichkeit.

Wie wir die Wirklichkeit wahrnehmen, wird durch die Art und Weise bestimmt, in der wir uns in dieser Wirklichkeit zum Ausdruck bringen.

Rückblick

Zu Beginn dieses Buches ging es darum, Klarheit über uns und unsere Lebensabsicht zu gewinnen. Dieser Prozess des Erkennens geht immer weiter und in ihm werden wir uns allmählich verändern. Wir werden neue Visionen in uns auftauchen lassen und uns neue Ziele setzen. Und schließlich werden wir diese Visionen Wirklichkeit werden lassen. Solche Veränderungen und Entwicklungen vollziehen sich in einem bestimmten Rhythmus, den man mit den Rhythmen in der Natur vergleichen kann.

Die erste Phase haben wir bereits hinter uns. Sie kann als eine Art Ruhephase verstanden werden, wie der Winter in der Natur, eine Phase, in der man sich nicht zum Ausdruck bringt, sondern Abstand zu den Dingen gewinnt und in der Ruhe Kraft schöpft. Danach kommt, um bei dem Vergleich mit der Natur zu bleiben, der Frühling, die Phase, in die wir jetzt eintreten. In dieser Phase werden neue Ideen, Phantasien und Visionen entwickelt, Motivation und Entscheidungsfähigkeit werden aufgebaut. Dann folgt der Sommer, die Phase, in der wir die neuen Ideen entschieden umsetzen, indem wir unsere Energien mit viel Kraft und Motivation auf die neuen Ziele richten und unser Leben in die gewünschte Richtung lenken. In der vierten Phase, dem Herbst, ernten wir die Früchte dessen, was in Bewegung gebracht wurde. Wir genießen das, was wir geschaffen, gelernt und erlebt haben, freuen uns daran und erforschen auch die Zusammenhänge, die uns zum Ziel geführt haben.

Dann sind wir wieder in der Winterphase angelangt. Wir ruhen uns aus und schöpfen Kraft für das Neue, das wir in der nächsten Frühjahrsphase vorbereiten werden. Indem wir alle vier Phasen intensiv durchlaufen, setzen wir unsere Energien ganz heilend und harmonisch um und laden uns immer wieder mit neuer Energie auf.

Der Weg der spirituellen Magie, den wir hier gehen wollen, nutzt in diesen Entwicklungsphasen vier wesentliche Bewusstseinszustände, die wir bereits in Meditationen verinnerlicht haben: Schönheit, Geborgenheit, Dankbarkeit und Liebe. Sie bringen uns in Kontakt mit unserem Wesen und mit den Urkräften allen Seins.

Je tiefer wir uns auf diese Bewusstseinszustände einlassen, desto natürlicher, erfolgreicher und zu uns passend wird sich unser Leben entfalten.

Je weiter wir von diesen Bewusstseinszuständen entfernt sind, desto schwieriger wird sich unser Leben gestalten. Wir fühlen uns getrennt von unserem Wesen und können deshalb nicht intensiv und bewusst mit seinen Energien umgehen.

Davon ausgehend, dass alles, was uns berührt, etwas mit unserem Wesen zu tun hat, haben wir erforscht, welche Menschen, Orte, Kulturen und Situationen uns berührt haben – sowohl positiv als auch negativ.

Was uns begeistert, also positiv berührt, spiegelt einen Teil unseres Wesens wider, den wir bereits spüren und leben wollen.

Was uns negativ berührt, also das, worüber wir uns ärgern, was uns entsetzt oder worüber wir uns maßlos aufregen, würden wir vielleicht selbst gern leben. Aber wir trauen es uns nicht zu oder erlauben es uns nicht.

Es kann aber auch sein, dass zum Beispiel ein Mensch, der uns unangenehm berührt, eine Eigenschaft hat, die wir ehrlich verabscheuen, aber selbst auch haben, natürlich ohne dass wir es wahrhaben wollen.

Ohne zuvor das eigene Wesen kennen gelernt und verstanden zu haben, sollten wir unsere Schöpferkräfte nicht aktivieren, denn wir würden sie wahrscheinlich nur dazu benutzen, all das zu manifestieren, was unserer bisherigen persönlichen Geschichte entspricht, der wohlbekannten Sichtweise über uns und die Welt, den überholten Verhaltensweisen und den negativen Gedanken und Ängsten aus unserer Vergangenheit, die wir noch pflegen. Und je mehr wir von diesen geistigen Gesetzmäßigkeiten verstehen, desto sorgfältiger sollten wir mit unseren Gedanken, Gefühlen und Erwartungen umgehen.

Was wir sagen, fühlen oder denken, manifestiert sich oft schneller, als uns lieb sein kann.

Deshalb ist es auch so wichtig, nicht mehr automatisch auf äußere Umstände oder Erinnerungen aus der Vergangenheit zu reagieren und sich in seinen Gefühlen und Gedanken davon bestimmen zu lassen. Ein erster Schritt in Richtung auf dieses Ziel der inneren Unabhängigkeit besteht darin, alles im Umfeld zu beobachten und es mit einem inneren »Aha« nur als das festzustellen, was es ist, ohne gefühlsmäßige Reaktion. Die eigene Stimmung muss von der Wahrnehmung unabhängig bleiben. Wir wollen geistig aktiv sein und nicht reaktiv. Wir wollen kein Spielball unseres Umfelds sein, sondern unsere geistigen Energien souverän wählen und ausrichten können.

Unser Ziel ist von jetzt an, immer und überall zu beobachten, was uns berührt, ohne gleichzeitig automatisch darauf zu reagieren. Was uns nicht berührt, hat nichts mit unserem Wesen zu tun und kann daher ignoriert werden. Was uns berührt, werden wir hinterfragen und versuchen, zu unserem Wesen in Bezug zu setzen.

FRAGEN UND ANTWORTEN

Frage:
Ich habe mich Neuem gegenüber stark geöffnet und mein Leben wurde wieder ganz intensiv, spannend und auch mehr freudvoll. Wenn aber zuviel Neues zur gleichen Zeit auf mich einstürmt, bin ich total verwirrt, zumindest am Anfang.

Antwort:

Das finde ich ganz prima, ein guter Erfolg. Die meisten Menschen fühlen keine Lebendigkeit in sich. Was da ist, kennen sie schon, und für die Suche nach etwas Neuem nehmen sie sich keine Zeit. So hängen sie in ihrer Routine fest, langweilen sich, nutzen ihre Energien nicht und verlieren ihre Lebendigkeit.

Neues zu versuchen, ist grundsätzlich gut, weil unser Wesen dann wieder eine Chance hat, sich zu melden und sein Potential aktiv zu nutzen. Wenn zu lange nichts Neues im Leben eines Menschen passiert, nimmt sein Energieniveau immer mehr ab. Er altert und stirbt allmählich.

Wenn zu viel Neues auf einmal auf Sie einstürmt, sollten Sie darauf achten, immer eine Sache nach der anderen zu machen, also nur eine Sache zu einer bestimmten Zeit und erst dann die nächste, auch wenn die Zeiteinheiten kurz hintereinander liegen.

Kinder machen das in der Regel auch so. Alles, was sie machen, machen sie ganz und voll konzentriert. Aber es kann sein, dass sie nicht lange bei einer Sache bleiben und schnell zur nächsten übergehen, der sie sich dann genauso intensiv widmen.

Frage:

Ich bin in letzter Zeit ständig in einer Gefühlsstimmung, in der ich leicht zu weinen anfange. Das finde ich sehr störend. Kommt das häufig vor?

Antwort:

Wer sich intensiv um sein Wesen kümmert, setzt viel Verdrängtes frei. Rollen lösen sich auf, Dinge werden hinterfragt, Gefühle kommen in Fluss. Dabei können auch Tränen fließen, aber das macht nichts. Verdrängte Ängste, alte Wut oder Enttäuschung kann sich auf diese Weise auflösen. Das ist nicht immer angenehm, aber letztlich befreiend. Was nicht in Fluss kommt und weiterhin verdrängt bleibt, bindet viel Energie. Und solche lösenden Stimmungszustände zu verdrängen, kostet noch mehr Energie, die wir aber dringend brauchen, um etwas Neues in Gang zu bringen.

Frage:

Wie kann ich am besten herausfinden, ob etwas wirklich zu mir passt oder ob ich fremde Ideen und Visionen übernommen habe?

Antwort:

Fragen Sie sich, wie Sie sich fühlen würden, wenn Sie Ihre Ziele erfolgreich erreicht hätten. Was hätte sich dann verändert? Fühlt es sich noch wichtig an? Oder ist Ihre Stimmung danach ähnlich wie vorher. Vielleicht fühlen Sie sich auch völlig verändert. Gefühle sind der einzige Maßstab, den Sie in diesem Fall haben. Allerdings sollten Sie nicht den Fehler machen, das erreichte Ziel mit dem Weg dorthin zu verwechseln, der vielleicht nicht ganz so freudvoll ist.

Lassen Sie mich ein Beispiel dafür geben. Stellen Sie sich vor, Sie sitzen einsam und allein auf einer Insel und sind die einzige Frau weit und breit. Einerseits ist Ihnen vielleicht völlig klar, dass zwei Inseln weiter ein paar Männer wohnen, die Sie gern treffen würden. Andererseits spüren Sie aber auch, dass handwerkliche Arbeit nicht Ihre Sache ist. Sie schmieden lieber nur kreative Pläne, die andere dann ausführen. Auf jeden Fall war das so, bevor Sie auf dieser Insel gelandet sind. Jetzt sitzen Sie also hier auf Ihrer Insel und überlegen, wie viel Arbeit es erfordern würde, auf die andere Insel zu kommen. Sie müssten einen Baum fällen und ein Floß bauen, das Sie auf die andere Insel tragen könnte. So viel Arbeit, der ganze Schmutz und die körperliche Anstrengung! Allein der Gedanke daran schreckt Sie ab.

Auf der einen Seite wollen Sie Ihren Sehnsüchten nachgeben und Ihrem Herzen folgen. Andererseits schrecken Sie davor zurück, mit eigener Hand ein Floß zu bauen. Wie können Sie also herausfinden, was richtig für Sie wäre? Wenn Sie dieses Beispiel auf Ihre Frage übertragen, müssten Sie sich jetzt vorstellen, Sie hätten es auf die andere Insel zu den Männern geschafft. Wie würden Sie sich dort fühlen? Wenn Ihnen die Vorstellung gefällt, als einzige Frau von so vielen Männern umworben zu werden, dann ist das ein klares Zeichen. Die Motivation, jetzt aktiv zu werden, kommt daher, dass Sie sich das Ziel vorstellen können, dass Sie wissen, es wird sich lohnen. Sie arbeiten auf Ihr Ziel hin und nehmen den beschwerlichen Weg dorthin in Kauf. Dem Herzen folgen heißt, seinen Gefühlen folgen, und zwar den Gefühlen, die man hätte, nachdem man erreicht hat, was man anstrebt.

Das Streben nach Erfolg ist nur dann gut, wenn uns das angestrebte Ergebnis berührt. Erfolg um seiner selbst willen ist ohne Bedeutung.
Zu den wichtigsten Vorraussetzungen für Erfolg gehört die Fähigkeit, Entscheidungen zu treffen.

Eine Entscheidung sollte immer aus dem Herzen getroffen werden, denn eine Vernunftentscheidung setzt nur die eigene Geschichte fort. Fragen Sie sich vor jeder Entscheidung: »Wie fühlt sich das für mich an, wie fühlt es sich für alle Beteiligten an?« Eine Entscheidung, mit der es einem der davon Betroffenen langfristig nicht gut gehen würde, sollte nie getroffen werden. Eine Herzensentscheidung wird immer für alle Beteiligten richtig sein.

In der folgenden Meditation öffnen wir uns für Inspiration und Führung aus geistigen Quellen, damit wir unser Wesen und den Sinn unseres Lebens intensiver und klarer spüren.

MEDITATION – LEBENSSINN

Schließe die Augen. Atme langsam tief ein und aus.
Denke an deine beiden Knie. Atme langsam ein und aus.
Denke an deine beiden Schultern. Atme langsam ein und aus.
Denke an deinen Solarplexus. Atme langsam ein und aus.
Denke an dein Herz. Atme langsam ein und aus.
Stelle dir jetzt mit jedem Atemzug vor: Du atmest strahlende, kraftvolle Energie ein und beim Ausatmen verteilst du diese Energie in deinem Körper und in deinem Bewusstsein.
Spüre, wie sich dein Körper mehr und mehr mit Energie füllt.
Atme weiter Energie ein und schicke diese Energie beim

116

Ausatmen über die Grenzen deines Körpers hinaus in den Raum.
Fülle den Raum mit strahlender, kraftvoller Energie.
Diese Energie hat die Kraft, deine Gedanken, deine Gefühle und deine inneren Bilder Wirklichkeit werden zu lassen, wenn du das möchtest.

Atme langsam tief ein und aus und sage dann leise in Gedanken zu dir selbst, wenn du möchtest, sage und empfinde: »Ich möchte mein Wesen spüren, meine Sehnsüchte, meine Fähigkeiten, meine Möglichkeiten.
Ich möchte mein Wesen spüren und ihm Ausdruck verleihen in diesem Leben,
Ich möchte so leben, wie es mir entspricht, und dass ich mich darüber freuen kann.
Ich möchte mich entfalten, Erfahrungen machen, lernen und etwas schaffen, was mir und meinen Zielen entspricht.
Ich möchte spüren, welche Gefühle mir gut tun, in jedem Lebensbereich, und ich möchte dafür sorgen, dass diese Gefühle mich begleiten in der Partnerschaft, in meinen freundschaftlichen Beziehungen, im Beruf, in der Art, wie ich wohne, und in meinem Körpergefühl.«

Atme langsam tief ein und aus.
Und jetzt stell dir vor: Mit jedem Atemzug wirst du größer, dehnst dich aus wie ein Ballon.
Mit jedem Atemzug größer und weiter, mehr und mehr.
Größer und größer.
Du dehnst dich aus, über diesen Saal hinaus. Du wirst größer und größer.

Und jetzt wünsche dir tief in dir, dass du geistige Hilfe bekommst, Inspiration, Ideen von einem Wesen, das dein Freund ist.
Stell dir vor, wie dieses Wesen vor dir erscheint. Spüre dieses Wesen, nimm es wahr. Und dann bitte dieses Wesen, das du spürst oder siehst oder auf sonst eine Weise wahrnimmst, die deinem Wesen entspricht, dir etwas über dich zu erzählen,

über dein Wesen und deine Absichten in diesem Leben.
Frage es, wer du bist und was du willst in diesem Leben.
Höre die Antwort tief in dir.

Was sind deine Sehnsüchte?
Welche Gefühle sollen dich begleiten in diesem Leben?
Welche wichtigen Dinge möchtest du erleben?
Was ist Schönheit? Wie fühlt es sich an, Schönheit zu erleben, Schönheit wahrzunehmen? Schön zu sein?
Was ist Geborgenheit? Wie fühlt es sich an, geborgen und vertraut zu sein?
Was ist Dankbarkeit? Wie fühlt es sich an, dankbar zu sein und sich freuen über das, was ist?
Was ist Liebe? Wie fühlt es sich an zu lieben, zu verstehen? Ganz bei jemandem zu sein, bei etwas zu sein, das man durch und durch versteht und liebt, so wie es ist?

Und jetzt bitte darum, dass Vorbilder in dein Leben kommen: Menschen, Tiere, Pflanzen, Situationen. Vorbilder unterschiedlichster Art, die dir zeigen, wie du dich fühlen möchtest. Bitte um Vorbilder, die dich zu deinen wahren Gefühlen lenken.

Bewahre all diese Informationen, all diese Inspirationen tief in dir. Komme dann mit deinem Bewusstsein in deinen Körper zurück und bleibe dort ganz still.

Und nun frage tief in dich hinein, tief in dein Wesen hinein: »Wann und wie ist dieses Leben für mich wertvoll? Was muss da sein, damit ich das Gefühl habe, dass sich dieses Leben lohnt?
Was will ich suchen in diesem Leben? Was will ich suchen, damit sich dieses Leben für mich lohnt?«

Und jetzt spüre, dass geistige Freunde bei dir sind. Sie lassen dich wissen, dass du nicht allein bist, und werden dir helfen. Sie helfen dir schon jetzt.
Sie sind da und begleiten dich hin zu deinem Wesen, hin

zu deinem Lebensziel. Und je öfter du sie einlädst und bittest, desto mehr können sie für dich tun.
Atme langsam tief ein und aus.

Empfinde noch einmal Schönheit, Geborgenheit, Dankbarkeit und Liebe.
Atme langsam tief ein und aus.
Und dann öffne allmählich die Augen.

Wir alle haben geistige Freunde, Helfer und Lehrer, die an unserem Leben teilnehmen wollen, die uns helfen und von denen wir etwas lernen können. Aber wir müssen sie um Hilfe bitten und in unser Leben einladen. Von sich aus werden sie sich nicht aufdrängen. Diese Meditation ist eine solche Einladung. Sie schult unsere Wahrnehmungsfähigkeit für die Energien und die Inspiration, die sie uns schicken.

In der nächsten Meditation erinnern wir uns zunächst an Menschen, die in der Vergangenheit Vorbilder für uns waren. Dann stimmen wir uns auf unsere nächtlichen Träume ein, damit sie uns unser Wesen und unsere Lebensabsicht in einer Weise offenbaren, die wir verstehen und nutzen können.

MEDITATION – VORBILDER

Schließe die Augen. Atme langsam tief ein und aus.
Denke an deine beiden Knie. Atme langsam ein und aus.
Denke an deine beiden Schultern. Atme langsam ein und aus.
Denke an deinen Solarplexus. Atme langsam ein und aus.
Denke an dein Herz. Atme langsam ein und aus.
Stelle dir jetzt mit jedem Atemzug vor: Du atmest strahlende, kraftvolle Energie ein und beim Ausatmen verteilst du diese Energie in deinem Körper und in deinem Bewusstsein.
Spüre, wie sich dein Körper mehr und mehr mit Energie füllt.
Atme weiter Energie ein und schicke diese Energie beim Ausatmen über die Grenzen deines Körpers hinaus in den Raum.

Fülle den Raum mit strahlender, kraftvoller Energie.

Diese Energie hat die Kraft, deine Gedanken, deine Gefühle und deine inneren Bilder Wirklichkeit werden zu lassen, wenn du das möchtest.

Atme langsam tief ein und aus und sage dann leise in Gedanken zu dir selbst, wenn du möchtest, sage und empfinde:

»Ich möchte mein Wesen spüren, meine Sehnsüchte, meine Fähigkeiten, meine Möglichkeiten.

Ich möchte mein Wesen spüren und es in diesem Leben zum Ausdruck bringen.

Ich möchte alles anziehen, was mich inspiriert, Menschen, Tiere, Pflanzen, Orte und Situationen, die mir den Weg zeigen, den Weg zu mir selbst und zu dem Leben, das mir entspricht.«

Atme langsam tief ein und aus.

Denke jetzt an Menschen, die Vorbilder für dich waren oder noch sind, die eine bestimmte Art hatten oder haben, die dir gefällt.

Denke an Menschen, die dich gerührt haben durch ihre Art zu leben und sich zu geben.

Erinnere dich an sie und an das, was du mit ihnen erlebt hast.

Was an diesen Menschen berührt dich? Was gefällt dir an ihnen?

Was davon würdest du gern für dich selbst und dein eigenes Leben übernehmen?

Wie würde sich dein Leben verändern, wenn du in diesen Bereichen so sein könntest wie sie?

Und dann frage tief in dich hinein: »Möchte ich mich so verändern?«

Atme langsam tief ein und aus.

Und dann sage in Gedanken zu dir selbst und, wenn du möchtest, sage und empfinde: »Heute Nacht, wenn ich schlafen gehe, wünsche ich mir von ganzem Herzen, dass

120

sich im Traum mein Wesen offenbart. Dass meine Sehnsüchte, meine Fähigkeiten und Möglichkeiten Träume bilden, die mich prägen und mir Wege zeigen zu mir selbst, zu meinem Ausdruck, zu meiner Lebensabsicht.
Tief innen wünsche ich mir, dass mein Wesen sich heute Nacht im Traum zum Ausdruck bringt und mich prägt.

Wenn ich morgen aufwache, möchte ich mich erinnern, was für mich wichtig ist, oder einfach geprägt sein und spüren, was ich tun sollte, weil es mir entspricht.
Morgen, wenn ich aufwache, möchte ich die Energie meiner Träume spüren und wissen, welche Gefühle zu mir gehören und was ich tun sollte, weil es mir entspricht.
Und als Dank dafür, dass ich diese Informationen bekommen habe, will ich alles aufschreiben und es leben.«

Atme langsam tief ein und aus.
Und dann äußere noch einmal tief in dir den Wunsch: »Ich möchte Schönheit erleben und Geborgenheit und Dankbarkeit und Liebe.«

Atme langsam tief ein und aus.
Und heute Nacht, wenn du schlafen gehst, erinnere dich noch einmal daran, dass sich dein Wesen im Traum zum Ausdruck bringen möchte.
Atme langsam tief ein und aus und öffne dann die Augen.

Diese Meditation bestärkt uns in unserem Entschluss, unser Wesen zu ergründen und zu leben, mit all seinen Eigenheiten und Möglichkeiten, damit sich unsere Lebensabsicht erfüllen kann.

FRAGEN UND ANTWORTEN

Frage:
Wie kann man denn erkennen, was wirklich wichtig ist im Leben? Ich weiß, wir haben schon oft darüber gesprochen, aber kann ich trotzdem noch etwas dazu hören?

Antwort:

In unserem Leben ist nur das wichtig, was uns in unserem Wesen berührt und was für uns einen Unterschied macht. Fremde Werte berühren uns nicht. Suchen Sie nach Begeisterung und Freude. Vermeiden Sie Routine und automatische Reaktionen. Folgen Sie Ihren spontanen Impulsen, auch wenn sie »vernünftig« betrachtet keinen Sinn ergeben. Stellen Sie sich vor, dass Sie im Sterben liegen. Was ist, aus dieser Perspektive gesehen, wirklich wesentlich gewesen in Ihrem Leben, und was hat nicht wirklich einen Unterschied gemacht? Bewusstsein sucht Erweiterung, Erkenntnis und Intensität. Unsere Wahrnehmung von den Dingen ständig zu erweitern und unsere Möglichkeiten zum Ausdruck zu bringen, das ist es, was uns lebendig hält und unser Leben wertvoll macht.

Wenn wir irgendwann sterben, sollten wir sagen können: »Was zu tun war, habe ich getan. Ich habe mich von nichts abhalten lassen, nicht von meiner Angst, nicht von äußeren Strukturen, nicht von den Erwartungen anderer. Was zu sagen war, habe ich gesagt. Und da, wo ich helfen wollte und konnte, habe ich geholfen und war kraftvoll und zuversichtlich.«

Am Ende unseres Lebens spielt im Grunde genommen nichts mehr eine Rolle, außer dem, was wir an Bewusstseinsinhalten und Erfahrungen mitnehmen.

Im Angesicht des Todes sehen wir völlig klar, was wichtig war und was nicht. Daher ist es gut, sich diese klare Betrachtungsweise schon vorher anzueignen, dann, wenn wir die Dinge noch ändern können.

Die Erkenntnis, aus Angst etwas nicht getan zu haben, erscheint, aus dieser Perspektive betrachtet, geradezu lächerlich.

Frage:

In meinen Träumen herrscht oft nur Chaos. Gibt es dafür einen Grund?

Antwort:

Ein Traum spielt sich immer auf mehreren Ebenen gleichzeitig ab. Die gewohnten Raum- und Zeitstrukturen werden oft beliebig durcheinander gemischt. Deshalb ist das Traumgeschehen sehr vielschichtig und kompliziert und folgt nicht unserer wachbewussten Logik. Vieles, was wir im Traum erleben, kommt uns beim Aufwachen chaotisch vor und wird oft, wenn überhaupt, nur noch bruchstückhaft erinnert. Aber auf der Traumebene macht das Geschehen Sinn und dort verändern wir uns, auch wenn wir uns nicht mehr an den Traum erinnern können.

Der feste Wille anzukommen

Chaotische Lebensumstände sind schwer zu ertragen, weil man oft beim besten Willen nicht weiß, wie man eine Klärung oder Ordnung herbeiführen könnte. Aus eigener Erfahrung kann ich für Zeiten, in denen großes Chaos herrscht und man nicht so richtig weiß, wo es langgehen soll, nur eines empfehlen: Sagen Sie sich selbst: »Ich muss nicht wissen, wo es langgeht. Ich muss nur fest entschlossen sein anzukommen.« Unser wachbewusstes Ich weiß nicht immer, wo es langgeht, aber etwas ganz tief in uns weiß es ganz genau. Wenn wir fest entschlossen sind anzukommen, sorgt die Schicht, die weiß, wo es langgeht, schon dafür, dass wir ankommen. Mit anderen Worten: Wir können es unseren tieferen Schichten überlassen, wo und wie wir ankommen werden. Wir selbst brauchen nur zu beschließen, dass wir ankommen wollen.

Wir alle wollen an einem Lebensziel ankommen, auch wenn wir dieses Ziel nicht kennen. Die Entschlossenheit anzukommen öffnet unsere Kanäle zu unserem Wesen und seinen Möglichkeiten. Es schärft unsere Wahrnehmung für das, was wir wirklich wollen. Damit sollten wir uns beschäftigen, und nur damit.

Sich mit dem zu beschäftigen, was man nicht will, ist dagegen völlig sinnlos. Indem wir uns auf das konzentrieren, was wir nicht haben, sondern unbedingt loswerden wollen, binden wir unsere Energie daran. Indem wir uns auf unsere Sehnsüchte und Ziele konzentrieren, setzen wir unsere Energie dafür frei. Das Ziel mag zwar das gleiche sein, aber die Weichen werden völlig anders gestellt. Der Wille anzukommen macht es auch einfacher, mit Problemen fertig zu werden, auch wenn die Lösung noch nicht in Sicht ist.

Wenn wir wirklich fest entschlossen sind anzukommen, wo immer oder auch an einem bestimmten Punkt, ohne uns von irgendetwas oder irgendjemandem aufhalten zu lassen, können Dinge geschehen, die wir niemals für möglich gehalten hätten. Entschlossenheit setzt ein enormes Potential frei, in uns selbst und in unserem Umfeld.

FRAGEN UND ANTWORTEN

Frage:
Wenn ich zweifle, ob das, was ich tue, richtig ist oder nicht, was mache ich dann?

Antwort:
Wenn Sie zweifeln, sind Sie verunsichert. Sie wissen nicht mehr, was richtig und was falsch ist oder ob Sie das, was Sie tun wollen, überhaupt bewältigen können. In dieser Situation sollten Sie sich ganz bewusst klar machen: »Ich weiß nicht, wohin der Weg geht und ob das, was ich tue, überhaupt Aussicht auf Erfolg hat. Deshalb kann ich nur darauf vertrauen, dass, was immer geschieht, zu mir passt und gut für mich und alle Beteiligten ist.«

Das ist ein Appell an Ihr Urvertrauen, an die Schicht in Ihnen, die sich eins fühlt mit dem großen Sein und in dieser Einheit die Dinge wieder ordnen kann.

Egal, wie die Umstände im Moment sind, ob völlig chaotisch, katastrophal, dramatisch oder tieftraurig, nehmen Sie alles so an, wie es ist, und machen Sie sich klar, dass diese Umstände das Produkt Ihrer Geschichte sind. Entscheiden Sie sich, von jetzt an nur noch offen zu sein für das, was wirklich zu Ihnen passt, egal wie Ihre Geschichte bis jetzt gewesen sein mag. Diese Haltung löst die feste Bindung an das, was bisher war. Viele Menschen tun genau das

Gegenteil: Sie kämpfen gegen das, was nicht gut ist, statt sich für das Neue zu öffnen. Und erst wenn sie an dem Punkt angekommen sind, wo sie nicht mehr kämpfen können, erzeugen sie aus Erschöpfung keine festhaltenden Energien mehr, und die Dinge klären sich. Neue Energien können Einzug in ihr Leben halten. In so schwierigen Situationen besteht die wirksamste Strategie darin, das große Sein zu bitten, dass sich alles ordnen, klären und heilen möge, und sich gleichzeitig nicht mehr zu wehren, denn indem wir uns wehren, halten wir fest, was wir eigentlich loswerden möchten.

Frage:
Man sagt, wenn man etwas unbedingt will, es aber einfach nicht bekommt, soll man es loslassen. Kann man mit dem Wunsch anzukommen das Gleiche erreichen?

Antwort:
Im Prinzip ja, aber bei dem Wunsch anzukommen geht es nicht darum, an einem bestimmten Punkt anzukommen, sondern überhaupt anzukommen – auch wenn man nicht genau sagen kann, wo oder wie das sein mag. Es geht also nicht um das Erreichen eines Zieles, sondern viel grundsätzlicher um das Ankommen dort, wo man zu einer gegebenen Zeit seinem Wesen entsprechend und im Einklang mit dem großen Sein hingehört. Und das kann man sich oft nicht einmal vorstellen, bevor man dort ist.

Wenn man den Wunsch hat anzukommen und sich in dieser Stimmung ein neuer Weg auftut, dann sollte man ihn gehen, auch wenn man nicht genau weiß, wo er hinführen wird. Allein die Tatsache, dass wir plötzlich einen Hinweis auf diesen Weg bekommen haben, ist Grund genug ihn zu gehen.

Bei vielen Wegen, die man im Leben einschlägt, weiß man nicht, wo sie hinführen. Aber das ist auch nicht wichtig. Es genügt, die Wegweiser zu erkennen und ihnen vertrauensvoll zu folgen, wenn sie uns im Herzen berühren.

Einstimmung

An dieser Stelle möchte ich eine Erkenntnis mit Ihnen teilen, die ich durch das klare Beobachten meines Lebens gewonnen habe, die sich durch Beobachten aber auch aus dem Leben anderer Menschen ableiten lässt. Wie viele andere Menschen habe auch ich in meinem Leben immer nach Strategien und Werkzeugen gesucht, um erfolgreich all das erreichen zu können, was ich erreichen wollte. Und mehr oder weniger, schneller oder langsamer entwickeln wir uns alle dorthin, wo wir erfolgreich sind und erfolgen lassen können, was wir erfolgen lassen wollen. Doch dabei entgeht uns in der Regel ein wesentlicher Punkt: Selbst wenn wir mehr und mehr von dem erreichen, was wir erreichen wollen, erreichen wir eben *nur das*, was wir anstreben und uns vorstellen können. Alles, was jenseits unserer Vorstellungskraft liegt, weil wir aufgrund unserer begrenzten Geschichte keine Informationen darüber haben, halten wir durch einseitige Ausrichtung von uns fern. Wir schneiden uns buchstäblich selbst von der Summe aller Möglichkeiten ab. Diese Erkenntnis hat mich tief bewegt. In meinem Leben hatte ich immer nur das bekommen, was ich wollte: Alles, was ich mir nicht vorstellen konnte, hatte ich durch die bewusste Ausrichtung meiner Energien von meinem Leben ferngehalten. Das scheint vielleicht besser, als nicht einmal das zu bekommen, was man will, aber trotzdem bedeutete es in meinem Fall, dass alles, was ich mir nicht vorstellen konnte, was aber trotzdem zu mir gepasst hätte, nie eine Chance hatte, in meine Nähe zu kommen.

Ich glaube, dass es im Leben nicht nur darum geht, sich zu holen, was man will und aufgrund der eigenen Geschichte vorstellen kann, sondern auch darum, sich all das zu holen, was man sich aufgrund seiner Möglichkeiten holen könnte, was also dem eigenen Wesen entspricht.

Spirituelle Magie zu leben, bedeutet deshalb auch, dass wir unser Wollen unseren Möglichkeiten anpassen, unserem Wesen. Und diese Möglichkeiten sind sehr viel umfangreicher als alles, was wir uns zu irgendeinem Zeitpunkt vorstellen können.

Wenn wir uns mit der »Spirituellen Magie des Bewusstseins« beschäftigen, lernen wir also nicht nur, wie wir Probleme lösen und Energien in Gang setzen können, um das in unser Leben zu ziehen, was wir wollen. Wir widmen uns vielmehr der Entfaltung aller Möglichkeiten unseres Wesens, welche die Möglichkeiten unseres Ich bei weitem übersteigen. Wir lernen, uns von Ängsten, Verwicklungen und Automatismen zu befreien, um entschieden den Weg zu uns selbst gehen zu können.

Das größte Hindernis auf dem Weg zur Entfaltung unseres Wesens ist unsere grundsätzliche Bereitschaft, uns verwickeln zu lassen, in andere Menschen, in Strukturen und in uns fremde Werte wie Sicherheit, Leistung und so weiter. Solange wir dieser Bereitschaft zur Verwicklung erliegen, verhalten wir uns gelähmt und verlieren kostbare Energie.

Erst wenn es uns gelingt, äußere Verwicklungen aufzulösen, werden wir innerlich frei, unser Wesen zu spüren und unsere Möglichkeiten zu entfalten. Wer es nicht schafft, seine Verwickelungen nach und nach aufzulösen, kann nur warten, bis sie leidvoll zusammenbrechen, bis Beziehungen enden, bis sich Krankheiten einstellen oder äußere Strukturen zusammenbrechen. Solche »Schicksalsschläge« sind zwar nicht angenehm, aber sehr wirksam. Sie bringen zwangsläufig innere Freiheit, weil es nichts mehr zu verlieren gibt und Verwicklungen nicht mehr möglich sind.

Wir wollen jedoch auf angenehmere und lustvollere Weise zu unserem Wesen finden, und es gibt vieles, was wir dafür tun können.

Das Dreieck der Psyche

Die »Spirituelle Magie des Bewusstseins« unterscheidet sich von der plumpen Anwendung magischer Rituale hauptsächlich dadurch, dass sie nicht das Ziel verfolgt, das Leben eines Menschen durch Manipulation geistiger Gesetzmäßigkeiten äußerlich erfolgreich zu gestalten, und zwar unabhängig davon, ob er damit möglicherweise an seinem eigentlichen Wesen und an seiner Bestimmung vorbei geht. »Spirituelle Magie des Bewusstseins« macht unser Wesen zur Basis für alle magischen Prozesse, mit denen wir unser Leben gestalten, und ihr letztes Ziel ist es, uns unserem Wesen und der Natur des großen Seins näher zu bringen.

Der Mensch ist multidimensionales Bewusstsein, das sich auf vielen Ebenen bewegt und zu vielen Dimensionen Zugang hat. Unser Wachbewusstsein ist nur ein Teil dieses großen Bewusstseins, das ständig von all diesen Ebenen genährt wird. Spirituelle Magie nutzt alle diese Ebenen gleichzeitig und setzt Veränderungsprozesse nur im Einklang mit ihnen allen in Gang.

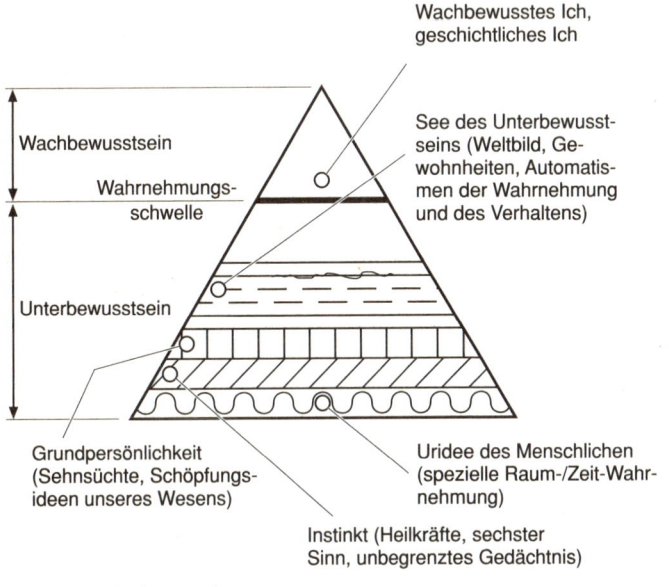

Das Dreieck der Psyche

Zum besseren Verständnis möchte ich den Teil unseres Bewusstseins, der sich auf dieses Leben konzentriert, symbolisch als Dreieck darstellen. Das Dreieck repräsentiert den Teil unseres großen Bewusstseins, das sich mit dieser Wirklichkeit auseinander setzt und sich in ihr und mit ihr zum Ausdruck brin-

gen will. Alles, was auf dieser Ebene unseres Bewusstseins stattfindet, dient dazu, unser Wesen in diesem Leben optimal zum
Ausdruck zu bringen und unsere Lebensabsicht erfolgreich zu
leben.

Innerhalb dieses Dreiecks können wir zwei völlig unterschiedliche Bereiche unterscheiden: das Ego, also unser wachbewusstes Ich, und das Unterbewusstsein. Das wachbewusste
Ich ist der Bereich in uns, der geschichtlich geprägt ist. Es bildet
sich vom Moment der Zeugung an und wächst, indem es sich
mit allem identifiziert, was uns jemals in irgendeiner Form berührt hat, beziehungsweise von unserem Bewusstsein wahrgenommen wurde. Daher nenne ich es auch das geschichtliche
Ich.

*Das Ich denkt und fühlt als Summe seiner Erfahrungen und
hat dabei die Illusion, eigenständig zu sein. In Wirklichkeit
aber ist es zum Großteil ein Produkt unserer Geschichte.*

Das geschichtliche Ich verhält sich wie eine Schaumkrone in der
wilden Brandung, die sich einbildet, unabhängig zu sein und die
Brandung sogar kontrollieren zu können. Dabei hat es nicht die
geringste Ahnung, was die Brandung überhaupt ist. Zwischen
dem wachbewussten Ich und den tieferen Schichten unseres Bewusstseins, mit denen wir unser Leben hier in erster Linie gestalten, gibt es eine Art Grenze, eine Zwischenschicht, die als
Wahrnehmungsschwelle wirkt und die ich die Schicht der kriti-
schen Betrachtungsebene nenne.

Als Wahrnehmungsschwelle wirkt sie, weil alles, was unter-
halb dieser Schwelle liegt, dem Ich nicht direkt zugänglich ist.
Unser Ich kann vielleicht spüren, dass es wie eine Schaumkrone auf einer großen Welle ist, aber es kann die Welle selbst
nicht begreifen. Wie eine Schaumkrone wird es hin und her geschoben, aber es versteht seine Bewegungen und deren Ursache
nicht. Es fühlt sich frei und hat die Illusion, dass es selbst
schwimmt, aber natürlich schwimmt es nur mit. Es sieht nur
sich selbst und denkt: »Ich bin frei. Ich kann hierhin und dorthin schwimmen.« Aber es weiß nicht, dass die Idee, hierhin
und dorthin zu schwimmen, aus den Tiefen der Brandung

kommt. Das Ich ist im Grunde genommen nichts weiter als eine beobachtende Instanz, die nur wenig Freiraum auf der Welle des Unbewussten hat. Die großen Bewegungen des Lebens entstehen nicht oben auf der Welle, sondern tief in ihrem Inneren.

Der Teil von uns, der vielleicht Probleme hat mit sich und der Welt, sitzt auf dem Kamm der Welle und glaubt, frei zu sein. Doch welcher Teil unseres Bewusstsein bestimmt die Bewegungen in unserem Leben? Es ist der Bewusstseinsbereich, den man das Unterbewusstsein nennt.

Das Unterbewusstsein besteht aus verschiedenen Schichten. Wenn wir Bewusstsein als Summe von Schöpfungsideen betrachten, durch die Schöpferkraft fließt und sich manifestiert, dann ist unser Bewusstsein im Prinzip unendlich vielfältig und nicht nur typisch menschlich. Und doch gibt es einen Teil des großen Bewusstseins, der typisch menschlich ist und sich durch typisch menschliche Ideen auszeichnet. Die Uridee des Menschlichen oder die menschliche Idee bildet die Basis unseres Unterbewusstseins.

Die menschliche Idee

Die menschliche Idee unterscheidet sich von der eines Tieres oder einer Pflanze beispielsweise dadurch, dass wir Raum und Zeit linear erleben, und zwar in einer bestimmten Geschwindigkeit und in einem bestimmten Größenverhältnis. Pflanzen und Tiere erleben Zeit in einer anderen Geschwindigkeit, Pflanzen ganz langsam, Tiere viel schneller. Auch der Bezug zum Raum und zur Größe ist anders als bei uns Menschen.

Wie wir die Wirklichkeit wahrnehmen, wird durch die Art und Weise bestimmt, in der wir uns in dieser Wirklichkeit zum Ausdruck bringen.

Unsere Betrachtungsweise, die auf der menschlichen Idee basiert, macht uns menschlich und bringt uns dazu, auf eine ganz bestimmte Art mit der Wirklichkeit umzugehen.

Ein typischer Aspekt unserer Menschlichkeit ist unser Intellekt, unsere Vernunft. Der Intellekt schenkt uns viele Möglichkeiten, kann aber auch große Probleme bereiten. Es ist der Intellekt, der in unserem Ich die Illusion erzeugt, dass es frei ist. Diese Illusion bringt uns dazu, uns anderen Teilen der Natur überlegen zu fühlen, was letztlich zur Folge hat, dass wir uns vom großen Ganzen abschneiden. Tiere machen sich keine Gedanken darüber, ob sie frei sind oder nicht. Sie schwimmen einfach im Strom des großen Seins. Würden auch wir uns als Teil des großen Seins empfinden, könnten wir ebenfalls leicht und selbstverständlich mit dem Strom der Ereignisse schwimmen und alles, was um uns herum geschieht, ganz anders wahrnehmen und nutzen. Doch leider tun wir oft genau das Gegenteil: Wir verschwenden viel Kraft und Energie, indem wir eigenwillig gegen die Strömung schwimmen und uns darüber ärgern, dass der Fluss in die falsche Richtung fließt. Dabei wäre es so einfach, mit der Strömung zu schwimmen und damit Zugang zu sämtlichen Möglichkeiten zu haben, ohne Anstrengung, ohne Probleme.

Die menschliche Idee wird ergänzt durch eine Bewusstseinsqualität, deren Fähigkeit der menschlichen Idee erst die Möglichkeit verschafft, sich in einer physischen Form zum Ausdruck zu bringen und zu überleben.

Der Instinkt

Ein Tier oder eine Pflanze überlebt anders als ein Mensch und hat deshalb andere Überlebensstrategien. Die Qualität unseres Bewusstseins, die uns mit Strategien und Möglichkeiten zur Sicherung unseres Überlebens als menschliche Wesen versorgt, nenne ich den menschlichen Instinkt. Der Instinkt verfügt über drei wichtige Fähigkeiten: die Fähigkeit, uns selbst zu heilen; den sechsten Sinn und das absolute Gedächtnis.

Die Fähigkeit, uns selbst zu heilen, zu regenerieren und zu entscheiden, was gut für unser körperliches Überleben ist, zeigt uns zum Beispiel, was wir essen sollen, wie wir uns bewegen sollen, wie lange wir schlafen und was wir anziehen sollen und welche Gefahren und schädigenden Einflüsse wir meiden müssen. Sie kann unterschiedliche Wunden auf bestmögliche Weise heilen und ungünstige äußere Bedingungen ausgleichen.

Der Instinkt nimmt in sehr unterschiedlicher Form Einfluss auf den Körper. Er kann ihn gesund erhalten, aber auch krank machen, wenn das nötig sein sollte, um den Menschen wachzurütteln. Dazu braucht er in der Regel keine Hilfestellung von außen. Und genau wie jeder Körper von allein krank werden kann, kann er auch ohne äußeren Einfluss wieder gesund werden, allein durch die Fähigkeiten des Instinktes. Wären wir immer im Einklang mit dem großen Sein, dann würde unser Instinkt unseren Körper immer gesund erhalten. Wenn wir jedoch gegen den Strom schwimmen und damit die Verbindung zum großen Sein verlieren, dann verliert auch unser Instinkt die Kraft, dies zu tun. Zum einen ist er abgeschnitten von den dazu erforderlichen Energien, zum anderen ordnet er sich unserem freien Willen ebenso unter wie den Energien, die wir im Leben suchen und von denen wir umgeben sind.

Die zweite Fähigkeit des Instinkts nenne ich den sechsten Sinn. Dabei handelt es sich um eine gesteigerte Wahrnehmungsfähigkeit, die nichts mit den Sinnesorganen zu tun hat. Sie ist im Bewusstsein selbst zu finden, reicht in alle Dimensionen und erstreckt sich beliebig durch den Raum und in gewisser Weise sogar durch die Zeit. Mit dieser außersinnlichen Wahrnehmungsfähigkeit nehmen wir ständig feine Energien wahr, und unser Instinkt entscheidet, ob er diese Informationen braucht oder nicht. Die brauchbaren Informationen werden gesammelt, denn sie können unser Überleben sichern, weil sie dazu beitragen, dass wir mehr wissen und verstehen, und zwar unabhängig von unserer Geschichte und unserer wachbewussten Sicht der Dinge. Die nicht brauchbaren Informationen werden wieder ausgesondert.

Die dritte Fähigkeit des Instinkts kann man als das absolute Gedächtnis bezeichnen. Dort ist alles, was uns vom Moment unserer Zeugung an begegnet ist, in Form von Gefühlen und Erinnerungen gespeichert. Es kann also nie unser Problem sein, etwas Erlebtes im Gedächtnis zu speichern, sondern allenfalls es abzurufen. Unsere Gefühle sind die Träger dieser Gedächtnis-

132

inhalte, über Gefühle werden sie gespeichert, und über Gefühle sind sie wieder abrufbar.

Wenn wir Probleme mit unseren Gefühlen haben, weil wir unter Zeit- oder Leistungsdruck stehen, verlieren wir den Zugang zu dieser Gefühls- und Erinnerungsebene und unser Gedächtnis wird schlechter, weil die gespeicherten Inhalte nicht mehr abrufbar sind. Ein typisches Beispiel dafür sind Prüfungssituationen, in denen uns nichts mehr einfällt, weil die Prüfungsangst alle anderen Gefühle blockiert und wir diese nicht mehr als Träger für Informationen benutzen können.

Der freie Zugang zu unserem Gedächtnis hängt also eng mit dem freien Fluss unserer Gefühle zusammen. Je ausgeglichener unsere Gefühle sind, desto leichter können wir alles, was unser Bewusstseins jemals berührt hat, wieder durch uns hindurch fließen lassen und erinnern. Das Gedächtnis sitzt übrigens nicht im Gehirn, sondern im Bewusstsein. Der Bewusstseinsspeicher nutzt zwar unser Gehirn, ist aber kein Teil davon. Beispielsweise hat man festgestellt, dass sich Menschen, deren Gedächtnisfelder durch einen Unfall zerstört worden waren, mit etwas Übung wieder an weit zurückliegende Begebenheiten erinnern konnten. Der geistige Speicher konnte also offensichtlich neue Gehirnzellen aktivieren, um das Gedächtnis wieder zum Ausdruck zu bringen.

All diese Bewusstseinsqualitäten sichern und erleichtern unser körperliches Überleben, aber sie geben diesem Überleben noch keinen Sinn. Die nächste Bewusstseinsqualität hingegen sagt uns, wozu wir leben wollen und was der Sinn dieses unseres Lebens ist.

Die Grundpersönlichkeit

Wie schon auf den ersten Seiten dieses Buches erwähnt, glaube ich, dass wir nicht um des Überlebens willen auf diese Welt gekommen sind, sondern vielmehr mit einer bestimmten Lebensabsicht, die sich in unserem Wesen offenbart und die es zum Ausdruck zu bringen gilt. Unser Wesen kann als eine Art Kernpersönlichkeit oder Grundpersönlichkeit beschrieben werden.

Mit dieser Grundpersönlichkeit wurden wir von unserer Seele ausgeschickt, um für sie und das große Sein, von dem die Seele ein Teil ist, Erfahrungen zu machen und Erkenntnisse zu sammeln. Wir sind zum einen hier, um die verschiedenen Qualitäten von Raum und Zeit zu erforschen und auf eine uns entsprechende Weise durch unsere Welt zu gehen. Diesen Teil unserer Lebensabsicht nenne ich unseren Lebensstil. Er macht sich in uns bemerkbar als Sehnsucht nach einer bestimmten Lebensqualität.

Eine andere Art von Sehnsucht hingegen treibt uns an, in unserem Leben ganz bestimmte Dinge erfahren, erkennen und erschaffen zu wollen und uns selbst und das Leben als solches über sie zu begreifen. Diesen Teil unserer Lebensabsicht nenne ich Lebensziel. Mit dem Erreichen dieser Absicht wächst sowohl unser Bewusstsein über uns selbst und das Sein, als auch unsere Schöpferkraft, und unsere Naivität weicht einem tiefen Verstehen. Diesen Prozess nenne ich Bewusstseinsentwicklung und Bewusstseinserweiterung.

Der Lebensstil, also die Art und Weise, wie wir leben, gibt uns Energie, wenn wir so leben, dass es unserem Wesen entspricht. Das bedeutet: Wir haben den passenden Partner an unserer Seite, leben in der uns entsprechenden Wohnung, üben den richtigen Beruf aus, haben also alles so um uns und tun alles so, wie es uns entspricht und gute Gefühle gibt. Alles, was uns entspricht, ist in Resonanz mit unserem Wesen und bringt uns in Kontakt mit der unbegrenzten Energie unseres Wesens auf dem Weg zu unseren Lebenszielen.

Wenn wir dagegen Dinge tun oder haben, die uns nicht entsprechen, schneiden wir uns von dieser Energie ab, und ohne sie wird es uns schwer fallen, unsere Lebensziele kraftvoll zu verfolgen. Mit der Zeit verlieren wir unsere Motivation, resignieren und werden kraftlos und krank.

Wenn wir dagegen auf der Suche nach unseren Lebenszielen von der Energie unseres Lebensstils getragen werden, indem wir Dinge tun, die uns berühren, unsere Lebensziele finden und Lern-, Erfahrungs-, Schöpfungs- und Entwicklungsprozesse durchlaufen, die unserem Wesen entsprechen, dann fühlen wir uns nicht nur wohl in unserem Leben, sondern spüren auch tief in uns, dass sich unser Leben lohnt.

Wenn wir unsere Lebensziele, die wir bewusst ja selten kennen, finden wollen, müssen wir uns zunächst auf die Suche nach unseren Möglichkeiten machen, aber auch die sind aufgrund der Begrenzungen unserer Geschichte oft nicht so leicht zu erkennen. Solange wir uns aber um den richtigen Lebensstil bemühen, gewinnen wir immer mehr Energie, um frei zu werden und die Hinweise zu erkennen, die uns unser Wesen im Leben gibt und die uns dann wie von selbst zu den Zielen führen werden, die zu erreichen wir uns für dieses Leben vorgenommen haben.

Die Grundpersönlichkeit beinhaltet aber nicht nur Sehnsüchte, sondern auch die Fähigkeiten, die sie zur Erfüllung dieser Sehnsüchte braucht. Die Erfüllung unserer Sehnsüchte und die Nutzung unserer Fähigkeiten führen uns wie von selbst zu einem energiereichen, intensiven und vor allem sinnvollen Leben, zur Erfüllung unserer Lebensabsicht.

Unsere Sehnsüchte weisen uns den Weg zu Energiebildern, die unserem Wesen entsprechen.

Denn warum tun wir Dinge, die nicht direkt mit unserem Überleben zu tun haben? Nur weil wir, bevor wir es tun, während wir es tun und nachdem wir es getan haben, in eine Stimmung kommen und Gefühle haben, die uns aufbauen und nach denen wir uns sehnen. Wir suchen Dinge, Situationen oder Menschen also niemals um ihrer selbst willen, sondern wir suchen bestimmte Gefühle, und die sind durch äußere Entsprechungen zunächst leichter erreichbar. Wir empfinden Dankbarkeit und Geborgenheit, sehen überall Schönes und lieben das Leben als das, was es ist, wenn wir in den Gefühlen leben, die uns entsprechen.

Deshalb sind Dankbarkeit, Geborgenheit, Schönheit und Liebe die Bewusstseinszustände, auf denen unser Leben aufgebaut sein sollte und die wir anstreben wollen. Wenn wir nichts Schönes sehen, uns nicht geborgen fühlen und weder Liebe noch Dankbarkeit für das Sein empfinden, dann bedeutet das, dass wir wesensfremd und an unseren Sehnsüchten vorbei leben. Und dann verlässt uns auch unsere Energie und wir entfer-

nen uns immer mehr von unserem Wesen und unseren Möglichkeiten.

Wesensfremd zu leben und Unwesentliches zu tun, schneidet
uns aber nicht nur von unserer Lebensenergie ab und macht uns
unzufrieden und mit der Zeit vielleicht sogar krank, sondern
bringt auch unmittelbare Probleme im Außen – mit dem Partner, mit der Wohnung, mit dem Beruf. Menschen, die diese Zusammenhänge nicht kennen und ihr Wesen nicht wichtig nehmen, suchen nach Geld, Karriere oder Leistung als eine Art Er-
satz für Intensität und Lebenssinn. Sie passen sich bereitwillig
fremden Werten und Erwartungen an und merken erst spät,
dass sie damit an sich selbst vorbei leben und dass ihr Leben
sinnlos wird. Manche merken es erst am Ende ihres Lebens,
aber dann ist es zu spät und sie sterben mit einem leeren Koffer.

Der Grund, warum unsere Seele uns als einen Teil von sich in
diese Dimension geschickt hat, besteht darin, dass sie durch
das, was wir hier erleben, begreifen und gestalten, selbst an
Energie und Bewusstsein wachsen möchte. Deshalb machen wir
Erfahrungen nicht nur für uns selbst, sondern auch für unsere
Seele. Und indem wir uns selbst entwickeln, tragen wir zu ihrer
Entwicklung bei.

Der See des Unterbewusstseins

Wenn unser Instinkt und unsere Grundpersönlichkeit in dieses
Leben eintauchen, bringen sie zwar eine große Menge an Energie und Informationen mit, aber sie brauchen dennoch gewisse
Spielregeln, die ihnen sagen, wie sie ihre Möglichkeiten nutzen
können und sollen, beziehungsweise ein Weltbild, an dem sie
sich orientieren können. Dieses Weltbild wird nicht mitgebracht, sondern von der Wirklichkeit übernommen, in die wir
eintauchen. Die Bewusstseinschicht, in der dieses Weltbild verankert wird, nenne ich den See des Unterbewusstseins. Alles,
was uns vom Moment unserer Zeugung an begegnet, wird dort
gespeichert und dient später als Bezugsquelle für unser Selbst-
und Weltverständnis sowie für die Art und Weise, wie wir unsere Grundpersönlichkeit in diesem Leben zum Ausdruck brin-

gen. Informationen darüber, wer wir selbst sind, was es heißt zu leben, wie man sich im Leben verhält und welche Beziehung wir zwischen uns und anderen Aspekten des Lebens anstreben sollen, dringen fortwährend in unseren See des Unterbewusstseins ein und erzeugen ein Selbstbild, das zunächst einfach übernommen wird, aber nichts mit unserem Wesen zu tun haben muss.

Eine gewisse Übereinstimmung gibt es natürlich immer, denn sonst wären wir nicht in diesen Raum und in diese Zeit geboren worden und auch nicht bei genau diesen Eltern gelandet. Demnach gilt, dass es zwischen den verschiedenen Aspekten des Umfeldes, zum Beispiel unseren Eltern, und unserem Wesen eine gewisse Resonanz geben muss. Dieses Resonanzprinzip lässt eine Art Schicksalsfaden entstehen, an dem entlang ähnliche Lernaufgaben von den Großeltern an die Eltern, von den Eltern an uns und von uns an unsere Kinder weitergegeben werden.

Das bedeutet: Unser Wesen und die Aufgaben, die wir hier zu lösen haben, ähneln immer dem Wesen unserer Großeltern, Eltern und älteren Geschwister und den Aufgaben, die sie zu lösen haben oder hatten. Was wir tun, erfahren und schaffen wollen, entspricht dem, was auch sie wollten. Ob sie es geschafft haben, ist natürlich eine andere Frage, aber letztlich hat das mit unserer Absicht nichts zu tun, obwohl es unseren Weg natürlich beeinflusst. Auf jeden Fall helfen wir auch ihnen, indem wir unser Wesen zum Ausdruck bringen, denn dann kann unsere Erfahrung und Energie in ihr Bewusstsein einfließen und ihnen als Unterstützung und Inspiration dienen. Genauso wirkt alles, was sie erreichen, auf unser Bewusstsein ein. Diese gegenseitige Beeinflussung oder Prägung wirkt sogar über den physischen Tod hinaus, indem unsere Erfahrung auch noch auf das Bewusstsein von Verstorbenen wirkt, die in der erwähnten Form schicksalhaft mit uns verknüpft sind und auch bleiben und natürlich als Wesen aus Energie und Bewusstsein auch ohne physischen Körper weiterexistieren, nur in einer anderen Dimension.

Frage:

Warum kommen wir überhaupt in eine Familie, in der nicht nur uns Entsprechendes, sondern auch Wesenfremdes auf uns einwirkt?

Antwort:

Wahrscheinlich geschieht das, damit wir unterschiedliche Wirklichkeitsaspekte im direkten Erleben begreifen, uns bewusst von Wesensfremdem abwenden und unser eigenes Wesen besser erforschen können. Unser Bewusstsein kann wachsen und reifen. Würden wir zum Beispiel immer nur Schokoladeneis essen, können wir nie herausfinden, ob wir Schokoladeneis wirklich mögen. Erst wenn uns jemand an einem Erdbeer- oder Vanilleeis schlecken lassen würde, könnten wir den Unterschied erfahren und sofort entscheiden, ob wir lieber bei Schokolade bleiben oder zu Erdbeer- oder Vanilleeis wechseln möchten. Nur über etwas anderes zu reden, bringt wenig Erkenntnis. Wir können nur in der direkten Erfahrung wirklich vergleichen. Alles andere bleibt Spekulation.

Doch zurück zum See des Unterbewusstseins. Er wird im Laufe unseres Lebens ständig weiter gefüllt, und das Ich – das Schaumkrönchen auf seiner Oberfläche – spiegelt im Wesentlichen all das, was in den See eingeflossen ist. Unser Ich ist also in der Regel nicht frei und unabhängig im Jetzt. Wir sind ein Produkt unserer Geschichte, zumindest so lange, wie wir uns ihr entsprechend verhalten.

In alten spirituellen Traditionen spricht man häufig davon, dass sich das Ich des Menschen auflösen muss, damit er befreit werden kann. Aber damit ist nicht eigentlich eine Auflösung des Ich gemeint, sondern vielmehr die Auflösung seiner starren geschichtlichen Prägung und seiner Dominanz, die verhindert, dass wir in Kontakt mit unserem Wesen kommen. Das Ich soll wieder ein Spiegel des eigenen Wesens werden und nicht nur unsere Geschichte spiegeln. Das Ich der meisten Menschen ist ein Spiegel ihrer Geschichte, und das bedeutet, dass sie in einem fremden Bewusstsein leben. Das raubt nicht nur viel Energie, sondert hindert sie auch daran, das in ihr Leben zu ziehen, was ihrem Wesen wirklich entspricht. Die wenigen Menschen, deren Ich ein Spiegel ihres Wesens ist, sind leicht daran zu erkennen, dass sie ihr Leben mit Freude und Liebe leben, dass sie sich kraftvoll und motiviert zum Ausdruck bringen und dass sie ausgeglichen und gesund sind.

In der Regel wird unser See in den ersten neun Monaten im Mutterleib und dann ganz stark in den ersten zwei bis drei Lebensjahren mit fremden Bewusstseinsinhalten angefüllt, und das geschichtliche Ich formt sich. Danach bleibt dieses geschichtliche Ich sich selbst treu und füttert sich immer wieder mit den gleichen Inhalten, die es dann automatisch weiter sucht und als selbstverständlich übernimmt.

Was immer in unserem Leben geschieht, vergleichen wir mit dem, was in der Vergangenheit geschehen ist, und ziehen unsere Schlüsse daraus. Fremden oder neuen Inhalten stehen wir in dem Maße kritisch gegenüber, in dem wir die Vergangenheit verteidigen wollen, und damit setzen wir unsere Geschichte natürlich automatisch fort.

Mir sind zwei verschiedene Typen von Menschen aufgefallen, die sich in ihrem Umgang mit vergangenen Erfahrungen deutlich voneinander unterscheiden. Ob das mit ihren Sternzeichen zu tun haben mag, mit numerologischen Gegebenheiten oder einfach mit ihrer Erbmasse, ist dabei eigentlich nicht interessant. Den einen nenne ich den Pro-Typ, den anderen den Kontra-Typ. Der Pro-Typ übernimmt tendenziell die Werte seiner Vergangenheit ohne jede innere Distanz, indem er das Verhalten seiner Eltern oder älteren Geschwister einfach kopiert. Der Kontra-Typ fühlt sich eher unwohl in seiner geschichtlichen Prägung, macht von allem das Gegenteil und glaubt, damit seiner Geschichte entgehen zu können. Wenn seine Eltern zum Beispiel geizig waren, wird er zum Verschwender. Wenn seine Eltern prüde waren, legt er ein extrem ausgeflipptes Verhalten an den Tag. Aber auch wenn er eine scheinbar bewusstere Einstellung zu seiner Geschichte hat, ist er in seinem Verhalten natürlich genauso wenig frei von der Vergangenheit wie der Pro-Typ. Das Gegenteil von etwas zu tun, ist nicht das Gleiche, wie sich selbst zu leben.

Wenn wir erlauben, dass die Vergangenheit uns prägt, indem wir entweder genau das tun, was unsere Vorbilder getan haben, oder auch genau das Gegenteil davon, bleiben wir wie von selbst in unserer Geschichte hängen und es fällt uns schwer, unsere wahren Sehnsüchte und Fähigkeiten zu spüren. Wir reagieren auf das, was wir erlebt haben, und leben eine bestimmte

Haltung automatisch weiter, statt unser eigenes Wesen zu spüren und zu leben. Viele Menschen leben als Anti- oder Pro-Typ in der Illusion frei zu sein und erkennen nicht: Es kommt nicht darauf an, wie wir auf unsere Vergangenheit reagieren, sondern ob wir überhaupt reagieren oder statt dessen unser Wesen spüren und frei zum Ausdruck bringen, egal wie unsere Vergangenheit war. Denn nur, wenn wir aus unserem Wesen heraus leben, sind wir wirklich frei und wir selbst.

Kaum jemand kann sich ganz dem Einfluss dessen entziehen, was im See des Unterbewusstseins gespeichert ist, denn dazu braucht es sehr viel Selbstbewusstsein und Selbstkontrolle, und im Laufe unseres Lebens können eigene Sehnsüchte so allmählich von fremden überlagert werden, dass wir es noch nicht einmal merken. Selbst wenn unser Wesen einen starken Hang zu Schönheit und Ästhetik haben sollte, wenn wir unsere Visionen vielleicht mit künstlerischen Mitteln zum Ausdruck bringen möchten, als Architekt, Maler oder Bildhauer, oder wir unsere Gefühle gern in Worte oder in Klänge fassen würden, als Schriftsteller oder Musiker, und ein solcher Drang schon als Kind in uns deutlich war, brauchen wir dennoch Anregung von außen, um uns dessen wirklich bewusst zu werden. Aber natürlich werden wir nicht immer in ein Umfeld hineingeboren, wo wir diese Anregung bekommen. Was ist, wenn unsere Eltern überhaupt keinen Sinn für Ästhetik haben, sondern nur für Funktionalität?

Wenn sie den Tisch decken, stellen sie vielleicht nur das hin, was man auch wirklich braucht: Geschirr, Besteck, Gläser und so weiter, aber weder Kerzen und Blumen noch besondere Servietten. Funktionalität zählt, Schönheit und Harmonie sind Nebensache. Ein solches Vorbild kann so prägend sein, dass unser eigener Sinn für Schönheit dadurch allmählich von einem Sinn für Funktionalität überlagert wird. Wir fangen an, in fremden Kategorien zu denken und zu fühlen, selbst wenn sich eine innere Leere in uns breit macht. Wir wissen ja nicht, warum das so ist, denn die Vorbilder um uns herum leben durchaus schlüssig. Später sind wir vielleicht nicht wirklich glücklich, aber wir kaufen Dinge trotzdem wie selbstverständlich nach funktionalen Gesichtspunkten und kommen gar nicht mehr auf die Idee zu fragen, ob wir sie auch schön finden oder ob es vielleicht eine bessere, weil schönere Alternative gibt.

Das geht vielleicht eine ganze Weile mehr oder weniger gut, aber irgendwann tritt der Konflikt zwischen dem, was wir wirklich sind und wollen, und dem, was wir von anderen übernommen haben, deutlich zu Tage.

Von der Unzufriedenheit zur Depression

Diesen Konflikt erkennen wir zunächst nicht als das, was er ist, aber wir spüren, dass unsere Stimmung ebenso im Keller ist wie unsere Motivation. In unserem Innern reiben unterschiedliche Energien aneinander, und es entsteht ein Zustand der Zerrissenheit, den wir als Unzufriedenheit erfahren, Unzufriedenheit darüber, dass wir Dinge tun, die wir eigentlich nicht tun wollen, und dass das, wonach wir uns sehnen, keinen Raum in unserem Leben hat.

Das Problem wird noch durch die Tatsache verstärkt, dass man uns von klein auf eingetrichtert hat, man könne im Leben nie alles so haben, wie man es wolle, und mit gewissen Dingen müsse man sich eben abfinden. Deshalb versuchen wir, unsere Unzufriedenheit erst gar nicht zu ergründen. Irgendwann sind wir sogar davon überzeugt, dass wir im Leben nur erfolgreich sein können, wenn wir Kompromisse machen.

Wenn wir uns in diesem Fall immer weiter anpassen, bis wir unseren Sinn für Ausdruck, Schönheit und Intensität im Leben mehr und mehr ignorieren oder sogar ganz aufgeben, werden wir diese Einstellung allmählich auf unser ganzes Leben übertragen und vor lauter Kompromissbereitschaft immer weniger lebendig werden. Wir fahren dann vielleicht nicht mehr mit dem Fahrrad durch Pfützen, weil man das ja nicht macht und das Rad dabei schmutzig werden könnte. Wir setzen uns nicht mehr ins Gras, weil es Grasflecken geben könnte. Wir sprechen niemanden mehr an, weil es dem anderen vielleicht unangenehm sein könnte. Wir kochen die Milch dreimal ab, weil ja ein Virus drin sein könnte. Und obwohl alles immer weniger Spaß macht und die Milch auch nicht mehr so gut schmeckt, nehmen wir es in Kauf, weil man ja nicht alles so haben kann, wie man es will, aber wirklich zufrieden sind wir nicht damit.

Die erste Unzufriedenheit, die wir am Anfang nicht wirklich bemerkt haben, beginnt sich allmählich aufzustauen, und unser Wesen spürt, dass es seine Energien nicht ausleben kann.

Irgendwann ist der Punkt erreicht, wo die Wesensenergie kurz vor dem Platzen steht und sich durch ein energetisches Ventil entladen muss – normalerweise in Form eines Wutausbruchs. Das bringt zwar scheinbar eine momentane Erleichterung im Gefühlsbereich, aber tatsächlich verschwenden wir damit wertvolle Energie, weil uns der Wutausbruch unseren Sehnsüchten nicht näher bringt. Immer wenn wir wütend sind, haben wir entweder lange Zeit etwas getan, was uns und unseren Sehnsüchten gar nicht entsprochen hat, oder wir haben lange Zeit nicht das getan, was uns und unseren Sehnsüchten entsprechen würde. Beides sorgt dafür, dass sich unsere Wesensenergie aufstaut, und zu stark aufgestaute Energie bricht irgendwann aus, damit der innere Druck nachlässt.

Wutausbrüche vergeuden wertvolle Energie, die notwendig wäre, um unser Leben wieder in den Griff zu bekommen und unserem Wesen entsprechend auszurichten.

Vielleicht gehören wir aber auch zu den Menschen, die ihre Gefühle nicht offen zeigen, um den Freiraum anderer Menschen nicht zu verletzen. Dann kann unser Gefühlsstrom auch nicht in Form von Wut abgelöst werden. Solche »braven« Menschen verdrängen ihre Gefühle lieber und fressen ihre Unzufriedenheit in sich hinein. Aber das ist wenig hilfreich und führt mit der Zeit einerseits zu körperlichen Problemen, andererseits aber auch zu Ängsten: Ängste vor dem Autofahren, vor großer Höhe, vor leeren Räumen, vor der Dunkelheit, Angst vor dem Alleinsein, Angst, etwas zu verlieren oder betrogen zu werden. Die Art, wie Ängste an die Oberfläche kommen, hat zwar etwas mit der persönlichen Vergangenheit zu tun, aber im Prinzip basieren alle Formen von Angst nur auf der einen Kern-Angst, Opfer zu sein, den Umständen machtlos ausgeliefert zu sein und sein Wesen nicht leben zu können.

Ob wir aufgestaute Persönlichkeitsenergien als Angst oder Aggression erleben, hängt sowohl von unserem Persönlichkeitstyp als auch von unserer Vergangenheit ab. Aber in beiden Fällen versucht unser Wesen, die Energie, die wir nicht leben können, irgendwie in Fluss zu bringen, damit sie uns nicht zerreißt, beziehungsweise sich gegen uns wendet.

Aggression und Angst sind natürliche Überlebensstrategien, was nicht heißt, dass sie erstrebenswert und hilfreich sind. Scheinbar aus heiterem Himmel kommende Angst-Attacken und Wutausbrüche sind jedenfalls ein Zeichen dafür, dass sich unser Wesen vergewaltigt fühlt. Vielleicht wachen wir schon morgens auf und haben Angst oder sind sauer, obwohl das Leben uns noch gar nicht berührt hat. Und wenn wir dies als normal betrachten, wissen wir irgendwann nicht einmal mehr, worauf wir wütend sind oder wovor wir Angst haben. Vielleicht finden wir uns dann einfach launisch, stimmungsabhängig oder hormonell aus dem Gleichgewicht und glauben beschönigend, dass dies ein übliches Problem sei und sich schon wieder geben werde, und falls nicht, gibt es ja für alles Hilfsmittel. Ich bin da anderer Ansicht. Solche »Launen« oder starken Stimmungsschwankungen weisen auf ein ernsthaftes Problem hin: Das Wesen eines Menschen fühlt sich in seinem Lebenssinn bedroht, und das ist durchaus ein krankhafter, unnatürlicher Zustand. Leider bleibt es aber nicht einmal bei diesen Zuständen von Wut oder Angst.

Wenn ein Mensch permanent aus Unzufriedenheit wütend ist und sich ständig über das Außen ärgert, ohne dabei seinem Wesen näher zu kommen, wird er irgendwann wütend auf sich selbst werden. Er verliert die Achtung vor sich und macht sich Vorwürfe wie: »Ich bin das Allerletzte; ich mache nichts aus meinem Leben; ich hänge schon ewig in diesem Beruf rum; ich schaffe es nicht auszuziehen; ich bin zu feige, mich aus meiner Beziehung zu lösen.« Er richtet seine ganze Wut und Aggression gegen sich selbst, was sogar so weit gehen kann, dass er sich bewusst oder unbewusst selbst verletzen möchte. Manche Menschen haben dann einen Unfall nach dem anderen und merken gar nicht, dass sie all diese Unfälle unbewusst selbst provoziert haben und dass sich darin ihre Aggression gegen sich selbst zum

Ausdruck bringt. Der eher ängstliche Typ wird dagegen zunehmend von seinen Ängsten gelähmt, zieht sich mehr und mehr aus seinem Leben zurück und entwickelt ab einem gewissen Punkt sogar Ängste vor sich selbst und seinem eigenen Tun. Beispielsweise kann die Angst, etwas Falsches oder Schreckliches zu tun, so groß werden, dass diese Menschen irgendwann fast gar nichts mehr tun und sich vorsichtshalber von allem zurückziehen, sogar Partnerschaften beenden oder ihren Job kündigen. Sie werden mehr und mehr inaktiv bis zu dem Punkt, wo ihre Lebensfreude kaum noch vorhanden ist.

Ängste lähmen uns und hindern uns daran, unser Wesen zu erkennen und die notwendigen Schritte zu unternehmen, um es leben zu können.

Doch weder gegen sich selbst gerichtete Aggression noch Angst vor sich selbst stehen am Ende dieser schlimmen Entfremdung vom eigenen Wesen. Wenn unser Wesen irgendwann den Eindruck hat, dass wir unseren Weg verloren haben, und es sich weder zum Ausdruck bringen noch die Erfahrungen machen kann, für die es in diesen Körper und in dieses Leben gekommen ist, beschließt es, alle Lebens- und Ausdrucksenergien zurückzuhalten, sogar diejenigen, die ihm bislang entsprochen haben, die aber jetzt überholt sind. Diesen Zustand der völligen Entfremdung von unserem Wesen erleben wir als Depression. Depression ist ein Zeichen für ein sinnloses Leben, im Grunde genommen ein Sterbeprozess, der zwar auf der geistigen Ebene beginnt, dann aber auch auf die körperliche Ebene übergreift. So traurig diese wesensfremde Art zu leben auch sein mag, sie ist in ihren verschiedenen Phasen weit verbreitet. Wie viele Menschen kennen Sie, deren Leben von Wut oder Angst geprägt ist? Wahrscheinlich weit mehr, als Sie sich wünschen.

Zustände von Aggression, Angst oder Depression deuten immer darauf hin, dass unser Wesen seinen Ausdruck nicht oder nicht mehr findet. Verantwortlich für diese Entfremdung von unserem Wesen sind Prägungen unserer persönlichen Geschichte. Und wenn wir erst einmal entfremdet sind, neigen wir dazu, uns immer mehr mit dem fremden Bewusstsein in uns zu identifizieren, unsere Wut und unsere Angst als Teil von uns zu empfinden, oder zumindest als typisch menschlich. Wir halten all dies für normal und vergessen unser eigenes Wesen und unsere wirklichen Sehnsüchte mehr und mehr. Und das ist das eigentliche Problem dabei. Wir verwechseln unser, von der Geschichte geprägtes Ich mit unserem Wesen und suchen deshalb gar nicht mehr nach unserem wahren Selbst. Wir verteidigen unser fremdes Ich, selbst wenn es uns schadet. »Ich bin nun mal so, was soll ich machen?«, sagen Menschen, wenn sie von Gefühlen überrollt werden. Ob sie Liebeskummer haben, von Wut zerfressen oder von Ängsten gelähmt sind, sie halten all das für einen Ausdruck ihrer selbst, der nicht verändert werden kann und vor allem normal und üblich ist.

Doch wenn wir über unsere Energien wieder frei verfügen und unser Leben nach Belieben gestalten wollen, muss uns eines klar sein: Unser Wesen kennt keine automatischen Reaktionen und Prägungen. Wir sind dem Strom unserer Gefühle nicht hilflos ausgeliefert, und Gedanken und Gefühle sind kein Teil von uns.

Kein Mensch ist von Natur aus aggressiv, ängstlich oder depressiv. Er kommt hierher, um seine Energie, sein Wesen und seine Bestimmung zu leben. Zustände von Angst und Wut sind wesensfremd und blockieren den freien Ausdruck unseres Wesens.

Wenn wir Probleme als Teil der eigenen Persönlichkeit auffassen, stärken wir die Bedeutung des geschichtlichen Ich. Unser Wesen hat keine Probleme, nur Möglichkeiten, aber das geschichtlich geprägte Ich hat Probleme. Unser Wesen ist unantastbar, alle Probleme mit uns und der Welt haben ihren Kern im geschichtlichen Ich.

Solange wir unser geschichtliches Ich verteidigen und seine Probleme für die unseren halten, bleiben wir im Teufelskreis der verdrängten Energien gefangen und können unser Wesen nicht leben. Wir reagieren in Gefühlen und Gedanken unbewusst und automatisch und bleiben damit unserer geschichtlichen Prägung treu. Wut und Angst fressen kostbare Lebensenergie, die wir einsetzen könnten, um unser Leben erfolgreich zu gestalten.

Während unser geschichtliches Ich auf diese Weise Energie verschleudert, sammelt unser Wesen Energie und sucht damit unsere Lebensabsicht zu manifestieren.

Wenn wir unser Wesen entfalten wollen, müssen wir uns dafür entscheiden, Wut und Angst nicht als Teil von uns selbst zu erleben und unser Leben davon bestimmen zu lassen, sondern nach Schönheit, Geborgenheit, Dankbarkeit und Liebe zu suchen.

Unser Wesen zu suchen und wesentlich, also unserem Wesen entsprechend zu leben, bedeutet, Energie zu sammeln. Unser geschichtliches Ich verliert seine Wichtigkeit, wenn wir lernen, unsere automatischen Reaktionen und Wertungen zu erkennen und uns selbst und die Welt bewusst wahrzunehmen. Dann können wir unsere Gefühle und Gedanken absichtlich so formen, wie sie unserem Wesen und unseren Sehnsüchten entsprechen. Dann können wir uns bewusst entscheiden, unsere Wut abklingen und uns nicht mehr von Ängsten lähmen zu lassen. Aber das funktioniert nur, wenn uns klar ist, dass Wut und Ängste kein Teil unseres Wesens sind. Denn wären sie ein Teil von uns, könnten wir sie nicht loswerden, sondern allenfalls verdrängen.

Ängste sind nicht immer leicht als Ängste zu erkennen. Wenn wir uns zum Beispiel bedrückt, verletzt oder übergangen fühlen, werden wir dies in der Regel nicht als Symptome von Angst erkennen und dahinter verborgene Ängste sehen, zum Beispiel die Angst, Dinge könnten falsch laufen, oder man könnte einem anderen Menschen nicht wichtig sein. Ein Wesen, das selbstverständlich nach Entfaltung drängt, ist nie verletzt. Es sucht seinen Ausdruck aus eigener Kraft, mit seinen eigenen Wesensenergien und macht sich von nichts und niemandem abhängig. Ein Mensch, der sich verletzt fühlt, hat Angst, zu kurz zu kommen, falsch behandelt zu werden oder mit den falschen Energien in Kontakt zu kommen. Er spürt die Kraft seiner eigenen Energien zu wenig und fühlt sich abhängig von seinem Umfeld.

Ähnlich verhält es sich mit Wut und Aggression. Manche aggressiven Autofahrer bezeichnen sich vielleicht als sportliche

Fahrer und fühlen ihre Wut nicht direkt. Aber im Grunde ist ihre Fahrweise aggressiv und rücksichtslos, weil sie wütend wegen irgendetwas sind, das sie erlebt haben oder gerade erleben, zum Beispiel andere Autofahrer, von denen sie sich aufgehalten fühlen. In den Bewusstseinszuständen Dankbarkeit, Schönheit, Geborgenheit und Liebe gibt es keinen Platz für Aggression oder Angst. Dort ist nur Raum für unser Wesen, das frei und unabhängig von äußeren Einflüssen ist.

FRAGEN UND ANTWORTEN

Frage:
Bedeutet das, unser Wesen weiß alles über uns, unser Leben und die Natur der Dinge und unser Ich weiß im Grunde genommen nichts darüber, spielt sich aber auf, als ob es etwas wüsste, und versucht, unser Wesen zu verdrängen?

Antwort:
Ja, genau das glaube ich. Unser Ich liegt im ständigen Kampf mit unserem Wesen und versucht, sich selbstständig zu machen, aber ihm fehlt die Basis aus Wissen und Verständnis, die es für eine erfolgreiche Lebensgestaltung bräuchte.

Unser Wesen wird sich durch den Einfluss des Ich nicht verändern, es bleibt immer unangetastet. Allerdings kann es sein, dass es sich nicht wirklich zum Ausdruck bringen kann, das Leben als sinnlos erlebt und sich irgendwann durch den physischen Tod daraus zurückzieht. Aber nichts von unserem Wesen geht je verloren. Die Frage ist lediglich, wie viel von seinem Potential es im jeweiligen Leben zum Ausdruck bringen kann. Das menschliche Ich war ursprünglich nur als Beobachter gedacht, der uns mit Informationen und Erkenntnissen füttern sollte. Aber es hat sich zunehmend mit der persönlichen Vergangenheit identifiziert und angefangen, sich als eigene Instanz zu empfinden. Als Kinder waren wir alle noch Beobachter, aber später hat die Illusion, eigenständig zu sein, verhindert, dass wir unsere schöpferischen Möglichkeiten nutzen konnten. Sie hat unser Wesen blockiert. Die meisten Menschen erleben sich nur als geschichtliches Ich und gestalten ihr Leben allein aus dem unbewussten See heraus. Damit leben sie an ihrer eigentlichen Lebensabsicht vorbei.

Den Kampf zwischen unserem geschichtlichen Ich und unserem Wesen erleben wir auch als Kampf zwischen Gut und Böse in uns, als Spannung zwischen zwei unterschiedlichen Seiten. So schwierig uns dieser Kampf auch erscheinen mag, letztlich ist er sinnvoll und hilfreich. Der natürliche Fluss unseres Wesen wird in der Erfahrung von Widerstand stärker, der Schöpfungsprozess kraftvoller und eindeutiger. Man kann das an einem einfachen Beispiel verdeutlichen: Ein Tennisspieler lernt sehr viel mehr in sehr viel kürzerer Zeit, wenn er einen starken Gegner hat, der ihm entsprechenden Widerstand bietet.

Widerstände und Herausforderungen stärken unser Wesen und seinen Ausdruck.

Frage:
Was wäre denn eine grundsätzliche Aufgabe im Leben von uns Menschen, unabhängig von den individuell unterschiedlichen Lebensabsichten?

Antwort:
Eine grundsätzliche Aufgabe besteht darin, sich selbst zu entdecken und das geschichtliche Ich als Scheinwesen zu entlarven. Diese Entlarvung erfolgt nicht zwangsläufig, sondern unterliegt unserem freien Willen. Im Gegensatz dazu haben wir unser unveränderliches Schicksal in unserem Wesen mit in dieses Leben gebracht. Man könnte also sagen, dass es Sache unseres freien Willens ist, unser geschichtliches Ich entweder am Leben zu erhalten oder es zur Auflösung zu bringen und unser Wesens-Ich zu leben. Den Unterschied zwischen dem geschichtlichen Ich und dem Wesens-Ich zu erkennen und das eigene Wesen zu erleben, scheint die Hauptaufgabe in diesem Leben zu sein.

Frage:
Manche Menschen sagen, sie brauchen keine Liebe. Wie ist das zu verstehen?

Antwort:

Nur das geschichtliche Ich kann so etwas sagen. Nur wer in seiner Geschichte keine Liebe erfahren hat, kann daraus den Schluss ziehen, dass Liebe etwas ist, das er nicht braucht. Wer nie ein schönes Glas auf dem Tisch seiner Eltern gesehen hat, wird kaum auf die Idee kommen, dass er so etwas braucht. Alle Erfahrungen, die wir gemacht haben, prägen unsere Sichtweise und unsere Erwartungen. Wir verteidigen sie, weil wir unser Wesen mit seinen Sehnsüchten und Möglichkeiten nur schwer spüren, wenn wir nicht durch Vorbilder daran erinnert werden oder sogar gegensätzliche Vorbilder erlebt haben.

Unser Hauptproblem ist, dass wir ein geschichtliches Ich spüren und leben und mit unserem Wesen verwechseln. Das geschichtliche Ich verteidigt sämtliche Vorbilder, die es in der Vergangenheit erlebt hat: Menschen, Ereignisse, Situationen. Seine Urteile und Erwartungen sorgen dafür, dass wir unsere Geschichte ständig wiederholen und damit immer wieder gegen unser eigentliches Wesen ankämpfen. Diese inneren Kämpfe manifestieren sich in Wut und Angst, die zur Wut gegen sich selbst und zur Angst vor sich selbst werden und irgendwann in die Depression münden. Wenn wir uns nicht auf die Suche nach unserem wahren Wesen machen, brauchen wir auch unser schöpferisches Potential nicht zu entfalten, denn damit würden wir nur unser geschichtliches Ich stärken.

Frage:

Ich erinnere mich, dass wir gesagt haben, Positives Denken wirke sich nicht immer positiv aus und sei manchmal sogar gefährlich. Ist das ähnlich zu verstehen?

Antwort:

Ja, das bezieht sich genau auf das eben erwähnte Thema. Wenn wir in den Kreislauf von Wut und Angst geraten, dann deshalb, weil wir Dinge tun, die nicht zu unserem Wesen passen, und weil das, was eigentlich zu unserem Wesen gehört, nicht zum Ausdruck kommen kann. Dann staut sich das Energiepotential unseres Wesens, und die aufgestaute Energie bricht sich irgendwann in Wutausbrüchen und Angstattacken Bahn.

Wenn wir uns nun mit positiven Affirmationen wie »Es geht mir von Tag zu Tag und in jeder Beziehung immer besser« ruhig stellen, dann ist das, als legten wir einen Deckel auf den Topf, in dem die unterdrückten Energien brodeln. Unsere Ausbrüche können wir auf diese Weise vielleicht kontrollieren, aber die aufgestaute Energie wird unterdessen immer heißer, und wenn sie dann ausbricht, wird der Ausbruch um so heftiger.

Wutausbrüche und Angstattacken sind insofern gesund und hilfreich, als sie uns genaue Hinweise geben, wo und wann wir gegen unser Wesen leben. Sie zu unterdrücken oder aufzulösen, ohne sie verstanden zu haben oder zumindest verstehen zu wollen, scheint mir deshalb völlig unsinnig.

So benutzt wäre positives Denken lediglich ein Verdrängungsmechanismus, der an unserem Fehlverhalten grundsätzlich nichts ändert und statt dessen eine innere Scheinwelt aufbaut. Nur positiv zu denken, ist kein Ausweg aus dem Kreislauf der unterdrückten Wesensenergien. Doch wenn wir Wut, Angst und Depression als Wegweiser benutzen, haben wir gute Chancen, den Weg zu unserem Wesen zu finden.

Wer bin ich?

Nachdem wir die verschiedenen Ebenen unseres Unterbewusstseins erkannt haben – zumindest theoretisch – und auch wissen, dass es zu wenig ist, einfach nur zu überleben, ohne einen größeren Zweck damit zu verfolgen, ist es nun an der Zeit, dass wir uns bewusst auf die Suche nach unserem Wesen und seiner Lebensabsicht machen und uns fragen: »Wer bin ich? Was will ich in diesem Leben?« Leider werden wir nicht leicht eine Antwort auf diese Frage bekommen. Warum nicht?

Wenn wir im wachbewussten Zustand über uns selbst nachsinnen, denkt unser geschichtliches Ich über sich selbst nach und folgt dabei der Betrachtungsweise des unterbewussten Sees. Das heißt: Es kann nur wahrnehmen, wozu unsere persönliche Geschichte es befähigt. Und dazu gehört unser wahres Wesens nur sehr bedingt. Unser unbewusster See wirkt nach außen und zieht nach dem Resonanzprinzip »Gleiches zieht Gleiches an« nur Dinge an, die ihm und unserer Geschichte entsprechen. Das bedeutet, dass sich unser wachbewusstes Ich durch das Umfeld immerzu bestätigt fühlt, denn sowohl das Umfeld als auch unser wachbewusstes Ich sind Spiegelungen unseres unbewussten Sees. Wenn unser Ich wahrnimmt, was unser See angezogen hat, kann es daraus nur den Schluss ziehen, dass sein Welt- und Selbstverständnis das einzig gültige und richtige ist.

Wenn Ihre Eltern zum Beispiel sehr kleinlich waren, sparsam oder sogar geizig, vorsichtig, stets bemüht, nicht aufzufallen, und abgesichert für alle Eventualitäten, dann hätten Sie als Kind genau diese Kleinlichkeit und diese Ängste übernommen und würden wahrscheinlich ein sorgfältig geplantes und auf Sicherheit ausgerichtetes Leben führen. Wenn Sie nun einen Vortrag über positive Glaubenssätze und die Kraft der Imagination besuchen und dort unter anderem hören würden, dass man auf Sicherheit gar nicht achten muss, weil sich der Kosmos um uns alle kümmert, und wenn Sie – davon momentan beeindruckt – die Alarmanlage in Ihrem Auto nicht mehr einschalten würden, was würde dann wohl passieren? Genau! Ihr Auto würde gestohlen, und zwar nicht, weil dies normal ist, sondern weil Sie aufgrund Ihrer Vergangenheit an Gefahr glauben und alles absichern wollen. Sie wollen zwar positiv denken, können es aber gar nicht so ohne weiteres, weil Ihr Unterbewusstsein an seinem Sicherheitsdenken festhält. Und in genau dem Moment, in dem Sie es kurz loslassen, weil Sie oberflächlich daran glauben wollen, dass Sie auch so sicher sind, holt Sie das ein, woran Sie über dreißig Jahre lang geglaubt haben: Das Leben ist gefährlich, und nur Alarmanlagen können ein Auto schützen. Die alten Glaubenssätze haben genau das angezogen, wovor Sie Angst hatten.

Als geschichtliches Ich sind wir geprägt vom See unserer Geschichte. Er lenkt unsere Energien, auch wenn unser wachbewusstes Ich es ganz anders haben will. Damit sich das Ich von dieser Prägung lösen kann, braucht es eine kraftvolle Strategie.

Meiner Erfahrung nach haben sich hier zwei Wege bewährt – der Weg des Abenteurers und der Weg des Beobachters.

Der Weg des Abenteurers

Der See des Unterbewusstseins enthält die Glaubenssätze und das Wertesystem unserer Vergangenheit, und er bleibt wirksam, solange dieses Wertesystem aktiv ist und entsprechend vergangener Erfahrungen angewendet wird: Manche Dinge scheinen gut, andere schlecht. Gewisse Dinge tut man, andere nicht. Einiges scheint gefährlich, anderes nicht. Solange wir uns in einer üblichen Lebenssituation befinden, behält unser Ich seine Sichtweise bei, und wir wiederholen uns in der routinierten Anwendung dessen, woran wir glauben, was wir für gut oder schlecht halten, was wir glauben, tun zu können oder tun zu müssen. Wenn sich alles auflöst, woran wir uns bisher gehalten haben, wenn sich unser Betrachtungssystem nicht mehr anwenden lässt, weil wir mit einer völlig neuen Situation konfrontiert werden, müssen wir loslassen und für Neues bereit werden. Ein solcher Zustand kann sich ganz plötzlich und unerwartet einstellen: wenn man seinen Arbeitsplatz verliert, wenn die eigene Firma Konkurs macht, wenn das Haus abbrennt oder der Partner einfach auszieht. Dann formt sich das Wertesystem zwangsläufig neu, weil alles, was früher funktioniert hat, plötzlich nicht mehr funktioniert.

Ein Abenteurer führt solche Zustände der Orientierungslosigkeit und des Chaos selbst herbei, indem er alle Rahmenbedingungen auflöst, an denen er sich bisher orientiert hat, weil er – bewusst oder unbewusst – weiß, dass das Chaos sämtliche Möglichkeiten in sich birgt.

Auch in der Zeit kurz vor ihrem Tod machen viele Menschen einen tief greifenden Erkenntnisprozess durch, in dem sie die unzähligen Ereignisse ihres Leben plötzlich aus einer neuen Perspektive wahrnehmen können. Das alte Wertesystem kann sich nicht mehr wiederholen und braucht nichts mehr zu schützen. Es gibt keine Ängste mehr, und plötzlich sieht man alles ganz klar. In diesem Moment wird man wieder zum Beobachter, der weder etwas verdrängt noch eindeutig etwas will. Würden wir diesen gleichmütigen Zustand schon vorher erreichen, könnte sich unser Wesen schon viel früher bemerkbar machen, denn unser See hätte nichts mehr, was er festhalten müsste. Und in der Tat kann man beobachten, wie leicht Menschen, die nichts mehr zu verteidigen haben, weil um sie herum alles zusammengebrochen ist, aus ihren Strukturen und aus der Routine ihres alten Wertesystems herausfinden.

Der Weg des Beobachters

Doch nicht jeder Mensch ist ein Abenteurer, der den extremen Wandel freiwillig sucht. Wer Veränderungen lieber allmählich herbeiführen möchte, kann den Weg des Beobachters gehen. Ziel dieses Weges ist die Erkenntnis, welche Lebensaspekte zu uns und unserem Wesen gehören und welche uns fremd sind. Was zu uns gehört, gibt uns Energie und Lebensqualität. Was nicht zu uns gehört, nimmt uns Energie und treibt uns über Wut und Angst bis in die Depression. Auf dem Weg des Beobachters beobachten wir Menschen, Situationen, Umstände, Dinge und alles, was in irgendeiner Form auf uns einwirkt, und fragen uns, ob sie uns Energie geben oder Ärger und Angst in uns hervorrufen und unser Energieniveau schwächen. Veranlassen sie uns zu tun, was wir wollen und wozu unsere Sehnsüchte uns drängen? Oder halten sie uns auf und veranlassen uns, etwas zu tun, was wir überhaupt nicht wollen? Oder halten sie uns davon ab, etwas zu tun, wonach es uns drängt? Denn daraus entstehen ja alle Formen von Wut oder Angst.

Wenn wir unser Leben auf diese Weise durchforsten und überprüfen wann, wo, wie und warum Aggressionen oder Ängste entstehen, werden wir früher oder später auch die Einflüsse entlarven, die uns davon abhalten, uns selbst zu leben, und uns statt dessen in eine unpassende Richtung führen, die unserem Wesen nicht entspricht. Je klarer uns diese Zusammenhänge auffallen, desto weniger werden wir uns in Wut und Angst verlieren, als Opfer empfinden und die Ursache für unseren Zustand im Außen suchen. Wir werden in allen Umständen Klarheit suchen und uns ganz bewusst fragen: »Wovon halten mich diese äußeren Umstände ab, die mich so ärgern? Wieso fühle ich mich veranlasst zu handeln, wie ich gar nicht handeln möchte? Welcher Teil meines Selbst fühlt sich hier aufgehalten?«

Der Weg des Beobachters ist in der Regel sehr viel weniger dramatisch als der des Abenteurers, aber er ist ebenso wirksam, wenn wir ihn konsequent gehen.

Unsere Freiheit beziehungsweise die Freiheit unseres Wesens können wir erst dann bewusst suchen, wenn wir unsere Unfreiheit kennen. Freiheit bedeutet in diesem Zusammenhang die Freiheit, sich selbst spüren und leben zu können. Die folgende Übung hilft uns, unsere Unfreiheit aufzuspüren, zu erkennen, wo und wann wir in unserem Leben Dinge zugelassen oder getan haben, die uns nicht entsprochen oder sogar geschadet haben. Die Gründe dafür sind im Moment nicht interessant, sondern nur die Frage, wo wir unserem Wesen entsprechend gelebt und erlebt haben, beziehungsweise, welche Aspekte unseres Wesens unterdrückt oder aufgehalten wurden.

ÜBUNG: WELCHE WESENSASPEKTE FÜHLEN SICH AUFGEHALTEN?

Diese Übung machen Sie zunächst allein und dann am besten in einer Gruppe von Vertrauten und Freunden.

Setzen Sie sich zunächst allein etwa eine Stunde lang ruhig hin und lassen Sie die letzten zehn Jahre an sich vorüberziehen. Erinnern Sie sich an Personen, Orte, Situationen oder Umstände, die Sie in einen energiefressenden Kreislauf gebracht oder darin festgehalten haben, die Sie aggressiv gemacht, Ängste in Ihnen erzeugt und Ihnen Energie und Lebensqualität geraubt haben.

Betrachten Sie das, was sich ereignet hat, genau. Was daran hat Sie dazu gebracht, etwas zu tun, zu sagen, zu fühlen, was Sie nicht wollten? Was hat Sie davon abgehalten, sich so zu fühlen, wie Sie sich gern gefühlt hätten, oder das zu tun und zu sagen, was Sie gern getan oder gesagt hätten?

Ein Beispiel: Sie erinnern sich, dass man Ihnen in einem vornehmen Restaurant das falsche Essen und den falschen Wein serviert hat, obwohl Sie korrekt bestellt haben. Sie waren enttäuscht und verärgert, nicht zuletzt, weil es ein so vornehmes Lokal war und das Essen sehr viel gekostet hat. Sie haben zwar alles gegessen und getrunken, aber dabei auf den Koch geschimpft und auf den Kellner, dem Sie natürlich auch kein Trinkgeld gegeben haben. Anschließend haben Sie sich vorgenommen, da nie wieder hinzugehen, obwohl Sie sich eigentlich auf das Essen in genau diesem Lokal gefreut hatten.

In so einem Fall könnten Sie sich fragen: »Hat der Kellner mich dazu gebracht, etwas zu tun, was ich nicht wollte?« Die Antwort wäre vielleicht: »Ja, ich habe das Essen gegessen, obwohl ich es nicht bestellt hatte und es mir auch nicht geschmeckt hat, weil ich dachte, dass ich es sowieso bezahlen muss.« Vielleicht wird Ihnen auch klar, dass Sie sich nicht getraut haben, dem Kellner zu sagen, dass dies nicht das Essen war, das Sie bestellt hatten, weil Sie nicht wussten, wie man in so einem feinen Lokal eine Reklamation macht. Statt also offen, ehrlich und direkt zu sein, haben Sie sich zurückgenommen. Vielleicht fällt Ihnen außerdem auf, dass Sie dieses Essen nur bestellt haben, weil es das günstigste Gericht auf der Karte war, und dass Sie an dem Tisch saßen, den der Kellner Ihnen zugewiesen hatte, obwohl Sie viel lieber am Fenster gesessen hätten. Aber auch das haben Sie sich nicht getraut, ihm zu sagen. Vielleicht haben all diese Aspekte zu Ihrer wütenden Haltung beigetragen.

Sie haben das Gefühl, dass der Kellner Sie in diese Situation gebracht hat. Er hat verhindert, dass Sie das bekommen haben, was Sie gern gehabt hätten. Er ließ Sie nicht tun, was Sie gern getan hätten. Er hat Sie aufgehalten und eingeschüchtert. Das ist zumindest, was Sie glauben.

Sie werden sich an viele solche Beispiele erinnern und feststellen, dass es immer ähnliche Umstände sind, die Sie är-

155

gern oder aufregen, weil diese Umstände Sie entweder davon abhalten oder dazu veranlassen, etwas zu tun, das Sie gern beziehungsweise nicht tun wollen. Wenn Sie solche Muster klar erkennen, können Sie daraus auf Wesenszüge schließen.

Wenn Sie sich zum Beispiel darüber ärgern, dass Sie dem Kellner nicht die Meinung gesagt haben, dann heißt das, dass Ihnen ein schöner Tisch mit einem schönen Blick zu einem angenehmen Essen wirklich wichtig war und Sie außerdem gern jemand wären, der klar und deutlich seine Interessen vertritt und sich nicht einschüchtern lässt. Wäre Ihnen all das nicht so wichtig gewesen, hätten Sie nicht so ärgerlich reagiert.

Versuchen Sie also herauszufinden, was genau Sie geärgert hat, was Sie abgehalten hat, etwas zu tun, was Sie gern tun wollten, oder was Sie veranlasst hat, das Gegenteil zu tun. Wenn Sie viele Beispiele gefunden und verstanden haben, können Sie die Übung erweitern, indem Sie sich fragen, wie diese Situation hätte sein müssen, damit sie Ihnen entsprochen hätte. Welche Gefühle hätten Sie haben wollen? Was an Ihrem Tun und an den Umständen hätte Ihnen entsprochen und Ihnen Energie gegeben? Auf diese Weise können Sie allmählich ein genaueres Bild Ihres Wesens und Ihrer Sehnsüchte bekommen. Was immer Sie allein für sich herausgefunden haben, können Sie dann in Ihrer Übungsgruppe vorstellen und die anderen auch. Für die Gruppenübung schlage ich folgenden Ablauf vor: Eine Person liest vor, welche Antworten auf folgende Fragen sie aufgeschrieben hat:

– Wo habe ich mich aufgehalten gefühlt?
– Wo habe ich etwas getan, was ich nicht tun wollte?
– Was hätte anders sein müssen, damit es mir gefallen hätte?
– Was an meinem Wesen hätte dem entsprochen?«

Die Gruppe versucht dann, das Gesagte nachzuempfinden und mit Fragen und Kommentaren weitere Erkenntnisse anzuregen, immer mit dem Ziel, verdrängte, nicht gelebte Wesenszüge zu entdecken. Wichtig ist, dass die Übung in einer liebevollen und toleranten Atmosphäre stattfindet, in der sich jeder öffnen kann und will. Alle sollten sehr sorgfältig zuhören und Ideen einbringen. Niemand sollte seine Ansichten rechtfertigen müssen, und es darf auf keinen Fall eine Diskussion oder Belehrung stattfinden, denn das wäre ungut für die Stimmung und die Offenheit in der Runde.

So anstrengend diese Übung anfänglich sein mag, sie wird sich als extrem fruchtbar erweisen. Ich selbst mache sie schon seit 15 Jahren. Wenn mich etwas geärgert hat, setze ich mich noch am gleichen Tag hin und frage mich, warum mich das so aus der Fassung gebracht hat. Ich überlege: »Was hätte ich gern anders gemacht? Warum habe ich es nicht gemacht?« Oder: »Was habe ich getan, obwohl ich es überhaupt nicht tun wollte? Warum habe ich es getan?« Oder: »Was habe ich erwartet? Wo habe ich mich abhängig gemacht?« Seit ich meine Gefühle, meine Gedanken und mein Tun regelmäßig in Frage stelle, ist mir aufgefallen, dass sich immer weniger Ärger und immer weniger Angst in mir aufbauen und ich mich immer freier und kraftvoller fühle.

In dem Maße, in dem sich Angst und Wut auflösen, kommt unser Wesen ans Licht.

MEDITATION – DAS TOR ZUM WESEN ÖFFNEN

In dieser Meditation wird das Vertrauen in unser Wesen gestärkt. Gefühle, in denen sich unser Wesen leichter finden lässt, werden geweckt.

Schließe die Augen. Atme langsam tief ein und aus.
Denke an deine beiden Knie. Atme langsam ein und aus.
Denke an deine beiden Schultern. Atme langsam ein und aus.
Denke an deinen Solarplexus. Atme langsam ein und aus.
Denke an dein Herz. Atme langsam ein und aus.
Stelle dir jetzt mit jedem Atemzug vor: Du atmest strahlende, kraftvolle Energie ein und beim Ausatmen verteilst

du diese Energie in deinem Körper und in deinem Bewusstsein.

Spüre, wie sich dein Körper mehr und mehr mit Energie füllt.

Atme weiter Energie ein und schicke diese Energie beim Ausatmen über die Grenzen deines Körpers hinaus in den Raum.

Fülle den Raum mit strahlender, kraftvoller Energie.

Diese Energie hat die Kraft, deine Gedanken, deine Gefühle und deine inneren Bilder Wirklichkeit werden zu lassen, wenn du das möchtest.

Atme langsam tief ein und aus und sage dann leise in Gedanken zu dir selbst, wenn du möchtest, sage und empfinde: »Ich möchte mein Wesen spüren, meine Sehnsüchte, meine Fähigkeiten, meine Möglichkeiten.

Ich möchte Menschen anziehen, Tiere, Pflanzen, Situationen, die mir den Weg zeigen zu meinem Wesen.

Ich möchte Schönheit finden in meinem Leben.

Ich möchte das finden, was mich berührt.

Ich möchte Geborgenheit finden in meinem Leben, Geborgenheit dort, wo ich mich vertraut fühle.

Ich möchte Dankbarkeit empfinden. Dafür, dass ich hier leben kann und dass das Leben eine Flut von Möglichkeiten für mich bereit hält.

Ich möchte Liebe empfinden und Verständnis, indem ich verstehe, wie alles Leben nach Ausdruck sucht, der Stein in seiner Form, die Blume in ihrer Farbe, Tiere in ihrem neugierigen Spiel und Menschen auf der Suche nach Intensität und Freude.

Ich möchte mein Wesen spüren, das sich freuen will, das Freude sucht im Leben. Und tief innen wünsche ich allen Wesen diese Freude.

Ich möchte die Stimme meines Herzens spüren, die mir sagt, was für mich zu jeder Zeit richtig und angemessen ist.

Ich möchte die Wegweiser in meinem Leben erkennen, die mich zu neuen Ufern führen, damit sich mein Leben ständig so verändern kann, wie es meinem Wesen entspricht.«

Jetzt öffne ich mich für alles, was schön ist, und lasse es in mich einfließen.

Ich öffne mich für Geborgenheit und Vertrautheit und für die Gemeinsamkeit mit allem, was ist und mir entspricht.

Und ich öffne mich für Dankbarkeit, die Vielfalt des Seins und die Möglichkeiten, die mein Wesen für mich gestaltet.

Und ich öffne mich für Liebe, lasse Liebe in mich einfließen, Liebe zu mir selbst, Liebe zu anderen.

Ich öffne mich für liebevolles Lassen, das Raum lässt, das Freiheit schenkt und Freude wünscht. Mir selbst und allem, was ist, wünsche ich liebevoll Freude.«

Atme langsam tief ein und aus.

»Ich möchte die Schöpferkraft des Seins durch mein Bewusstsein fließen lassen, damit sich mein Wesen in mir und um mich herum manifestiert.

Ich lasse meine Vergangenheit los mit allen Hemmungen, mit allem, was meinen Weg getrübt und meine Entscheidungsfähigkeit klein gemacht hat, mit allem, was mich abhängig machte von außen.

Ich verabschiede mich bewusst von meinem alten Ich und lasse mein Wesen in mir aufsteigen, damit es meine Bestimmung findet. Alle Meinungen, alles Handeln und alles in meinem Umfeld, was meiner Geschichte entstammt, lasse ich los, ganz bewusst und absichtlich, damit Raum entsteht für das Neue, das meinem Wesen entspricht.

Ich nehme die Vergangenheit als Erfahrung und die Gegenwart meines Wesens als Grundlage für meine Zukunft.

Ich gehe bewusst und absichtlich den Weg der spirituellen Magie, der Magie, die aus meinem Wesen kommt und meinem Kern entspringt.«

Sage innerlich ja zu dieser Entscheidung. Es ist eine Entscheidung, die dein Leben neu gestalten wird, frei von dem, was war. Vieles wird aus deinem Leben weichen. Dafür wird Wesentliches kommen, das, was zu deinem Wesen gehört.

Atme langsam tief ein und aus.
Atme tief ein und aus und sage innerlich: »Ja.«
Öffne dann allmählich die Augen.

MEDITATION – ERFORSCHUNG DES WESENS

Diese Meditation bringt Sie in eine Stimmung, in der Sie leichter mit Ihrem Wesen in Kontakt treten und seine Bedürfnisse und Möglichkeiten verstehen können.

Schließe die Augen. Atme langsam tief ein und aus.
Denke an deine beiden Knie. Atme langsam ein und aus.
Denke an deine beiden Schultern. Atme langsam ein und aus.
Denke an deinen Solarplexus. Atme langsam ein und aus.
Denke an dein Herz. Atme langsam ein und aus.
Stelle dir jetzt mit jedem Atemzug vor: Du atmest strahlende, kraftvolle Energie ein und beim Ausatmen verteilst du diese Energie in deinem Körper und in deinem Bewusstsein.
Spüre, wie sich dein Körper mehr und mehr mit Energie füllt.
Atme weiter Energie ein und schicke diese Energie beim Ausatmen über die Grenzen deines Körpers hinaus in den Raum.
Fülle den Raum mit strahlender, kraftvoller Energie.
Diese Energie hat die Kraft, deine Gedanken, deine Gefühle und deine inneren Bilder Wirklichkeit werden zu lassen, wenn du das möchtest.
Atme langsam tief ein und aus und sage dann leise in Gedanken zu dir selbst, wenn du möchtest, sage und empfinde:

»Ich möchte mein Wesen spüren, meine Sehnsüchte, meine Möglichkeiten.
Ich möchte spüren, was mich freut und mir Energie gibt.
Und nur das möchte ich suchen in meinem Leben.

Ich möchte Schönheit anziehen und Geborgenheit und Dankbarkeit und Liebe.«
Atme langsam tief ein und aus.

Und jetzt stelle dir vor, du dehnst dich mit jedem Atemzug aus, wirst größer und größer, wie ein Ballon.
Jetzt, in diesem Zustand der Ausdehnung, stell dir ein geistiges Wesen vor, einen geistigen Freund, einen geistigen Helfer oder einen Lehrer in der Gestalt, die sich gerade ergibt, oder auch nur als das Gefühl, dass eine solche Person bei dir ist.
Lass dir von dieser Person erzählen, was dein Wesen in diesem Leben sucht, wonach es sich sehnt, was es manifestieren möchte. Höre ihr einfach zu, höre, wie sie zu dir spricht. Oder höre, wie sie in dir spricht, vielleicht sogar mit deiner eigenen Stimme. Höre zu, frage, höre wieder zu. Führe einen wachsamen Dialog.

Was möchtest du tief innen von diesem Leben?
Welche Lebensqualität suchst du in diesem Leben? Welche Gefühle sollen dich begleiten?
Was soll Selbstwertgefühl für dich bedeuten in diesem Leben?
Was bedeutet es für dich, frei zu sein?
Was würdest du am liebsten sagen über das Leben, das du führst?
Über welche Eigenschaften deiner Persönlichkeit würdest du dich am meisten freuen?

Atme langsam tief ein und aus.
Wünsche dir heute Nacht, wenn du schlafen gehst, von deinem Wesen, von deinen geistigen Freunden und Helfern Hilfe für das, was sich in der nächsten Zeit und in den nächsten Jahren in deinem Leben verändern soll. Wünsche dir Hilfe und Energie für Veränderung in deinem Leben. In der Nacht werden deine Wünsche wirken. Du wirst in Kontakt treten mit den Energien deines Wesens, und sie werden dein Sein so prägen, wie es dir entspricht.

161

Träume von diesen Veränderungen, spüre die Veränderungen, die du dir wünschst in deinen Gefühlen, in deinen Gedanken und in deinem Körper, während du schläfst.

Atme langsam tief ein und aus.

Öffne dann allmählich die Augen.

Entscheidungsprobleme

Wie wir gesehen haben, verdrängt das geschichtliche Ich unser Wesen, spürt aber dennoch seine Präsenz. Daraus resultieren die Probleme, die wir mit Entscheidungen haben und die uns das Leben manchmal sehr schwer machen. Unser Wesen zeigt uns mit Gefühlen, wo wir langgehen sollen. Es schickt uns Inspiration und Erkenntnis in zarten Impulsen, aber unser geschichtliches Ich ignoriert diese Impulse oder rationalisiert sie als unpassend und nicht nachvollziehbar weg.

Die Argumentation unseres geschichtlichen Ich ist in sich meistens durchaus schlüssig, aber natürlich betrachtet es alles aus der Perspektive unserer Geschichte und nicht ganzheitlich. Was geschichtlich nicht herleitbar und demnach nicht kalkulierbar ist, macht Angst und verunsichert unser Ich. Das reicht aus, um den Entscheidungsprozess zu verlangsamen und bei manchen Menschen sogar völlig zu stoppen. Aus Angst hören sie nicht mehr auf ihr Herz, sondern nur noch auf die Stimme der Vernunft, und statt zu prüfen, wie sie sich fühlen und wonach sie sich wirklich sehnen, kommen zum Beispiel Argumente wie: »Die Wohnung ist aber sehr günstig« oder »Mein Partner ist doch in Ordnung, er verprügelt mich ja nicht« oder »Mein Auto fährt doch noch« und »Der Job ist doch so sicher«.

Immer wenn wir uns zu automatischen Reaktionen verleiten lassen, bringen wir damit zum Ausdruck, wie abhängig wir von unserem Umfeld sind. In der Tat erlauben wir dem Außen, unsere Stimmung zu prägen. Wir denken und fühlen Dinge, die wir von allein nicht gedacht oder gefühlt hätten. Und damit verschenken wir unsere Freiheit und geben die Kontrolle über unsere geistigen Energien auf.

Wer reagiert, ist nicht in der Lage, sein Wesen eigenständig zum Ausdruck zu bringen. Er macht sich zum Opfer der Umstände, zum Spielball fremder Kräfte. Wenn wir reagieren, indem wir uns zum Beispiel ärgern, sollten wir uns fragen: »Wozu fühle ich mich veranlasst, wenn die Situation so und so ist? Welche Gefühle erzeuge ich jetzt oder lasse ich in mir zu, die vorher nicht da waren?« Vielleicht stellen wir dabei fest, dass wir Liebesentzug fürchten, einen Mangel an Vertrauen empfinden, dass wir unsicher sind oder uns einfach machtlos fühlen, ein Opfer der Umstände. Je klarer wir unser Verhalten durchschauen, desto leichter können wir es verändern. Die meisten Menschen halten äußere Umstände für ursächlich und pflegen Gedanken wie: »Weil das so und so ist, fühle ich mich so und so.« Zum Beispiel: »Weil das Wetter so schlecht ist, habe ich mich erkältet«, oder »Weil der mich so blöd behandelt hat, ist meine Stimmung im Keller«. Solche Gedanken bestärken uns in der Einstellung, dass wir in unseren Gefühlen, in unseren Gedanken und in unserem Handeln Opfer äußerer Umstände sind. Nur wer diese Abhängigkeit klar durchschaut, wird lernen, in seinen Stimmungen nicht mehr abhängig vom Außen zu sein, unterdrückte Gefühle und Sehnsüchte ans Licht zu bringen, sie zu leben und natürlich auch alles zu unterlassen und zu meiden, was ihm nicht entspricht. All dies ist völlig offensichtlich, und doch vermeiden wir es oft, die sich daraus ergebenden Konsequenzen zu ziehen. Der Grund ist einfach.

Flucht vor der Erkenntnis

Aus Angst, etwas verändern zu müssen, flüchten wir lieber vor Erkenntnis und Selbstverantwortung. Vielleicht sind wir zum Beispiel konfliktscheu und verdrängen eher die eigenen Sehnsüchte, als uns mit anderen Menschen auseinander zu setzen und einen Konflikt auszutragen. Vor verunsichernden Situationen zu flüchten, scheint leicht und kann ganz unauffällig geschehen. Manche Menschen verfallen dem Kaufrausch, dem Alkohol, rauchen eine Zigarette nach der anderen, fahren ständig in Urlaub, betäuben sich mit Sex oder Drogen, erliegen der

Spielsucht oder suchen Verwirklichung in der Modelleisenbahn des Sohnes. Es gibt viele Möglichkeiten zu flüchten. Mit der Flucht wird das Grundproblem verschleiert. Statt es zu lösen, entzieht man sich ihm und ignoriert die eigenen Sehnsüchte, die dann natürlich nicht mehr zur Erfüllung kommen. Jede Form von Sucht ist eine Flucht in »Ersatzsehnsüchte«, welche die wahren Sehnsüchte überlagern. Ein einfaches Beispiel: Wir haben große Sehnsucht nach Zärtlichkeit, aber unser Partner ist nicht offen für so viel Gefühlsduselei. Anstatt unsere Bedürfnisse zu vertreten, sind wir beleidigt und geben vor, keine Lust auf Zärtlichkeit mehr zu haben. Wir flüchten in eine kühle Distanz, aus der wir zwar nicht mehr verletzbar sind, die uns aber auch nicht wirklich glücklich macht. Wir laufen also vor unserer Sehnsucht davon und verdrängen unseren Wunsch nach Zärtlichkeit, weil wir mit der Reaktion unseres Umfelds nicht zurecht gekommen sind. Aber damit ist die Sehnsucht natürlich nicht weg.

Statt in diese distanzierte Haltung können wir uns natürlich auch in Drogen oder Alkohol flüchten, denn auch unter ihrem Einfluss spüren wir nicht mehr, dass der Partner nicht zärtlich zu uns ist. Die Sehnsüchte werden künstlich ausgeblendet, aber nur an der Oberfläche. Wer flüchtet tut etwas, das er nicht wirklich will, aus Angst oder Scheu, seinen Standpunkt klarzumachen und seine Sehnsüchte zu vertreten.

Stattdessen könnten wir unsere Sehnsüchte auch ganz selbstverständlich vertreten, ohne uns Gedanken darüber zu machen, was das Umfeld oder das Gegenüber davon hält. Im Falle der nicht erwiderten Zärtlichkeit gäbe es dann die Möglichkeit, dass unser Partner die Sehnsucht begreift und sogar erwidert oder eben nicht.

Im ersten Fall wäre das Problem gelöst, und die Sehnsüchte könnten befriedigt werden. Im zweiten Fall wäre es wohl besser, sich einen anderen Partner zu suchen, damit dieser Aspekt des eigenen Wesens zum Ausdruck kommen kann und mit ihm sicherlich auch noch andere. Diese deutliche Aktion hätte nicht nur Einfluss auf das direkte Umfeld, sondern auch auf andere, bisher vielleicht völlig fremde Menschen. Vielleicht würden wir mit meiner Deutlichkeit sogar unseren Partner an seine Sehn-

164

süchte erinnern, und auch er würde sein Wesen daraufhin mehr zur Entfaltung bringen. Aber selbst wenn er die neu entdeckten Sehnsüchte nicht mit uns teilen könnte und wir uns von ihm zurückziehen würden oder er sich von uns, wäre das gut, weil damit Raum in unserem Umfeld geschaffen würde, in den neue Menschen Einzug halten könnten. Angst vor Konflikt führt auf Dauer zu einer Lähmung von Wesensenergien und zu Spannungen im zwischenmenschlichen Bereich, mit denen niemand glücklich werden kann. Ich glaube, die meisten Beziehungen gehen nicht durch das kaputt, was gesagt wird, sondern durch das, was *nicht* gesagt wird.

Jeder Mensch ist auf der Suche nach seinem Wesen

Es gibt einen Grund, warum wir als geschichtliches Ich so leicht bereit sind, Wesensenergien zu verdrängen und in diesen destruktiven Kreislauf zu geraten: Wir machen uns nicht klar genug, dass andere Menschen ebenfalls ein Wesen voller Sehnsüchte haben. Jeder Mensch ist auf der Suche nach sich selbst. Jeder Mensch bemüht sich, arbeitet und gibt sein Allerbestes, um sich selbst zu finden. Jeder Mensch und jedes andere Lebewesen ist auf der Suche nach seinem Wesen.

Wenn wir auf einen anderen Menschen wütend sind, dann nicht deshalb, weil derjenige so ist, wie er ist. Wir sind wütend, weil wir glauben, unsere Gefühle nicht allein ausschöpfen zu können. Deshalb haben wir uns von jemandem abhängig gemacht, der uns dabei unterstützen sollte.

Wir alle können unser Wesen letztlich nur allein finden. Wut und Angst entsteht im Grunde nur dadurch, dass wir uns von anderen abhängig fühlen, dass wir glauben, unser Wesen nur durch sie leben zu können.

Wenn sich der andere uns versagt, geben wir ihm die Schuld an unserem tatsächlichen oder auch nur vermuteten Misserfolg. Aber der andere will ja gar nichts Böses. Er ist ja genauso verzweifelt auf der Suche nach seinem Wesen wie wir selbst. Diese unglückliche Verstrickung entsteht immer dann, wenn wir glauben, wir könnten nur glücklich sein, wenn ein anderer mitmacht. Aber wir können unser Wesen nur allein finden, und es kann niemals in der Verantwortung anderer Menschen liegen, welche Gefühle wir haben und ob wir das tun, was wir gern tun würden, oder uns davon abhalten lassen.

Frage:

Aber ich kann doch nicht alles nachsehen, sonst macht doch jeder mit mir, was er will. Kürzlich habe ich mich zum Beispiel gewaltig über eine Postbeamtin geärgert, die mich ewig langsam bedient hat. Sie hat mich aufgehalten.

Antwort:

Sie geben äußeren Umständen die Schuld an Ihren Gefühlen. Sie fühlen sich von der Frau am Postschalter aufgehalten und ärgern sich über sie, aber wahrscheinlich hat das Verhalten dieser Frau kaum einen Einfluss auf Ihr Leben gehabt. Die Bedeutung, die Sie dieser Situation gegeben haben, hatte sie in Wirklichkeit gar nicht. Hätten Sie sich das klargemacht, hätten Sie in dieser Situation wahrscheinlich sehr gelassen reagiert, wenn überhaupt. Hinzu kommt, dass Ihr Ärger überhaupt keine positiven Veränderungen bewirkt hat. Im Gegenteil: Solche Gefühle schaden Ihnen und Ihrem Körper sogar, was ein weiterer Grund gewesen wäre, sie zu unterlassen.

In diesem Zusammenhang ist es auch wichtig, andere Menschen in ihrer Motivation zu verstehen. Was immer Menschen tun, tun sie in guter Absicht oder weil sie sich dazu berechtigt fühlen. Menschen können nicht von sich aus bösartig sein. Wenn man das verstanden hat, kann man die Handlungen anderer Menschen neutral betrachten. Wichtig ist auch, sich immer wieder klar zu machen, dass alle Menschen, die einem begegnen, Wesen sind, die nach Entfaltung streben und es in der Vergangenheit nicht immer leicht hatten, ihren Weg zu finden. Vieles Merkwürdige, was Menschen vielleicht tun, kann man aus dieser Perspektive besser verstehen und leichter hinnehmen. Und statt sich über sie zu ärgern, versucht man vielleicht sogar, ihnen Rückenwind zu geben, damit sie in Zukunft leichter vorankommen. Diese verständnisvolle Haltung anderer Menschen gegenüber führt letztlich auch zu mehr Toleranz sich selbst und den eigenen Fehlern gegenüber. Und das wiederum hat zur Folge, dass man mehr Verständnis und Toleranz von außen anzieht. Es scheint so normal, wütend und enttäuscht auf andere Menschen zu reagieren. Aber im Grunde genommen sind wir es, die diese Gefühle erzeugen. Wir ziehen an, was wir ausstrahlen, und es gibt keinen anderen Verursacher für unsere Gefühle und Gedanken als wir selbst. Wenn uns etwas Unangenehmes im Außen begegnet, sollten wir uns nie gefühlsmäßig verwickeln, sondern fragen: »Was in mir entspricht dem, was mir da begegnet ist?« Nur in diesem Verständnis können wir wirklich etwas verändern. Wir sind nicht unsere Gefühle und bekommen unsere Gefühle nicht von außen, sondern wir erzeugen sie in uns selbst beziehungsweise hängen uns an sie an. Uns selbst glauben zu machen, wir könnten nichts gegen bestimmte Gefühle tun, weil wir ihr Opfer oder sie gar ein Teil von uns sind, begrenzt unsere Freiheit und unsere Fähigkeit, unsere Wirklichkeit nach unseren Wünschen zu gestalten.

Ich wünsche mir, dass Sie, wenn Sie dieses Buch durchgearbeitet haben, grundsätzlich bewusster mit Ihrem Leben umgehen, dass Sie die Schuld für Ihren Zustand nicht mehr im Außen suchen, sondern nur noch in sich selbst, dass Sie die Dinge lassen können, wie sie sind, einschließlich Ihrer selbst, dass Sie ständig von Neuem überrascht werden, das Ihnen gut tut, weil Sie Raum dafür schaffen, indem Sie Ihre Routine und Ihre alten Sichtweisen auflösen. Alte Sichtweisen aufzulösen, bedeutet auch, alte Wertesysteme über Bord zu werfen und neutral zu beobachten, was ist.

Wenn Sie auf das schauen, was im Moment da ist, egal, wie schlimm oder gut es sein mag, sollten Sie es einfach wertfrei feststellen, indem Sie innerlich »Aha« sagen. Damit stellen Sie fest, dass die Dinge im Moment so sind und als Konsequenz Ihrer Geschichte ihre Berechtigung haben.

Über etwas zu schimpfen würde bedeuten, über sich selbst zu schimpfen, weil es sich dabei ja um die Konsequenz der eigenen

Gedanken und Gefühle handelt. Abgesehen davon ist über sich selbst zu schimpfen wohl das Schlimmste, was man sich überhaupt antun kann, weil es enorm viel Energie kostet. Wenn wir etwas wertfrei anerkennen, indem wir sagen »aha, so ist das also«, sind wir nicht verwickelt und können uns ohne jede automatische Reaktion fragen, ob dieses Etwas auch so bleiben soll, indem wir es mit Energie versorgen und weiterpflegen. Wer sich grundsätzlich aufregt, hat diese Freiheit nicht, denn er lenkt seine Energien automatisch auf das, was ihn aufregt, und damit wird es ohne weiteres Zutun erhalten oder sogar verstärkt. Als neutraler Beobachter können wir hingegen frei entscheiden, ob wir weiterhin Energie in eine Sache investieren oder sie lieber in eine neue Richtung lenken möchten. Dann müssen wir nur unsere Gedanken und Gefühle neu ausrichten. Aber dazu brauchen wir natürlich das Bewusstsein, dass wir allein für unsere Lebenserfahrung verantwortlich sind. Spontaneität und automatisches Reagieren sind übrigens nicht das Gleiche. Wenn wir uns spontan verhalten, folgen wir direkt den Impulsen unseres Wesens und reagieren nicht entsprechend unserer Geschichte auf das Außen.

Meine Gedanken und Gefühle und das, worauf ich meine Wahrnehmung richte, gestalten meine Zukunft.

Diesen Satz müssen wir uns ständig vor Augen halten, damit wir aus dem destruktiven Kreislauf der verdrängten Gefühle aussteigen können. Wenn wir über eine Situation oder einen Menschen schimpfen, schimpfen wir nicht nur über uns selbst, sondern konzentrieren unsere Energie auch noch auf das, was wir eigentlich loswerden möchten, denn Energie folgt der Aufmerksamkeit.

Dinge kommen auf uns zu, wenn wir ihnen entsprechend fühlen und denken. Wenn wir beispielsweise wenig Selbstbewusstsein haben und denken »Ich bin ja froh, wenn mich überhaupt jemand liebt«, werden wir Menschen anziehen, die uns klein machen, manipulieren und achtlos behandeln, denn das entspricht unserer Einstellung zu uns selbst, und genau darin bestätigen uns die anderen.

Fragen und Antworten

Frage:

Wenn ich in einem Geschäft arbeite, ziehe ich ja nicht alle Leute an, die in dieses Geschäft kommen? Oder doch?

Antwort:

Doch, die Leute kommen zu Ihnen *und* in das Geschäft. Sie kommen, weil sie von der Energie des Geschäfts und von Ihrer Energie angezogen werden. Auch die Menschen, die dort mit Ihnen zusammenarbeiten, teilen in irgendeiner Form diese gemeinsamen Energien. Es gibt keine Zufälle. Deshalb ist es ja so wichtig herauszufinden, wo es Entsprechungen gibt zwischen Ihnen, dem Geschäft, den Mitarbeitern und den Kunden. Wenn sich ein Kunde zum Beispiel respektlos verhält, dann heißt das, dass Ihr geringer Selbstwert, Ihr kleines Selbstbewusstsein oder eine alte Opferidee ihn zu Ihnen geführt und veranlasst hat, sich so zu verhalten. Wenn Sie dies nun mit einem »Aha« betrachten und sich entscheiden, solche Leute nicht mehr anziehen zu wollen, können sich zwei Möglichkeiten der Veränderung ergeben: Entweder verändert sich die Kundenklientel und respektvolle Menschen kommen in Ihr Geschäft, oder die Umstände verändern sich für Sie, vielleicht dadurch, dass jemand Sie für ein anderes Geschäft mit anderer Klientel abwirbt. Nur Ihre klare Entscheidung kann verhindern, dass Ihnen so etwas noch einmal passiert.

Frage:

Ich habe den Eindruck, dass die Menschheit gespalten ist. Die einen entwickeln sich immer mehr in Richtung ihres geschichtlichen Ich, die anderen in Richtung ihres Wesens. Stimmt das?

Antwort:

Ja, das nehme ich auch so wahr. Die Menschheit scheint sich in drei Gruppen aufzuteilen: Freigeister, Angepasste und Menschen, die sich die Angepassten zu Nutze machen, indem sie versuchen, sie noch angepasster zu machen. Die übliche Methode, Menschen noch angepasster zu machen, besteht darin, immer mehr Angst zu erzeugen: Angst vor Verlust,

Angst vor Unsicherheit, Angst, nicht geachtet und nicht geliebt zu werden, und so weiter.

Freigeister sind nicht anfällig für Ängste und daher nicht greifbar. Sie leben aus sich heraus und für sich, egal welche Erwartungen andere an sie haben mögen. Menschen, die Freigeister um sich scharen wollen, leben ihre Vision von Freiheit und ziehen damit andere Freigeister an.

Freigeister und Abhängige verhalten sich zueinander wie Gut und Böse. Das Böse steht für alles, was unser Wesen verdrängt und aufhält. Das Gute steht für das, was unser Wesen und seinen schöpferischen Ausdruck fördert. Es sind zwei unterschiedliche Kräfte, die anscheinend schon seit ewigen Zeiten gegeneinander kämpfen.

Das gute göttliche, schöpferische Prinzip sucht den freien Ausdruck der Schöpfungsenergie, während das böse Prinzip eben diesen Ausdruck hemmt und Stagnation anstrebt. Die dunklen Kräfte wollen unser Wesen eingesperrt und abhängig sehen, ohne eigenen Glanz und ohne Freiheit. Die hellen Kräfte hingegen wollen unser Wesen entfalten und den individuellen Ausdruck unterstützen, in dem sich das göttliche Prinzip manifestieren kann.

Jeder Mensch muss sich irgendwann entscheiden, auf welcher Seite er stehen will. Aber man kann niemanden mit Gewalt aus seinen Verwicklungen befreien. Ein Mensch muss erst von der Freiheit berührt worden sein, bevor er sich auf die Suche danach macht und bereit ist, sich in ihre Richtung führen zu lassen.

Frage:

Wenn man darauf vertrauen will, dass der Kosmos sich um einen kümmert, wie stellt man das an?

Antwort:

Man kann sich Vertrauen nicht einfach einreden. Man muss vielmehr gute Gründe suchen, warum man die Hilfe des Kosmos verdient hat. Wenn ich zum Beispiel weiß, dass ich viel für das große Sein und seine Aspekte tue, weil ich Menschen helfe, ihr Wesen zu leben, dann fällt es mir relativ leicht anzunehmen, dass sich der Kosmos nach dem Gesetz der Ent-

170

sprechung oder des Ausgleichs auch um mich kümmern wird. Wenn ich jedoch keine Gründe finde, warum ich Hilfe verdient habe, und mich eher als hilfloses Opfer sehe, wird es mir schwer fallen, diese Sicherheit und das entsprechende Vertrauen aufzubauen.

Die folgende Meditation wird Ihnen helfen, diese Inhalte tiefer in Ihrem Bewusstsein zu verankern: Menschen in ihrem Wesen zu sehen auf dem Weg nach Ausdruck und Erfüllung; Verständnis und Toleranz für sie aufzubringen und ihnen mit Liebe zu begegnen; die gleiche Einstellung zu sich selbst zu haben und Verantwortung für das zu übernehmen, was Sie sind.

MEDITATION – VERSTÄNDNIS, TOLERANZ UND LIEBE

Schließe die Augen. Atme langsam tief ein und aus.
Denke an deine beiden Knie. Atme langsam ein und aus.
Denke an deine beiden Schultern. Atme langsam ein und aus.
Denke an deinen Solarplexus. Atme langsam ein und aus.
Denke an dein Herz. Atme langsam ein und aus.
Stelle dir jetzt mit jedem Atemzug vor: Du atmest strahlende, kraftvolle Energie ein und beim Ausatmen verteilst du diese Energie in deinem Körper und in deinem Bewusstsein. Spüre, wie sich dein Körper mehr und mehr mit Energie füllt.
Atme weiter Energie ein und schicke diese Energie beim Ausatmen über die Grenzen deines Körpers hinaus in den Raum.
Fülle den Raum mit strahlender, kraftvoller Energie.
Diese Energie hat die Kraft, deine Gedanken, deine Gefühle und deine inneren Bilder Wirklichkeit werden zu lassen, wenn du das möchtest.

Atme langsam tief ein und aus und sage dann leise in Gedanken zu dir selbst, wenn du möchtest, sage und empfinde:

»Ich möchte mein Wesen spüren, meine Sehnsüchte und
meine Möglichkeiten, und ich möchte sie zum Ausdruck
bringen.
Ich möchte Umstände und Menschen anziehen, die mir dabei helfen.
Ich spüre, wie alle anderen Menschen ebenfalls ihr Wesen
zum Ausdruck bringen möchten. Ich spüre deren Sehnsüchte und Möglichkeiten und möchte ihnen helfen. Ich
möchte für sie die Inspiration sein, die sie auf den Weg
bringt.

Ich wünsche mir Toleranz und Liebe von anderen Menschen, Verständnis für das, was ich bin und sein werde, und
Verständnis für das, was ich noch nicht so gut mache.
Auch ich möchte anderen Menschen Verständnis, Toleranz
und Liebe entgegenbringen, selbst dann, wenn ich glaube,
dass sie Dinge noch nicht so gut machen.
Ich bitte um geistige Freunde, Helfer und Lehrer, die mich
inspirieren und mir helfen, den Weg zu meinem Wesen
und zum Ausdruck meines Wesens zu finden.
Und ich bitte auch für die anderen Menschen um Hilfe aus
der geistigen Welt.
Ich möchte Menschen so sein lassen, wie sie sind, denn ich
weiß, sie haben ein Recht darauf und geben ihr Bestes auf
dem Weg zu sich selbst.
Ich möchte Dinge, die ich nicht verstehe, die ich anders erwartet oder mir anders gewünscht habe, hinnehmen können, wie sie sind. Ich möchte sie wahrnehmen, innerlich
»aha« dazu sagen und den Wunsch äußern, dass die Zukunft anders sein wird, mir und den Menschen entsprechend, die sie betrifft.
Was immer mir begegnet, möchte ich einfach wahrnehmen
und anerkennen, so wie es ist. Ich möchte es nicht bewerten, mich nicht darüber ereifern und mich auch nicht als
Opfer davon empfinden. Ich möchte es einfach nur wahrnehmen und »aha« dazu sagen. Und gleichzeitig möchte
ich in der Gegenwart die Weichen für eine Zukunft stellen,
die meinem Wesen entspricht.

Statt Ärger möchte ich Hoffnung finden und Verständnis.

Statt Angst möchte ich Vertrauen finden – in mich selbst und in das Sein.

Tief in mir möchte ich spüren, dass ich mir jetzt in der Gegenwart wünschen kann, was das Leben bringen soll, und dass ich damit die Weichen stelle.

Schönheit, Geborgenheit, Dankbarkeit und Liebe sollen mein Bewusstsein durchdringen. Darauf soll sich mein Leben aufbauen.

Ich möchte zur Inspiration werden für andere Menschen. Ich möchte ihnen Verständnis und Liebe entgegenbringen.

Ich möchte sie einfach lassen, wie sie sind, und ihnen das Gefühl geben, dass sie so in Ordnung sind. Dass jeder so in Ordnung ist, wie er ist. Und das Gleiche wünsche ich mir für mich.

Immer möchte ich mein Wesen suchen und es zum Ausdruck bringen. Und ich möchte das Leben als ein Feld von Möglichkeiten erfahren, die ich gestalten kann – jetzt.

Wenn ich die Gegenwart so annehmen kann, wie sie ist, bin ich frei, die Zukunft beliebig zu gestalten.«

Atme langsam tief ein und aus.

Denke abends, wenn du schlafen gehst, an diese Meditation. Du brauchst sie nicht genau zu erinnern. Denke nur an die Stimmung, spüre die Stimmung, und sie wird in dir lebendig sein beim Einschlafen und in der Nacht.

Empfinde nun tief in dir, wenn du möchtest:

»Ich möchte die gestaltenden Kräfte meines Bewusstseins nutzen – als Inspiration für andere und damit sich mein Wesen zum Ausdruck bringen kann.

Ich möchte anderen Menschen Sicherheit, Geborgenheit, Schönheit, Dankbarkeit und Liebe vermitteln und wünsche mir das Gleiche für mich selbst.«

Lass jetzt ein Symbol für dein Wesen auftauchen und präge dir dieses Symbol ein. Vielleicht ist es ein Gedanke, ein Wort, ein Gefühl, ein Bild. Präge es dir ein. Und wann im-

mer du vor einer Entscheidung stehst, denke an dieses Symbol, damit es deine Entscheidung führt.
Atme langsam tief ein und aus.

Empfinde Dankbarkeit dafür, dass du jetzt mit deinem Wesen in Kontakt kommst, dass du diesen Weg und diese Ideen gefunden hast.
Danke deinen geistigen Freunden und Helfern für ihre Führung. Danke all den Menschen, die dich inspirieren, selbst dann, wenn dir ihre Inspiration nicht so angenehm erscheint.
Wo die Freude ist, ist der Weg.
Atme langsam tief ein und aus.
Öffne dann allmählich die Augen.

FRAGEN UND ANTWORTEN

Frage:
Was ist die Ursache von Langeweile und Lustlosigkeit?
Antwort:
Langeweile entsteht immer durch Abwesenheit von Neugier. Kinder empfinden selten Langeweile. Wenn man ihnen ihren eigenen Rhythmus lässt, sind sie immer gierig auf etwas Neues. Wenn unsere Gier auf Neues nachlässt, weil wir glauben, schon alles zu wissen, zu kennen oder erlebt zu haben, wird unsere Wahrnehmung immer mehr eingeschränkt, und wir langweilen uns. Langeweile hat nie mit dem zu tun, was außen ist. Es ist vielmehr eine innere Einstellung sich selbst und dem Leben gegenüber.
Wenn schon Kinder Langeweile empfinden, ist das sehr bedenklich und deutet darauf hin, dass ihnen ihre Neugier abtrainiert wurde und man sie mit Dingen überfüttert hat, die sie nicht interessieren. Erwachsene, die sich langweilen, haben so viel inneren Abstand zum Leben, dass sie nicht mehr richtig daran teilnehmen. Sie haben sich dem Leben gegenüber verschlossen und empfinden keine Intensität mehr, weil ihre Gefühle nicht mehr hinausfließen und sie auch keine

Gefühle mehr in sich hineinlassen. Wer lange Zeit in einem Umfeld lebt, in dem seine Sehnsüchte nicht mehr erfüllt werden, zieht sich auf diese Weise zurück.

Frage:

Wenn man im Leben mal eine Pause braucht und sich zurückziehen möchte, hat das auch mit Langeweile zu tun?

Antwort:

Nein, das ist eine normale Phase in der Entwicklung unseres Bewusstseins, die in den Zyklen, Frühling, Sommer, Herbst und Winter abläuft. Der Winter ist die Ruhepause, in der alles, was aufgenommen, geschaffen oder gelernt wurde, geordnet und verarbeitet wird. In der Frühlingsphase entwickeln wir neue Ideen. Im Sommer setzen wir diese Ideen in die Tat um und suchen den Erfolg. Im Herbst ernten wir die Früchte dessen, was wir angeregt und eingesetzt haben, und im Winter kommen wir wieder zur Ruhe. Das ist der Rhythmus des Bewusstseins und des Lebens überhaupt. In der Ruhe etwas zu ordnen und zu verarbeiten, ist nicht das Gleiche, wie im Zustand der Langeweile Leere und Distanz zum Leben zu empfinden. Auch wenn wir schlafen, passiert sehr viel in uns, obwohl der Schlaf eine Ruhephase ist. Morgens entwickeln wir Ideen, tagsüber setzen wir sie aktiv um, abends ernten wir die Früchte und in der Nacht ruhen wir aus, ordnen das, was wir geerntet haben, und werden bereit für neue Ideen.

Woran erkennt man, dass ein Mensch sein Wesens-Ich lebt?

Ein Mensch, der sein Wesens-Ich lebt, nutzt die gesamte Palette seiner Möglichkeiten. Sein Leben ist vielfältig, intensiv und abwechslungsreich. Er lebt nicht unbedingt nach Plan, sondern eher zufällig und spontan, ist aber durchaus erfolgreich. Er beobachtet genau, und es ist ihm nie langweilig, weil er auf jeden Impuls achtet, den er braucht, um wieder etwas Neues entstehen zu lassen. Seine Grundstimmung ist leicht und beweglich, denn die Schwere im Leben eines Menschen kommt aus seiner Geschichte, in deren Verlauf er den Kontakt zu seinem Wesen und damit zur Quelle von Geborgenheit und Vertrauen verloren hat.

Jemand, der sein Wesens-Ich lebt, geht in der Regel eher leicht mit den Dingen um. Er beobachtet und bleibt distanziert. Er lässt sich nicht verwickeln, nicht unter Druck setzen, nicht lenken oder steuern. Er macht sich nicht klein, ist nicht arrogant und spielt sich nicht auf. Er fließt einfach mit dem Strom, handelt spontan und gestaltet sein Leben scheinbar mühelos. Das tut er aber nicht, weil er mehr Energie hat als die anderen, sondern weil er *nicht gegen den Strom schwimmt.*

Wer in Stromrichtung schwimmt, ist viel schneller und schwimmt leichter als einer, der gegen den Strom schwimmt. Wer gegen den Strom schwimmt, braucht mehr Kraft und entwickelt mehr Muskeln, aber solange er gegen den Strom schwimmt, wird er Widerstand aufbauen, vielleicht so starken, dass er letztlich nicht dort ankommt, wo er gern ankommen möchte. Wer hingegen mit den Energien fließt, dem fallen die Dinge mühelos zu.

FRAGEN UND ANTWORTEN

Frage:
> *Kann das Wesens-Ich auch starr werden und Angst empfinden?*

Antwort:
> Nein, das Wesens-Ich ist niemals starr, denn es bindet sich ja nicht an etwas Bestimmtes. Es will immer aus sich heraus fließen. Es kann nur blockiert werden. Es kann auch keine Angst haben, denn es ist sich all seiner Fähigkeiten und Möglichkeiten bewusst und weiß sich getragen von dem großen Sein. Es fühlt sich immer geborgen. Starrheit und Angst sind Merkmale des geschichtlichen Ich.

Wer in seinem Wesens-Ich lebt, verhält sich großzügig und tolerant anderen Menschen gegenüber. Er lebt sich selbst und lässt auch jedem anderen Menschen seinen Freiraum. Das geschichtliche Ich identifiziert sich mit den Begrenzungen der eigenen Geschichte. Es empfindet Mangel und Unsicherheit und setzt andere mit seinen Erwartungen unter Druck.

Frage:

Ich weiß, dass ich meinen Job kündigen sollte. Aber gewisse Dinge sprechen im Moment nicht dafür. Sollte ich trotzdem kündigen oder lieber warten, bis sich alle Randprobleme aufgelöst haben?

Antwort:

Ein Problem kann man nie lösen, indem man dagegen vorgeht, es ständig analysiert oder einfach davor flieht. Man muss klar wissen, was man eigentlich sucht, damit man seine Energien darauf ausrichten kann. Wenn Ihr Job Aspekte hat, die Ihnen nicht gut tun (vielleicht ist er schlecht bezahlt, die Kollegen mobben Sie, Sie haben täglich mit giftigen Stoffen zu tun), dann genügt es nicht zu fragen, woher das alles rührt, oder einfach die Koffer zu packen und wegzugehen. Man muss zunächst für sich klären, was man stattdessen möchte, beziehungsweise wodurch der Job oder Elemente davon ersetzt werden sollen.

Es ist wichtig, Visionen zu haben, und diese Visionen sollten Teil des eigenen Wesens sein. Um solche Visionen finden zu können, sollte man sich fragen: »Wie möchte ich mich fühlen? Wo könnte es hingehen und wie würde ich mich dort fühlen?« Indem man das Neue sucht, kann sich das Alte wie von selbst auflösen. Die Vorstellung, das Alte einfach abzuschneiden, ohne dass etwas Neues gefunden ist, worauf die Energien gerichtet werden können, fühlt sich für viele Menschen bedrohlich an, obwohl das sehr gut funktioniert. Allerdings nur, wenn wir genügend Vertrauen haben, dass der neu geschaffene Raum auch sinnvoll gefüllt werden wird. Wer dieses Vertrauen besitzt und zunächst einfach nur in Bewegung kommen will, für den wird das Lösen vom Alten kein Problem sein, und er kann die neue Entwicklung in Ruhe abwarten und beobachten.

Von diesen Menschen gibt es aber nicht so viele. Die meisten wollen ihre neue Richtung lieber vorher kennen, bevor sie das Alte loslassen. Aber ganz unabhängig vom jeweiligen Stil des Loslassens – ob wir erst das Neue gefunden haben müssen, um das Alte loslassen zu können, oder ob wir erst das Alte loslassen, um Raum für das Neue zu schaffen –, muss grundsätzlich immer die Bereitschaft vorhanden sein, sich weiter zu bewegen und den Job durch etwas Neues, Besseres zu ersetzen. Diese Bereitschaft kommt äußerlich beispielsweise dadurch zum Ausdruck, dass man den Arbeitsmarkt aufmerksam beobachtet, Leute befragt, Briefe schreibt und so weiter. Den Job einfach nur schlecht zu machen, ohne aktiv nach Alternativen zu suchen, lähmt eher und erzeugt Angst.

Wie man Energien genau in Gang setzt, um das Neue, dem eigenen Wesen Entsprechende auch wirklich anzuziehen, wird später unser Thema sein.

ÜBUNGEN FÜR JEDEN TAG: AUFLÖSUNG VON VERWICKLUNGEN UND ABHÄNGIGKEITEN

Distanz zu unserer Geschichte und zu unserem geschichtlichen Ich zu wahren, wird auch dann nicht einfach sein, wenn wir uns konsequent mit den Ideen dieses Buches beschäftigen. Alte Reaktionsweisen holen uns nur allzu leicht ein und lassen uns wieder in Zustände fallen, in denen wir uns verletzt oder als Opfer fühlen und wo Wut oder Selbstmitleid uns überrollt. Wir müssen deshalb ständig wachsam sein und die Reaktionsweisen als Verhalten unseres geschichtlichen Ich begreifen, das immer noch verwickelt ist und abhängig von der Erinnerung an seine Vergangenheit, die es in die Gegenwart projiziert.

Als tägliche Übung, die Sie aus diesen Verwicklungen des geschichtlichen Ich mit Menschen, Orten oder Umständen herausführen wird, schlage ich vor:

Wann immer Sie in eine Situation geraten, in der Sie sich nicht gut fühlen, weil Sie merken, dass sich in Reaktion auf äußere Umstände Wut, Angst, Verletztheit, Einsamkeit oder Enttäuschung in Ihnen aufbaut, halten Sie inne. Lehnen Sie sich ganz bewusst zurück, sagen Sie innerlich »Aha« und betrachten Sie alles neu. Machen Sie sich klar, dass Ihr geschichtliches Ich jetzt so und so reagiert, und fragen Sie sich dann, wie Ihr Wesens-Ich wohl mit dieser Situation umgehen würde. Diese Haltung schafft Distanz, und diese Distanz ist Gold wert.

Die meisten Menschen haben keine Distanz zu ihrem geschichtlichen Ich. Sie kennen nur seine alten, abhängig machenden Betrachtungsweisen, die ihnen alle nur denkbaren Verwicklungen bescheren: Verletzung, das Gefühl, ein Opfer zu sein, Selbstmitleid und andere Zustände, die sie in ihrer Vergangenheit erfahren haben und deswegen immer wieder lebendig werden lassen.

Distanz zu sich selbst und zu den Umständen versetzt Sie in die Lage, zu erkennen, dass es eigentlich das geschichtliche Ich ist, das abstürzt und sich verwickeln lässt. Das Wesens-Ich würde sich an Schönheit, Geborgenheit, Liebe und Dankbarkeit orientieren und alles andere als unwesentlich, also nicht zum Wesen gehörend erkennen und als Produkt der Vergangenheit durchschauen.

Die nächste Meditation, die diesen Teil des Buches abschließt, stärkt Ihre innere Bereitschaft, sich von Ihrer Geschichte zu lösen und aus der Kraft Ihres Wesens heraus einen neuen Weg zu gehen.

MEDITATION – DER BEGINN EINES NEUEN WEGES

Schließe die Augen. Atme langsam tief ein und aus.
Denke an deine beiden Knie. Atme langsam ein und aus.
Denke an deine beiden Schultern. Atme langsam ein und aus.
Denke an deinen Solarplexus. Atme langsam ein und aus.

Denke an dein Herz. Atme langsam ein und aus.

Stelle dir jetzt mit jedem Atemzug vor: Du atmest strahlende, kraftvolle Energie ein und beim Ausatmen verteilst du diese Energie in deinem Körper und in deinem Bewusstsein.

Spüre, wie sich dein Körper mehr und mehr mit Energie füllt.

Atme weiter Energie ein und schicke diese Energie beim Ausatmen über die Grenzen deines Körpers hinaus in den Raum.

Fülle den Raum mit strahlender, kraftvoller Energie.

Diese Energie hat die Kraft, deine Gedanken, deine Gefühle und deine inneren Bilder Wirklichkeit werden zu lassen, wenn du das möchtest.

Atme langsam tief ein und aus und sage dann leise in Gedanken zu dir selbst, wenn du möchtest, sage und empfinde:

»Ich möchte mein Wesen spüren, mehr und mehr, meine Sehnsüchte, meine Fähigkeiten, meine Möglichkeiten.

Ich möchte spüren, was in meinem Leben wesentlich ist, weil es meinem Wesen entspricht.

Ich möchte in meinem Leben Ausschau halten nach dem, was mich freut. Was mir hilft, mich selbst zu erkennen und zu begreifen.

Ich möchte dieses Leben begreifen als eine Summe von Möglichkeiten, mit denen ich spielen kann, die ich nutzen und beliebig verändern kann.

Ich akzeptiere meine Vergangenheit als Erfahrung, aber ich möchte in der Gegenwart meine Zukunft so gestalten, wie sie mir entspricht, egal was war.

Ich möchte Menschen anziehen, die mir helfen, mein Wesen zu spüren.

Ich möchte geistige Unterstützung anziehen, um mein Wesen zu leben.«

Atme langsam tief ein und aus.

»Mein Wesen zu finden wird leicht, wenn ich anderen Menschen helfe, ihr Wesen zu finden.

Ich wünsche anderen Menschen Liebe. Ich wünsche ihnen Dankbarkeit. Ich wünsche ihnen Geborgenheit, und ich wünsche ihnen Schönheit.
Ich möchte ihnen verständnisvoll und gelassen begegnen, in dem Wissen, dass auch sie ihr Wesen suchen.«

Atme langsam tief ein und aus.
Jetzt wünsche dir für die nächste Zeit all das, was dir am meisten Freude macht. Wünsche dir die Eigenschaften, die Gefühle, die Art von Inspiration, die dich am meisten freut. Wünsche dir all dies für die nächste Zeit.

Atme langsam tief ein und aus.
Nimm diesen Wunsch mit in deinen Alltag. Nimm ihn jeden Abend mit in den Schlaf und denke an ihn morgens, wenn du aufwachst. Erinnere dich jeden Tag daran, dass das »Ich deines Wesens« das »Ich deiner Vergangenheit« ausgleichen und ablösen kann.
Atme langsam tief ein und aus.
Öffne dann allmählich die Augen.

Sommer

Mit Kraft und Motivation bringen wir unser Leben in Bewegung.

*Wir trennen uns bewusst von den Schöpfungsideen
unseres geschichtlichen Ich
und entscheiden sorgfältig, welchen Aspekten
unserer Wirklichkeit oder unserer Phantasie
wir Energie in Form von Aufmerksamkeit geben.*

Rückblick

Im ersten Teil dieses Buches war es eines unserer wichtigen Ziele, ein Gefühl dafür zu entwickeln, was wir wirklich im Leben wollen, unabhängig von unserer bis jetzt erlebten Geschichte, die uns möglicherweise so geprägt hat, dass wir Verhaltensweisen entwickelt und Werte verfolgt haben, die unserem Wesen völlig fremd sind. Auf der Suche nach diesen Werten haben wir unser Wesen vielleicht gegen Liebe und Anerkennung oder auf der materiellen Seite gegen Geld und äußere Sicherheit »eingetauscht«. Vielleicht sind wir auch in einem so engen Zeitgefüge gefangen, dass wir keine Zeit mehr haben und uns damit von unseren Gefühlen abschneiden, durch die wir spüren könnten, wer wir wirklich sind und was die Absicht unseres Wesens für dieses Leben ist.

Es gibt jedoch Bewusstseinszustände, in denen unser Wesen spürbar wird und wir unsere natürliche Kraft fühlen können: Schönheit, Geborgenheit, Dankbarkeit und Liebe. In diesen Bewusstseinszuständen geht unser Wesen in Resonanz mit den Dingen und Umständen, die wir als schön empfinden, die uns entsprechen, über die wir uns freuen und mit denen wir uns eins fühlen. Diese Bewusstseinszustände zu suchen und zu erleben, ist der beste Weg, um das eigene Wesen und seine Absicht für das jeweilige Leben spüren und leben zu können. Das eigene Wesen direkt zu erleben, ist schwierig, weil es im Laufe unserer persönlichen Geschichte häufig von dem überlagert wurde, was ich den See des Unterbewusstseins nenne.

Wesensaspekte, die durch Inhalte aus dem See des Unterbewusstseins verdrängt wurden, führen, wenn wir das Wesen nicht befreien können, früher oder später in eine Abwärtsspirale, die mit Unzufriedenheit beginnt, zu Wut und Angst führt, dann zu Wut gegen sich selbst oder Angst vor sich selbst und letztendlich in der Depression endet. Aber damit nicht genug.

Blockierte Wesensenergie hat auch Auswirkungen auf unsere körperliche Verfassung. Unzufriedenheit bringt nicht nur unsere Motivation auf den Nullpunkt, sondern führt auch zu einem Abfall unserer körperlichen Energie und dadurch zu einem erhöhten Schlafbedürfnis. Wenn Unzufriedenheit in Aggression oder Angst umschlägt, entwickelt unser Körper die unterschiedlichsten Allergien, offene und versteckte, als Ausdruck davon, dass er mit der Welt nicht mehr zurecht kommt. Und wenn Aggression oder Angst zum Dauerzustand wird und sich schließlich gegen uns selbst richtet, werden aus Allergien häufig Entzündungen im Körper, die irgendwann chronisch werden. Am Ende dieser Entwicklung stehen degenerative Krankheiten, mit denen sich der Körper praktisch selbst zerstört, zum Beispiel durch Geschwüre, Nerven-, Muskel- oder Knochenkrankheiten – Symptome dafür, dass das Leben sinnlos geworden ist und die Erhaltung eines funktionsfähigen Körpers nicht mehr sinnvoll ist.

Blockaden der Wesensenergie äußeren sich sogar in unserem Umfeld. Wenn wir im Austausch mit anderen Menschen zunehmend Probleme haben und uns sehr anstrengen müssen, um erfolgreich zu sein, deutet das darauf hin, dass sich unsere innere Aggression oder Angst, die zunächst nur gegen äußere Widerstände gerichtet war, allmählich gegen uns selbst zu richten beginnt. Wir machen Fehler und halten unseren Erfolg selbst auf. Unsere Schwierigkeiten nehmen zu, während die Hilfe von außen abnimmt. Ein Zusammenbruch unseres Umfeldes bahnt sich an. Diese Phase entspricht dem Beginn von Depression beziehungsweise von auflösenden und zerstörenden Krankheiten im Körper.

Später habe ich beschrieben, welche Mechanismen diese Kreisläufe am Leben erhalten und wie wir sie unterbrechen können. Die Basis für unsere Freiheit war dabei, von unserer persönlichen Geschichte unabhängig zu werden und uns nicht mehr in Automatismen zu verwickeln, weder in der Wahrnehmung noch im Ausdruck unserer Energien, besonders unserer Gefühle und Gedanken. Ich habe erklärt, wie wir aufsteigende automatische Reaktionen durch die Methode des neutralen Beobachtens aufhalten können, indem wir das, was wir wahrnehmen, einfach zur Kenntnis nehmen und zu uns selbst sagen: »Aha, so ist das.« Auf diese Weise bewahren wir innere Distanz, und wenn wir nicht mit unseren Gefühlen verwickelt sind, kann es gar nicht mehr zu Wutausbrüchen oder Angstattacken kommen. Die innere Distanz, aus der wir die Situation betrachten, verhindert die gewohnte gefühlsmäßige Verwicklung. Wir lernen, die Dinge als das zu sehen, was sie sind, und nicht als das, wozu wir sie aufgrund alter Bewertungen mit unseren Gefühlen machen. Wir gehen den Weg des Beobachters.

Wertfreies Wahrnehmen mit innerer Distanz macht es uns möglich, kraftvoll in die Aktion zu gehen, um Dinge uns entsprechend zu verändern, denn wir investieren keine Energien in sinnloses Reagieren in den Bahnen unserer Geschichte.

Stattdessen beschließen wir ganz bewusst, dass nicht mehr wichtig sein soll, was war, sondern nur noch, was von jetzt an sein soll und sein wird. Unliebsame Dinge nehmen wir als Ergebnis unserer alten Energie zwar noch wahr, aber statt unsere Gefühle von ihnen beherrschen zu lassen, nehmen wir sofort eine *Änderungsperspektive* ein und forschen, was wir daraus machen könnten. Nur so können wir frei werden, denn solange wir uns bei dem aufhalten, was ist, egal, ob wir das nun gut finden oder nicht, wird die Magie unseres Bewusstseins zwar in Aktion treten, aber nur um die Energie der Vergangenheit automatisch weiter aufrechtzuerhalten und damit eine von der Vergangenheit geprägte Zukunft zu gestalten.

Neben dem Weg des wertfreien Wahrnehmens mit innerer Distanz gibt es noch eine andere sehr erfolgreiche Methode, die speziell wirksam ist, wenn es um die Auflösung gefühlsmäßiger Verwicklungen mit Menschen geht: Sympathie empfinden. Wir versuchen uns klar zu machen, dass alle Menschen im Grunde nur eines wollen, nämlich wesentlich werden, also das eigene Wesen finden. Und aus dieser Perspektive betrachten wir ihre Unzulänglichkeiten.

Jeder Mensch sucht nach seinem Wesen, aber da er nicht weiß, wie er es finden soll, versucht er es eben auf die merkwürdigsten Weisen. Dabei verhält er sich wie ein kleines Kind, das sich durch die Welt tastet und niemals etwas Böses will, auch wenn es aus Versehen eine Menge anstellt. Dafür Verständnis und Sympathie aufzubringen, erzeugt eine gefühlsmäßige Distanz zu den Fehlern und scheinbar üblen Machenschaften gewisser Menschen, aus der man sehr viel großzügiger, leichter und angenehmer mit ihnen umgehen und ihnen ihren eigenen Freiraum für Veränderung lassen kann, was aber nicht heißt, dass man alles mit sich machen lassen soll.

Diese großzügige Distanz sollten wir übrigens auch im Umgang mit uns selbst praktizieren. Wenn wir uns selbst bei etwas ertappen, das wir vielleicht lieber nicht gemacht hätten und das uns früher alle möglichen Vorwürfe von uns selbst eingebracht hätte, sollten wir uns einfach beobachten und es mit einem »Aha, so ist das« feststellen, statt wütend oder verzweifelt über uns selbst herzufallen.

Wenn wir andere und uns selbst mit dieser Sympathie beobachten und liebevoll sein lassen können, schaffen wir sehr viel innere Freiheit und können unsere sonst verschleuderten Energien in magischen Kräften frei setzen, um wirksam die Zukunft zu gestalten, die unserem Wesen wirklich entspricht.

Hauptziel des Entdeckungsprozesses, der während der Arbeit mit diesem Buch in Gang gesetzt wird, ist es, Unwesentliches zu entlarven, es gegen Wesentliches auszutauschen und damit unsere Bestimmung zu leben.

Das bedeutet, dass wir Raum für Neues in unserem Leben schaffen und Veränderung suchen müssen. Und es bedeutet auch, dass es überall dort Probleme geben kann, wo Aspekte unseres Lebens nicht mehr unserem Wesen entsprechen und durch Wesentliches ersetzt werden müssen: Probleme mit Menschen, mit dem Job, mit der Wohnung, mit dem Auto. Wer nicht freiwillig bereit ist, Raum für Neues zu schaffen, geht das

Risiko ein, dass sein Wesen ihm entsprechend seiner Bestimmung das wegnimmt, was er nicht loslassen will. Solche unfreiwilligen Veränderungen erscheinen subjektiv betrachtet weniger angenehm und führen vielleicht dazu, dass man sich zunächst wieder als armes Opfer erlebt, selbst wenn sie letztlich natürlich gut für die eigene Entwicklung sind.

FRAGEN UND ANTWORTEN

Frage:
Wer möchte über Veränderungen in seinem Leben berichten, die sich vielleicht als Folge der Arbeit mit diesen Inhalten ergeben haben?

Antwort:
Ich habe viele Auseinandersetzungen mit Menschen gehabt. Außerdem habe ich gekündigt. Und die Aha-Einstellung (das wertfreie Beobachten) konnte ich zunächst überhaupt nicht aufbauen. Aber dann hat sich scheinbar plötzlich, von einem auf den anderen Tag alles gewandelt. Es war, als sei ein Schalter in mir umgelegt worden, und alles lief plötzlich wie von selbst. Vielleicht war das so, weil ich hartnäckig weiter geübt habe!

Frage:
Ich leide im Moment an Energielosigkeit, obwohl ich genau weiß, dass ich neben meinem Beruf noch etwas anderes tun müsste. Aber dazu kann ich mich nicht aufraffen. Was sollte ich tun?

Antwort:
Es gibt aus meiner Sicht immer zwei Möglichkeiten, Motivation für notwendige Veränderungen aufzubauen und in Bewegung zu kommen. Die erste besteht darin abzuwarten, bis die Dinge schlimmer und schlimmer werden und der Leidensdruck schließlich groß genug ist, um in Aktion gehen zu wollen. Das ist die weniger elegante Methode. Die zweite besteht im Erschaffen starker Visionen, die einen gefühlsmäßig so packen und ergreifen, dass daneben alles andere zu

wenig scheint und man bereit ist, alles zu tun, um diese Visionen mit Leben zu erfüllen.

Doch um in eingefahrenen Bahnen neue Visionen zu bekommen, müssen wir dafür sorgen, dass sich in unserem Leben ständig etwas verändert oder dass wir uns mit Neuem konfrontieren und die eigene Phantasie damit anregen. Jede Veränderung schafft Raum für noch mehr Neues, und wer Neues zulässt, bekommt noch mehr Impulse von außen. Wenn wir in unserer Routine gefangen bleiben und keinen Raum für Veränderung schaffen, kann wenig Neues passieren, und es entstehen auch keine neuen Ideen oder Visionen.

Viele Menschen wagen eine Veränderung erst dann, wenn sich eine Alternative bietet, und manche warten vielleicht für immer, weil in den gewohnten Bahnen kein Raum für Alternativen ist und sie keine Motivation haben, etwas zu verändern. Motivation kann man natürlich auch schaffen, indem man zum Beispiel seine Wohnung kündigt, ohne eine andere zu haben. So würden es Abenteurer handhaben. Dann entsteht ein Vakuum, ein Notfall sozusagen, und das Unterbewusstsein wird alle Energien aufwecken und nach etwas Neuem suchen. Wer stattdessen in seiner bis jetzt ja durchaus angenehmen und vertrauten Wohnung sitzen bleiben und bequem auf Neues warten will, bindet seine Energien dort, hat wenig Motivation und setzt auch wenig Suchenergien frei. Unsere Motivation steigt zwar immer zusammen mit dem Leidensdruck. Aber besser und auch sehr viel angenehmer ist es, Routine aufzulösen und Änderungen um der Änderungen willen zu suchen, im Vertrauen darauf, dass im Veränderungsprozess von irgendwoher Inspiration oder Zeichen kommen, die uns auf den richtigen Weg führen. Und solche Zeichen werden kommen, wenn wir Raum dafür lassen.

Ich persönlich glaube fest an diese Zeichen, die unser Wesen uns schickt. Ich weiß aber auch, dass sie nur kommen, wenn man sie einlädt, indem man versucht, das Leben, das man jetzt führt, irgendwie zu verändern, um mehr Raum für das eigene Wesen zu schaffen. Dabei ist jede Veränderung gut. Wenn wir zum Beispiel ahnen, dass wir in unserem Beruf etwas verändern müssten, aber noch nicht genau wissen, in welche Richtung eine solche Veränderung gehen könnte, wäre es sicher sinnvoll, zunächst irgendeinen Job anzunehmen, nur um Inspiration zu erhalten durch das Neue, das wir in uns leben lassen. Das muss nicht der Traumjob sein, er muss noch nicht einmal besonders gut sein, nur eben anders. In ähnlicher Weise könnten wir Kontakt mit neuen und völlig anderen Menschen suchen, völlig neue Arten von Beziehungen eingehen, in eine ganz ungewöhnliche Wohnung ziehen, immer mit der Bereitschaft, all dies auch wieder zu verändern. Indem wir Neues in unser Leben bringen, schaffen wir Raum für Inspiration und neue Zeichen, die uns weiterbringen.

Indem wir Raum in uns und in unserem Leben schaffen, bereiten wir den Boden, auf dem sich spirituelle Magie entwickeln kann. In diesem leeren, nicht von unserer Geschichte erfüllten Raum können wir unsere Persönlichkeit spüren, Spontaneität entwickeln und Neues für uns und unser Umfeld anziehen und zulassen. Was man an Neuem tut, ist weniger wichtig, als dass man es tut. Und es muss deutlich anders sein als das, was im Moment da ist.

Frage:

Wenn der Schicksalsweg vorbestimmt ist, wozu soll man dann Gefühle aufbauen? Das widerspricht sich doch.

Antwort:

Alles, was ein Mensch in seinem Bewusstsein bewegt, strahlt er aus und zieht er als Entsprechung von außen an. Sie sind mit Ihrer Grundpersönlichkeit in dieses Leben gekommen, und diese Grundpersönlichkeit ist gewissermaßen das Instrumentarium, das Ihnen von Ihrer Seele mitgegeben wurde: Sehnsüchte und Fähigkeiten, mit denen Sie Ihr Leben gestalten können.

Wenn Sie Ihr Wesen fühlen und dieser Grundpersönlichkeit entsprechend leben würden, würde die Grundpersönlichkeit auch ständig Zeichen schicken und Dinge anziehen, die Sie sicher durch Ihr Leben hin zu Ihrer Bestimmung führen könnten. Ihr Leben wäre so, wie es Ihnen wirklich entspricht.

Nun wächst ein Mensch aber in einem vorgeprägten Umfeld auf, das nur selten völlig seiner Grundpersönlichkeit entspricht. Dieses Umfeld prägt wiederum uns und lässt unser geschichtliches Ich entstehen mit Wünschen, Gefühlen und Erwartungen, die oftmals nicht mehr unserem Wesen entsprechen und uns sogar davon entfremden.

Die Methoden der spirituellen Magie versuchen nun, wieder das in unserem Leben Wirklichkeit werden zu lassen, was unserem Wesen entspricht, also unserer Grundpersönlichkeit und nicht der Natur unseres geschichtlichen Ich.

Sie wollen die Energien unseres Wesens befreien, denn erst wenn diese wieder frei durch uns hindurchfließen, können wir darauf vertrauen, dass sie unsere Zukunft so gestalten, wie es uns entspricht.

Dieser Befreiungsprozess wird allerdings längere Zeit dauern, und es wird dabei immer wieder unübersichtliche Phasen geben, in denen unser geschichtliches Ich zwar allmählich an Bedeutung verliert, aber unser Wesens-Ich noch nicht ganz frei ist und noch nicht die Kontrolle über unser Leben hat. Solche Übergangsphasen wirken oft chaotisch und sogar bedrohlich, zeigen aber tatsächlich an, dass wir uns bereits von unserem geschichtlichen Ich lösen und den neuen Weg schon beschritten haben, auch wenn es noch eine Weile dauert, bis er uns völlig in die Freiheit führt.

Frage:

Nachdem ich mich intensiv mit diesen Ideen auseinander gesetzt und sie umzusetzen versucht habe, rumpelt es ziemlich in meinem Leben. Ich habe das Gefühl, bei meinem Grundproblem angekommen zu sein: ein tiefes Misstrauen dem Leben gegenüber. Wie soll ich damit umgehen?

Antwort:

Viele Menschen, vielleicht die meisten, fühlen sich als Opfer der Umstände. Und das ist durchaus verständlich, weil wir in unserer Kindheit Opfer der Umstände waren. Wenn wir in ein Umfeld hineingeboren werden, ist die erste wichtige Erkenntnis, die sich uns tief einprägt, die, dass wir abhängig sind, von den Eltern, aber symbolisch auch von der Welt, die sich um uns kümmert. Genauso prägt sich aber auch ein, ob sich die Welt gut oder schlecht um uns gekümmert hat. Diese ersten Empfindungen sind immer noch in unserem geistigen Energiefeld gespeichert, in unserer Aura. Die Aura wirkt wie ein energetischer Sender, der unaufhörlich ihm Entsprechendes anzieht. Was immer dort gespeichert ist, strahlt nach außen und zieht dazugehörige Umstände an, durch die wir uns in unseren Gefühlen und Sichtweisen bestätigt sehen, obwohl sie nicht von uns sind und nur unsere Vergangenheit fortsetzen.

Deshalb ist es auch so schwierig, den Glauben an das Leben, an Schönheit, Liebe und Geborgenheit einfach einzuschalten. Er muss bewusst erarbeitet werden, und zwar durch neue Erfahrungen, die unsere persönliche Geschichte ausgleichen und uns neue Sichtweisen bescheren. Die in diesem Buch enthaltenen praktischen Übungen für mehr innere Distanz und Gefühlskontrolle werden zu solchen neuen Erfahrungen führen, die wir beobachten und verinnerlichen und mit denen wir einen neuen Energiekörper aufbauen können. Wenn uns auf diesem Weg die Vergangenheit anfänglich immer wieder einholt, weil unser geschichtliches Ich immer noch stark ist und die ihm entsprechenden Umstände anzieht, besteht die Kunst darin, wachsam zu sein und sich nicht einfangen zu lassen.

Machen Sie sich in schwierigen Situationen immer klar, dass sich das geschichtliche Ich verteidigen will und gegen das Wesens-Ich kämpft. Wenn Sie nicht auf das geschichtliche Ich hereinfallen und sich wieder damit identifizieren, sondern die Situation als das sehen können, was sie ist, werden Sie es leichter haben.

Und wenn Sie das Gefühl haben, dass es Sie im Moment so richtig durchbeutelt, dann bedeutet das im Prinzip ja nur, dass Sie die Hauptbedrohung für Ihr Wesen gefunden haben. Dann müssen Sie nur noch für sich klären, ob Sie der Meinung sind, dass die destruktiven Elemente des Seins stärker sind als die konstruktiven.

Wenn Sie genau darüber nachdenken, werden Sie feststellen, dass das nicht sein kann. Denn sonst hätte das Sein schon längst aufgehört zu existieren. Da Sie als menschliches Bewusstsein mit einer Absicht in diese Welt geboren wurden, sind Sie Teil der kreativen, konstruktiven Kräfte, und damit müssen Ihre Energien stärker sein als die destruktiven Elemente des Seins. Es kann natürlich sein, dass Sie den kreativen Energien, die Sie hierher mitgebracht haben, noch nicht den Raum geben, den sie brauchen, um sich in Ihrem Leben richtig bemerkbar zu machen.

ÜBUNG FÜR JEDEN TAG:
DAS WESEN VERINNERLICHEN

In den ersten Teilen dieses Buches habe ich bereits ausführlich erklärt, dass Schönheit, Geborgenheit, Dankbarkeit und Liebe Bewusstseinszustände sind, in denen unser Wesen zum Ausdruck kommt. Mit der folgenden kleinen Übung können Sie jeden Abend vor dem Schlafengehen Ihre Aufmerksamkeit auf Ihr Wesen richten und seine Energien verinnerlichen.

Nehmen Sie sich vor dem Schlafengehen einen Moment Zeit und sprechen Sie mit Ihrem Wesen. Sagen Sie:
»Ich will Schönheit in mir und um mich herum finden.
Ich will mich im Außen und in mir selbst geborgen fühlen.
Ich will Dankbarkeit empfinden für das, was ist.
Ich möchte Liebe zu mir selbst und zu meinem Umfeld empfinden und alles liebevoll so lassen und gut finden können, wie es ist.«

In dieser Stimmung können Sie einschlafen und wieder aufwachen. Diese Stimmung können Sie mitnehmen in den Tag, in dessen Verlauf Sie auch immer wieder darauf achten, was Sie als schön empfinden, wo und bei wem Sie sich geborgen fühlen.
Unterscheiden Sie auch, ob Sie sich vertraut oder geborgen fühlen. Vertraut fühlen Sie sich schnell mit etwas, das Sie

kennen. Geborgen fühlen Sie sich jedoch nur bei Menschen oder in Situationen, die in Resonanz mit Ihnen sind. Nur sie geben Ihnen Geborgenheit.

Beobachten Sie dann, wann und wo und wem gegenüber Sie Dankbarkeit empfinden. Wann fühlen Sie sich einfach nur gut und freuen sich, dass die Dinge so sind wie sie sind. Und schließlich beobachten Sie, wann Sie spontan Liebe empfinden.

FRAGEN UND ANTWORTEN

Frage:
Warum ist Erlebnisvielfalt so wichtig? Vertrautes ist doch auch gut.
Antwort:
Je mehr Energien und Ideen durch unser Bewusstsein fließen, desto mehr entwickelt es sich. Erlebnisvielfalt gibt uns neue Ideen, beschert uns Erkenntnisse über uns und das Sein und setzt unsere Schöpferkräfte frei.

Die Größe unseres Bewusstseins ist abhängig von der Intensität und Vielfalt der Schöpfungsideen, mit denen es gefüllt ist. Vielfalt bedeutet die Menge an unterschiedlichen Erfahrungen und Beobachtungen. Jede Erfahrung ist gleichbedeutend mit der Aktivierung von Schöpfungsideen. Wenn wir Bewusstsein als Dimension betrachten, können wir erkennen, dass die Vielfalt des Erlebens die Menge der Schöpfungsideen bildet und damit die Größe der Dimension bestimmt. Bewusstsein ist immer auf der Suche nach Entfaltung, nach Wachstum, nach Zunahme von Selbsterkenntnis und Schöpferkraft.

Bei der folgenden Meditation handelt es sich um die Wiederholung einer ähnlichen Meditation vom Anfang dieses Buches. Sie dient der erneuten Erforschung der Bewusstseinszustände Schönheit, Geborgenheit, Dankbarkeit und Liebe vor dem Hintergrund dessen, was wir jetzt bereits darüber wissen. Wenn Sie diese Bewusstseinszustände mehr und mehr in sich selbst und im Außen suchen und finden können, werden Sie nicht nur Ihre Energie befreien, sondern auch Ihr Wesen besser spüren.

MEDITATION – SCHÖNHEIT, GEBORGENHEIT, DANKBARKEIT UND LIEBE

Schließe die Augen. Atme langsam tief ein und aus.

Denke an deine beiden Knie. Atme langsam ein und aus.

Denke an deine beiden Schultern. Atme langsam ein und aus.

Denke an deinen Solarplexus. Atme langsam ein und aus.

Denke an dein Herz. Atme langsam ein und aus.

Stelle dir jetzt mit jedem Atemzug vor: Du atmest strahlende, kraftvolle Energie ein und beim Ausatmen verteilst du diese Energie in deinem Körper und in deinem Bewusstsein.

Spüre, wie sich dein Körper mehr und mehr mit Energie füllt.

Atme weiter Energie ein und schicke diese Energie beim Ausatmen über die Grenzen deines Körpers hinaus in den Raum.

Fülle den Raum mit strahlender, kraftvoller Energie.

Diese Energie hat die Kraft, deine Gedanken, deine Gefühle und deine inneren Bilder Wirklichkeit werden zu lassen, wenn du das möchtest.

Atme langsam tief ein und aus und sage dann leise in Gedanken zu dir selbst, wenn du möchtest, sage und empfinde:

»Ich möchte spüren, warum ich in dieses Leben gekommen bin.

Ich möchte mein Wesen spüren, meine Sehnsüchte und meine Möglichkeiten.

Ich möchte das spüren und leben, was ich bin.

Ich möchte der Stimme meines Wesens folgen und meine Vergangenheit ausklingen lassen.

Ich möchte Menschen und Situationen anziehen, die mir dabei helfen.
Und ich möchte geistige Freunde, geistige Helfer, Führer und Lehrer einladen, mich mit ihrer Energie und Inspiration zu unterstützen.«

Atme langsam tief ein und aus.
Und jetzt frage tief in dein Wesen hinein: »Was empfinde ich als schön?
Wo sehe ich Schönheit?
Was ist Schönheit für mich?«

Atme langsam tief ein und aus.
Und jetzt frage dich, frage tief in dein Wesen hinein:
»Was bedeutet Geborgenheit für mich?
Wo im Leben entdecke ich Geborgenheit?
Was bedeutet für mich Geborgenheit?«

Atme langsam tief ein und aus.
Und dann frage tief in dich hinein:
»Was bedeutet Dankbarkeit für mich?
Worüber freue ich mich und wofür bin ich dankbar?«

Atme langsam tief ein und aus.
Und dann frage dich, frage tief in dein Wesen hinein:
»Was bedeutet Liebe für mich?
Was bedeutet es für mich zu lieben und geliebt zu werden?
Wo in meinem Leben finde ich Liebe?
Was liebe ich? Wo werde ich geliebt?
Was bedeutet es für mich zu lieben und geliebt zu werden?«

Atme langsam tief ein und aus.
Und jetzt fühle tief in dein Wesen hinein. Höre, was dein Wesen dir sagen möchte. Jetzt in diesem Moment.

Atme langsam tief ein und aus.
Und dann sage noch einmal zu dir selbst:

»Ich möchte der Stimme meines Wesens folgen.«
Entscheide dich dafür.

Atme langsam tief ein und aus.
Und dann öffne allmählich die Augen.

Die folgende Meditation dient als Einstimmung für die Nacht, in der Sie mit Ihrem Wesen Kontakt aufnehmen können, damit es Sie inspiriert für Ihren Weg in die Freiheit.

MEDITATION – INSPIRATION

Schließe die Augen. Atme langsam tief ein und aus.
Denke an deine beiden Knie. Atme langsam ein und aus.
Denke an deine beiden Schultern. Atme langsam ein und aus.
Denke an deinen Solarplexus. Atme langsam ein und aus.
Denke an dein Herz. Atme langsam ein und aus.
Stelle dir jetzt mit jedem Atemzug vor: Du atmest strahlende, kraftvolle Energie ein und beim Ausatmen verteilst du diese Energie in deinem Körper und in deinem Bewusstsein.
Spüre, wie sich dein Körper mehr und mehr mit Energie füllt.
Atme weiter Energie ein und schicke diese Energie beim Ausatmen über die Grenzen deines Körpers hinaus in den Raum.
Fülle den Raum mit strahlender, kraftvoller Energie.
Diese Energie hat die Kraft, deine Gedanken, deine Gefühle und deine inneren Bilder Wirklichkeit werden zu lassen, wenn du das möchtest.

Atme langsam tief ein und aus und sage dann leise in Gedanken zu dir selbst, wenn du möchtest, sage und empfinde:
»Ich möchte mein Wesen spüren, meine Sehnsüchte, meine Fähigkeiten und Möglichkeiten, und ich möchte sie leben und zum Ausdruck bringen.

*Ich möchte Menschen anziehen, Situationen und äußere
Zeichen, die mir den Weg zeigen und mir helfen, ihn zu
gehen.
Ich bitte auch darum, dass geistige Freunde, Helfer, Lehrer
und Führer mir mit ihrer Inspiration und Energie beistehen
auf dem Weg zu mir selbst.«*

*Atme langsam tief ein und aus.
Und jetzt stelle dir vor: Mit jedem Atemzug wirst du größer,
dehnst dich mehr und mehr aus wie ein Ballon. Größer und
größer.
Mehr und mehr, mit jedem Atemzug. Du dehnst dich aus,
hinein in den Raum und immer noch weiter und größer.*

*Und jetzt werde ganz still.
Nimm in deiner Vorstellung eine Gestalt wahr, die Verkörperung deines Wesens, dein Wesens-Ich, das jetzt zu dir
sprechen wird.
Diese Gestalt, die Verkörperung deines Wesens wird jetzt
zu dir sprechen – über das, was du leben kannst und was
du tief in dir leben willst. Hör einfach zu.
Höre, wie sie über dich spricht, darüber, wer du bist und
wie du leben möchtest. Höre, was die Stimme deines Wesens dir erzählt.*

*Frage tief in dich hinein: »Wer bin ich und was will ich in
diesem Leben?
Mit welchem Gefühl möchte ich irgendwann aus diesem
Leben gehen?«*

*Und jetzt äußere tief in dich hinein die Bitte: »Heute Nacht,
wenn ich schlafe, bitte ich um Inspiration, um Energie von
meinem Wesen, um die Gewissheit, dass sich in meinem
Leben alles klären und ordnen wird, so wie es gut für mich
ist und für alle um mich herum.«
Äußere diese Bitte tief hinein in dein Wesen, die Bitte um
Hilfe, Inspiration und Energie für dein Leben, damit sich
alles ordnet, klärt und heilt.*

Bedanke dich nun und ziehe dein Bewusstsein wieder zu-
sammen, hinein in deinen Körper.
Atme langsam tief ein und aus.
Und öffne dann allmählich die Augen.

Lesen Sie diese Meditation vor dem Schlafengehen, lassen Sie
sie in sich wirken und bitten Sie darum, dass Inspiration und
Energie in Sie hineinfließen, während Sie schlafen, damit sich
Ihr Leben klären, ordnen und heilen kann.

FRAGEN UND ANTWORTEN

Frage:
*Ich habe in dieser Meditation erlebt, dass es mich drängte, in
den Ausdruck zu gehen. Das steht im Widerspruch zu dem,
was ich im Moment vorhabe, nämlich völlig ohne Druck zu
leben. Das verstehe ich nicht. Es war wie eine Aufforderung,
mehr unter Menschen zu gehen, um sie zu beraten. Das will
ich aber gar nicht, und das hat mich sofort unter Druck gesetzt.*

Antwort:
Die Meditation hatte den Sinn, Ihr Wesen sprechen zu lassen.
Und wenn Ihr Wesen Ihnen eine solche Botschaft gibt, dann
sicher deshalb, weil ein wesentlicher Teil von Ihnen nicht so
leben will, wie Sie jetzt leben oder scheinbar leben möchten.
Es gibt offenbar eine Diskrepanz zwischen Ihrem geschichtlichen Ich und Ihrem Wesen. Sie scheinen unterschiedliche
Ziele zu verfolgen. Bei dem Teil von Ihnen, der sich unter
Druck gesetzt fühlt, handelt es sich mit Sicherheit um das geschichtliche Ich. Das Wesen fühlt sich nie unter Druck, allenfalls aufgehalten. Und es stellt auch keine Forderungen, sondern hat nur Sehnsüchte.

Frage:
*Warum braucht man so viel Energie, um das Neue leben zu
können?*

Antwort:
Man braucht anfangs sehr viel Energie, um sich von dem geschichtlichen Ich zu lösen, denn es ist schon sehr lange da

und hat viel Energie aufgebaut. Doch mit der Zeit wird die Verbindung zum Wesens-Ich stärker, und dann wird es immer leichter, das Neue zu leben.

Unser Wesen ist ohne jeden Selbstzweifel, absolut souverän und in sich rund. Wenn wir etwas als Problem empfinden, dann ist das geschichtliche Ich im Spiel. Wenn wir hingegen voller Energie, fröhlich und motiviert sind, Sinn für Schönheit haben, uns geborgen fühlen und Liebe und Dankbarkeit für das Sein empfinden, sind wir in Verbindung mit unserem Wesen.

Dennoch ist das geschichtliche Ich nicht schlecht. Es hat durchaus seine Berechtigung und sogar eine wichtige Funktion: Es hilft uns, uns selbst, unser Wesen und die Natur des Seins zu erleben und zu begreifen.

Das eigene Wesen zu leben ist die eine Sache. Begreifen kann man es jedoch nur, wenn man einen relativen Standpunkt dazu einnehmen kann. Das geschichtliche Ich ist dieser relative Standpunkt, von dem aus wir das eigene Wesen begreifen können. Das ist aber erst möglich, wenn man sich von der Perspektive des geschichtlichen Ich gelöst und von außen erkannt hat, dass wir die Freiheit haben, uns mit dem einen oder dem anderen Ich anzufreunden. Erst dann können wir auch das geschichtliche Ich begreifen.

In der nächsten Meditation können Sie erfahren, dass es diese freie Instanz in Ihrem Bewusstseins gibt, den unabhängigen Beobachter, der sich sowohl mit dem Wesens-Ich als auch mit dem geschichtlichen Ich verbinden kann.

MEDITATION – EIN DIALOG ZWISCHEN WESENS-ICH UND GESCHICHTLICHEM ICH

Schließe die Augen. Atme langsam tief ein und aus.
Denke an deine beiden Knie. Atme langsam ein und aus.
Denke an deine beiden Schultern. Atme langsam ein und aus.
Denke an deinen Solarplexus. Atme langsam ein und aus.

Denke an dein Herz. Atme langsam ein und aus.

Stelle dir jetzt mit jedem Atemzug vor: Du atmest strahlende, kraftvolle Energie ein und beim Ausatmen verteilst du diese Energie in deinem Körper und in deinem Bewusstsein. Spüre, wie sich dein Körper mehr und mehr mit Energie füllt.

Atme weiter Energie ein und schicke diese Energie beim Ausatmen über die Grenzen deines Körpers hinaus in den Raum.

Fülle den Raum mit strahlender, kraftvoller Energie.

Diese Energie hat die Kraft, deine Gedanken, deine Gefühle und deine inneren Bilder Wirklichkeit werden zu lassen, wenn du das möchtest.

Atme langsam tief ein und aus und sage dann leise in Gedanken zu dir selbst, wenn du möchtest, sage und empfinde: »Ich bin mehr als mein Körper. Ich bin mehr als meine Geschichte. Ich bin mehr als meine Absicht in diesem Leben. Ich bin Bewusstsein, unbegrenzt, ewig und frei, Beobachter und Schöpfer meiner Wirklichkeit.

Allem, was ich wahrnehme, allem, worauf ich meine Wahrnehmung richte, gebe ich Energie und damit halte ich es in meiner Wirklichkeit.«

Atme langsam tief ein und aus.

Dein Bewusstsein ist Beobachter. Was es wahrnimmt und womit es sich identifiziert, ist Teil deiner Wirklichkeit.

Nimm jetzt, so wie ich es dir sage, Kontakt auf mit deinem geschichtlichen Ich, deinem Körper und deinem Wesens-Ich. Auf einer Seite von dir steht dein geschichtliches Ich. Achte darauf, auf welcher Seite es steht. Der Körper ist in der Mitte. Auf der anderen Seite steht dein Wesens-Ich. Beobachte, auf welcher Seite es steht.

Jetzt frage dein geschichtliches Ich, was es über deine Vergangenheit bis jetzt denkt und fühlt. Höre zu.

Beende diesen Austausch und frage nun dein Wesens-Ich, wo es sich verwirklicht hat, wo es durch Rückenwind oder

Gegenwind in deinem Leben auftauchen konnte. Frage dein Wesens-Ich, wie es in deiner Geschichte zur Geltung kam? Wie konnte es sich entwickeln?

Beende diesen Austausch und wende dich wieder deinem geschichtlichen Ich zu. Sage ihm, was du für deine Zukunft gern von seiner Erfahrung übernehmen würdest und was du ausklingen lassen möchtest. Sage deinem geschichtlichen Ich, dass du nur die Aspekte von ihm übernehmen möchtest, die dir helfen, dein Wesen zu finden. Beobachte seine Reaktion.

Wende dich jetzt wieder deinem Wesens-Ich zu und frage es, wie es dir von jetzt an helfen möchte und wohin deine Reise geht in diesem Leben.
Frage dein Wesens-Ich dann, wie du mit deinem geschichtlichen Ich umgehen sollst.
Und dann frage dein Wesens-Ich, welche Art von Zeichen es dir für dieses Leben senden wird.

Bedanke dich bei deinem Wesen, bedanke dich bei deinem geschichtlichen Ich und stelle beide nebeneinander vor dich hin.
Danke deinem geschichtlichen Ich für die Erfahrung, die es dir vermittelt hat, für den Reifeprozess und für die Instrumente, die du nun zur Verfügung hast.
Danke deinem Wesen für die Stütze und Hilfe, die es dir gegeben hat, für die Intuition, für die Menschen, die es geschickt hat, für Situationen und Umstände.

Und dann betrachte deinen Körper und danke auch ihm für seine Unterstützung. Sage ihm, dass du ihn pflegen und dich bemühen wirst, alles zu tun, was ihm hilft, seine Arbeit für dich zu tun.

Jetzt nimm das geschichtliche Ich und dein Wesen in dich auf und mache dir noch einmal bewusst, dass du die Freiheit hast, mit beiden zu kommunizieren und auf beide zu-

*rückzugreifen, und zwar so wie du möchtest und wie es dir
entspricht.
Atme langsam tief ein und aus.
Öffne dann allmählich die Augen.*

Nehmen Sie sich nach dieser Meditation etwas Zeit, um die Inhalte nachwirken zu lassen, und spüren Sie die Freiheit, sich dort anbinden zu können, wo Sie sich anbinden wollen.

Die schöpferischen Kräfte
unseres Bewusstseins

Bis jetzt haben wir uns hauptsächlich damit beschäftigt, unser Wesen im Unterschied zu unserem geschichtlichen Ich spüren zu lernen, und haben damit die Basis für die Umsetzung der spirituellen Magie geschaffen. Von jetzt an geht es uns auch darum, Wege zu finden, wie wir unser Leben unserem Wesen und seiner Absicht entsprechend praktisch gestalten können. Dazu müssen wir lernen, die schöpferischen Kräfte unseres Bewusstseins so auszurichten und zu konzentrieren, dass wir nur noch das in unser Leben ziehen, was unserem Wesen entspricht, ganz gleich wie unser Leben bis jetzt verlaufen sein mag. Wir müssen gleichzeitig lernen, nicht mehr das in uns selbst und in unserem Umfeld geschehen zu lassen, was unser geschichtliches Ich als konsequente Fortsetzung unserer Vergangenheit wie von selbst erzeugt, obwohl es nicht zu unserem Wesen und zu unserer Bestimmung gehört.

Wir alle haben Zugang zu den schöpferischen Kräften unseres Bewusstseins und können unsere persönliche Wirklichkeit mit ihrer Hilfe so verändern, wie wir möchten. Die Schöpfungsideen unseres Bewusstseins prägen unsere Wirklichkeit ständig, ob wir dies bewusst wahrnehmen oder nicht. Das geschieht auf dreierlei Weise:

1. Das Bewusstsein kann die Wirklichkeit erhalten, die bereits existiert.

2. Das Bewusstsein kann die Wirklichkeit erschaffen, die noch nicht existiert.

3. Das Bewusstsein kann die Wirklichkeit, die irgendwann geschaffen wurde, wieder auflösen beziehungsweise aus unserem Erfahrungsfeld ausblenden.

Wie alle Energien haben auch Schöpfungsenergien zwei Aspekte: Inhalt und Intensität. Alle Schöpfungsideen, die in uns oder in unserer Wirklichkeit existieren, werden aktiviert beziehungsweise mit Energie versorgt, indem wir unsere Aufmerksamkeit darauf richten und sie bewusst wahrnehmen. Indem wir also etwas, das bereits in unserer Wirklichkeit existiert, intensiv und bewusst wahrnehmen, aktivieren wir die Schöpfungsideen dahinter, lenken neue Energie dorthin und erhalten es damit weiter in unserer Wirklichkeit. Indem wir intensiv über etwas, das bis jetzt nur in unseren Visionen existiert, nachdenken, darüber sprechen und Gefühle dazu entwickeln, aktivieren wir entsprechende Schöpfungsideen, lenken Schöpfungsenergie dorthin und erschaffen damit eine neue Wirklichkeit. Das heißt: Die Visionen werden für uns wahr und zu einem Teil unserer erfahrbaren Wirklichkeit. Indem wir etwas aus unserer Wahrnehmung ausblenden und in unserem Denken und Fühlen ignorieren, nehmen wir ihm zunehmend mehr Energie weg, und es wird irgendwann aus unserer Wirklichkeit verschwinden und ohne Bedeutung für uns sein.

Gefühle gehören für mich zu den stärksten Schöpfungsenergien. Sie sind dynamisch und ziehen relativ schnell und intensiv das an, was in Resonanz mit ihnen ist. Wenn wir uns zum Beispiel über etwas freuen, was wir uns bis jetzt nur vorstellen können, werden unsere Gefühle mit dem Inhalt dessen, was wir uns vorstellen, geprägt. Die Intensität der Freude gibt dann diesen Inhalten Kraft. Wir können unsere Gefühle mit beliebigen Inhalten oder Ideen prägen, mit etwas, das schon ist, was wir also im Außen schon wahrnehmen und erleben können, oder auch mit etwas, das bisher nur in unserer Vorstellung existiert. In beiden Fällen wird die Prägung unserer Gefühle Schöpfungsenergien anziehen und Wirklichkeit entsprechend der Prägung erhalten oder erschaffen. Gefühle stark empfinden und klar ausrichten zu können, ist für mich das praktische Geheimnis der Magie. Über Gefühle werden Schöpferkräfte gelenkt. Schöpfungsideen sind hinter allem wirksam, was existiert, aber auch in neuen Ideen, die sich erst entwickeln und manifestieren werden. Wenn wir uns von unserem geschichtlichen Ich lenken lassen, erfolgt die Anbindung unserer Gefühle an bestimmte, unserem geschichtlichen Werdegang entsprechenden Ideen automatisch. Wir müssen uns deshalb bewusst von den unerwünschten Schöpfungsideen unseres geschichtlichen Ich trennen und sorgfältig neu entscheiden, welchen Aspekten unserer Wirklichkeit oder unserer Phantasie wir unsere Aufmerksamkeit schenken. Energie folgt unserer Wahrnehmung.

Die individuelle Freiheit, von der viele Menschen sprechen und die wir alle haben wollen, bleibt für die meisten von uns schon deshalb reine Theorie, weil das geschichtliche Ich sich immer wieder mächtig aufbläst und die Kontrolle über unsere Gefühle, Gedanken und besonders über unsere Wahrnehmung jederzeit an sich reißen kann.

Unser wichtigstes Ziel ist deshalb, die Kontrolle über unsere Schöpferkräfte auszuüben und unsere Gedanken, unsere Gefühle und unsere Wahrnehmung gezielt auszurichten. Nur dann können wir gezielt und ausschließlich mit jeder Schöpfungsidee in Resonanz gehen, mit der wir in Resonanz gehen wollen – unabhängig von unserer Geschichte.

Es genügt jedoch nicht, all dies zu wissen. Wir müssen es auch erfahren und leben. Die nächste Übung, die ich Ihnen vorstellen werde, kann heute schon beginnen, sollte Sie jedoch mehrere Jahre lang begleiten. Sie wird Ihnen helfen, Klarheit über die Schöpfungsideen zu gewinnen, die Sie in Ihrem Bewusstsein bewegen, mit dem Ziel, sie irgendwann bewusst unter Kontrolle bringen, aussortieren oder ergänzen zu können.

Übung: Die drei Bücher der Gefühle und Resonanzen

Alles, was wir in unserem Bewusstsein bewegen, müssen wir klar erkennen und festhalten können, wenn wir in der Lage sein wollen, uns bewusst dafür oder dagegen zu entscheiden. Was wir nicht bewusst festhalten, ist flüchtig, verschiebt sich und entgeht letztlich unserer Wahrnehmung und damit auch unserer Kontrolle.

Wenn wir nicht wissen, was wir denken, fühlen und wahrnehmen, können wir auch nicht entscheiden, ob es gut für uns ist und ob es unserem Wesen entspricht. Und selbst wenn wir spüren, dass etwas nicht unserem Wesen entspricht, aber keine Kontrolle über unsere Gefühle haben, können wir uns nicht davon befreien.

Nur durch genaue und klare Wahrnehmung und bewusste Lenkung unserer Gefühle können wir dem geschichtlichen Ich die Kontrolle über unsere Gefühle entreißen und sie unserem Wesens-Ich geben.

Die Übung, die ich nun vorstelle, besteht darin, drei Bücher zu schreiben: Buch 1: *Die Vergangenheit beleuchten,* Buch 2: *Das Hier und Jetzt beobachten* und Buch 3: *Angenehme Visionen und Phantasien entwickeln.* In diesen Büchern beschreiben Sie die Gefühle, Gedanken und Wahrnehmungen, die Sie in Ihrem Bewusstsein gepflegt haben, im Moment pflegen und in Zukunft pflegen werden.

Dabei unterscheiden Sie zwischen positiven Gefühlen und Energien, die Ihnen gut tun und Sie aufbauen, und negativen Gefühlen und Energien, die Ihnen zusetzen oder Sie gar lähmen. Negative Gefühle sollten Sie beim Schreiben sofort durch gegenteilige Gefühle ergänzen, die besser für Sie gewesen wären oder sind. Zum Beispiel erkennen Sie, dass ein bestimmtes Gefühl Sie in einer gegebenen Situation niedergeschmettert hat, und Sie wissen sofort, dass es besser oder leichter gewesen wäre, wenn Sie sich damals so und so gefühlt oder das und das getan hätten. Und genau so schreiben Sie es dann auf.

Das Aufschreiben kann als eine Art magischer Prozess bezeichnet werden, denn bevor wir etwas aufschreiben können, sind wir gezwungen, es klar und eindeutig wahrzunehmen und zu formulieren. Wir bekennen uns vor uns selbst zu etwas und halten es fest.

Nicht nur unsere innere Unabhängigkeit, auch unsere Beobachtungsfähigkeit und damit unser Selbstbewusstsein werden zunehmen, wenn wir regelmäßig an diesen drei Büchern schreiben.

Wir werden unser Umfeld bald so klar wahrnehmen, dass wir uns immer weniger verwickeln werden und immer genauer spüren, wo wir selbst stehen, welche Energien wir in uns bewegen und warum wir uns fühlen wie wir uns fühlen. Und damit werden wir uns auch immer weniger als Opfer von Umständen und Menschen empfinden, sondern als Macher und Verursacher. Der bewusste Umgang mit unseren Gefühlen wird auch dazu führen, dass wir unsere Gefühlsebene mehr als Entscheidungsebene heranziehen. Die geschichtlich geprägte Ebene der Vernunft wird dann hauptsächlich als Umsetzungsinstanz gebraucht werden. Wir können auch erkennen, dass alles, was wir über andere oder das Außen denken, unsere Sicht von uns selbst widerspiegelt.

Buch 1: Die Vergangenheit beleuchten

Im ersten Buch sammeln wir alle Gefühle aus unserer Vergangenheit, an die wir uns jetzt erinnern, positive wie negative. Die negativen Gefühle ergänzen wir durch positive beziehungsweise durch solche, die angenehmer für uns hätten sein können, wenn wir besser oder zumindest anders mit der Situation umgegangen wären.

Nicht aufschreiben sollten wir, wann und weshalb die Dinge geschehen sind, die zu den Gefühlen geführt haben, denn es geht nicht um deren Herleitung oder Begründung.

Ein Beispiel: Wir erinnern uns, wie glücklich wir waren, als wir die Kekse sahen, die Mami zu Weihnachten gebacken hatte. Dann schreiben wir nur auf: »Freude, Aufregung« und als Gedächtnisstütze: »Weihnachtskekse«. Wann wir die Kekse gesehen haben, wo, warum und was es für Kekse waren, ist nicht wichtig.

Oder wir erinnern uns an tiefe Erschütterung und Verzweiflung, weil eine Partnerin sagte: »Es war schön mit dir, aber es ist Zeit zu gehen.« Wir schreiben dazu nur »Erschütterung und Verzweiflung« auf, aber keine Details, wie es zu der Trennung kam. Dann suchen wir gegenteilige Gefühle beziehungsweise Gefühle, die wir lieber gehabt hätten, zum Beispiel »innere Ruhe und Vertrauen darauf, dass alles in Ordnung ist, auch wenn ich es im Moment nicht begreifen kann« und »die Sicherheit, dass alles gut wird«.

Wenn wir all diese Gefühle kontinuierlich sammeln, werden wir mit der Zeit nicht nur herausfinden, welche Gefühle zu unserem Wesen passen, sondern auch merken, dass uns diese Gefühle unser ganzes Leben lang begleitet haben und irgendwie auch bewusst waren. Selbst wenn sie bisweilen stark ausgeblendet wurden, waren sie nie wirklich weg von uns. Unser Wesen ist immer ein Teil von uns und bleibt mit seinen Kern-Gefühlen in uns lebendig. Wenn es uns gelingt, diese Kern-Gefühle bei der Arbeit mit diesem Buch vom Rest der geschichtlichen Gefühle zu isolieren, können wir sie wieder klar erkennen und bewusst verstärken.

In diesem ersten Buch sammeln wir also alle Gefühle unserer Geschichte, an die wir uns bis jetzt erinnern können. Und am Ende wird sich daraus so etwas wie ein Gefühlsspiegel unseres bisherigen Lebens ergeben. Oftmals schauen Menschen, kurz bevor sie sterben, in einen solchen Erinnerungsspiegel. Ihr ganzes Leben läuft dann nochmals vor ihrem geistigen Auge ab, und sie verstehen, wie sich ihr Leben entwickelt hat und wie sie daran beteiligt waren. Dann können sie diese Erkenntnis zwar mit in eine andere Dimension nehmen, aber es ist natürlich zu spät, um hier noch etwas daran zu verändern.

Buch 2: Das Hier und Jetzt beobachten

Im zweiten Buch betrachten wir die Gefühle der Gegenwart beziehungsweise die Gefühle, die wir in den letzten beiden Wochen unseres Lebens durchlaufen haben. Alle starken Gefühle, die uns berührt haben, und alle dazugehörenden Situationen schreiben wir auf. Mit negativen Gefühlen gehen wir genauso um, wie wir es im ersten Buch machen: Wir schreiben gegenteilige oder positive Gefühle auf, die wir lieber hätten und die uns besser täten. Auch hier interessieren uns die Ursachen und Details der Lebensumstände nicht, sondern nur die Gefühle und geistigen Energien.

Buch 3: Angenehme Visionen und Phantasien entwickeln

In das dritte Buch schreiben wir alle Gefühle und dazugehörigen Situationen, die uns positiv berühren würden und die wir uns wünschen. Wir entwickeln Visionen und Phantasien für unsere Zukunft und die damit verbundenen Gefühle, die uns künftig durch unser Leben begleiten sollen.

Um dabei den Blick für das Wesentliche zu schulen, können wir uns zum Beispiel fragen: »Wenn ich irgendwann aus dem Leben gehe, was will ich dann alles gefühlt, erlebt und begriffen haben, damit ich es in meinem Bewusstsein mitnehmen kann in eine andere Dimension? Was sind die Dinge, die mich bis dahin berühren sollen, die wirklich einen Unterschied in meinem Leben machen, für die es sich wirklich lohnt zu leben?«

Vielleicht ist unsere Phantasie bezogen auf wünschenswerte Gefühle anfänglich noch etwas begrenzt, aber wenn wir die ersten beiden Bücher regelmäßig führen, werden uns mehr und mehr Beispiele für gegenteilige Gefühle zu den als negativ entdeckten einfallen, und unsere Phantasie wird sich entwickeln, unser Empfinden für unsere Sehnsüchte wird größer werden. Außerdem wird sich beim Aufschreiben dieser Gefühle ein angenehmer und hilfreicher Nebeneffekt einstellen: Uns werden immer mehr Menschen auffallen, die etwas tun oder erleben, das wir auch gern tun oder erleben würden, aber worauf wir selbst so ohne weiteres nicht gekommen wären. Wir werden instinktiv nach neuen Vorbildern Ausschau halten. Und diese Vorbilder werden uns dann mehr und mehr Ideen für erstrebenswerte Gefühle geben. Wir sollten also völlig wertfrei alle Gefühle aufschreiben, die wir für wünschenswert halten, und dazu passende Situationen, in denen sie leicht entstehen könnten. Dabei sind die beschriebenen Situationen an sich nicht wichtig, sie dienen nur zur besseren Beschreibung der Gefühlsqualität.

Sicher werden wir dabei auch auf die Kerngefühle stoßen: Freude, Geborgenheit, Schönheit und Liebe. Wir können zum Beispiel in ein Auto verliebt sein, in einen Hund, in eine Katze, in einen Käfer, in eine Frau, in ein Kind, in ein Haus, und immer werden wir die Liebe ein wenig anders empfinden. Je mehr Umstände uns für erlebbare Liebe einfallen, desto mehr wird sich die Wahrnehmung dieses Gefühls in uns vertiefen.

Das Aufschreiben und spätere Durchblättern des Geschriebenen wird ganz allmählich unser Wesen betonen, und die alten Gefühle, die nicht mehr in dieses neue Buch passen, werden ausklingen, weil unsere Energie langsam aber sicher in eine neue Richtung wandert.

Das Aufschreiben an sich wird schon einen Änderungs- und Entfaltungsprozess in Gang bringen, und zwar selbst dann, wenn das, was wir aufschreiben, nicht immer in sich stimmig zu sein scheint. Deshalb sollen wir auch alles wertfrei aufschreiben, was uns einfällt, und nicht lange darüber nachgrübeln. Mit der Zeit wird sich alles in uns klären und ordnen. Es ist zunächst wichtiger, im Fluss zu bleiben, als nur Sinnvolles oder scheinbar Sinnvolles aufzuschreiben. Die Beispiele, die wir aufschreiben, sind nicht das Wesentliche dabei, sondern sollen nur die genannten Gefühle erläutern. Deshalb brauchen wir uns über die Art der Beispiele auch nicht viele Gedanken zu machen.

Aber wir schreiben nicht: »Ich will ein Auto, eine blonde Frau und eine Yacht«, denn es geht um die Gefühle. Daher schreiben wir zum Beispiel, dass wir Liebe suchen, zu einer Katze, zu einem Menschen oder zu irgendetwas, was uns berührt. Es sind nicht Dinge, die wir wollen, sondern Gefühle, die eine äußere Entsprechung in bestimmten Umständen, Gegenständen oder Menschen haben können.

Wenn wir in diesen Beispielen Gefühle klar bestimmen und intensiv empfinden können, wird unser Wesen nach Dingen, Umständen und Menschen suchen, die uns tatsächlich helfen, genau diese Gefühle leichter zu erreichen, und zwar immer passend zu einer bestimmten Zeitqualität.

Wenn wir zum Beispiel das Gefühl von Freiheit suchen, dann kann es die Freiheit sein, unseren Zeitplan beliebig zu gestalten, oder mit einem Partner zu leben, bei dem wir den Eindruck haben, dass wir mit allem, was wir tun, denken oder fühlen, für ihn in Ordnung sind. Vielleicht wollen wir auch einen Chef haben, der lächelt, wenn wir da sind, und der uns Freiheit und Selbstvertrauen vermittelt. Wie alle anderen Gefühle auch hat das Gefühl der Freiheit viele Aspekte und viele Entsprechungen im Außen.

Alles, was wir in dieses Buch schreiben, aktivieren wir als Schöpfungsideen von diesem Moment an. Vergessene Sehnsüchte werden wieder bewusst. »Noch nicht Erlebtes« wird neu definiert. Unser Aurafeld beginnt sich zu verändern: Alte Inhalte verblassen darin, neue gewinnen an Intensität, unsere Ausstrahlung und unsere Wirkung nach außen werden sich verändern.

Erinnern Sie sich? Magie ist das konzentrierte Aussenden bestimmter Energien mit einem bestimmten Ziel. Genau das tun wir, indem wir dieses Buch schreiben: Wir formen die Energien, die wir aussenden und mit denen wir unsere Wirklichkeit neu gestalten wollen. Das neue Energiefeld um uns herum wird unser Leben neu ordnen.

Auch dieses dritte Buch der Visionen und Phantasien sollte mit aller Sorgfalt geschrieben werden, und wir sollten es als ein einfaches und doch sehr praktisches Mittel zur Umgestaltung unserer geistigen Energien und damit unseres ganzen Lebens verstehen.

Das Schreibritual

Alle drei Bücher können nebeneinander geschrieben werden, denn sie befruchten einander. Aber wir sollten ein Ritual aus dem Schreiben dieser Bücher machen. Wir könnten uns drei wirklich schöne Hefte oder Ringbücher kaufen und einen schönen Stift oder sogar einen kostbaren Federhalter zum Schreiben benutzen. Dann suchen wir uns einen Platz, an dem wir gern schreiben, wo wir uns wohl fühlen und den wir immer wieder gern aufsuchen, bis er uns ganz vertraut ist, vielleicht einen Platz, der nur für uns ist. Wenn wir auf Reisen sind, sollten wir die Bücher mitnehmen. Überall wartet Inspiration, die uns beim Schreiben helfen kann. Der zeitliche Aufwand für das Schreiben der Bücher sollte so bemessen werden, dass uns nicht die Lust daran vergeht. Entscheidend ist die Regelmäßigkeit, und fünf bis zehn Minuten am Tag reichen völlig aus.

Wenn wir aus dem Schreiben ein Ritual machen, wird die Vertrautheit allmählich dazu führen, dass unser Unterbewusstsein immer besser darauf eingestimmt wird und uns immer leichter immer mehr einfällt. Dann wird es richtig spannend und beginnt Spaß zu machen.

Der Platz, an dem wir schreiben, wird mit der Zeit für diese Aufgabe energetisiert, und damit wird er für uns zu einem magischen Platz. Unter Platz verstehe ich übrigens nicht nur einen bestimmten Ort. Es kann sich auch um einen »mobilen« Platz handeln, zum Beispiel um ein Kissen oder einen Teppich, den wir immer mit uns führen, ähnlich wie Gebetsteppiche benutzt werden.

Das tägliche Aufschreiben wird uns wach für uns selbst und unsere Umgebung machen. Gutes und weniger Gutes wird sich deutlich voneinander trennen, und allein dadurch werden Dinge in uns und unserem Umfeld in Bewegung kommen.

Wir schreiben diese Bücher einerseits, um mehr Distanz zu unserem bisherigen Leben zu gewinnen und unserem geschichtlichen Ich die Kontrolle über unsere Gefühle, Wahrnehmungen und Reaktionen zu entziehen. Gleichzeitig werden wir aber auch sensibler für die Energien und Sehnsüchte unseres Wesens und können sie bewusster suchen und zum Ausdruck bringen.

Das Schreiben der drei Bücher ist ein magischer Vorgang, der unser Leben von Grund auf verändern kann. Durch das Schreiben des ersten Buches kommen verdrängte Gefühle wieder in Bewegung. Negatives Gefühlspotential kann sich auflösen. Positives Gefühlspotential wird erinnert, bestärkt und dadurch intensiviert. Es geht nicht um eine Aufarbeitung, sondern um eine Klärung der eigenen Geschichte und um ein gezieltes Auflösen von Inhalten.

Über die Arbeit an dem zweiten Buch können wir herausfinden, wo wir von außen gelebt und gelenkt werden, wo wir immer noch Opferideen haben und uns mit Dingen beschäftigen, die uns längst nicht mehr entsprechen. Das bewusst anzuschauen, hilft uns Selbstbewusstsein zu entwickeln und vor allem ein Bewusstsein für die Umstände, unter denen wir leben. Sowohl Selbstbewusstsein als auch das Bewusstsein für die Umstände, unter denen wir leben, sind wichtig, um unsere Zukunft frei und eindeutig gestalten zu können.

Mit dem dritten Buch werfen wir eine Art magischen Anker in die Zukunft, die wir gern haben möchten. Bei diesem Anker handelt es sich um eine energetische Prägung, mit der wir diese Zukunft zu uns heranziehen können, um das Definieren von Schöpfungsideen, welche die Schöpfungsenergien in unserem Sinne lenken.

FRAGEN UND ANTWORTEN

Frage:
Wie ist es zu verstehen, dass alle drei Bücher gleichzeitig geschrieben werden sollen?

Antwort:
Schreiben Sie vielleicht einmal in der Woche an Buch 1, aber möglichst täglich an Buch 2 und Buch 3. Wichtig ist nicht die Menge dessen, was Sie schreiben, wohl aber die Regelmäßigkeit, mit der Sie es tun. Selbst wenn Sie jeden Tag nur einmal in jedem Buch blättern und vielleicht nur drei Minuten lang etwas hineinschreiben würden, brächte das mehr, als wenn Sie vier Tage lang viel Zeit damit verbrächten und dann lange Zeit gar nicht mehr. Es ist die Beständigkeit, die den Fluss Ihrer Erinnerung in Gang hält. Nur durch Regelmäßigkeit können die geistigen Energien Ihres Bewusstseins neu ausgerichtet und ihre Aura neu geprägt werden.

Buch 1 ist nicht zur Prägung gedacht, sondern zur Auflösung und Stärkung. Buch 2 und Buch 3 dagegen prägen und erzeugen durch die Regelmäßigkeit, mit der an ihnen geschrieben wird, neue Energien und geben diesen immer mehr Intensität.

Frage:

Warum ist es so wichtig, sein Buch immer an demselben Platz zu schreiben?

Antwort:

In Ihrem Bewusstsein verbindet sich der Platz (oder das Kissen) mit Ihrer Bewusstseinsarbeit. Ihre Energien durchdringen den Platz, werden dort gespeichert und mit jedem Mal intensiver. Diese wachsende Intensität nährt die Bewusstseinsqualität Ihrer Arbeit und führt zu schnellerem Erfolg und mehr Klarheit. Auf diese Weise entsteht auch Geborgenheit und Vertrautheit, mit denen es sich ebenfalls leichter und intensiver arbeiten lässt.

Wenn Sie also eine Tätigkeit über längere Zeit mit immer mehr Intensität füllen wollen, ist es hilfreich, sie immer am gleichen Ort zu verrichten, vielleicht sogar immer zur gleichen Zeit und unter den immer gleichen Bedingungen. Damit entsteht ein Rhythmus, der auch unabhängig von Raum und Zeit existiert und immer wieder leicht aktiviert werden kann.

Wenn Sie einmal an einem Ort erfolgreich waren und dort konsequent, entschieden, lustvoll und motiviert etwas vollbracht haben, bleibt diese Energie dort stehen und wartet darauf, neu aktiviert zu werden. An einem solchen Ort können Sie Ihre Erfolgsenergien immer wieder leicht aufbauen, auch wenn Sie gerade eine weniger erfolgreiche Phase in Ihrem Leben durchlaufen. Die Energie, die aus der Vergangenheit auf Sie wartet, kann durch Ihre Einstellung und Ihre Sehnsucht danach sofort wieder aktiviert werden.

Das Gleiche gilt natürlich auch für Leid, das Sie vielleicht an einem Ort erfahren haben. Noch Jahre später werden Sie leicht wieder in dieses Leid hineinrutschen, wenn Sie in angeschlagener Stimmung an den Ort zurückkehren, wo diese Energie auf Sie wartet.

Deshalb ist es so wichtig, Energien, Gefühle, Gedanken und Ideen im Jetzt zu kontrollieren, damit das, was einmal aufgebaut wurde, was Sie aber nicht mehr haben wollen, nicht mehr mit Ihren neuen Energien in Resonanz gehen kann.

Frage:

Wir sollen doch keine Energie auf unsere Vergangenheit richten. Aber tun wir das nicht, wenn wir im ersten der drei Bücher schreiben? Da suchen wir doch nach Gefühlen, auch nach unangenehmen Gefühlen aus unserer Geschichte. Geben wir diesen Gefühlen damit nicht mehr Intensität?

Antwort:

Im ersten Buch der Trilogie besteht die Aufgabe darin, eine bessere Wahrnehmung des geschichtlichen Ich und der es prägenden Energien zu entwickeln, besonders der Gefühle, die durch frühere Umstände entstanden sind, aber immer noch unser Leben prägen.

Es geht nicht darum, in diesen Gefühlen zu wühlen, besonders nicht in den negativen, sondern nur darum, sie festzustellen und dann auch sofort aufschreiben, welche positiven Gefühle man damals lieber gehabt hätte und vor allem jetzt lieber haben möchte.

Indem man das tut, beginnt die Wirklichkeit des geschichtlichen Ich an Bedeutung zu verlieren, weil man erkennt, dass dieses Gefühl nur eines von vielen möglichen war und alles auch ganz anders hätte sein können.

Viele Menschen hinterfragen nie, was sie erlebt haben, weil das geschichtliche Ich eine eindeutige Bedeutung für sie hat und sie es für selbstverständlich halten, dass es Denken und Fühlen kontrolliert. Diese Übung bringt neue Betrachtungsweisen hervor und lässt die Freiheit erahnen, die wir in unseren Gedanken und Gefühlen haben.

Frage:

Wenn ich täglich schreibe, sollte ich dann das Datum dazu schreiben?

Antwort:

Ich würde das Datum nicht vermerken, denn es geht nicht um den Tag, an dem Sie etwas festgestellt haben, sondern nur um den Inhalt. Die lineare Zeitentwicklung zu verfolgen, würde nur die Idee stärken, dass es eine geschichtliche Entwicklung gibt, die so und so verlaufen musste, statt die Freiheit der Gefühle im Jetzt zu betonen.

Frage:

Ich habe ein Kind gehabt, das viele Jahre lang schwer krank war. Das kommt beim Schreiben immer wieder hoch. Wie kann ich das denn umwandeln?

Antwort:

Sie müssen Ihre Energien neu ausrichten. Sagen Sie zum Beispiel zu sich selbst: »Ich möchte so eine Situation nicht mehr haben. Ich möchte Situationen haben, in denen ich weiß, dass jeder auf sich selbst Acht geben kann und der Kosmos sich um alle kümmert. Ich möchte Situationen, in denen ich mich vertrauensvoll ausruhen kann und weiß, alles ordnet sich.«

Damit beschreiben Sie neue Gefühle, die Ihr Leben begleiten sollen. Dass Sie sich in der Vergangenheit wegen Ihres kranken Kindes machtlos gefühlt haben, ist nicht zu ändern, und das sollten Sie auch annehmen. Aber für die Zukunft wünschen Sie sich, dass solche Situationen und Gefühle kein Teil Ihres Lebens mehr sein sollen. Sie bestimmen die Energie Ihrer Zukunft ganz allgemein und brauchen nicht einmal die dazugehörigen Umstände zu definieren. Sie können ein Beispiel für eine Ihren Wünschen entsprechende Situation geben, in der Sie das Gefühl haben, dass sich die Dinge gut ordnen. Sie können sich zum Beispiel vorstellen, dass, wenn Ihr Kind krank wird, alles wie von selbst heilt.

Frage:

Das verstehe ich, aber ich würde mich in der Situation von damals, wenn sie nochmals käme, wieder genauso hilflos fühlen.

Antwort:

Natürlich, aber das ist nicht wichtig. Wichtig ist, was von jetzt an in Ihr Leben kommen soll. Sie haben diese Situation damals angezogen, weil es darin etwas zu lernen gab. Gemeinsam mit Ihrem Kind haben Sie eine Erfahrung gemacht, die durch Gefühle und Resonanzenergien angezogen wurde. Wenn Sie die Gefühle, die damals vielleicht berechtigt waren, nun immer noch hegen, verbunden mit der Angst, dass Sie wieder in eine solche Situation geraten könnten, dann erhalten Sie die Prägung von damals in Ihrer Aura aufrecht und werden früher oder später wieder Situationen anziehen, in denen sich diese Gefühle bestätigen.

Wenn Sie aber stattdessen Vertrauen entwickeln und sich sagen: »Ich weiß, um mich herum hat alles seine Ordnung. Der Kosmos kümmert sich um mich und um alles Sein, wenn ich es zulasse, und ich will das und das erleben und mich so und so fühlen.« Dann wird die alte Prägung aus Ihrer Aura verschwinden, und neue Energien werden Ihre Zukunft gestalten. Die Aura hat kein eigenes Wesen. Sie hilft uns nicht, arbeitet aber auch nicht gegen uns. Sie erzeugt lediglich einen exakten Spiegel der Energien, die wir in uns bewegen, in unserem Umfeld.

Frage:

Ich bin als Kind fast ertrunken, da war nur noch Panik da. Wie wandle ich das denn um?

Antwort:

Sie sagen sich: »Gut, das habe ich erlebt, das hat damals zur Zeitqualität gepasst und hatte seinen Sinn. Aber eigentlich würde ich mich heute viel lieber im Wasser sicher, verspielt und geborgen fühlen und überzeugt sein, dass mir nichts passieren kann.« Damit ist das Wesentliche gesagt und kann wirken. Außerdem haben Sie damals überlebt, irgendwie wurden Sie gerettet. Das große Sein hat sich um Sie gekümmert, und dafür sollten Sie Dankbarkeit und Freude in sich aufbauen.

Frage:

Ich war sehr traurig und hatte große Mühe, etwas in die Bücher zu schreiben. Mir wurde bewusst, dass ich nicht mehr in meiner Geschichte rumwühlen will, denn schließlich habe ich meine Geschichte abgehakt, oder nicht?

Antwort:

Durch das Aufschreiben lösen Sie sich ja gerade von den alten Verwicklungen. Was Sie aufgeschrieben haben, können Sie abhaken und vergessen, nachdem Sie entschieden haben, wie Ihr Leben in Zukunft aussehen soll und worauf Sie Ihre Aufmerksamkeit dann richten wollen.

Manchmal wird einem beim Aufschreiben direkt schlecht, weil die eigene Vergangenheit voller unangenehmer Gefühle ist und man rückblickend erkennt, was alles nicht so gut gelaufen ist. Die ganze Wut, Verzweiflung und Angst von damals kann dann noch einmal aufflackern. Aber da muss man durch. Wir prägen die Energien neu, indem wir uns in genau dieser Erinnerung ganz klar für eine neue Zukunft entscheiden. Und alles, was Sie einmal aufgeschrieben haben, brauchen Sie nie wieder aufzuschreiben, ja noch nicht einmal zu erinnern. Das Aufschreiben kann allerdings auch dazu führen, dass Ihnen viele positive Ereignisse, die Sie vergessen hatten, wieder in den Sinn kommen, und auch das hilft Ihnen beim Aufbau klarer Visionen für die Zukunft.

Sinn der Übung ist es, die Vergangenheit in Ihrer Aura zu klären, zu ordnen und zu heilen. Und das geschieht nicht durch Analyse (Wer hat wann, warum, was gemacht und wieso bin ich ein armes Opfer?), sondern einfach dadurch, dass Sie sich neu und bewusst entscheiden, welche Energien künftig in Ihrem Leben bestimmend sein sollen. Diese bewusste Entscheidung setzt energetische Prozesse in Gang, in Ihrer Aura und entsprechend in Ihrem Leben.

Es geht darum, dem geschichtlichen Ich die Macht über die eigene Stimmung und damit über die Lebensenergien zu entreißen und damit die automatische Fortsetzung der eigenen Vergangenheit zu stoppen. Warum etwas Bestimmtes passiert ist, interessiert gar nicht mehr. Entscheidend ist, wie die Zukunft sein soll. Konkret heißt das, dass viele bewusste Detailentscheidungen zu fällen sind, und jede davon bahnt einen neuen Weg in die Zukunft.

Wenn Sie mit dem Schreiben des ersten Buches beginnen, wird Ihnen zunächst vielleicht gar nicht so viel einfallen. Aber allein die Tatsache, dass Sie sich einmal pro Woche ein wenig Zeit nehmen und nach vergangenen Gefühlen suchen, wird dazu führen, dass diese Gefühle nach und nach ans Licht kommen.

Und im gleichen Maße, wie die Dinge ans Licht kommen, lösen sich auch die Abhängigkeiten davon. Alles, was man sich nicht mehr anschauen will, weil es erneut Gefühle wie Wut, Angst, Verzweiflung etc. bringt, ist ja nicht weg. Im Gegenteil, es wurde bis jetzt wahrscheinlich nur verdrängt, frisst in uns weiter und raubt uns die Energie, die wir zur Umgestaltung unseres Lebens brauchen könnten. Solange wir Scheu haben, uns das alles anzuschauen, tragen wir noch viele verdrängte Gefühle mit uns herum und werden von entsprechend vielen Verwicklungen gebremst. Gut wäre es, wenn wir stattdessen alles, was wir je erlebt haben, locker und distanziert anschauen könnten in dem Bewusstsein, dass wir dabei sind, eine neue, angenehme Zukunft zu gestalten.

Erst dann sind wir frei. Diese innere Haltung ist unser Ziel, und das erste Buch ist ein wichtiger Schritt dorthin.

Frage:

Während des Aufschreibens wurde mir bewusst, dass ich mir genau überlegen muss, was ich über andere Menschen denke, denn es könnte für sie wahr werden.

Antwort:

Wenn andere offen sind für das, was Sie über sie denken und fühlen, und sich dazu in Resonanz befinden, haben Sie Recht. Sie müssen sich vorstellen, dass alles, was Sie über andere denken und fühlen, Energieformen sind, die Sie ihnen schicken. Aber dort können nur solche Energieformen wirken und sich manifestieren, die in den Menschen, an die Sie denken, auf die gleiche Energie stoßen. Gleiches fließt zu Gleichem.

Insofern ist es zwar immer gut, nur etwas zu denken, was für den anderen positiv ist. Aber noch viel entscheidender ist die Tatsache, dass wir all das, was wir über den anderen denken, im Prinzip auch über uns selbst denken, denn sonst kämen wir gar nicht auf diese Ideen.

Frage:

Zum Schreiben des ersten Buches möchte ich noch eine Frage stellen. Wenn ich eine Situation aufschreibe, die unan-

genehm war, kann ich das dann überhaupt in meinen Gefühlen umwandeln und als angenehm empfinden?

Antwort:

Das Ziel ist, die Einstellung zu dieser Erinnerung zu verändern, beziehungsweise in Phantasien zu gehen oder etwas zu tun, was gegensätzliche Gefühle hervorbringt. Alles, was Ihnen hilft, gegensätzliche Gefühle zu wecken, ist tauglich. Obwohl viele Menschen die Vergangenheit sehr wichtig nehmen, ist es natürlich eine Tatsache, dass die Vergangenheit längst vorbei ist.

Das Einzige, was von der Vergangenheit übrig ist, ist die Erinnerung daran und die Bedeutung, die wir dieser Erinnerung beimessen.

Durch das Schreiben können wir unsere Erinnerung nicht löschen, denn alles, was wir jemals erlebt und wahrgenommen haben, ist in unserem Bewusstsein gespeichert und wird immer dort bleiben, weil sich unser Bewusstsein über Erinnerungen an Erfahrungen entwickelt. Aber indem wir alte Erinnerungen mit den dazugehörigen Gefühlen anschauen und sie durch günstigere Gefühle ersetzen lernen, wird die Bedeutung, die wir den Erinnerungen beimessen, kleiner und die Bedeutung, die wir neuen Gefühlen beimessen, entsprechend größer.

Frage:

Ich habe gelernt, dass auch das Körperbewusstsein die Geschichte gespeichert hat und dass es nicht so leicht ist, die Inhalte des Körperbewusstseins zu verändern, weil das Körperbewusstsein seine Inhalte automatisch lebt und den Körper entsprechend steuert. Was sagen Sie dazu?

Antwort:

Ich glaube, dass das Körperbewusstsein zwar eine eigenständige Instanz darstellt, aber ich nehme auch wahr, dass es dann unserem Bewusstsein untergeordnet ist, wenn dieses frei von Verwicklungen seine Inhalte selbst bestimmt. Es gibt allerdings verschiedene Ebenen des Bewusstseins. Das geschichtliche Ich ist eine Ebene, das Wesens-Ich eine andere.

Solange uns vor allem das geschichtliche Ich prägt, arbeitet es im Gleichklang mit dem Körperbewusstsein und unterstützt es sogar, indem es seine geschichtlichen Inhalte nährt. In dem Maße, in dem unser Wesens-Ich an die Oberfläche kommt und mehr Einfluss auf unser Denken und Fühlen hat, lösen sich auch die Automatismen des Körperbewusstseins und die Energien des Wesens-Ich werden dort dominanter. Das bedeutet, unser Körper wird mehr und mehr Ausdruck unseres Wesens und spiegelt immer weniger unsere Geschichte. Aber grundsätzlich folgen unsere Körperenergien der in uns dominanten Bewusstseinsebene.

In dem Maße, in dem die Identifizierung des geschichtlichen Ich mit dem Körper nachlässt, übernimmt das Wesens-Ich die Führung und das Körperbewusstsein wird von den jetzt dominanten Wesensenergien entsprechend umprogrammiert. Alle Blockaden im Körper, alle unguten im Körperbewusstsein abgespeicherten Gefühle lassen sich lösen, indem wir uns auf die Ebene unseres Wesens begeben.

Dieses Wissen spielt auch bei der so genannten Geistheilung (Heilung durch den Geist oder mit geistiger Kraft) eine Rolle. Man unterscheidet dabei zwei Methoden, Heilenergien in Fluss zu bringen: die aktive und die passive. Bei der aktiven Methode baut der Heiler eine Idee oder ein starkes Bild des erwünschten Zustandes in sich auf und überträgt diese geistigen Energien konzentriert und klar auf ein krankes körperliches System. Der kranke Körper folgt den neuen, stärkeren Energien, und der Änderungsprozess beziehungsweise die Heilung kann als Manifestation der übertragenen Energie verstanden werden. Der Energiestempel, der dem Körper aufgedrückt wurde, verändert seine Struktur.

Die passive Heilmethode folgt ganz anderen Prinzipien. Der Heiler löst sein eigenes geschichtliches Ich vorübergehend ebenso auf wie das des Patienten und erlaubt einen freien

Durchfluss der Wesensenergie und des großen Seins, in dem sich alles ordnet, klärt und heilt. Der Körper wird so wieder in den Zustand versetzt, der seinem Wesen entspricht. Wenn der Kontakt zum Wesen und damit zur Seele hergestellt ist, kann die ursprüngliche Energie einfließen, und alle Störungen, die durch das geschichtliche Ich entstanden sind, werden aufgelöst. Dies ist eine eher grundsätzliche Art der Heilung. Sie ist immer dann besonders erfolgreich, wenn auch der Patient bereit ist, die Änderungen in seinem Leben zuzulassen, die das Wesen in ihm anregt. Bei der passiven Heilung wird das Körperbewusstsein von geschichtlichen Energien befreit und mit Wesensenergien gefüllt.

Dieser Zustand hält aber nur an, wenn das geschichtliche Ich nicht wieder die Oberhand gewinnt und die Wesensenergien stört, was überhaupt die Ursache aller Krankheiten ist.

Man sagt, dass sich die Zellen eines Körpers nur alle sieben Jahre vollkommen erneuern, aber die Energien des Körperbewusstseins können sich sofort verändern und wirken dann auch sofort auf den Körper ein. Der Körper spiegelt die Gefühle wider, die wir meistens pflegen. Wer also einen Heilungsprozess in sich unterstützen will, muss sicherstellen, dass er immer wieder die Gefühle sucht, die er haben möchte, und dass er bereit ist, in seinem Leben all das zu verändern und loszulassen, was ihn auf dem Weg zu seiner Bestimmung aufhält.

Frage:

Ich habe gehört, wenn man in einem Umfeld ist, das einem nicht entspricht, sollte man gehen. Wenn man seine Aura aber noch nicht geändert hat, trifft man dann nicht immer wieder auf das gleiche Umfeld?

Antwort:

Wenn Sie einen Menschen in Ihrem beruflichen oder privaten Umfeld haben, der immer muffig ist, können Sie zwar fröhlich sein, aber trotzdem raubt er Ihnen Energie, nämlich die Energie, die Sie brauchen, um sich gegen ihn abzugrenzen. Wenn Sie sich jedoch ein Umfeld suchen, in dem Sie sich nicht abgrenzen müssen, bleibt Ihre Energie mühelos stabil. Passende Energie nährt Sie sogar. Wenn Ihre Energie lange stabil in einer Stimmung ist, ziehen Sie irgendwann nur noch Umstände an, die zu Ihren Gefühlen passen.

Die Stimmung, in der Sie sich wohl fühlen, sollten Sie in sich selbst erzeugen können, unabhängig von äußeren Dingen oder Umständen. Denn wenn Sie nur in guter Stimmung sein können, wenn Sie bestimmte Dinge haben oder bestimmte Umstände gegeben sind, erzeugen Sie auch Angst: die Angst vor dem Verlust dieser Dinge oder Umstände. Dasselbe gilt natürlich auch unter umgekehrten Vorzeichen. Wenn Sie glauben, dass Sie schlecht drauf sind, weil Sie bestimmte Dinge nicht haben oder weil die Umstände so schlecht sind, machen Sie sich zum Opfer. Das Ziel muss sein, in jede gewünschte Stimmung kommen zu können, und zwar ohne Anlass oder Grund. Unabhängig davon sollten Sie sich natürlich auch fragen, wo es Gemeinsamkeiten gibt zwischen Ihnen und den Menschen oder dem Umfeld, das Sie stört, damit Sie Ihre Energien bewusst verändern können, um solche Aspekte nicht mehr anzuziehen.

Frage:
Wenn ich nicht so gut drauf bin, habe ich die Tendenz, mich durch bestimmte Nahrung, zum Beispiel Schokolade oder Bier, in eine gute Stimmung zu versetzen. Ist das sehr schlimm?

Antwort:
Nicht wirklich, zumindest zunächst nicht. Es ist in Ordnung, zu rauchen oder zu trinken, wenn es Ihnen dabei hilft, in eine angenehmere Stimmung zu kommen. Wenn Sie die gewünschten Gefühle allerdings nur noch auf diese Weise erreichen und Rauchen, Trinken, Essen, Einkaufen oder Sex nur noch als Stimmungsmacher einsetzen, kippt der ursprünglich konstruktive Versuch in eine lähmende Sucht um. Alle Umstände, Dinge oder Menschen, die Sie aufgrund Ihrer unerfüllten Sehnsüchte suchen, zeigen Ihnen den Weg zu den Gefühlen, die Ihnen entsprechen. Davon abhängig zu werden, erzeugt Sucht und vernebelt den Blick für das Wesentliche.

Wenn Sie sich auf das Wesentliche konzentrieren und es suchen und leben möchten, werden Sie das Rauchen und Trinken wahrscheinlich gar nicht mehr suchen, weil es unwesentlich ist. Dann können Sie es genießen wie viele andere Dinge, aber wenn es einmal nicht da ist, spielt es auch keine Rolle. Wer seinen Körper mit Süchten wie Rauchen und Trinken kontinuierlich vergiftet, tut dies, weil er am Leben an sich zu wenig Freude hat, weil er seine Bestimmung nicht lebt und es ihm deshalb auch irgendwie egal ist, wenn er seinen Körper ruiniert, den er für ein langes und erfülltes Leben brauchen würde.

Frage:
Als ich gestern im Buch der Vergangenheit geschrieben habe, konnte ich das Gefühl der Erschütterung nicht umwandeln, das ich vor Jahren empfunden habe, als ein berühmter Rabbi umgebracht wurde. Ich will ja berührt sein, aber ich will es dann auch auflösen können.

Antwort:
Berührt sein ist keine Frage von Wollen oder Nichtwollen, sondern von Resonanz. Immer, wenn etwas in unserem Leben geschieht, das mit uns in Resonanz geht, sind wir berührt. Was Sie damals und jetzt wieder berührt hat, waren wahrscheinlich Gefühle von Ungerechtigkeit, so wie viele Menschen sie beim Tod von Gandhi oder Martin Luther King empfunden haben.

Wenn Sie solche Gefühle auflösen wollen, müssen Sie sich klarmachen, dass alles seinen Sinn hat. Dass diese Menschen ihren Schicksalsweg gegangen sind und etwas bewegt haben. Und sie haben vielleicht noch mehr bewegt, indem sie auf diese Weise gegangen sind. Ich glaube, dass man zu dieser Ansicht nur gelangen kann, wenn man das Leben des Individuums nicht so wichtig nimmt, sondern sich klar macht, dass es eine Durchgangsstation ist. Es ist, als spiele man in einem Bühnenstück mit, und auf dem dramatischen Höhepunkt geht man ab. Ich glaube, dass ein dramatischer Abgang manchmal notwendig ist, um die spezifische Lebensaufgabe eines Menschen zu erfüllen. Die Art des Sterbens rundet den

Lebensweg ab. Wenn man es so sehen kann, lassen sich die unguten Gefühle darüber leichter umwandeln.

Wenn man ein solches Ereignis nur aus der Perspektive des geschichtlichen Ich sieht, das es mit Ungerechtigkeit und Gemeinheit einem unschuldigen Opfer gegenüber verbindet, investiert man nach dem Resonanzprinzip so viel Energie in diese Gefühle, dass man irgendwann nicht mehr damit umgehen kann. Möglicherweise gibt es in Ihnen auch noch eine Resonanz zu einem Opfergefühl in sich, das Sie früher empfunden haben oder sogar noch empfinden.

Frage:

Meiner Ansicht nach befinden wir uns alle in einem morphogenetischen Feld, welches das Opferthema für normal hält. Ich bin doch auch in diesem Feld und kann mich da nicht so einfach raushalten, oder doch?

Antwort:

Dass dieses Feld existiert, ist eine Sache, ob Sie ein Teil davon sind, ist eine andere Sache. Es gibt keine Energie, die Sie aufnehmen müssen, wenn Sie nicht wollen, so verführerisch und selbstverständlich sie sich auch darstellen mag.

Wir brauchen nichts in unserem Bewusstsein zu haben, was wir nicht dort haben wollen. Unser Bewusstsein ist wie ein riesiges Zimmer. Was wir da drin haben wollen, können wir hineinlassen. Was wir nicht dort haben wollen, können wir rauswerfen. Wir allein entscheiden, was dort bleibt, und zwar durch unsere Wahrnehmung und Aufmerksamkeit. Nur wenige Menschen treffen eine klare Entscheidung bezüglich ihrer Bewusstseinsinhalte, vor allem deshalb, weil sie gar nichts darüber wissen und sich selbst kaum beobachten.

Frage:

Mir tut es gut, mich nicht mehr so intensiv mit Nachrichten zu beschäftigen, weil sie größtenteils negativ sind und eine positive Grundstimmung erschweren.

Antwort:

Das sehe ich auch so. Ich verstehe zum Beispiel nicht, warum viele »Esoteriker« Nostradamus und seine Katastrophensicht gewissermaßen als Aufklärung verbreiten. Gerade sie müssten doch wissen, dass Energien erst recht zur Manifestation kommen, wenn sie von ganz vielen Menschen empfunden werden. Warum nutzt man die Bewusstseinskräfte vieler hundert Millionen Menschen nicht lieber positiv. Negative Ideen können durch positive mit mehr Intensität ausgeglichen oder sogar unschädlich gemacht werden.

Die manipulative Kraft schlechter Nachrichten kommt direkt in unsere Wohnzimmer und wirkt dort. Wir müssen also immer wieder einen positiven Ausgleich dafür schaffen. Selbst scheinbar positive Kampagnen wie die früher vor jedem Kinofilm eingeblendete Information, dass Rauchen Krebs erzeugt, wirken in dieser Heftigkeit wie Hypnose. Sie geben dem Raucher eine negative Erwartungshaltung und bahnen genau dadurch den Weg für die Krankheit.

Das Kern-Ich

Alles, was wir in unsere drei Bücher der Gefühle und Resonanzen schreiben, ist nur für uns gedacht. Wir sollten mit niemandem darüber sprechen, außer vielleicht mit einem Menschen, der uns sehr vertraut ist, oder mit jemandem, den wir als Lehrer oder Betreuer akzeptieren, weil wir glauben, dass seine Ideen uns wirklich gut tun und entsprechen.

Durch das Schreiben setzen wir einen Bewusstseinsprozess in Gang, und um diesen Prozess noch zu unterstützen, sollten wir als Übung von jetzt an täglich mit unserem Wesen sprechen wie mit einem Freund, der uns auf diese Weise immer wichtiger wird. Vielleicht fragen Sie sich jetzt, wie Sie mit Ihrem Wesen sprechen können, da Sie doch noch Ihr geschichtliches Ich sind. Kann etwa Ihr geschichtliches Ich mit Ihrem Wesen sprechen?

Nein, Sie sind nicht mehr Ihr geschichtliches Ich, beziehungsweise nicht mehr ausschließlich. Das geschichtliche Ich ist der Teil Ihres Bewusstseins, der sich mit Ihrer Geschichte identifiziert hat. Sie wissen aber inzwischen, dass Sie mehr sind als dieser Teil.

Natürlich sind Sie auch noch nicht Ihr Wesen, oder nicht nur. Sie sind Bewusstsein, welches das geschichtliche Ich und das Wesens-Ich in sich trägt und gleichzeitig aber auch unabhängig davon ist, eine eigenständige Instanz. Diese eigenständige Instanz unseres Bewusstseins ist eine Art unabhängiger Beobachter, der in der Lage ist, sich sowohl von unserem Wesen als auch von unserem geschichtlichen Ich und überhaupt von allem zu distanzieren. Zumindest ist es theoretisch so. Gleichzeitig hat dieser Beobachter die Freiheit, sich mit allem zu identifizieren, womit er sich identifizieren will, und es zu seiner persönlichen Wirklichkeit zu machen. Und genau diese Fähigkeit ist das Geheimnis unseres freien Willens. Er wurde uns von unserer Seele als unabhängige Instanz mitgegeben, um mit seiner klaren, unverwickelten Wahrnehmung den Entwicklungs- und Wachstumsprozess unseres Bewusstseins extrem voranzutreiben. Dieser stille, unabhängige Beobachter ist eine geistige Essenz, ein in sich eigenständiger Teil des Bewusstseins. Ich nenne ihn von nun an das Kern-Ich.

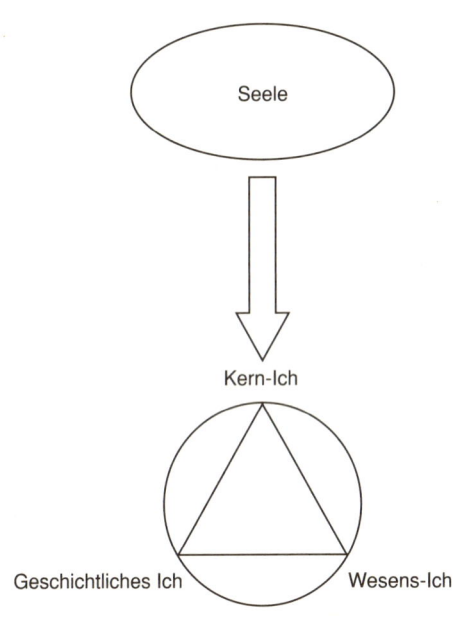

Das Kern-Ich ist unabhängig von der persönlichen Geschichte und von der Lebensabsicht, und es ist auch nicht identisch mit dem Wesen. Es ist eine reine Beobachtungs- und Entscheidungsinstanz, von deren Existenz wir normalerweise nichts wissen, weil wir uns durch die Identifizierung mit unserem geschichtlichen Ich nicht mehr in dieser Eigenständigkeit wahrnehmen können.

Dieser neutrale Teil unseres Bewusstseins ist in der Lage, sich mit allem und jedem zu identifizieren oder sich auch von allem und jedem zu distanzieren. Er kann sich als Teil von etwas verhalten, ohne aber tatsächlich ein Teil davon zu sein. Er wirkt wie ein Energie- und Wahrnehmungskanal für unsere Seele.

Durch diesen Kanal wird Schöpfungsenergie ausgerichtet und Wirklichkeit geschaffen. Durch ihn wird die geschaffene Wirklichkeit aber auch von der Seele wahrgenommen. Der Kanal selbst ist in seiner Essenz völlig neutral, unser Kern-Ich ist neutral und ohne jede Prägung.

Ein Teil dieses Kern-Ich kann sich mit der Geschichte identifizieren und zum geschichtlichen Ich werden. Ein anderer Teil kann sich mit dem Wesen identifizieren und zum Wesens-Ich werden. Das Kern-Ich kann sich aber auch mit dem großen Sein identifizieren, mit dem göttlichen Urprinzip, mit Gott selbst, wenn man so sagen will. Dann wird es zum göttlichen Ich.

Ein wesentliches Ziel dieses Buches ist es, Hilfestellung zu geben in einem Prozess, in dem wir wieder spüren lernen, dass es das unabhängige Kern-Ich in uns überhaupt gibt und dass es die enorme Fähigkeit hat, sich von unserem geschichtlichen Ich, von unserem Wesens-Ich und von unserem Körper-Ich zu lösen, verbunden mit der Freiheit, sich mit all dem auch wieder neu zu identifizieren. Mit dieser Fähigkeit zur freien Identifikation kann es Wirklichkeit immer wieder beliebig neu gestalten und erleben und Erkenntnisse sammeln ohne Ende. Und genau das scheint die Aufgabe zu sein, die es von der Seele bekommen hat.

Wenn ich also vorschlage, dass wir mit unserem Wesen sprechen sollen, meine ich nicht, dass unser geschichtliches Ich mit unserem Wesen sprechen soll, sondern das Kern-Ich. Und das geht nur in einem Bewusstseinszustand, in dem unsere Verwicklung mit dem geschichtlichen Ich aufgelöst ist, also nicht im normalen Tagesbewusstsein, sondern in einem Zustand, in dem wir keine geschichtlich geprägten und deshalb eindeutigen Gedanken und Gefühle mehr empfinden, in dem wir kein Wertesystem mehr haben und uns alles sehr gleichgültig erscheint. Unsere Wahrnehmung, unsere Gedanken und unsere Gefühle dürfen keine eindeutige Richtung mehr haben, und dazu braucht es einen Zustand geistiger Leere, wie er in tiefer Meditation erreichbar ist oder mit einer sehr einfachen Technik, die sich in meiner Erfahrung sehr bewährt hat. Wenn wir uns zusehends mehr aus der Identifizierung mit dem Ich-Bewusstsein lösen, können wir diese ungebundene, neutrale Instanz in uns auch irgendwann im normalen Tagesbewusstsein erfahren. Wir fühlen uns dann wie ein leeres Rohr, durch das die Flut des großen Seins strömt und unsere Bestimmung sich entfaltet.

Übung: Geistloses Starren

Diese Technik führt relativ leicht in den gerade beschriebenen Zustand. Ich selbst habe sie zufällig entdeckt, aber wahrscheinlich ist sie auch Ihnen nicht ganz unbekannt. Vermutlich haben wir als Kinder alle diesen Zustand erlebt, das geistlose Starren, das eine innere Leere erzeugt.

Es gibt verschiedene Möglichkeiten diese Übung auszuführen:

1. Sie schauen auf einen Gegenstand, der direkt vor Ihnen liegt, und betrachten ihn ganz genau, allerdings ohne sich Gedanken dazu zu machen.

2. Sie starren auf etwas, das weit entfernt ist, und achten auf alle Farbnuancen und Schattierungen.

3. Sie beobachten, wie sich etwas im Wind bewegt, oder hören genau zu, wie die Vögel zwitschern.

4. Sie starren einfach geradeaus in einem Winkel von 180

Grad. Dann sehen Sie zwar nichts scharf, weil Sie nichts fokussieren, haben aber ein weiteres Gesichtsfeld.

Egal, welche Möglichkeit Sie für diese Übung wählen und unabhängig davon, was Sie beobachten, lassen Sie alles einfach durch Ihr Bewusstsein ziehen und hängen Sie sich mit Ihren Gedanken oder Gefühlen an nichts an. Das heißt: Beim Beobachten dürfen keine Gedanken und Gefühle entstehen, die in irgendeiner Weise konkret sind.

Alle soeben beschriebenen Arten zu starren führen mit der Zeit zu einer inneren Stille, in der sich das Kern-Ich vom geschichtlichen Ich löst und eigenständig erfahrbar wird. Und in dieser Eigenständigkeit kann es sich wieder weit für das Wesen öffnen und für das große Sein.

Wenn Sie beginnen, diesen Zustand der inneren Stille wahrzunehmen, können Sie ihn nutzen, indem Sie zu Ihrem Wesen sprechen, während Sie weiter vor sich hin starren. Das Sprechen mit dem Wesen vergrößert die Unabhängigkeit des Kern-Ich vom geschichtlichen Ich. Fragen Sie zum Beispiel: »Was ist mein Ursprung? Wer bin ich? Was will ich? Wie soll ich jetzt entscheiden? Wo geht es hin? Was sagen mir die äußeren Zeichen?«

Wenn Sie sich bemühen, regelmäßig zu starren und mit Ihrem Wesen zu sprechen, wird Ihr Wesen allmählich für Sie spürbar werden und Ihnen antworten. Sie werden schon bald ein Gefühl dafür bekommen, wer Sie wirklich sind, was für Sie wirklich wertvoll ist und wie Sie Ihrem Wesen entsprechend leben können.

Mit jedem Mal, wo Sie diese Übung machen, lösen Sie sich als Kern-Ich ein Stück mehr von Ihrem geschichtlichen Ich, denn in dem Moment, in dem sich Ihr wahrnehmendes Kern-Ich Ihrem Wesen zuwendet, kann es sich nicht gleichzeitig dem geschichtlichen Ich zuwenden.

Wenn Sie dann schon etwas Übung haben und die Eigenständigkeit des Kern-Ich noch weiter vorantreiben wollen, können Sie sogar versuchen, bewusst mit beiden Ichs zu reden und ihnen Fragen stellen. Zum Beispiel: »Was meinst du als meine Geschichte dazu? Und du, mein Wesen, was meinst du zu diesen Fragen?«

Das Gespräch mit beiden Ichs wird noch schneller dazu führen, dass Sie als Kern-Ich Ihre Selbständigkeit spüren und genau wissen, dass Sie weder das geschichtliche Ich noch das Wesens-Ich sind.

Noch tiefer empfinden Sie diese Unabhängigkeit, wenn Sie auch noch Ihren Körper befragen. Nach einiger Zeit werden Sie klar spüren, dass Sie auch nicht Ihr Körper sind und in diesem unabhängigen Gefühl Einfluss auf Ihren Körper nehmen und ihn verändern und heilen können. Je öfter Sie sich in der Trennung des Kern-Ich vom geschichtlichen Ich, vom Wesen und vom Körperbewusstsein üben, desto mehr werden Sie sich als diese wahrnehmende eigenständige Instanz empfinden, die frei mit den anderen Bewusstseinsaspekten und mit jedem anderen Aspekt der Wirklichkeit kommunizieren kann.

Damit entwickeln Sie die Freiheit, sich beliebig mit allem zu identifizieren, wann, wo und wozu Sie wollen. Und im gleichen Maße nimmt jegliche Tendenz ab, sich verwickeln zu lassen und abhängig zu machen.

FRAGEN UND ANTWORTEN

Frage:
Läuft der Prozess des Wahrnehmens ohne Gefühle ab, ohne dass mich etwas berührt?

Antwort:
Ja, das Wahrnehmen ist wie ein neutrales »Aha-Erlebnis« zu verstehen, ein Erkennen ohne Reaktion. Nachdem Sie etwas wahrgenommen haben, können Sie sich, wenn Sie wollen, damit identifizieren und Gefühle dazu entwickeln. Dann übernehmen Sie aber auch diese Energie. Zunächst sollten Sie reiner Beobachter ohne gefühlsmäßige Verwicklung sein, und später haben Sie die Wahl, sich damit zu identifizieren oder auch nicht.

Ein Beispiel dazu: Angenommen, Sie beobachten, wie jemand Ihr Auto kaputt fährt. Dann könnten Sie neutral feststellen: »Aha, mein Auto fährt nicht mehr.« Oder Sie fangen

232

gleich an zu toben, weil Ihr Auto kaputt ist und Sie völlig mit der Situation verwickelt sind.

Der erste Schritt ist die Wahrnehmung der Sachlage, und dann kommt die Identifizierung damit, falls Sie sich dafür entscheiden sollten. Auch wenn Sie etwas als schön empfinden, nehmen Sie es zunächst wahr, und erst danach gehen Sie in Resonanz dazu und finden es schön.

Die neutrale Wahrnehmung ist etwas, was das geschichtliche Ich nie haben kann. Es bewertet alles aufgrund seiner Geschichte. Nur das Kern-Ich hat die Freiheit der neutralen Wahrnehmung, und es hat sie nur dann, wenn es sich vom geschichtlichen Ich distanziert hat. Auf die neutrale Wahrnehmung kann die Entscheidung für die spätere Identifizierung mit dem Wahrgenommenen folgen. Beim geschichtlichen Ich erfolgt sie allerdings automatisch. Aber erst diese Identifizierung führt dann entweder zu Schmerz oder zu Freude. Die Wahrnehmung selbst ist gefühlsneutral.

Frage:

Ich kann dann also immer entscheiden, wer ich sein möchte, das Wesen oder die Geschichte?

Antwort:

Ja, unsere beobachtende Instanz kann entscheiden, mit welchen Bewusstseinsdimensionen wir uns identifizieren, und damit werden sie in unserer Erfahrung aktiv und prägend.

Frage:

Was ist dann Freude?

Antwort:

Freude entsteht, wenn wir spüren, dass etwas geschieht, was unserem eigenen Wesen entspricht. Etwas Entsprechendes wahrzunehmen, führt zu einer Resonanz mit dem eigenen Wesen, die wir als Freude empfinden.

Nicht das geschichtliche Ich empfindet Freude. Freude ist vielmehr ein Zustand, der als Resonanz auf eine Entsprechung zum Wesen entsteht, genau wie die Empfindung von Schönheit, Liebe, Dankbarkeit und Geborgenheit. All dies sind Bewusstseinszustände, die aus einer Entsprechung heraus entstehen. Sie haben grundsätzlich auch nichts mit dem Kern-Ich zu tun.

Frage:
Kann man die eigene Verantwortung an das größere Sein oder an das Wesen abgeben?

Antwort:
Grundsätzlich schon, aber erst dann, wenn das Kern-Ich sich befreit hat, wenn es das geschichtliche Ich, den Körper und das Wesen wahrnehmen kann und weiß, dass es davon unabhängig ist.

Wenn Sie versuchen, die Verantwortung abzugeben, bevor Sie ganz frei sind, macht sich sofort Ihr geschichtliches Ich wieder stark und setzt Automatismen frei. Sie sind also erst aus dieser distanzierten Haltung heraus in der Lage, die Verantwortung an Ihr Wesen oder an das große Sein abzugeben und den natürlichen Fluss der Dinge als Beobachter zu verfolgen im Vertrauen darauf, dass alles zur richtigen Zeit und auf die richtige Weise geschieht.

Wenn sich das Kern-Ich aus der Identifizierung mit der Geschichte gelöst hat, braucht es keine Wertung mehr. Es nimmt die Zeichen wahr und folgt ihnen voll Vertrauen in die Führung des großen Seins. Es hat kein Bedürfnis mehr, sie zu verstehen oder gar einzuordnen.

Frage:
Ich finde es gar nicht so einfach, in die Stille, in den Frieden zu kommen, wo ich beobachten kann. Gibt es einen guten Weg dorthin?

Antwort:
Es gibt viele Wege zu diesem Frieden. Sich in der Natur aufzuhalten funktioniert immer, je länger desto besser, und am besten allein. Die Natur hat eine Ausstrahlung, die alles in Ordnung bringt, die alles klärt, die alles heilt. Diese Kraft steckt an, weil wir alle ein Teil von ihr sind. Sie können die Ruhe der Natur aber auch dadurch in sich aufsteigen lassen, dass Sie sich

irgendwo hinlegen und sich an das Gefühl erinnern, das Sie in der Natur hatten.

Frage:

Woran erkennt man Menschen, die ihr Wesen verloren haben?

Antwort:

Meistens suchen solche Menschen hartnäckig nach Ersatzintensitäten, weil sie ihr Leben nicht mehr als wesentlich oder berührend erleben. Manche werden pedantisch und entwickeln einen Reinlichkeitsfimmel, andere werden sexhungrig, einkaufsgierig, essen und trinken zu viel, rauchen im Übermaß oder werden drogensüchtig. Wenn die Ersatzintensität zum Dauerzustand wird, rückt das Wesen in immer weitere Ferne. Dann wird die Suche nach Ersatzintensitäten irgendwann zur Sucht, und die Menschen vergessen, dass sie überhaupt ein Wesen haben, das sie suchen sollten.

Um das Wesen entdecken zu können, muss sich das Kern-Ich vom geschichtlichen Ich lösen und das Leben mit Abstand betrachten. Dann werden Süchte und Abhängigkeiten durchschaubar, und das Wesen bringt sich wieder in Erinnerung.

Die Intensität, die das Wesen sucht, hat mit Schönheit, Geborgenheit, Dankbarkeit und Liebe zu tun. Diese Art von Intensität lässt jede Sucht ausklingen.

Wenn Menschen sich umschauen und alles um sich herum als hässlich empfinden, wenn sie statt Dankbarkeit nur Wut empfinden und niemanden lieben, sondern allenfalls verliebt sind und etwas von anderen haben wollen, dann ist ihr Wesen noch gut versteckt und muss erst ans Licht gebracht werden.

Oft brechen die Süchte des geschichtlichen Ich angesichts von Not, Angst oder Verzweiflung zusammen. Menschen, die fast ertrunken waren und wiederbelebt wurden, haben beschrieben, wie sie von Panik ergriffen wurden, als das Wasser in ihre Lungen kam, wie die Panik ihren Höhepunkt erreichte und wie sie genau in diesem Moment plötzlich von einem tiefen Frieden ergriffen wurden.

Als sie wussten, dass sie sterben würden, war ihnen alles egal, und es war, als fiele alle Last von ihnen ab und als kehre tiefer Frieden in sie ein. Genau in diesem Moment klärte sich der Blick über ihr Leben und sie kamen in Kontakt mit ihrem wahren Wesen. Sie erkannten, was in ihrem Leben bedeutungslos und was wesentlich war.

Menschen, die ihr Wesen leben, strahlen tiefe Ruhe und Ausgeglichenheit aus, eine innere Vergnügtheit und Unbeschwertheit.

In der folgenden Meditation wollen wir uns bewusst von dem verzerrten Wertesystem unseres geschichtlichen Ich lösen und unsere innere Wahrnehmung für das Wesentliche öffnen.

MEDITATION – BESINNUNG AUF DAS WESENTLICHE

Schließe die Augen. Atme langsam tief ein und aus.

Denke an deine beiden Knie. Atme langsam ein und aus.

Denke an deine beiden Schultern. Atme langsam ein und aus.

Denke an deinen Solarplexus. Atme langsam ein und aus.

Denke an dein Herz. Atme langsam ein und aus.

Stelle dir jetzt mit jedem Atemzug vor: Du atmest strahlende, kraftvolle Energie ein und beim Ausatmen verteilst du diese Energie in deinem Körper und in deinem Bewusstsein.

Spüre, wie sich dein Körper mehr und mehr mit Energie füllt.

Atme weiter Energie ein und schicke diese Energie beim Ausatmen über die Grenzen deines Körpers hinaus in den Raum.

Fülle den Raum mit strahlender, kraftvoller Energie.

Diese Energie hat die Kraft, deine Gedanken, deine Gefühle und deine inneren Bilder Wirklichkeit werden zu lassen, wenn du das möchtest.

Atme langsam tief ein und aus und sage dann leise in Gedanken zu dir selbst, wenn du möchtest, sage und empfinde: Ich möchte mein Wesen spüren, meine Sehnsüchte, meine

Fähigkeiten. Und ich möchte sie in diesem Leben zum Ausdruck bringen.

Ich möchte spüren, was für mich wesentlich ist, was mir entspricht und was mich berührt. Ich möchte spüren, was ich übergehen kann, weil es nicht mir entspricht, weil es übernommen ist von meinem geschichtlichen Ich.

Ich möchte Menschen, Situationen und Umstände anziehen, die mir helfen, mein Wesen zu leben.

Ich bitte um Hilfe von geistigen Freunden, Helfern, Führern und Lehrern auf meinem Weg.«

Atme langsam tief ein und aus.

Stelle dir jetzt mit jedem Atemzug vor, wie du immer größer wirst. Du dehnst dich aus wie ein Ballon, wirst größer und größer, größer und größer.

Jetzt, in diesem Zustand der Ausdehnung stelle dir vor, wie Kinder zu dir kommen, geistige Kinder, die deinen Rat suchen. Sie stellen sich vor dir auf und fragen dich, was im Leben wichtig ist. Höre die Stimme deines Wesens, die diesen Kindern erzählt, was im Leben wichtig ist. Wichtig, aus der Sicht deines Wesens.

Erzähle ihnen von wichtigen Gefühlen, von Gefühlen, auf die sie achten sollen in ihrem Leben.

Erzähle ihnen von der großen göttlichen Ordnung.

Erzähle diesen Kindern, was aus der Sicht deines Wesens im Leben eines Menschen wichtig ist.

Wenn die Zeit kommt, den physischen Körper aufzugeben und zu sterben, wenn man nichts mitnehmen kann, kein Geld, kein Haus, keinen Beruf, keinen Status, wenn alles zurückbleibt, außer dem Bewusstsein selbst, was kann das Bewusstsein dann mitnehmen in die andere Dimension? Was ist dann noch wertvoll und kostbar?

Schicke die Kinder nun ins Leben und begleite sie mit deinen besten Wünschen und Gefühlen. Schick sie ins Leben mit deinen Wünschen und Gefühlen, mit Liebe und Vertrauen in ihre Zukunft.

Vielleicht begegnen dir diese Kinder in deinem Leben, als eigene Kinder, als Geschwister oder als Menschen, die dir irgendwo begegnen. Vielleicht sind es aber auch nur Kinder in der geistigen Welt.

So wie du zu diesen Kindern gesprochen hast, spricht dein Wesen zu dir, zu deinem geschichtlichen Ich. Es versucht, ihm bei seiner Befreiung zu helfen.
Und so wie sich dein Wesen um dich kümmert, kümmert sich deine Seele um dein Wesen.
Spüre tief innen, wie wichtig es ist, wesentlich zu sein und im Leben das zu suchen und zu leben, was dem eigenen Wesen entspricht, unabhängig davon, was das geschichtliche Ich aufgrund seiner begrenzten Perspektive denkt und fühlt.

Auch du kannst dein Wesen fragen, was wichtig für dich ist. Du kannst es um Inspiration bitten, um Energie und um Zeichen von innen und außen.

Zieh dein Bewusstsein wieder in deinen Körper zurück und atme langsam tief ein und aus.
Öffne ganz langsam die Augen.

ÜBUNG: ORDNEN UND KLÄREN

Unser Wesen ist immer in uns wirksam und versucht uns zu unserer Bestimmung zu führen. Aber wenn wir mit unserem geschichtlichen Ich verwickelt sind und aufgrund dieser Verwicklung den notwendigen Abstand zur Welt nicht finden können, drehen wir uns innerlich oft im Kreis und werden so reaktiv, dass wir jegliche Klarheit verlieren und nicht mehr unterscheiden können, was wesentlich und förderlich für uns ist und was uns einfach nur Energie raubt und auf unserem Weg aufhält.
Diese Übung schafft Ruhe in Ihrem Inneren und hilft Ihnen, Ihr Wesen wieder deutlicher zu spüren. Im Kontakt mit Ih-

rem Wesen ordnen und klären sich Ihre Energien, aber auch Ihr Leben kann heilen. Sie erkennen Lösungen für Probleme und bekommen Antworten auf Ihre Fragen.

Suchen Sie sich für diese Übung wieder einen Ort, der Ihnen wirklich angenehm ist und wo Sie sich wohl und geborgen fühlen.

Entscheiden Sie sich für eine der in der letzten Übung erwähnten Möglichkeiten des Starrens. Betrachten Sie entweder etwas, das sich direkt vor Ihnen befindet oder schauen Sie ganz unbestimmt in die Ferne und versuchen Sie alles gleichmäßig wahrzunehmen, was in einen Winkel von 180 Grad wahrnehmbar ist.

Setzen Sie sich still hin und tauchen Sie in die gewählte Art des Starrens ein. Wenn sich Stille in Ihnen ausbreitet, empfinden Sie tief in sich den Wunsch, dass sich alles in Ihrem Leben ordnet, klärt und heilt.

Lassen Sie alle Gedanken und Gefühle los und versuchen Sie ein tiefes Vertrauen dafür zu entwickeln, dass sich die Dinge so entwickeln werden, wie es gut für Sie ist.

Bitten Sie um äußere Zeichen, vielleicht ein Gespräch, ein Buch oder irgendeine andere Anregung von außen. Bitten Sie auch um Träume, um plötzliche Erkenntnisse oder um klare Impulse und Inspirationen, die aus Ihrem Innern aufsteigen, tagsüber oder nachts und in welcher Form auch immer.

Starren Sie etwa eine halbe Stunde lang vor sich hin, in sitzender oder liegender Haltung, so bequem wie möglich. Versuchen Sie, nicht zu denken, nichts zu fühlen, nicht zu werten, sondern nur zu beobachten mit dem Ziel, dass sich alles klären, ordnen und heilen möge und Zuversicht und Ruhe bei Ihnen einkehren, auf welche Weise auch immer.

Wenn Sie wollen, können Sie diese Übung auch im Gehen machen. In ihr lösen sich alle Arten von Verwicklungen, Sorgen und Ängste. Sie lässt Sie still und friedlich werden und schenkt Ihnen Ruhe und Vertrauen. Und aus diesem Zustand heraus kann alles neu geschehen.

Diese wunderschöne Übung befreit Ihr Kern-Ich von seinen Bindungen an das geschichtliche Ich. Sie wird immer intensiver werden, je öfter Sie sie machen.

Die Basis des freien Willens

Unser Wesen bringt eine Absicht mit vielen Ausdrucksmöglichkeiten mit in dieses Leben, und unser Kern-Ich kann entscheiden, welche davon es leben möchte. Es gibt eine Flut von unterschiedlichen Möglichkeiten und alle passen zu unserem Wesen, aber nicht alle können in diesem Leben gelebt werden.

Basierend auf seinen Erfahrungen hält das geschichtliche Ich Strategien bereit, um die Absicht des Wesens zum Ausdruck zu bringen. Die Auswahl dieser Strategien, die auf unserem Selbstverständnis, unserer Weltsicht und unserem Wertesystem beruht, ist allerdings begrenzt und einseitig. Das geschichtliche Ich spielt zwar eine sehr wichtige Rolle in unserem Leben, besonders zu Beginn, wirkt sich aber später zunehmend begrenzend und ungünstig auf die Erfüllung unserer Lebensabsicht aus, weil es Veränderungen erreichen, sie aber nur in der gewohnten Richtung haben will. Früher oder später fängt es an, die Kontrolle zu übernehmen und unser ganzes Denken, Fühlen und Handeln auf eine Weise zu dominieren, die unser Wesen nicht mehr zum Zug kommen lässt.

Das Körper-Ich spiegelt in der Regel mehr und mehr das geschichtliche Ich wider, und zwar umso mehr, je weniger das Wesens-Ich zum Zug kommt. Erst wenn sich das Kern-Ich vom geschichtlichen Ich zu distanzieren beginnt, kann es sich wieder als unabhängig vom Körperbewusstsein empfinden und entsprechend auf das Körperbewusstsein und die Körperenergien einwirken, damit diese nicht mehr ausschließlich das geschichtliche Ich repräsentieren, sondern wieder offen werden für den Einfluss unseres Wesens. Heilung und Entfaltung des Körpers sind dann ganz unabhängig von unserer persönlichen Geschichte möglich.

Solange die Freiheit der Identifizierung, die das Kern-Ich besitzt, nicht gespürt und genutzt wird, weiß das Kern-Ich in der Regel nicht einmal, dass es als solches existiert, und hält sich für

240

das geschichtliche Ich, mit dem es eine symbiotische Einheit bildet. Und da es seine eigene Freiheit nicht spürt, spürt das Kern-Ich auch nicht, dass das geschichtliche Ich nicht wirklich mit dem Körper verbunden sein muss. Es glaubt vielmehr, dass das körperliche und das geschichtliche Ich eine selbstverständliche Einheit bilden, und identifiziert sich mit beiden. In diesem Zustand totaler Identifizierung kontrolliert unser geschichtliches Ich vereint mit unserem Kern-Ich unsere Gedanken und Gefühle und sogar unseren körperlichen Ausdruck, und der Einfluss unseres Wesens ist sehr gering, was nicht nur zu Problemen in unserem Leben führt, sondern auch zu Krankheit.

Die Erkenntnis, dass wir eigentlich ein Kern-Ich sind, das kein Teil des geschichtlichen Ich ist, auch kein Teil unseres Wesens-Ich und schon gar nicht Teil unseres Körpers, gibt uns die Freiheit, uns aus diesen drei Bewusstseinsbereichen herauszuziehen, um wieder unabhängig entscheiden zu können, womit wir uns identifizieren wollen. Das ist das Geheimnis unseres freien Willens.

Wir haben im Kern-Ich die Freiheit, unsere Wahrnehmung auszurichten, und das, was wir wahrnehmen, erzeugt eine Resonanzenergie in unseren Gedanken, in unseren Gefühlen und in unserem Körper. Wenn wir einen albernen Zeichentrickfilm anschauen, ist die Resonanzenergie vielleicht »albern und unwirklich«. Wenn wir katastrophale Nachrichten im Fernsehen sehen, ist die Resonanzenergie vielleicht »schwierig, problematisch, gefährlich«. Wenn wir unser Liebchen treffen und sie zärtlich ist, uns tröstet und so liebt, wie wir sind, ist die Resonanzenergie: »Ich bin in Ordnung. Es gibt jemanden, der mich liebt, egal wie ich bin.«

Resonanzenergie entsteht unabhängig davon, ob wir die eigene Wahrnehmung bewusst oder unbewusst ausrichten. Solange unser Kern-Ich eine Einheit mit dem geschichtlichen Ich bildet, haben wir seine Wahrnehmung und nehmen alles durch den Filter unserer Geschichte wahr.

Das bedeutet, wir können nicht wählen, was wir wahrnehmen wollen, können also auch keine beliebige Resonanzenergie wählen und setzen damit automatisch unsere persönliche Geschichte fort. Und da wir dann unsere Geschichte über die

Gegenwart automatisch in die Zukunft projizieren, sind wir in einer Einbahnstraße gefangen und unser freier Wille geht verloren. Wir erleben, was wir wahrnehmen und erwarten, bestätigen damit unsere Geschichte und stärken die alten Reaktions- und Gefühlsmuster, auch wenn wir sie nicht haben möchten.

Sich des Kern-Ich bewusst zu werden, bedeutet, aus diesen Automatismen der Wahrnehmung und Reaktionen aussteigen und einen freien Willen praktizieren zu können, der unsere Wahrnehmung und damit die Resonanzenergien in uns beliebig lenken kann. Ohne freien Willen fühlen wir uns als Opfer, das ständig an seinen alten Ideen festhält, nicht mehr nach seinem Wesen sucht und es auch nicht mehr empfinden kann. Und selbst unser Körper geht dann in einen Zustand über, welcher der Opferidee entspricht. Nur das Bewusstsein von unserem Kern-Ich kann diese gleichbleibende Entwicklung unterbrechen, weil nur aus seiner Perspektive ein Überblick über die Resonanzenergien beibehalten werden kann. Deshalb ist das Kern-Ich die einzige Instanz in uns, die wirklich einen Lern- und Entwicklungsprozess durchlaufen kann und will, und zwar entsprechend unserem Wesen.

Das Wesens-Ich gibt neue Wahrnehmungsrichtungen vor, die aber erst erkennbar werden, wenn wir ein Gefühl für die Freiheit unserer Wahrnehmung entwickelt haben.

Je öfter wir die Freiheit der Wahrnehmungsausrichtung bewusst nutzen, desto seltener werden wir automatisch reagieren. Je mehr wir uns unser Kern-Ich bewusst machen, desto deutlicher werden wir spüren, dass wir nicht unsere Geschichte sind.

Die wirksamste Übung für diesen Prozess ist immer noch das Schreiben an den drei Büchern der Gefühle und Resonanzen.

ÜBUNGEN FÜR JEDEN TAG: DAS KERN-ICH STÄRKEN, DEN FREIEN WILLEN AUFBAUEN

Schreiben Sie möglichst regelmäßig an Ihren Büchern.

An dem geschichtlichen Buch – Buch 1 – sollten Sie ein- bis zweimal die Woche schreiben, wobei es nicht wichtig ist, wie lange Sie das jeweils tun.

Schreiben Sie täglich etwas in das Buch der Gegenwart – Buch 2 – und in das Buch der Zukunft – Buch 3. Selbst wenn Ihnen nichts einfällt und Sie nur still vor den Büchern sitzen und grübeln, wird das den Prozess vorantreiben.

Sprechen Sie mit niemandem über den Inhalt der Bücher und zeigen Sie sie niemandem, denn Kritik oder jede Art von Stellungnahme würde den natürlichen Fluss des Schreibens behindern. Wenn Sie Anregungen brauchen, zeigen Sie die Bücher nur Menschen, die Ihnen ganz nahe stehen, die auf Ihrer Seite sind oder die eine Art Lehrer oder Betreuer für Sie darstellen.

Das Kern-Ich ist die Instanz des freien Willens. Wenn sich das Kern-Ich nicht als frei und eigenständig empfindet, sondern sich mit dem geschichtlichen Ich identifiziert, sind Sie gefangen in den Verwicklungen mit Ihrer persönlichen Geschichte.

Die Abschlussmeditation für diesen Teil des Buches soll Ihnen noch einmal helfen, Ihre innere Freiheit zu spüren, und Ihnen Gelegenheit geben, sich nochmals bewusst dafür zu entscheiden, sich von Ihrem Wesen führen zu lassen.

MEDITATION – FREIHEIT UND HINGABE AN DAS EIGENE WESEN

Schließe die Augen. Atme langsam tief ein und aus.
Denke an deine beiden Knie. Atme langsam ein und aus.
Denke an deine beiden Schultern. Atme langsam ein und aus.
Denke an deinen Solarplexus. Atme langsam ein und aus.
Denke an dein Herz. Atme langsam ein und aus.
Stelle dir jetzt mit jedem Atemzug vor: Du atmest strahlende, kraftvolle Energie ein, und beim Ausatmen verteilst du diese Energie in deinem Körper und in deinem Bewusstsein.

Spüre, wie sich dein Körper mehr und mehr mit Energie füllt.

Atme weiter Energie ein und schicke diese Energie beim Ausatmen über die Grenzen deines Körpers hinaus in den Raum.

Fülle den Raum mit strahlender, kraftvoller Energie.

Diese Energie hat die Kraft, deine Gedanken, deine Gefühle und deine inneren Bilder Wirklichkeit werden zu lassen, wenn du das möchtest.

Atme langsam tief ein und aus und sage dann leise in Gedanken zu dir selbst, wenn du möchtest, sage und empfinde:

»Ich bin unbegrenzt, ewig und frei.

Ich bin mehr als meine Geschichte, mehr als mein geschichtliches Ich.

Ich bin mehr als mein Körper, der mich begleitet und unterstützt.

Ich bin mehr als mein Wesen und seine Absicht in diesem Leben.

Mir wurde für dieses Leben ein freier Wille geschenkt. Dieser freie Wille macht es mir möglich, mich mit allem zu identifizieren, was für mich Wirklichkeit werden soll.

Ich möchte mir dieser Freiheit mehr und mehr bewusst werden. Ich möchte regelmäßig mit meinem geschichtlichen Ich sprechen – über all das, was es für mich gelernt und erfahren hat und was mir zur Verfügung stellt, wenn ich es möchte.

Ich möchte auch mit meinem Wesens-Ich sprechen. Ich möchte es fragen, was zu gegebener Zeit an Sehnsüchten und Fähigkeiten zum Ausdruck gebracht werden soll. Ich möchte um seine Führung bitten, um innere und äußere Zeichen, die mir den Weg weisen: Menschen, Situationen, Umstände, Träume, Gefühle, Visionen.

Und ich möchte regelmäßig mit meinem Körper sprechen. Ich möchte ihn fragen, was er braucht und sucht und ihn zu meinem Helfer machen, den ich achte und liebe.«

244

Atme langsam tief ein und aus.
Und jetzt wende dich innerlich deinem geschichtlichen Ich
zu, das neben dir steht.
Frage es, welche Erfahrungen, welches Wissen und welche
Werkzeuge du in der nächsten Zeit nutzen sollst.

Dann bedanke dich bei deinem geschichtlichen Ich und
wende dich deinem Wesen zu, zu deinem Wesens-Ich.
Frage es, was jetzt, zu dieser Zeit in deinem Leben ansteht.
Welche Fähigkeiten gilt es zu entwickeln, welche Persön-
lichkeitsaspekte? Was gibt es zu tun und zu entscheiden?
Und jetzt frage dein Wesens-Ich, wo es dir Gefühle und
Visionen deiner Zukunft zeigen möchte.

Bedanke dich und atme langsam tief ein und aus.
Nimm dir dann fest vor, den Kontakt regelmäßig aufrecht-
zuerhalten.
Atme langsam tief ein und aus.
Öffne dann allmählich die Augen.

Herbst

Wir ernten die Früchte dessen, was wir in Bewegung gebracht haben.

*Kein Mensch,
egal, was er zu mir sagt
oder mir antut,
hat die Macht,
meine Gefühle zu lenken.*

Rückblick

Bald werden wir einen Punkt erreichen, an dem möglicherweise die Weichen für den Rest Ihres Lebens neu gestellt werden. Doch erinnern wir uns zunächst noch einmal an den Weg, den wir bis hierher zurückgelegt haben.

Das Thema, mit dem wir uns in diesem Buch beschäftigen, heißt spirituelle Magie des Bewusstseins. Darunter verstehe ich die Entwicklung und bewusste Nutzung jener Schöpferkräfte in unserem Bewusstsein, die wir gezielt unter Kontrolle bringen müssen, wenn wir das in unser Leben bringen wollen, was unseren Sehnsüchten und unserer Lebensabsicht entspricht.

Im Auftrag unserer Seele kontrollieren wir diese Schöpferkräfte und gestalten unsere Wirklichkeit. Über die von uns gestaltete Wirklichkeit erkennen wir uns selbst, und unser Bewusstsein wächst, und dadurch wächst unsere Seele. Ziel all dessen, womit dieses Buch Sie vertraut macht, ist es, eine Entwicklung in Gang zu setzen, in der Sie mehr und mehr von Ihrer Lebensabsicht erkennen und die Möglichkeit haben, diese auch zu leben.

Wir wollen uns unserem Wesen wieder annähern und alles abwerfen, was unserem Wesen nicht entspricht. Die meisten Menschen haben im Laufe ihrer Geschichte Sichtweisen, Glaubenssätze, Gewohnheiten und Routinen angenommen, die ihnen vorgelebt, anerzogen und übergestülpt wurden. Sie haben gelernt, Rollen zu spielen und sich hinter Äußerem zu verstecken, hinter äußerer Schönheit, Kleidung, Frisur und Make-up. Oder hinter Leistung, Diplomen, Geld, dem Auto, dem Haus und sogar hinter ihrem Partner oder den Kindern, alles in der Illusion, auf diese Weise Sicherheit und Geborgenheit finden zu können. Es gibt unendlich viele Masken, hinter denen ein Mensch sich verstecken kann, wenn er sich selbst nicht spürt, wenn er sein Wesen nicht lebt und sogar verlernt hat, danach zu suchen.

Aber die größte Illusion, die uns vermittelt wurde, ist wohl die Ansicht, Lebensfähigkeit beziehungsweise die Fähigkeit zu überleben sei das Wichtigste im Leben. Daraus ist der Eindruck entstanden, wir müssten uns für das Alter absichern, finanziell ebenso wie zwischenmenschlich durch einen Partner und Freunde, hinter denen wir uns verstecken können.

Die Suche nach Sicherheit hat uns dazu gebracht, nicht mehr auf die Stimme unseres Herzens zu hören, die uns an unser Wesen erinnert und daran, wer wir sind und was wir im Leben wollen und auch erreichen können.

Die nächste furchtbare Illusion kann mit dem Sprichwort »Zeit ist Geld« auf den Punkt gebracht werden. Das legt nahe, dass Zeit begrenzt ist und gespart werden muss. Alles muss in einer gewissen Zeit über die Bühne gehen, und zwar je schneller desto besser. Termine bestimmen unseren Tagesablauf und lassen keinen Raum für scheinbar überflüssige Gefühle. Statt unsere Gefühle zu spüren und im Einklang mit ihnen zu handeln, funktionieren wir nur noch, aber das pünktlich. Zeit ist Selbstzweck geworden und Müßiggang selten.

Nun ist Müßiggang aber die Art von Nicht-Beschäftigung, bei der wir von der Muse geküsst werden. Und die Muse ist auch die Stimme unseres Herzens. Wenn wir nicht mehr von der Muse geküsst werden, verlieren wir uns im Gewohnten und Vertrauten und fragen nicht mehr, ob unser Leben noch unserem Wesen entspricht. Wir haben gelernt, die Zeit zu nutzen, und darüber unsere Gefühle vergessen. Wir spüren unser Wesen nicht mehr und spielen statt dessen Rollen. Dann haben wir zu allem Überfluss auch noch gelernt, dass wir nur wertvoll und akzeptabel sind, wenn wir Leistungen erbringen, die von anderen Menschen bewertet und gutgeheißen werden können. Und schließlich haben wir kein Selbstwertgefühl mehr, kein Selbstbewusstsein, sondern nur noch Leistungsbewusstsein, das letztlich ein Bewusstsein für die Ansprüche anderer ist. Außerdem haben wir gelernt, dass wir dazu gehören müssen, wenn wir erfolgreich sein wollen. Einzelgänger und Eigenbrötler werden ignoriert oder gar bekämpft. Auf jeden Fall sind sie nicht normal.

Der erste Teil dieses Buches war der Suche nach unserer Einzigartigkeit gewidmet. Wir haben die Gruppe der normalen, angepassten Menschen verlassen und uns auf den Weg gemacht. Wir haben neue Vorbilder gesucht und herauszufinden versucht, was uns wirklich in unserem Wesen berührt. Alles, was uns berührt, sowohl positiv als auch negativ, hat etwas mit unserem Wesen und unserer Absicht zu tun. Und wenn ein Teil des Wesens in Resonanz mit dem geht, was uns berührt, spüren wir das durch einen Energieschub in unseren Gefühlen. Auf diese Weise können wir herausfinden, was für uns wirklich wertvoll und wesentlich ist.

Dann haben wir nach unseren Verwicklungen gesucht, nach unseren automatischen Reaktionen, die uns in eine Abwärtsspirale von der Unzufriedenheit über Angst und Aggression, bis hin zur Depression ziehen. Wir haben erforscht, an welchem Punkt dieser Entwicklung wir uns im Moment befinden, welche äußeren Umstände dazu gehören und welche Krankheitsbilder eventuell daraus resultieren. Dabei haben wir immer mehr Situationen entdeckt, in denen wir uns reaktiv verhalten und dadurch den Freiraum verlieren, den wir brauchen, um auf unsere innere Stimme zu hören.

Um von Verwicklungen frei zu werden, haben wir uns um eine tolerante und liebevolle Einstellung den betroffenen Menschen gegenüber bemüht. Wir haben auch geübt, Dinge und Situationen wahrzunehmen, ohne automatisch davon geprägt zu werden und darauf zu reagieren, indem wir uns innerlich distanzieren und »Aha, so ist das« sagen. Diese Haltung sorgt dafür, dass wir innerlich unberührt bleiben, und gibt uns den Freiraum, neutral wahrzunehmen, was wirklich stattfindet und ob es für uns wesentlich ist.

Dann haben wir über den Unterschied zwischen Kern-Ich, geschichtlichem Ich und Wesens-Ich gesprochen. Das Kern-Ich ist der freie, unabhängige Teil, der immer die Wahl hat, sich mit dem geschichtlichen Ich oder der Stimme des Wesens zu identifizieren. Es ist der unabhängige Beobachter oder das nicht verwickelte Ich.

Grundsätzlich haben wir zwar immer die Freiheit des Willens und der Entscheidung, aber die meisten Menschen machen keinen Gebrauch davon, sondern sind in ihrem Kern-Ich mit ihrer persönlichen Vergangenheit identifiziert und nehmen diese dadurch so wichtig, dass sie ihrem Einfluss nicht mehr entgehen können. Sie lassen zu, dass ihre Gedanken, ihre Gefühle und ihre Wahrnehmung fast ausschließlich darauf reagieren. Und sogar ihr Körper reagiert darauf.

Das geschichtliche Ich bringt die Menschen dazu, Dinge zu beurteilen und zu verurteilen. Immer und überall wird das Negative ans Licht gezerrt, natürlich mit dem Vorsatz, etwas dagegen zu tun. Aber in Wirklichkeit erreicht man damit genau das Gegenteil. Indem das Negative so wichtig genommen und ständig in den Mittelpunkt des Interesses gerückt wird, verstärkt man es immer mehr. Die negative Betrachtungsweise prägt die Wahrnehmung irgendwann so sehr, dass das Positive kaum noch sichtbar ist. Dadurch wird die Distanz zu unserem Wesen immer größer, bis wir unser Wesen irgendwann gar nicht mehr spüren. Und ein Mensch, der nur noch Dinge tut, die seinem Wesen nicht entsprechen, lebt auch nicht mehr richtig. Er hat kein Leuchten in den Augen und sieht keinen Sinn im Leben. In dieser Sinnlosigkeit des unwesentlichen Lebens sucht er dann nach Ersatz-Sinn und entwickelt die Tendenz, allen möglichen Süchten zu erliegen: Trinken, Rauchen, Sex, Essen, Einkaufen, Leistung erbringen oder übertrieben viel Sport treiben. Auf diese Weise versucht er, doch noch etwas von den Gefühlen und Energien zu erhaschen, die er hätte, wenn er wesentlich leben würde. Aber tatsächlich verschafft er sich nur die Illusion von Intensität und seine Persönlichkeitsenergien werden immer weniger.

Da unser Kern-Ich jedoch eine freie Instanz ist, könnte es sich genauso gut dem Wesens-Ich anschließen. Das Wesens-Ich vertritt die Ziele unserer Lebensabsicht. Es hat eine übergeordnete Sichtweise, in der alles und jeder so sein darf, wie es ihm und seiner Lebensabsicht entspricht. Das Wesens-Ich sucht Freiheit und gibt Freiheit. Es geht liebevoll mit anderen um und übt bedingungslose Toleranz, sofern der Freiraum des anderen nicht eingeschränkt wird.

Das Wesens-Ich hat auch keinerlei Interesse an Macht oder Einfluss, an Beurteilung oder Bewertung des anderen. Diese Art von Macht sucht nur derjenige, der sein Wesen nicht spürt, der

Angst hat, zum Opfer zu werden, und dem vorbeugen will, indem er andere von sich abhängig und zu Opfern macht. Aber andere von sich abhängig zu machen, ist natürlich nicht das Gleiche, wie sein Wesen zu leben.

Die Inhalte unseres Bewusstseins, die Gefühle, Bilder, Erwartungen, Hoffnungen und Ängste und vor allem unsere Vorstellungen von der Welt, sind Schöpferkräfte und prägen unser geistiges Energiefeld, unsere Aura. Unsere Aura, die uns umgibt, prägt mit ihren Energien unser Leben und zieht nach dem Gesetz der Resonanz nur Entsprechendes an. Nichts anderes kann in unser Leben kommen.

Wahrnehmung und Bewusstseinsqualität

Die Inhalte unseres Bewusstseins sorgfältig zu pflegen, ist deshalb wichtig für eine gezielte und freie Lebensgestaltung. In unserer Aura darf nichts enthalten sein, was wir nicht erleben wollen und was nicht unserem Wesen entspricht.

Zur Klärung unseres Bewusstseins und unserer Aura-Energien haben wir mit dem Schreiben der drei Bücher unserer Gefühle und Resonanzen begonnen.

Im ersten Buch sammeln wir Gefühle aus unserer Vergangenheit. Es sollen sowohl positive als auch negative Gefühle aufgeschrieben werden. Die Gefühle, die uns gut getan und Energie gegeben haben, sollen uns an die Art von Gefühlen erinnern, die wir auch weiterhin haben wollen. Die negativen Gefühle sollen uns daran erinnern, dass wir solche Gefühle jetzt und in Zukunft meiden wollen und nach welchen Gefühlen wir stattdessen in Zukunft streben möchten. Außerdem erforschen wir beim Schreiben dieses Buches, was in unserer Vergangenheit wesentlich und berührend für uns gewesen ist und wo wir uns unwesentlichen Dingen hingegeben haben.

Das zweite Buch bezeichnete ich als das Buch der Gegenwart. In ihm sollen wir Ereignisse und Gefühle der letzten zwei Wochen sammeln, positive und negative. Die positiven Gefühle wollen wir natürlich auch in Zukunft suchen, vielleicht sogar in Verbindung mit ähnlichen Umständen, und für die negativen gilt es Alternativen zu entwickeln. Wir fragen uns beim Schreiben: Was hätte stattdessen unser Gefühl sein können?

Das dritte Buch nenne ich das Buch der Zukunft. Dort schreiben wir visionäre Gefühle auf, Phantasien über das, was wir in unserer Zukunft erleben möchten, denn all diese positiven Gefühle und Umstände werden wir dann so lange mit Energie versorgen, bis sie in unserem Leben Wirklichkeit werden.

In diesem Zusammenhang sollten wir uns auch nochmals vergegenwärtigen, dass alles, worauf wir unsere Wahrnehmung mehr als fünfmal am Tag richten, dadurch so viel Energie von uns bekommt, dass es in unserem Leben bleiben wird, wenn es schon ein Teil unserer erlebten Wirklichkeit ist, oder in unser Leben gezogen wird, wenn es bis jetzt nur Vorstellungen oder Phantasien sind, die wir in uns tragen. Ob es sich dabei um etwas handelt, das wir gut finden und uns wünschen, oder um etwas, das wir lieber loswerden wollen oder wovor wir Angst haben, ändert gar nichts an der Wirksamkeit des Ergebnisses. Energie folgt unserer Aufmerksamkeit und nährt sowohl positive als auch negative Aspekte unseres Lebens oder unserer Phantasie. Entsprechend ziehen wir auch Energie von allem ab, worauf sich unsere Wahrnehmung weniger als fünfmal am Tag richtet. Wir lassen es energetisch verhungern, bis es aus unserer Wirklichkeit verschwindet oder erst gar nicht in unserer Wirklichkeit zur Manifestation kommt. Alle Schöpfungsideen, denen wir unsere Aufmerksamkeit schenken, lenken die Schöpfungsenergien auf sich und werden irgendwann Wirklichkeit.

Entsprechend steuert auch unsere Wahrnehmung von Schöpfungsideen unsere Bewusstseinsinhalte und damit Schöpfungsenergie, unabhängig davon, ob wir unsere Wahrnehmung nach außen richten oder Gedanken, Gefühle oder Erinnerungen in uns wahrnehmen. Wir Menschen erleben das, was in unserem Bewusstsein ist.

Mit dem Schreiben der drei Bücher sorgen wir deshalb dafür, dass unsere Wahrnehmung nicht immer gleich bleibt und unserer vergangenen Erfahrung folgt. Wir erforschen und durchbrechen alte Wahrnehmungsmuster und Verhaltensweisen und werden damit bereit, neue Inhalte in unser Bewusstsein aufzunehmen. Damit verändern wir die Inhalte unserer Aura und können mit dieser veränderten Ausstrahlung auch unser Leben verändern.

Nur durch die Ablösung von unserer Geschichte sind wir auch in der Lage, aus der Abwärtsspirale unseres Bewusstseins zu entkommen, die mit Unzufriedenheit beginnt und letztlich in die Depression führt, weil wir unser Wesen nicht zum Ausdruck bringen. Und damit wird wieder wertvolle Energie frei, die wir so dringend für die bewusste Gestaltung unseres Lebens brauchen.

Solange wir von Wut- und Angstanfällen geplagt werden, haben wir zu wenig Energie, um in unseren Bewusstseinsinhalten stabil bleiben zu können. Wir werden leicht manipulierbar und passen uns den Umständen an, wie wir es schon immer als geschichtlich geprägtes Ich getan haben, in dem Glauben, dass unsere Gefühle die Folge der äußerer Umstände sind oder sogar der Erinnerungen an unsere Vergangenheit oder unserer Befürchtungen hinsichtlich der Zukunft.

Natürlich verursachen wir die Entwicklung von der Unzufriedenheit über Wut und Angst bis in die Depression selbst durch unsere Bereitschaft, Dinge zu tun, die wir nicht tun wollen und die nicht zu uns passen, während wir das, was an sich wesentlich wäre, übersehen und nicht suchen. Aber oft haben wir uns im Laufe unserer Geschichte so sehr daran gewöhnt, dass wir es gar nicht wahrnehmen und deshalb auch nichts dagegen tun können

RÜCKMELDUNGEN

Kommentar:
Ich habe mir gleich drei leere und sehr schöne Bücher gekauft und intensiv und regelmäßig etwas hineingeschrieben. Der Effekt war verblüffend, die Übung hat sich regelrecht verselbständigt.
Eines Nachts lag ich zum Beispiel im Bett und empfand plötzlich nur noch Frieden und Dankbarkeit. Und ich habe

*jedem einzelnen Menschen, mit dem ich mal verwickelt war,
auch gefühlsmäßig vergeben und ihn innerlich umarmt.
In dem Zustand bin ich dann eingeschlafen, und am nächsten
Morgen bin ich auch so aufgewacht. Mit allem, was mir an
diesem Tag begegnet ist, war ich eins. Ich war mit allem verbunden, mit den Autos, den Wolken, den Menschen. Ich
spürte, dass alles Teil meiner Schöpfung ist.
Am nächsten Abend habe ich die Übung noch einmal gemacht, und es passierte genau das Gleiche. Ich bin in unge-
heurer Dankbarkeit und Liebe eingeschlafen, genauso wieder aufgewacht, und die Welt war einfach nur schön.
Im Außen hat sich das gezeigt, indem mir zum Beispiel Patienten um den Hals gefallen sind, was schon sehr außerge-
wöhnlich ist. Mein Leben hat sich irgendwie verändert. Vielen Kollegen, denen ich mit Vorurteilen begegnet bin, weil sie
mir zu kopflastig oder kleinkariert vorkamen, konnte ich
plötzlich offen begegnen.
Und als ich auf einer beruflichen Fortbildung war, bin ich mit
vielen Kollegen in Kontakt gekommen – auch in freundschaftlichen Kontakt –, die ich vorher wohl gar nicht hatte
wahrnehmen können, weil ich wahrscheinlich eine Mauer
aus Vorurteilen um mich herum aufgebaut hatte.*

Antwort:
Danke, das klingt wie ein großer Schritt in die Freiheit.

Kommentar:
*Wenn ich nachts aufwache, habe ich oft ein wunderschönes
Gefühl im Herzen. Und manchmal beim Spazierengehen
spüre ich, dass jemand an meiner Seite ist und ich nicht allein
bin. Ich kann es zwar nicht erklären, aber es ist schön. Vielleicht liegt es daran, dass wir die Begriffe Schönheit, Geborgenheit, Dankbarkeit und Liebe in den Meditationen so tief in
uns verankert haben. Denn obwohl es nur so kurze Meditationen waren, gingen diese Gefühle als Gesamtstimmung tief
in mich hinein, viel tiefer, als ich je angenommen habe.*

Antwort:
Das denke ich auch. Und es zeigt, in welchem Maße wir uns
verändern können.

Kommentar:

Ich habe drei Übungskassetten pro Tag gehört und ständig in meinen Büchern geschrieben. Und nachts erlebte ich dann manchmal Zustände, in denen mein Körper ganz starr war und ich Geistwesen wahrnehmen konnte, mit denen ich mich austauschte. Ich konnte Fragen stellen, zum Beispiel in Zusammenhang mit meinem Beruf, und bekam ganz konkrete Antworten.

Einmal, als ich mit dem Auto unterwegs war, fand ich eine verletzte Taube. Ich nahm sie mit nach Hause, hielt sie lange in der Hand, öffnete mein Herz und schenkte ihr Liebe. Und zu meiner Überraschung konnte sie am Abend wieder fliegen. Danach wuchs in mir die Sehnsucht, Tiere zu heilen.

In einem Schafstall fand ich ein sehr krankes Schaf und schenkte auch ihm Liebe und Heilung. Es ging ihm danach zwar etwas besser, aber es wurde nicht ganz gesund. Nun frage ich mich: In welchen Zustand war ich, als mein Körper so starr wurde und ich mich mit Geistwesen austauschen konnte?

Antwort:

Den Zustand, in dem der Körper starr wird, kann man als eine Art Trance-Zustand bezeichnen, in dem sich unsere astrale Energie etwas vom Körper löst. In diesem Zustand ist auch das geschichtliche Ich weniger aktiv und das Kern-Ich öffnet sich für neue Sichtweisen. Damit öffnet sich auch unser Wahrnehmungsvermögen für feine Energien und Wirkungskräfte, und wir werden ebenfalls offener für Heilenergien, die durch uns fließen und die wir für uns selbst, aber auch für andere Menschen oder Tiere nutzen können.

Frage:

Bei mir haben diese Bücher eine Art Kampf zwischen den schwarzen negativen und den gelben positiven Ballons in meinem Bewusstsein ausgelöst. Diesen Kampf kann ich fühlen, aber ich verstehe ihn nicht richtig und weiß auch nicht, wie ich damit umgehen soll.

Antwort:

Diesen Kampf hat man schon immer als den Kampf zwischen Gut und Böse bezeichnet. Das »Böse« wäre in diesem Fall unser geschichtliches Ich, das sich verwickelt hat, das abhängig und von Angst, Zweifel und Rollenspielen geprägt ist. Diese Energien und die alten Erinnerungen halten unser Wesen auf seinem Weg zur Bestimmung auf.

Auf der anderen Seite macht sich unser Wesens-Ich stark, unser göttliches Ich, das sich souverän und frei zum Ausdruck bringen und uns sagen möchte, was wir tun müssen, um auf den Weg zu unserer Bestimmung zu kommen.

Sich seinen Impulsen hinzugeben, ist aber nicht so einfach, weil die hemmenden Erfahrungen und Erinnerungen unseres geschichtlichen Ich Zweifel und Angst erzeugen. Und so scheint unser geschichtliches Ich, mit dem wir uns über Jahre identifiziert haben, in einem ständigen Kampf mit unserem Wesens-Ich zu liegen, der ursprünglichen Kraft, die aus unserer Seele zu uns beziehungsweise zu unserem Kern-Ich fließen möchte und mit der die alles möglich ist.

Dieser Kampf findet in uns allen statt und zeigt sich in Form von Unzufriedenheit, Angst, Wut und Depression. Doch sobald wir als Kern-Ich wieder frei sind und uns unserem Wesen zuwenden, gibt es keinen Kampf mehr.

Das Schreiben der Bücher, das Einstimmen in die Meditationen, das Hören der Übungskassetten und auch die Technik des Starrens sind die Methoden, mit denen wir die Lösung vom geschichtlichen Ich und die Öffnung für das Wesens-Ich vorantreiben.

Der Kampf zwischen Gut und Böse

Frage:

Ich erlebe den inneren Kampf zwischen Gut und Böse auch ständig, aber auch, dass ich nicht weiß oder fühle, wer ich in diesem Kampf bin.

Antwort:

Stellen Sie sich vor, dass unsere Seele uns als einen Teil ihrer selbst ausgeschickt hat, als Gesandten sozusagen. Sie wirkt durch uns und als Teil von ihr haben wir die Aufgabe, unsere Wahrnehmung auf bestimmte Aspekte der Wirklichkeit auszurichten und damit Schöpfungsenergien in Gang zu setzen, um unser Leben zu gestalten und über das Gestaltete uns selbst und unsere Möglichkeiten zu erforschen, damit unsere Seele an unseren Erfahrungen und Erkenntnissen wachsen kann.

In dem Moment, in dem wir in den Körper des Embryos eintauchen, wird dieser Erfahrungsprozess in Gang gesetzt, und dann beginnt ein Teil unseres Bewusstseins, neue Impulse zu sammeln. In diesem Erfahrungsprozess formt sich dann allmählich unser geschichtliches Ich.

Ein anderer Teil unserer Seele bindet sich nicht an den neuen Körper und unsere Geschichte. Er erinnert sich an seinen Ursprung, weiß, warum er hier ist, bleibt an die Seele gebunden und wird von ihrer Energie klar durchdrungen.

Und dann gibt es noch einen dritten Teil unserer Seele. Er ist als beobachtende Instanz gedacht und soll den Erfahrungsprozess ohne Verwicklung begreifen und lenken. Das ist unser freier Wille. Dieser Teil kann die Wirklichkeit wahrnehmen, und zwar entweder durch die Augen des geschichtlichen Ich, durch die Augen des Wesens-Ich oder als neutraler Beobachter durch beide abwechselnd. Wirkliche Freiheit haben wir in diesem Leben nur, wenn wir uns nicht permanent mit einem Teil verwickeln. Im geschichtlichen Ich verlieren wir unsere freie Schöpferkraft, im Wesens-Ich fehlt die Spannung des materiellen Schöpfungsprozesses in Raum und Zeit.

In der Regel geben wir beim Eintauchen in diese Wirklichkeit unsere Freiheit schnell auf und identifizieren uns auf ähnliche Weise mit dem spannenden geschichtlichen Ich, wie wir uns mit einem Kinofilm identifizieren, der uns in seinen Bann zieht und unsere Gefühle, Gedanken und sogar körperliche Reaktionen prägt. Wenn wir dann irgendwann hören, dass wir nur im Kino sitzen und hinausgehen könnten, um uns die Wirklichkeit oder andere Filme anzuschauen, haben wir diese Tatsache schon so sehr verdrängt, dass wir diese Möglichkeit für Veränderung nicht mehr nutzen wollen und nur noch die Fortsetzung unseres alten Films anstreben. Manchmal vergessen wir unseren Ursprung sogar völlig und wissen einfach nicht mehr, dass es unser Wesen beziehungsweise eine Wirklichkeit außerhalb des Kinos gibt. Der Beobachter in uns weiß, dass er freiwillig in diesem Film sitzt und jederzeit hinausgehen könnte. Er weiß auch, warum er in diesen Film gegangen ist, wenn er sich an die ursprüngliche Absicht erinnert, aber er kann sich trotzdem mit dem Film identifizieren, weil er so spannend ist. Die Kunst besteht darin, zu erkennen, dass wir nicht der Film sind. Wir sind nicht unsere Geschichte. Wir sind frei, können zu unserer Absicht zurückkehren und ein neues Leben prägen.

Leider haben wir uns oft schon so an den Film gewöhnt, dass wir in der Identifizierung mit unserem geschichtlichen Ich alle Wesensimpulse sofort im Keim ersticken und unsere Fixierung auf den bekannten Film verteidigen. Selbst in den Kinopausen reden wir vom Film, so ähnlich, wie wir im Schlaf und in unseren Träumen von unserer Geschichte und ihren Auswirkungen im Alltag gefangen sind.

Es ist nun aber nicht etwa so, dass das Wesens-Ich gegen das geschichtliche Ich kämpft. Der Kampf findet vielmehr in uns selbst statt, und wir als das beobachtende Ich werden zwischen zwei Fronten zerrieben. Das Wesens-Ich will uns auf seine Seite ziehen, aber das geschichtliche Ich zieht uns genau so stark auf seine.

Wenn wir diesem Problem entgehen wollen, müssen wir es uns bewusst machen. Wir müssen begreifen, dass wir nicht unser geschichtliches Ich sind und es also auch nicht verteidigen müssen. Wir könnten das Kino jederzeit verlassen oder uns zumindest daran erinnern, dass es auch eine Wirklichkeit außerhalb davon gibt. Aus bestimmten Gründen wollen wir diesen Film sehen, aber wir sind nicht abhängig davon und er muss uns nicht prägen, wenn wir nicht wollen. Wenn wir uns diese Unabhängigkeit bewusst machen wollen, ist es eine gute Übung, mit beiden Ichs, dem geschichtlichen und dem Wesens-Ich, zu sprechen und zu erforschen, welche Möglichkeiten die jeweilige Instanz für uns bereithält.

Wenn wir solche Gespräche regelmäßig führen, werden wir bald deutlich spüren, dass wir weder das eine noch das andere sind. Es ist eben diese Freiheit und Unabhängigkeit des

Kern-Ich, die uns die Möglichkeit gibt, Schöpferkräfte frei zu lenken und damit unser Leben zu klären, zu ordnen und zu heilen. Sie ist die Basis dafür, dass wir beobachten, wahrnehmen und lassen können, ohne uns automatisch als Teil von etwas zu empfinden und automatisch darauf zu reagieren.

Wenn das mittlere Selbst, unser Kern-Ich nicht vom geschichtlichen Ich gelöst ist, hat es Mitleid mit sich selbst und mit der Welt, weil es sich als gefangen erlebt, genau wie die Welt. Wenn es dann wieder frei wird, erlebt es sich nicht mehr als Opfer und hat auch kein Mitleid mehr. Es bleibt unbeteiligt, kann frei Entscheidungen treffen und als Beobachter wahrnehmen, was geschieht. Es kann sich auf die Seite des Wesens-Ich schlagen oder auf die des geschichtlichen Ich. In dieser Freiheit gewinnt es die Erkenntnisse und durchläuft die Lernprozesse, welche die Seele sucht.

Der Körper ist kein Selbstzweck

Frage:
Warum verhindert die Seele nicht, dass ein Körper krank wird und seine Funktionsfähigkeit verliert?

Antwort:
Die Seele hat grundsätzlich nicht den Wunsch, den Körper zu schützen. Ihr geht es darum, Erfahrungen darin zu machen. Der Körper ist für die Seele einfach so etwas wie ein Mittel, durch das sie sich zum Ausdruck bringt und in dem sie die Wirklichkeit erforschen will.

In dem Moment, in dem wir uns als Bewusstsein nicht mehr sinnvoll, also entsprechend unserem Wesen und unserer Absicht zum Ausdruck bringen, verliert auch der Körper als Instrument seinen Sinn und wird von den Seelenenergien nicht mehr getragen. Der Körper hat aus der Perspektive der Seele gesehen keinen Selbstzweck.

Die Seele versucht allerdings zu verhindern, dass unser Bewusstsein von seinem Weg abkommt und schickt uns Inspiration und äußere Zeichen, die uns an unsere Bestimmung erinnern sollen. Wenn diese Zeichen aber nicht beachtet werden, läuft unser Leben aus den sinnvollen Bahnen und unser Körper mit.

Für die Seele ist nur wichtig, mit welcher Intensität sich unser Bewusstsein entwickelt, denn wir sind ein Teil von ihr, auf der Suche nach Erkenntnis.

Der Körper ist ein Teil der Dimension von Raum und Zeit und hilft uns, hier verankert zu bleiben.

Es ist nicht Sinn unseres Lebens, den Körper zu erhalten. Wir sollen ihn jedoch pflegen, damit wir unseren Sinn leben können.

Bevor wir in Raum und Zeit eintauchen, sind wir frei. Wir werden in bewusster Verbindung mit unserer Seele und den Seelenkräften ausgeschickt, um mit Schöpferkräften zu spielen und im Spiel des Lebens Erfahrungen und Erkenntnisse zu sammeln.

In dem Moment, in dem wir uns an den Embryokörper binden, beginnt unser Bewusstsein, sich teilweise auf die Raum- und Zeit-Wirklichkeit zu konzentrieren, und die Verbindung zur Seele wird lockerer. Wir fangen an, uns auf die Schöpfungsideen dieser Wirklichkeit zu konzentrieren und blenden das große Wissen allmählich aus. Es begleitet uns zwar immer noch als Wesens-Ich, aber in den ersten vier bis sechs Lebensjahren macht sich das geschichtliche Ich immer wichtiger. Erst später entsteht wieder eine große Sehnsucht nach stärkerer Integration des Wesens-Ich, um die Erfahrungen in dieser Wirklichkeit verarbeiten, fortsetzen und erweitern zu können. Unser Ziel ist es, im Laufe des Lebens mehr zu werden, als wir je waren, und an Bewusstsein und Schöpferkraft zuzunehmen.

Alles, was uns hilft, mehr zu werden, als wir vorher waren, wird uns von unserem Wesen geschickt. Alles, was uns in der Wiederholung und im Vertrauten festhält, sind Ängste, Rollen, Verhaltensweisen und Masken, die uns unser geschichtliches Ich aufdrängt, damit wir unsere Vergangenheit konsequent fortsetzen.

Wenn wir im Leben nach Entscheidungen suchen, die uns gesund und kraftvoll machen, brauchen wir nur zu erforschen, durch welche Entscheidungen sich neue Möglichkeiten auftun und mehr Freiheit und Energie für uns und unser Leben entsteht. Das sind die Entscheidungen, die unserem Wesen entsprechen.

Alle Entscheidungen, die uns in die Enge treiben, verwickeln oder unsere Freiheit beschneiden, auch wenn sie uns vielleicht Sicherheit und Geborgenheit vorgaukeln, stammen vom geschichtlichen Ich und bringen uns weder Gesundheit und Energie noch Erkenntnis.

Ein Beispiel: Stellen Sie sich vor, Sie hätten einen Job in Aussicht, in dem Sie viel Geld verdienen und enorm Karriere machen können, aber keine Freiheit mehr haben. Bei einem anderen Jobangebot hätten Sie weniger gute Aussichten hinsichtlich Geld und Karriere, aber dafür mehr Freiheit.

Vielleicht würden Sie den ersten Job nehmen, weil Sie denken, da verdienen Sie viel Geld und können sich demnach auch viel leisten. Doch leider haben Sie da nur zehn Tage Urlaub im Jahr und können Ihr vieles Geld gar nicht so ausgeben, dass es Ihnen wirklich gut tut. Auch könnten Sie wenig lernen und hätten vielleicht kaum Entfaltungsmöglichkeiten. Beim zweiten Job hingegen hätten Sie die Möglichkeit, ständig alles zu verändern und neu zu machen.

Die Entscheidung für den ersten Job wäre dann nach vernünftigen Gesichtspunkten gefallen, gesteuert von Ihrem geschichtlichen Ich, aber der Job würde Sie auf Dauer nicht befriedigen. Die Entscheidung für den zweiten Job wäre sicher die Wesensentscheidung gewesen, denn das Wesen will uns zu Neuem führen, zu Freiheit und Entfaltung. Es will Routine brechen und Raum für Erneuerung und Entwicklung schaffen.

Das geschichtliche Ich plädiert immer für die Beibehaltung angenommener Werte wie Sicherheit und Leistung. Aber genau indem wir diese Werte verfolgen, werden wir in unserer natürlichen Entwicklung und Entfaltung behindert, und der Fluss von Energie und Inspiration, der von unserer Seele kommt, wird gebremst.

In der nächsten Meditation lassen wir all diese Inhalte erneut in uns lebendig werden. Sie hilft uns, unsere Eigenständigkeit als mittleres Ich zu empfinden und die Eigenheiten unseres geschichtlichen Ich und unseres Wesens-Ich deutlicher zu spüren.

MEDITATION – ERSTES GESPRÄCH MIT DEM GESCHICHTLICHEN ICH UND DEM WESENS-ICH

Schließe die Augen. Atme langsam tief ein und aus.

Denke an deine beiden Knie. Atme langsam ein und aus.

Denke an deine beiden Schultern. Atme langsam ein und aus.

Denke an deinen Solarplexus. Atme langsam ein und aus.

Denke an dein Herz. Atme langsam ein und aus.

Stelle dir jetzt mit jedem Atemzug vor: Du atmest strahlende, kraftvolle Energie ein und beim Ausatmen verteilst du diese Energie in deinem Körper und in deinem Bewusstsein.

Spüre, wie sich dein Körper mehr und mehr mit Energie füllt.

Atme weiter Energie ein und schicke diese Energie beim Ausatmen über die Grenzen deines Körpers hinaus in den Raum.

Fülle den Raum mit strahlender, kraftvoller Energie.

Diese Energie hat die Kraft, deine Gedanken, deine Gefühle und deine inneren Bilder Wirklichkeit werden zu lassen, wenn du das möchtest.

Atme langsam tief ein und aus und sage dann leise in Gedanken zu dir selbst, wenn du möchtest, sage und empfinde: »Ich möchte mein Wesen spüren, meine Sehnsüchte, meine Fähigkeiten, meine Möglichkeiten.

Ich möchte Menschen anziehen, Situationen und geistige Wesen, die mir helfen, mein Wesen zu spüren und zu leben.

Ich möchte Schönheit finden, die mich berührt.

Ich möchte Geborgenheit finden, in der ich mich vertraut fühle.

*Ich möchte Dankbarkeit empfinden und mich freuen,
dass die Dinge sind, wie sie sind.
Ich möchte Liebe spüren für alles, was ist.
Ich möchte es verstehen und lassen können.«*

*Atme langsam tief ein und aus.
Und jetzt spüre auf der einen Seite dein geschichtliches Ich
und auf der anderen Seite dein Wesen, von dem du kommst.
Nimm sie beide vor dir wahr.*

*Und jetzt bitte dein geschichtliches Ich, dich frei zu lassen,
dir aber auch zu helfen auf deinem künftigen Weg.
Spüre die Schönheit dieses alten Ich und die Geborgenheit,
die es dir gegeben hat.
Sei dankbar, dass dieses Ich so war, wie es war und dass es
dir auf deinem Weg weitergeholfen hat. Versuche es zu verstehen und liebevoll zu lassen.
Erzähle ihm, dass du jetzt weitergehen musst auf deinem
Weg.*

*Wende dich jetzt deinem Wesen zu, das strahlend dasteht
und auf dich wartet.
Dein Wesen betrachtet dich liebevoll und freut sich, dass
du kommst.
Auch das Wesen fühlt sich vertraut mit dir und findet dich
schön. Du bist ein Teil von ihm.
Mit diesem Wesen stammst du aus deiner Seele, deinem
göttlichen Urgrund.
Bitte dein Wesen, dass es dir deine Sehnsüchte, Fähigkeiten
und Möglichkeiten zeigt.
Frage es: »Wer bin ich?« Und lass es dir erklären und zeigen.
Wenn du willst, kannst du auf dein Wesen zugehen und es
berühren.
In dieser Berührung kannst du jetzt um Klärung, Ordnung
und Heilung in deinem Leben bitten.
Bitte auch um Klärung, Ordnung und Heilung für die Welt
und den Kosmos.*

Spüre die Liebe, die von deinem Wesen ausgeht, Liebe für dich und für die Welt, und lass diese Liebe fließen, durch dich hindurch und hinein in dein geschichtliches Ich, in die Welt und überall hin.
Lege deine Hand auf die Stelle deines Körpers, wo du dein Wesen am meisten spürst, wenn es dich berührt.
Und jetzt spüre seine Schönheit. Spüre die Geborgenheit, die Vertrautheit mit ihm. Spüre deine Dankbarkeit, schicke ihm Liebe.
Spüre deinen größten Wunsch für dich und die Welt.

Jetzt nimm dein geschichtliches Ich und dein Wesen, nimm beides in dich auf. Werde eins mit ihnen. Und mach dir deine Freiheit der Wahl bewusst, in jedem Moment, überall.

Jetzt spüre dein Wesen in deinen Augen. Nimm das Gefühl für dein Wesen in deinen Augen wahr.
Den Glanz, den Ausdruck deines Wesens, spüre ihn in deinen Augen.
Und jetzt wünsche dir, dass er für immer dort bleibt.

Küsse deine Hände und halte sie mit den Handflächen nach oben in Dankbarkeit für dein Wesen.
Lass dies ein Zeichen sein für die Verbindung mit deinem Wesen.

Atme langsam ein und aus.
Spüre noch einmal den Glanz und den Ausdruck des Wesens in deinen Augen.
Wenn du abends schlafen gehst, erinnere dich daran und wünsche dir, diese Nähe noch zu vertiefen.
Denn du hast dich längst für dein Wesen entschieden.
Atme langsam tief ein und aus.
Und dann öffne langsam die Augen.

Die nächste Meditation hilft uns, den Kontakt mit unserem Wesen noch weiter zu vertiefen und die Bedeutung unseres geschichtlichen Ich noch besser zu verstehen. Dieses Verständnis trägt dazu bei, dass wir es irgendwann freilassen können und uns nicht mehr als Opfer unserer Geschichte und der Umstände fühlen müssen.

MEDITATION – ZWEITES GESPRÄCH MIT DEM GESCHICHTLICHEN ICH UND DEM WESENS-ICH

Schließe die Augen. Atme langsam tief ein und aus.
Denke an deine beiden Knie. Atme langsam ein und aus.
Denke an deine beiden Schultern. Atme langsam ein und aus.
Denke an deinen Solarplexus. Atme langsam ein und aus.
Denke an dein Herz. Atme langsam ein und aus.
Stelle dir jetzt mit jedem Atemzug vor: Du atmest strahlende, kraftvolle Energie ein und beim Ausatmen verteilst du diese Energie in deinem Körper und in deinem Bewusstsein.
Spüre, wie sich dein Körper mehr und mehr mit Energie füllt.
Atme weiter Energie ein und schicke diese Energie beim Ausatmen über die Grenzen deines Körpers hinaus in den Raum.
Fülle den Raum mit strahlender, kraftvoller Energie.
Diese Energie hat die Kraft, deine Gedanken, deine Gefühle und deine inneren Bilder Wirklichkeit werden zu lassen, wenn du das möchtest.

Atme langsam tief ein und aus und sage dann leise in Gedanken zu dir selbst, wenn du möchtest, sage und empfinde:
»Ich öffne mich für mein Wesen und möchte es durch mich in meinem Leben wirken lassen.
Ich ziehe Menschen, Situationen und geistige Wesen an, die mir helfen, mein Wesen zu spüren und ihm in meinem Leben Ausdruck zu verleihen.«

Atme langsam tief ein und aus.

Und jetzt stell dir vor, dass dein geschichtliches Ich auf der einen und dein Wesen auf der anderen Seite von dir steht.

Wende dich deinem geschichtlichen Ich zu und lass dir von ihm erklären, warum es in der Vergangenheit so wichtig war und jetzt Platz macht für dein Wesen. Frage und höre zu!

Warum ist es jetzt an der Zeit, dass dein geschichtliches Ich Raum für dein Wesen lässt?

Empfinde Dankbarkeit für die Rolle, die es gespielt hat, und mache dir klar, dass du es warst, der sich bis jetzt an dieses geschichtliche Ich gebunden hat.

Jetzt bedanke dich und wende dich dann deinem Wesen zu.

Lass dir erklären, warum es jetzt und für die Zukunft wichtig ist, dass du dich mehr an dein Wesen bindest.

Lass dir erklären, wohin dein Weg geht.

Lass dir erklären, welche Fähigkeiten und Möglichkeiten du für deine Zukunft hast.

Lass dich berühren von deinem Wesen. Spüre deine Möglichkeiten und Fähigkeiten.

Und jetzt erzähle deinem Wesen, was für dich wichtig ist, was du geklärt, geordnet und geheilt haben möchtest.

Und dann bitte dein Wesen, gemeinsam mit dir in der Nacht Klärung, Ordnung und Heilung zu suchen.

Bitte dein Wesen, dich in der Nacht mit auf die Reise zu nehmen, dorthin, wo Hilfe für dich wartet Klärung und Heilung.

Spüre, an welcher Stelle deines Körpers dich dein Wesen berührt. Lege deine Hand dorthin.

Und dann empfinde ganz tief: »Ich spüre dich. Ich spüre dich in mir. Und ich will dich lieben.«

Atme langsam tief ein und aus.

Und dann empfinde tief innen in der Verbindung mit deinem Wesen: »Ich bin unbegrenzt, ewig und frei.«

268

Spüre die Kraft deines Wesens in deinen Augen. Spüre seinen Ausdruck und seinen Glanz in deinen Augen.

Atme langsam tief ein und aus.
Wenn du abends schlafen gehst, denke daran, wo dich dein Wesen berührt hat. Spüre dein Wesen und lege dich in dieser Stimmung schlafen. Erwarte, dass es dich in der Nacht mit auf die Reise nimmt, dorthin, wo Hilfe wartet, Klärung und Heilung.
Atme langsam tief ein und aus und öffne dann langsam die Augen.

Diese beiden Meditationen helfen uns, unser Kern-Ich zu aktivieren, mit dem Wesens-Ich in Kontakt zu treten und uns als selbständige Instanz zu erkennen. Wenn wir uns abends wieder auf diese Meditationen einstimmen und mit dieser Einstimmung schlafen gehen, können wir als Folge wesentliche, von unserem Wesen geschickte Träume haben. Vielleicht träumen wir davon, was wir im Leben wirklich wollen oder wogegen wir uns entscheiden müssen oder auch, was wir loslassen müssen, weil es sich überlebt hat.

FRAGEN UND ANTWORTEN

Frage:
Was ist eine Traumwirklichkeit, warum haben wir Träume?
Antwort:
In meiner Erfahrung ist die Traumwirklichkeit eine andere Wirklichkeitsebene, in der ein Teil von uns – das Traum-Ich – die ganze Zeit existiert und Erfahrungen sammelt, auch wenn wir nicht schlafen und träumen. Die Traumwirklichkeit ist genauso wirklich wie unsere Wirklichkeit hier, denn sie wirkt auf uns, verändert uns, und wir können dort Erfahrungen machen, uns entwickeln und lernen. Allerdings funktioniert sie nach anderen Gesetzmäßigkeiten. Raum und Zeit laufen dort nicht notwendigerweise linear ab, von der Vergangenheit,

über die Gegenwart in die Zukunft, sondern scheinen sich um Gefühle oder Ideen herum wie Puzzleteilchen zusammenzufügen. Wir können mit unserem Traum-Ich zum Beispiel ein Erlebnis (einen Traum) mit Personen haben, die hier schon längst gestorben, dort aber immer noch da sind, oder mit Menschen, die wir hier noch gar nicht kennen gelernt haben und die im Traum aus der Zukunft in die Gegenwart kommen. Wir haben dort auch keine geschichtliche Prägung, sondern können unsere Fähigkeiten und unseren Körper beliebig formen.

Im Traum ist es zum Beispiel einfach, Selbstheilungsprozesse in Gang zu setzen, die hier schwierig sind, weil wir uns vielleicht schon so lange an eine Krankheit gewöhnt haben. Zur Entscheidungsfindung können wir im Traum die Zukunft und die Vergangenheit in die Gegenwart holen. Und da es im Traum keinen linear begrenzten Raum gibt, können wir Menschen besuchen und mit ihnen Dinge erleben, die hier nicht möglich oder angebracht sind. Die Traumdimension birgt viele Möglichkeiten, die wir aber erst dann gründlich ausschöpfen können, wenn es uns gelingt, bewusst in die Traumdimension einzusteigen und zu wissen, dass wir dort sind, also einen Wachtraum oder luziden Traum zu haben. Wenn es uns gelingt, den Traumanteil unseres Bewusstseins in unser Leben hier zu integrieren oder umgekehrt, haben wir um ein Vielfaches gesteigerte magische Möglichkeiten, weil die Schöpfungsideen der Traumdimension unendlich vielfältiger sind als hier. Ausführlich über die Möglichkeiten des luziden Träumens zu sprechen, würde an dieser Stelle zu weit führen. Wichtig ist jedoch, dass wir beim Einschlafen die Traumaktivitäten durch klare und intensive Fragen oder Gefühle lenken können, um Probleme zu lösen, Antworten zu erhalten oder auch, um die Freiheit unseres Kern-Ich und seinen Erfahrungsraum zu erweitern.

Frage:
Wenn wir sterben, bleibt dann das Wissen aus den Lebenserfahrungen beim Übergang in eine andere Dimension erhalten?

Antwort:

Nicht unbedingt. Unser Bewusstsein kommt aus einer unbegrenzten raum-zeitlosen Wirklichkeit in dieses Leben, indem es sich auf einen bestimmten Punkt in Raum und Zeit konzentriert und seine Wahrnehmung darauf ausrichtet. Es bindet sich an einen physischen Körper und beginnt die Wirklichkeit durch diesen neuen Körper wahrzunehmen und auch durch den Körper auf die Wirklichkeit Einfluss zu nehmen. Die Motivation hinter diesem Prozess ist die Absicht unserer Seele, durch uns an Erkenntnis und Schöpferkraft zuzunehmen. Dies geschieht, indem wir Schöpfungsenergien lenken und zur Manifestation bringen und uns selbst über das Geschaffene besser begreifen. Das Ziel ist also, mehr Schöpferkraft und Selbsterkenntnis zu schaffen für uns, die wir diese Wirklichkeit direkt erleben, und für unseren Ursprung, unsere Seele, und damit auch für das große Sein, also für Gott. Wir selbst sind nur ein kleines Fünkchen von Energie und Erkenntnis aus der großen Dimension unserer Seele, aber selbst wir können Wirklichkeit erschaffen und Selbsterkenntnis erfahren. Aber andererseits wird uns oft nicht bewusst, dass wir Schöpfungsprozesse in Gang setzen, und entsprechend durchlaufen wir auch nicht immer Erkenntnisprozesse. Was wir unbewusst erschaffen, führt nicht zur Erkenntnis. Würden wir uns sonst so häufig als Opfer empfinden? Ein Opfer ist ein Schöpfer ohne Erkenntnis. Angenommen, wir machen von klein auf alles so, dass wir erfolgreich sind. Sind uns dann unsere Erfolgsstrategien bewusst? Können wir sie in eine andere Dimension mitnehmen und auf sie übertragen, wenn wir sie nicht wirklich verstanden haben? Wohl kaum. Vielleicht glauben wir einfach an Glück oder nehmen die Dinge als selbstverständlich hin, aber ohne Erkenntnis. Genauso wie wir uns bei Misserfolg vielleicht als Opfer empfinden, auch ohne Erkenntnis. Wenn ich den Misserfolg verstehe und aufhöre, mich als Opfer zu empfinden, habe ich etwas erkannt. Wenn ich meinen Erfolg verstehe und aufhöre, an Glück zu glauben, habe ich etwas erkannt, und nur dann.

Ich glaube also, dass unser Bewusstsein zwar von den Erfahrungen geprägt wird, die wir machen, dass wir aber nur das wirklich mitnehmen können, was wir begriffen haben, wo wir uns als Verursacher erkennen. Was wir nicht begreifen, werden wir verlieren, hier, aber auch in einer anderen Dimension.

Der Weg des Begreifens

Das, was ich Ihnen in diesem Buch näher bringen will, ist mehr als alles andere ein Weg des Begreifens. Dass man auf diesem Weg auch erfolgreich wird und seine Bestimmung findet, ist dagegen fast schon ein Nebeneffekt. Wenn wir begreifen, dass alles, was wir tun, denken und fühlen im Außen ein Spiegelbild erzeugt, dass Bewusstsein die Fähigkeit hat, sich an Schöpfungsideen zu binden und damit Schöpfungsenergien zu lenken und zur Manifestation zu bringen, dann ist das die große Erkenntnis, die wir mitnehmen können.

Es kommt überhaupt nicht darauf an, dass wir irgendwann zufrieden lächelnd sterben und von uns behaupten können, im Leben erfolgreich gewesen zu sein, sondern vielmehr darauf, dass wir wissen, warum wir erfolgreich waren. Auch wenn wir im Chaos sterben würden, wäre das nicht so schlimm, wenn wir wüssten, warum wir diese Umstände angezogen haben. Nicht alles, was wir erleben, können wir beim Übergang in eine andere Dimension mitnehmen. Nur das Begriffene, nur das, was wir verinnerlicht, erfahren und integriert haben, bleibt ein Teil unseres Bewusstseins.

Die Welt ist sehr interessant und birgt unendlich viele Möglichkeiten, die wir alle erforschen und auf dem Weg zu unserer Bestimmung nutzen können, aber wirklich wesentlich ist nicht, was wir aus diesen Möglichkeiten machen, sondern dass wir uns als schöpferisches Potential begreifen und verstehen, warum die Dinge geschehen, die geschehen.

Viele Menschen kommen auf diese Welt, die früher begriffenes Wissen aus anderen Dimensionen mitbringen. Manche können sich an Ereignisse aus früheren Leben erinnern oder an Fähigkeiten, die sie damals hatten. Sie setzen sich dann zum Beispiel schon als Kind einfach hin und spielen von sich aus

Klavier, ohne es im eigentlichen Sinne lernen zu müssen. Im Gegensatz dazu haben andere Menschen manchmal große Probleme mit sich und der Welt und arbeiten sich erst im Laufe der Zeit nach oben in die Freiheit. Das ist für mich der Unterschied zwischen alten und jungen Seelen: Alte Seelen bringen viel verarbeitetes und integriertes Wissen mit, auf das sie jederzeit zurückgreifen können. Junge Seelen bringen unverarbeitete, nicht begriffene Erfahrungen mit als Wissen, auf das sie keinen direkten Zugriff haben. Daher leben sie eher naiv und unbewusst.

Viel mitgebrachtes Wissen fördert beispielsweise auch die Verbindung zum Wesen und zur Intuition. Alte Seelen haben viel mehr Intuition als junge, weil sie seltener in die Fallen des geschichtlichen Ich laufen. Doch nicht jeder, der viel weiß, muss oft gelebt haben. Vielleicht hat er nur gut beobachtet und verstanden. Und nicht jeder, der Probleme hat, hat wenige Leben hinter sich. Vielleicht hat er nur keinen Zugriff auf sein erworbenes Wissen, weil er es nicht verarbeitet und verstanden hat.

Der freie Wille

Die Instanz in uns, die uns die Möglichkeit gibt, unser Leben bewusst zu führen, ist unser freier Wille. Er liegt im Kern-Ich, das die Fähigkeit hat, sich entweder dem geschichtlichen Ich oder dem Wesens-Ich zuzuwenden. Das geschichtliche Ich ist begrenzt und verliert sich in Wertvorstellungen wie: »Das ist gut, das ist schlecht, das macht man, das macht man nicht, ich kann doch nicht, das will ich unbedingt haben.« Oder: »Ich brauche ein Haus, ein Auto, einen netten Partner. Nur dann kann ich glücklich sein.«

Es verliert sich in Abhängigkeiten und ist nicht frei, es folgt seinen alten Erfahrungen. Das Wesens-Ich ist davon völlig unabhängig und sucht im Einklang mit dem großen Sein nach seiner Bestimmung. Statt die Erfüllung im Außen zu suchen und damit eventuell einer Sucht zu verfallen, ist es eins mit seinem inneren Potential und macht Gebrauch von seinen Schöpfungsideen.

Je deutlicher wir den Unterschied zwischen dem geschichtlichen Ich und dem Wesens-Ich erkennen, desto größer ist unsere subjektive Freiheit und die Erkenntnis, die wir am Ende unseres Lebens mitnehmen können.

Die Entscheidung für das Wesen

Der freie Wille ist unsere Fähigkeit, unsere Wahrnehmung frei auf beliebige Schöpfungsideen in unserer Wirklichkeit und in unserem Bewusstsein zu richten und damit Schöpfungsprozesse in Gang zu setzen. Je mehr wir unsere Wahrnehmung von den Beschränkungen unseres geschichtlichen Ich befreien können, desto freier können wir unsere Wirklichkeit gestalten.

Das geschichtliche Ich steht für die Summe aller Probleme, die wir jemals mit uns und der Welt hatten, aber auch für alle Arten von Abhängigkeit, gute und schlechte, die wir jemals pflegten. Wenn wir den Entschluss, wesentlich zu werden, uns also wieder unserem Wesen zuzuwenden, vorantreiben, wird das für unsere gewohnte Art, mit dem Leben umzugehen, erhebliche Konsequenzen haben. Wir können Schwächen und Abhängigkeiten nicht mehr als unsere Eigenarten betrachten, sondern müssen uns ständig fragen, was für unser Wesen und auch für unseren Körper als sein Ausdrucksmittel richtig ist.

Wir müssen vertraute Gewohnheiten und Routine aufgeben und unseren Freiraum vergrößern. Alles, was in unserem Umfeld nicht mehr zu uns passt und uns Energie raubt – Menschen, Wohnung, Beruf, aber auch alle Arten von Süchten –, muss aus unserem Leben verschwinden.

Wesentlich werden zu wollen bedeutet, bereit zu sein, allen Impulsen unserer Seele zu folgen und Ängste oder Bedenken des geschichtlichen Ich großzügig zu übergehen.

Der freie Wille in Form unseres Kern-Ich ist notwendig, damit wir begreifen können, was wir tun. Wenn wir keinen freien Willen hätten und nur den Impulsen des Wesens folgen würden, könnten wir unendlich viele Erfahrungen machen, würden sie aber nie verstehen.

Verstehen wir zum Beispiel etwas über die Natur von Schokoladeneis, wenn wir nie auch Vanille zur Wahl haben? Obwohl uns unser Wesen ständig Impulse schickt, von innen und von außen, weil es uns liebt, so chaotisch wir auch sein mögen, und uns nie aufgibt, wird es eines nie tun: unseren freien Willen übergehen, um uns zu beschützen.

Uns muss klar werden, dass wir einen freien Willen haben. Und das bedeutet: Wir können uns unserem Wesen und seinen unerschöpflichen Möglichkeiten zuwenden, müssen aber nicht. Genauso dürfen wir uns unserem geschichtlichen Ich zuwenden, auch wenn das zu schmerzlichen Erfahrungen führen sollte. Unser Wesen als Teil unserer Seele lässt das zu, denn es weiß, dass wir ohne freien Willen nicht zur Erkenntnis gelangen können.

Es begleitet uns, wenn wir leiden, wenn wir uns Probleme machen oder durch Süchte vergiften, aber es greift nicht ein, außer wenn wir uns ihm zuwenden und uns wieder an unsere Bestimmung erinnern wollen. Dann ist es da und wartet auf uns. Und selbst wenn wir bei all dem Gehen nie den Weg zu ihm gefunden haben, wird es immer noch auf uns warten, um uns zumindest die Erkenntnis mitzugeben, warum wir gescheitert sind.

Aber selbst wenn unser Wesen zuschaut, wie wir uns das Leben schwer machen, bedeutet das nicht, dass es passiv unterstützt, was geschieht. Es schickt vielmehr ununterbrochen alle möglichen Impulse, die uns klar machen sollen, was wir da tun. Und dann haben wir immer wieder die Möglichkeit zu begreifen oder eben nicht.

Letztendlich geht es immer nur darum, ob wir zulassen, dass uns unser geschichtliches Ich weiter im Griff hat. Aber sich von ihm zu lösen, ist oftmals sehr schwierig, weil es geschickte Illusionen aufgebaut hat, Illusionen, die besagen, dass das, was wir kennen, gut für uns ist und dass uns die Vertrautheit nährt, die entsteht, wenn wir etwas kennen gelernt haben. Dass wir buchstäblich zu sterben beginnen, wenn wir uns ständig in dem aufhalten, was wir schon kennen, und uns in dauernder Routine wiederholen, fällt uns dabei kaum auf. Wir sterben gemütlich im vertrauten Umfeld vor uns hin, aber das scheint uns nicht mal suspekt, wir lassen uns vom Angenehmen blenden.

Auch Illusionen wie das Sicherheitsdenken (Ich muss über-leben), Zeitbewusstsein (Ich muss in möglichst kurzer Zeit möglichst viel machen) und Leistungsbewusstsein (Ich muss et-was leisten, damit ich geliebt und anerkannt werde) sind Fall-stricke des geschichtlichen Ich, die unsere Aufmerksamkeit und Energie so stark in Anspruch nehmen, dass wir nichts anderes mehr sehen. Und je mehr wir die Dinge tun, die wir eigentlich gar nicht tun wollen, desto mehr unterlassen wir Dinge, die uns sehr wichtig wären und unserem Wesen entsprechen wür-den.

Aber es ist noch schlimmer. Wenn wir nämlich versuchen, uns dem zu entziehen, haben wir ein schlechtes Gewissen und Schuldgefühle und fürchten um Achtung, Anerkennung und Liebe, die wir scheinbar so brauchen.

Jede Heimlichkeit, alles, was wir verbockt und verdrängt ha-ben, frisst ein Leben lang in uns weiter. Das können peinliche Situationen sein, Situationen, in denen wir uns ängstlich oder feige verhalten oder unsere Wut nicht zum Ausdruck gebracht haben, Verrat, den wir an Menschen geübt haben, Dinge, von denen wir denken, dass wir sie nicht hätten tun sollen, um nur einige zu nennen.

Vieles von dem, was wir tun, aber nicht tun wollen oder nicht tun, aber gern tun würden und was uns ständig Energie wegfrisst, entsteht aus 1) der Suche nach emotionaler und ma-terieller Sicherheit im Außen, 2) der Bereitschaft, sich um scheinbarer Liebe und Anerkennung willen einem Leistungs-prinzip unterzuordnen, und 3) dem Akzeptieren von Zeitdruck um eines scheinbar intensiveren Lebens willen. Wenn wir von jetzt an wirklich wesentlich werden wollen, müssen wir rück-blickend genau betrachten, wohin uns das geschichtliche Ich bis jetzt gebracht hat, und uns fragen: Was sind unsere Süchte? Wovon sind wir abhängig – von Menschen, von Orten, von Geld? Wo sind wir überfordert? Wo nehmen wir lästige Um-stände in Kauf? Wo verkaufen wir uns?

Welches Verhältnis haben wir zu unserem Körper? Wenn wir unseren Körper missachten, können wir ihn nicht lange als Ausdrucksmittel unseres Wesens benutzen. Die klare Entschei-dung, uns mit unserem Wesen über unseren Körper ausdrücken zu wollen, aktiviert unser Körperbewusstsein entsprechend, und es strengt sich an, sich unserem Wesen wieder anzunähern.

Die Entscheidung, wesentlich zu werden, ist eine Grundsatzentscheidung, die immer drastische Veränderungen in unserem Leben nach sich ziehen wird.

Wer sich für sein Wesen entscheidet, muss unaufhaltsam vorwärts gehen und völlig klar in seiner Entscheidung sein. Er muss sich immer wieder sagen:

»Ich will wesentlich sein, alles andere ist zu wenig. Ich werde mich von allen Teilen meines geschichtlichen Ich verabschieden, die mich daran hindern, ich selbst zu sein.«

Das geschichtliche Ich wird unsere Entscheidung natürlich sofort in Frage stellen, indem es argumentiert: »Es ist aber so schwer. Das geht doch nicht. Wie sieht das aus! Und außerdem ist es moralisch, ethisch, sozial nicht vertretbar.« Dass es seine Existenz erhalten will, ist klar. Darüber müssen wir hinwegsehen. Es gibt aus meiner Erfahrung sehr praktische Wege, um unser Wesen zu stärken und Energie fressende Faktoren in uns selbst oder in unserem Umfeld zu reduzieren.

Vier Möglichkeiten, die Entscheidung für das eigene Wesen zu stärken

1. Peinlichkeiten aus der eigenen Geschichte beichten

Fragen Sie sich ganz ehrlich: Wann habe ich gelogen? Wo habe ich mich feige versteckt? Bei welcher Gelegenheit habe ich in der Wut etwas getan, das völlig daneben war? Wann habe ich wider besseres Wissen in einer Weise gehandelt, für die ich mich jetzt schäme? Wo haben Angst und Wut statt Verständnis, Liebe und Toleranz mein Leben geprägt? Wo bin ich in meiner Unfähigkeit, in meiner Hochstapelei, in meinen Rollenspielen entlarvt worden?

Geben Sie sich ehrliche Antworten, forschen Sie gründlich, denn alles, was Sie vielleicht finden, bindet viel Energie und muss aufgelöst werden. Aber wie kann man so etwas auflösen?

Die einfachste Möglichkeit ist, mit den daran beteiligten oder davon betroffenen Menschen zu reden und ihnen offen zu sagen, was damals wirklich passiert ist und warum Sie es bis jetzt verheimlicht haben.

Ein Beispiel: Sie haben als Haushälterin gearbeitet und eine teure Kristallvase zerschmettert. Doch statt das zuzugeben, haben Sie die Scherben weggeworfen und so getan, als sei nichts vorgefallen. Die Hausherrin hat das Fehlen der Vase erst Monate später bemerkt, und Sie haben behauptet, sie nicht gesehen zu haben.

Aber später haben Sie sich für diese Lüge in Grund und Boden geschämt. Was wäre jetzt die Lösung? Sie gehen bald zu Ihrer ehemaligen Chefin und sagen ihr: »Damals, das mit der Vase, das war ich. Ich möchte Sie gern dafür entschädigen, und es tut mir Leid, dass ich gelogen habe.«

Wenn Sie nicht wissen, wie diese Person jetzt erreichbar ist (vielleicht ist der Vorfall Jahre her), müssen Sie versuchen, ihre Adresse ausfindig zu machen. Und wenn sie auch telefonisch nicht erreichbar sein sollte, schreiben Sie ihr einen Brief. Wenn die Person bereits tot sein sollte, müssen Sie Ihre Geschichte einer anderen Person erzählen. Oder Sie schreiben einen Brief und geben ihn jemandem, der sie beide kennt, und machen als Entschädigung für die Vase eine entsprechende Spende oder geben jemandem ein Geschenk.

Ähnlich ist übrigens auch der Sinn der christlichen Beichte. Es geht dabei nicht darum, dass Gott uns vergibt, sondern darum, dass das gebundene Energiepotential in uns frei wird, indem wir das aussprechen, was es festgehalten hat. Die Beichte war ursprünglich ein sehr magischer Akt, was heute leider in Vergessenheit geraten ist. Die »Beichte«, von der ich hier spreche, setzt nicht nur das gebundene Energiepotential frei, sondern auch einen Lösungsprozess in Gang, der uns von unserem geschichtlichen Ich befreit.

Vielleicht gibt es auch etwas, das wir einer Person nie gesagt haben. Dann müssen wir das jetzt nachholen und ihr zum Beispiel sagen: »Ich war schon immer in dich verliebt, habe das ständig mit mir herumgetragen und furchtbar darunter gelitten. Bisher konnte ich es dir nicht sagen, aber nun sage ich es.«

278

Die Reaktion der Person auf diese Enthüllung spielt dabei überhaupt keine Rolle. Selbst wenn der andere dann »na und?« sagt, ist es auch gut. Es geht nicht um die Reaktion des Gegenübers, weil ja genau die Angst vor dieser Reaktion uns die ganze Sache schließlich eingebrockt hat. Jetzt geht es nur darum, all das loszuwerden, was uns schon lange belastet und unsere Energie gebunden hat. Indem wir über Dinge sprechen, die uns lange belastet haben, gewinnen wir Freiheit. Und die Energie, die wir gebraucht haben, um all das unter Verschluss zu halten, steht uns wieder zur Verfügung. Damit meine ich *nicht*, dass wir immer *alles sagen sollen, was wir denken.* Es geht vielmehr darum, sich zu fragen: »Wann habe ich etwas getan, das meiner Meinung nach nicht richtig war und das mich belastet?« Nur was uns wirklich belastet, weil wir nicht zu uns und unserem Wesen gestanden haben, als wir es getan haben, müssen wir klären und auflösen. Wir müssen integer werden, indem wir nur tun, denken und fühlen, wozu wir auch wirklich stehen. Aber nicht nur nicht integer sein frisst unsere Energie weg, sondern auch jede Form von Abhängigkeit oder Verwicklung.

2. Verwicklungen mit Menschen auflösen

Es gibt Menschen, mit denen wir positiv oder negativ so verwickelt sind, dass wir in unseren Gefühlen von ihnen abhängen. Eine positive Gefühlsabhängigkeit ist dadurch gekennzeichnet, dass uns die betreffenden Menschen absolut fesseln und nicht mehr aus dem Kopf gehen, weil wir vielleicht in sie verliebt sind oder sie über alle Maßen bewundern.

Eine negative Gefühlsabhängigkeit zeichnet sich durch Wut, Hass, Ärger und Enttäuschung aus, eben durch all die Gefühle, die der andere durch das hervorgerufen hat, was er oder sie uns angeblich angetan hat.

Wenn wir solche Verwicklungen auflösen wollen, ist es wichtig, uns wieder daran zu erinnern, dass uns jeder Mensch von unserer Seele geschickt wurde, um uns an unser wahres Wesen zu erinnern. Und um diese Funktion zu erfüllen, kann er in drei

»Verkleidungen« kommen: als Rückenwind, als Gegenwind und als Konfrontationstyp.

Als Rückenwind ist er zum Beispiel ein Partner, Chef oder Freund, der uns zeigt, wer wir sein könnten, der uns an unsere Fähigkeiten und Möglichkeiten erinnert und uns hilft, unser wahres Wesen zu leben. Dabei besteht jedoch die Gefahr, dass wir uns aus Bequemlichkeit hinter ihm verstecken und sagen: »Wenn der nun schon mal da ist, kann er es auch für mich machen.« Das kommt bei der Seele allerdings nicht gut an. Sie befürchtet, dass wir die gut gemeinte Unterstützung für unsere Bequemlichkeit missbrauchen und aufhören, uns zu entwickeln, und ihr bleibt dann nichts anderes übrig, als uns den Rückenwind wieder wegzunehmen und uns zu zwingen, wieder eigenständig zu werden. Vielleicht verliebt sich unser »Rückenwind« in eine andere Person, wird durch einen Unfall aus dem Leben gerissen oder muss einen Job in Südamerika annehmen. Irgendwie wird unsere Seele dafür sorgen, dass die Rückenwind-Person aus unserem Leben verschwindet.

Als Gegenwind treten Menschen in unser Leben, die uns richtig Probleme machen. Sie zeigen uns unsere Schwächen, halten uns auf, verstellen uns den Weg, machen uns klein, nagen an unserem Selbstwertgefühl und reißen uns so richtig runter. Sie werden von unserer Seele geschickt, damit sie uns daran erinnern, wie wir sein müssten, damit sie uns nicht mehr solche Probleme machen könnten. Solche Gegenwind-Menschen werden uns so lange die Hölle heiß machen, bis wir unsere Rolle durchschauen und klar erkennen, wie wir leben, denken und fühlen müssten, damit sie für uns bedeutungslos sind und keine Probleme mehr machen können.

Ein Beispiel: Eine Frau hat einen Partner, der sie in Grund und Boden redet und ständig beschimpft, sie sei nicht denkfähig. Sie trennt sich von diesem Menschen und sucht sich einen neuen Partner. Der neue Partner ist zu Beginn ein absoluter Charmeur, aber es dauert nicht lange, bis er sich genauso verhält wie der erste und sie ständig klein macht. Ihre Seele schickt ihr solche Menschen, damit sie erkennen kann, wie sie sein müsste, damit so etwas nicht mehr passiert. Wenn sie ihre Opferrolle durchschaut hat und ihr Partner sie wieder einmal so behandelt, könnte sie zum Beispiel sagen: »Wenn es dich interessiert, was ich darüber denke, dann hör mir zu und sei still. Wenn es dich nicht interessiert, kannst du auch aufhören zu reden, denn dann brauchen wir uns gar nicht zu unterhalten.«

Darauf sagt ihr Partner vielleicht: »Sei nicht so frech.« Und sie entgegnet: »Ich bin nicht frech, ich bin deutlich«, und zeigt damit eine völlig neue Dimension von Selbstwertgefühl. Wenn sie das ein paar Mal macht, wird der Partner nichts mehr entgegnen. Vielleicht verwandelt sich der Gegenwind jetzt in Rückenwind, oder er verschwindet ganz aus ihrem Leben. Würde sie sich hingegen weiter verstecken und dem Gegenwind allenfalls vorwerfen, dass er sie unter Druck setzt, gemein ist und ihren Freiraum nicht achtet, hätte sie nichts begriffen, vor allem nicht, dass ihre Seele diesen Mensch geschickt hat, um ihr Klarheit zu verschaffen und Freiheit zu ermöglichen.

Und schließlich gibt es noch die Konfrontationstypen. Das sind die Menschen, die uns konfrontieren, indem sie uns ständig in Frage stellen. Wenn wir sagen: »Der Kaffee war aber gut«, sagen sie: »Findest du??« Oder wir sagen: »Das ist aber ein schönes Hotel«, und sie antworten: »Das kann ich so nicht sehen. Warum sagst du das?«

Was immer wir sagen, wird von Ihnen in Frage gestellt. Solche Typen nerven ohne Ende, aber sie zwingen uns, Stellung zu beziehen. Sie werden uns geschickt, damit wir lernen zu hinterfragen, ob wir wirklich meinen, was wir sagen. Und sobald wir gelernt haben, unsere Meinung bewusst aufzubauen und zu vertreten, hört die Konfrontation auf.

Die meisten Verwicklungen mit Menschen können gelöst werden, indem man sich die betreffenden Menschen genau anschaut und das, was sie tun oder getan haben, nicht (mehr) persönlich nimmt, sondern als Ausdruck der Rolle versteht, die sie im Sinne unserer Seele für uns spielen. In dem Moment, in dem wir nur noch die Rolle sehen, die ein Mensch spielt, sind wir distanziert und können alles, was von dort kommt, leichter oder sogar amüsiert hinnehmen.

Viele Energien verschleudern wir auch dadurch, dass wir auf
Menschen oder Umstände reagieren und uns so in Gefühle treiben lassen, die wir nicht wollen und die uns auch nicht gut tun.

3. Nicht reagieren

Aufzuhören zu reagieren und stattdessen ganz bewusst mit unseren Gefühlen umzugehen, verleiht uns Energie ohne Ende.
Das ist allerdings nicht ganz einfach: Jemand sagt etwas, und
wir reagieren; die Umstände sind anders als erwartet, und wir
reagieren; wir erinnern uns an ein unangenehmes Erlebnis, und
wir reagieren; wir denken an etwas Unangenehmes, das die Zukunft bringen könnte, und wir reagieren. Wir reagieren eigentlich immer: auf die Gegenwart, auf die Vergangenheit und mit
unseren Befürchtungen und Hoffnungen sogar auf die Zukunft.
   Alle automatischen Reaktionen sind Teil unseres geschichtlichen Ich und basieren auf früheren Erfahrungen, zu denen wir
starke Gefühle entwickeln. Und indem wir uns zu automatischen Reaktionen hinreißen lassen, wiederholen wir unsere Geschichte und setzen sie sogar fort. Diese automatischen Reaktionen verhindern, dass wir einen neuen Bezug zu Dingen bekommen, und besonders, dass wir in Kontakt mit unserem
wahren Wesen treten. Um automatische Reaktionen zu verhindern, müssen wir uns zunächst bewusst machen und klar darüber werden, dass das Wahrnehmen von etwas nicht das Gleiche
ist, wie Gefühle und noch dazu immer die gleichen Gefühle zu
etwas zu entwickeln. Außerdem müssen wir uns bewusst machen, dass wir nicht unsere Gefühle sind, sondern Gefühle haben oder benutzen, und dass wir deshalb Gefühle austauschen
können, indem wir uns auf neue Gefühle konzentrieren. Das
braucht allerdings Übung. Die einfachste Art, es zu üben, besteht darin, gezielt in unterschiedlichste Phantasien zu gehen,
sich Filme anzusehen oder auch etwas zu lesen und zu beobachten, wie sich die Gefühle in uns entsprechend dem verändern, worauf wir uns konzentrieren. Später können wir dann
einfach verschiedene Erinnerungen in uns aufsteigen lassen und
dazu passende Gefühle entwickeln, und noch später können

wir einfach gewünschte Gefühle erzeugen, auch ohne dazugehörende Phantasien, und diese benutzen, um andere Gefühle ausklingen zu lassen. Musik oder Farben im Umfeld können diesen Prozess am Anfang unterstützen, bis er irgendwann ganz selbständig ablaufen kann. Das Üben des Austauschens von Gefühlen ist am Anfang anstrengend, läuft später aber relativ einfach ab. Ebenso hilfreich ist es, beim Wahrnehmen eine innere Distanz aufzubauen, und zwar durch die früher beschriebene »Aha«-Haltung. Sie lässt uns nicht sofort reagieren, sondern gibt uns die Entscheidungsmöglichkeit, ob wir überhaupt reagieren wollen, und wenn ja, mit welchen Gefühlen. Gefühle frei wählen und austauschen zu können, macht uns in unseren geistigen Energien unabhängig und hilft uns, die Überschattung durch unser geschichtliches Ich aufzulösen.

4. Bewusstes Ausrichten der Wahrnehmung

Die Wahl unserer Gefühle und all unserer geistigen Energien hat auch sehr viel mit unserer Wahrnehmung zu tun. Alles, was wir wahrnehmen, verändert unsere geistigen Energien und auch unsere Aura, weil wir im gleichen Moment dazu in Resonanz gehen. Ob wir es spüren oder nicht, spielt dabei keine Rolle. Wir nehmen etwas wahr, die Energie des Wahrgenommenen geht auf uns über, legt sich über die vorhandene Energie und prägt uns, ohne dass es uns bewusst wird. Und wir nehmen ständig wahr: das, was wir sehen, hören, riechen, schmecken, ertasten, aber auch das, worüber wir reden und nachdenken oder wozu wir Gefühle entwickeln.

Das bedeutet: Um unseren inneren Freiraum zu schützen, sollten wir uns angewöhnen, nur noch über das zu reden, nur noch das wahrzunehmen, an das zu denken und das zu fühlen, wovon wir möchten, dass es uns prägt. Und das erfordert einen sehr bewussten Umgang mit uns selbst und unserem Leben.

Wenn jemand in unserem Umfeld für uns Unpassendes erzählt, sollten wir nicht einfach sagen »Was redest du da für einen Unsinn?«, sondern lieber versuchen, gar nicht hinzuhören und stattdessen dem ein offenes Ohr zu schenken, der etwas erzählt, was uns gut tut, uns aufbaut und interessant ist. Wenn vor unserem Haus drei hässliche Autos stehen und ein schönes, dann sollen wir natürlich auf das schöne Auto schauen, uns daran freuen und die anderen ausblenden. Das ist nicht das Gleiche, wie etwas zu verdrängen. Wir akzeptieren die Tatsache, dass es auch Dinge gibt, die wir nicht wollen und die uns nicht gut tun. Unsere Wahrnehmung und unsere Erinnerung gehen aber nur dorthin, wo schöne Dinge sind, die uns und unserem Wesen entsprechen.

Wahrnehmungskontrolle ist ein riesiger Schritt in die Freiheit. Sie schafft Raum für unser wahres Wesen und hilft uns, unsere Energie nicht in Unwesentliches fließen zu lassen und letztlich zu verlieren. Klare Wahrnehmung, Gefühlskontrolle und viel Energie sind die Aspekte, die spirituelle Magie wirksam machen.

FRAGEN UND ANTWORTEN

Frage:
Kann ich einem Gegenwindtypen helfen, mich besser zu verstehen?
Antwort:
Natürlich, aber wozu? Das geschichtliche Ich will immer, dass das, was man tut und wie man ist, irgendwie bei anderen ankommt. Aber das Problem, das ein Gegenwindtyp für uns darstellt, können wir erst dann lösen, wenn es uns egal ist, wie das, was wir sagen oder tun, bei dem anderen ankommt.

Wir machen ein Angebot, stellen unseren Standpunkt klar, und der andere macht etwas daraus oder eben nicht. Doch in dem Moment, in dem es uns nicht egal ist, wie der andere auf unser Angebot reagiert, verwickeln wir uns schon wieder, und unser geschichtliches Ich sagt: »Ich will anerkannt, verstanden, geliebt und in meiner Leistung gewürdigt werden. Er muss mich doch verstehen!«

Frage:
Bedeutet das, ich muss mir selbst treu bleiben und trenne mich dann gegebenenfalls von diesem Menschen?

Antwort:

Erst müssen Sie verstehen, was die Funktion dieses Menschen für Sie ist und ob Ihre Energie im Austausch mit ihm eher nach oben oder nach unten geht. Und wenn sie nach unten geht, können Sie sich von ihm lösen, wenn er nicht bereit ist, Sie auf Ihrem Weg zu sich selbst zu unterstützen.

Frage:

Ich habe meiner Mutter irgendwann großzügig verziehen, dass sie mich so einengend erzogen hat. Und ich habe beschlossen, ihr gegenüber kein Wort mehr darüber zu verlieren. Wäre es jetzt trotzdem sinnvoll, ihr das zu sagen?

Antwort:

Ja, aber es muss Ihnen egal sein, ob Ihre Mutter Sie versteht oder nicht. Wichtig ist nur, dass Sie es sich von der Leber reden oder schreiben und ihr zukommen lassen. Doch bevor Sie das tun, sollten Sie versuchen, die Rolle zu begreifen, die Ihre Mutter in Ihrem Leben gespielt hat. Warum haben Sie so einen Typ Mensch schon zu Beginn Ihres Lebens in Ihrem nächsten Umfeld gehabt? Worauf deutet das hin? Was waren Ihre Entwicklungsmöglichkeiten? Hat Ihre Mutter durch ihre Art Ihre Souveränität, Freiheit und Unabhängigkeit angeregt, und zwar in der Rolle des Gegenwindes? Hatte sie selbst die gleichen Lernaufgaben? Mit welchem Erfolg hat sie sie gemeistert? Erst wenn Sie das erkannt haben, sollten Sie mit ihr reden oder ihr schreiben. Sinn dieses Austauschs ist nicht, sich zu rächen oder zu verletzen. Und wenn Ihre Mutter darauf in der gleichen Weise reagiert wie früher, dann müssen Sie das verständnisvoll und gelassen hinnehmen. Und auch Diskussionen sind dabei völlig überflüssig. Sie sagen einfach nur, wie Sie es empfunden haben, ohne Recht haben zu wollen und auch nicht als Vorwurf.

Frage:

Angenommen, ich habe jemanden über den Tisch gezogen. Wenn ich jetzt zu dem hingehe, muss ich ja auch bereit sein, die Konsequenzen aus dieser Situation zu tragen.

Antwort:

Genau dazu sollten Sie bereit sein. Das Gefühl, etwas getan zu haben, das nicht richtig war, erzeugt Schuldgefühle, nagt an Ihrem Selbstwertgefühl und lähmt Ihre Energie. Es hindert Sie daran, sich Ihrem Wesen zu nähern und frei zu werden. Wie wichtig diese innere Entlastung ist, kann man schon daran sehen, dass sich Menschen selbst auf dem Totenbett noch entlasten und unschuldig machen wollen, um frei zu sein für ihre letzte Reise.

Frage:

Was ist, wenn ich ein Auto verkauft habe, das nicht in Ordnung war, da müsste ich mich doch total bloßlegen?

Antwort:

Ja, genau darum geht es, sich bloßzulegen, beziehungsweise nicht sich, sondern das geschichtliche Ich, damit man wieder frei wird, sich selbst leben zu können.

Um bei dem Beispiel mit dem Auto zu bleiben: Wenn Sie denjenigen, dem Sie Ihr Auto verkauft haben, nicht mehr ausfindig machen können, können Sie es bei einem anderen wieder gutmachen. Dann kaufen Sie zum Beispiel ein Auto, und wo Sie normalerweise knallhart gehandelt hätten, sagen Sie jetzt: »Wissen Sie was, ich leg noch einen Tausender drauf.«

In meinem Geldbuch habe ich geschrieben, dass es nicht ausreicht, sich Geld zu wünschen. Man muss vielmehr glauben, es verdient zu haben. Den Glauben, etwas verdient zu haben, kann man an vielen Dingen festmachen, zum Beispiel am Fremdwert, dem Wert, den man anderen geben kann, der deren Lebensqualität steigert. Aber unabhängig davon führt einen auch die Achtung vor sich selbst zu der Ansicht, dass man etwas verdient hat.

Und die Achtung vor sich selbst hängt davon ab, inwieweit man davon überzeugt ist, absolut integer und rein zu sein. Man kann fehlende Integrität natürlich mit viel rhetorischem Geschick wegdiskutieren, so im Sinne von: »Dem hab ich zwar eine Gurke verkauft, aber wenn er es nicht merkt, ist er selber schuld. Das ist sein Karma.«

Aber Tatsache bleibt: Die Achtung vor sich selbst hat etwas damit zu tun, dass man sich tief innen selbst für integer hält. Und wenn Sie jemandem eine Gurke verkaufen, ist das nicht integer, egal, wie Sie es vor sich selbst darstellen und ob der andere es überhaupt merkt. Nicht integer zu leben, raubt Energie ohne Ende.

Wenn Sie in tiefer Überzeugung ausstrahlen, dass Sie Erfolg verdient haben und integer sind, dass Sie das Allerbeste geben, niemandem schaden und alles aus eigener Kraft hervorbringen, sind Sie nach dem Resonanzprinzip bereit für den Erfolg.

Wenn Sie in allem, was Sie denken, fühlen und tun, integer sind, ist das die beste Voraussetzung, um voranzukommen, weil Sie tief innen auch glauben, den Erfolg verdient zu haben.

Frage:

Wenn man jemanden zum Beispiel finanziell übervorteilt hat, kann man das auch wieder gutmachen, indem man etwas für eine soziale Einrichtung spendet?

Antwort:

Nur, wenn es bei dem, dem man übervorteilt hat, selbst nicht mehr auszugleichen ist und Sie auch niemanden kennen, der ihm nahe stand. Eine solche Ausgleichhandlung macht auch nur Sinn, wenn man sich entschließt, so etwas nie wieder zu tun, und einer anderen Person davon erzählt, im Sinne einer »Beichte«. Ohne diese Beichte wird immer die Angst da sein, dass es irgendwann jemand entdecken könnte. Und das bindet Energie.

Frage:

Ich empfinde mich manchmal wie eine Raupe, die ihre eigene Zeit braucht, um zum Schmetterling zu werden, sprich: um Dinge zu verändern. Ist es wichtig, wie lange der Weg in die Freiheit dauert?

Antwort:

Aus meiner Sicht hängt die Geschwindigkeit auf dem Weg in die Freiheit davon ab, wie weit man sich von seinem geschichtlichen Ich distanzieren und wie konsequent man seine Energien neu ausrichten kann. Ich glaube, es ist gleichgültig, wie schnell die innere Befreiung vonstatten geht, solange sie sich überhaupt vollzieht. Warum sollten wir uns jetzt schon wieder unter Druck setzen? Wichtig ist es, dass wir selbst an unserer Befreiung aus den Fängen der Geschichte arbeiten. Sich dafür Vorbilder zu suchen, ist auch nicht sinnvoll, denn jeder Mensch ist anders und hatte eine andere Geschichte. Ich selbst glaube, dass dieser Prozess das ganze Leben lang dauert und nie abgeschlossen ist.

Frage:

Wenn ich ein Samenkorn in steiniger Erde bin, kann ich doch nicht auf einmal ein Samenkorn in fruchtbarer Erde sein. Oder doch?

Antwort:

Wenn Sie ein Samenkorn in steiniger Erde sind und Ihre Denkweise ändern, kann plötzlich jemand kommen, der Erde nachschüttet und Sie gießt. Das sind die äußeren Impulse, die man nutzen kann. Und je mehr man sie zulässt, desto schneller bewegt sich was. Aber eines gehört immer dazu: eine unbeugsame Absicht mit der Unterstellung, dass man irgendwann erfolgreich sein wird, weil uns unsere Seele unterstützt.

Frage:

Ich habe das Gefühl, dass ich die Entscheidungsebene in mir nicht beeinflussen kann, dass ich nicht einmal weiß, wie ich sie finden kann.

Antwort:

Der Teil in Ihnen, der jetzt diese Frage stellt, ist die Entscheidungsebene, Ihr mittleres Ich. Es ist weder das geschichtliche Ich noch das Wesens-Ich. Es ist die beobachtende Instanz des freien Willens, die den Erkenntnisprozess und den Entscheidungsprozess steuert.

Häufig ist diese Instanz stark an das geschichtliche Ich gebunden und kann eine solche Frage gar nicht stellen. Aber Sie haben diese Frage gestellt, also muss sich Ihr mittleres Ich, das Kern-Ich, bereits etwas aus der Identifizierung mit Ihrem geschichtlichen Ich herausgelöst haben.

Die Entscheidungsebene liegt auf jeden Fall im mittleren Ich, dem Ich, das die Natur der Dinge begreifen kann, das Erkenntnisse sammeln will und das über den freien Willen verfügt. Dort liegt auch die Kraft der Entscheidung, welche die Schöpfungsenergien aktivieren und ausrichten kann.

Und wenn Sie nun sagen: »Ich kann mich aber nicht entscheiden, es geht mir so mies«, dann sagt das Ihr geschichtliches Ich, das sich wichtig macht, nicht das Kern-Ich. Sie können die beiden nicht klar voneinander unterscheiden, weil Sie vom geschichtlichen Ich noch zu stark aufgesaugt worden sind, und das benebelt Ihren Blick, und doch haben Sie diese Frage gestellt. Ihre Freiheit liegt in Ihrem Kern-Ich, frei zwischen dem geschichtlichen Ich und dem Wesens-Ich.

In der folgenden Meditation können wir die Freiheit des Kern-Ich klarer empfinden. Wir werden tief innen spüren, dass wir die Freiheit haben, unsere Wahrnehmung sowohl auf unsere Vergangenheit zu lenken als auch auf unser Wesen. Und dort, wo unsere Wahrnehmung ruht, ist die Quelle unserer Energie.

Meditation – Freiheit der Wahrnehmung

Schließe die Augen. Atme langsam tief ein und aus.
Denke an deine beiden Knie. Atme langsam ein und aus.
Denke an deine beiden Schultern. Atme langsam ein und aus.
Denke an deinen Solarplexus. Atme langsam ein und aus.
Denke an dein Herz. Atme langsam ein und aus.
Stelle dir jetzt mit jedem Atemzug vor: Du atmest strahlende, kraftvolle Energie ein und beim Ausatmen verteilst du diese Energie in deinem Körper und in deinem Bewusstsein.
Spüre, wie sich dein Körper mehr und mehr mit Energie füllt.

Atme weiter Energie ein und schicke diese Energie beim Ausatmen über die Grenzen deines Körpers hinaus in den Raum.

Fülle den Raum mit strahlender, kraftvoller Energie.

Diese Energie hat die Kraft, deine Gedanken, deine Gefühle und deine inneren Bilder Wirklichkeit werden zu lassen, wenn du das möchtest.

Atme langsam tief ein und aus und sage dann leise in Gedanken zu dir selbst, wenn du möchtest, sage und empfinde: »Ich suche Kontakt zu meinem Wesen, zu meinen Sehnsüchten, zu meinen Fähigkeiten, zu meinen Möglichkeiten. Ich möchte Menschen, Situationen und geistige Wesen anziehen, die mir helfen, mein Wesen zu spüren und zum Ausdruck zu bringen, in ihm zu leben.«

Atme langsam tief ein und aus.

Und jetzt stell dir vor: Vor dir steht auf der einen Seite dein geschichtliches Ich, und auf der anderen Seite steht dein Wesen, dein Wesens-Ich.

Wende dich deinem Wesen zu und lass dich davon berühren.

Spüre, dass es dich so liebt, wie du bist.

Mach dir jetzt, in dieser Verbindung mit deinem Wesen klar, dass du die Freiheit der Entscheidung hast, den freien Willen.

Du bist auch der freie Beobachter, der alles wahrnehmen, begreifen und verstehen kann, ohne ein Teil davon zu sein, ohne damit verwickelt zu sein.

In diesem Bewusstsein und im Einklang mit deinem Wesen wende dich jetzt deinem geschichtlichen Ich zu.

Sage ihm, wie wichtig es für dich ist, dich von ihm zu lösen und nur einige Aspekte von ihm in die Zukunft mitzunehmen.

Und jetzt frage dein geschichtliches Ich, wann du in der Vergangenheit feige gewesen bist, wann du nicht gesagt hast, was du sagen wolltest, wann du nicht getan hast, was du wolltest.

*Und jetzt, während du wieder dein Wesen wahrnimmst,
entscheide dich, gemeinsam mit ihm in Zukunft anders zu
handeln, mutig zu sein, zu dir zu stehen.
Entscheide dich jetzt ganz klar, in Zukunft nur das zu tun,
was dir dein Herz sagt, nur das, wozu du wirklich stehst
und was du wirklich vertreten kannst.*

*Wende dich jetzt wieder deinem geschichtlichen Ich zu
und lass dir beschreiben, in welchen Bereichen deines Lebens du abhängig bist, wo deine Freiheit beschnitten ist.
Sage deinem geschichtlichen Ich, dass diese Beschränkungen bei ihm bleiben sollen. Du möchtest dich bewusst davon abwenden, um Raum zu schaffen, in dem sich dein
Wesen zum Ausdruck bringen kann.
Dein geschichtliches Ich soll diese Einschränkung als Erfahrung behalten. Du aber willst dich der Freiheit zuwenden
und diese Beschränkungen von jetzt an meiden.*

*Wende dich wieder deinem Wesen zu, spüre die Freiheit
deines Wesens. Und dann sage aus den Tiefen deines Bewusstseins zu deinem Wesen, dass du dich jetzt für freien
Raum entscheidest.
Sage ihm, was du bereit bist dafür zu tun und was du bereitwillig zurücklassen willst.
Bitte dein Wesen, dir dabei zu helfen.*

*Wende dich dann wieder deinem geschichtlichen Ich zu
und lass dir erzählen, mit welchen Menschen aus deiner
Vergangenheit du noch verwickelt bist: Wer hält deine Gefühle und Gedanken besetzt und nimmt dir damit deine
Freiheit?
Ziehe dich innerlich von diesen Menschen zurück, gib sie
frei und dich selbst auch. Lass sie bei deinem geschichtlichen Ich.*

*Wende dich wieder deinem Wesen zu.
Und jetzt entscheide dich aus den Tiefen deines Bewusstseins, mit den Menschen deiner Vergangenheit, deiner*

Gegenwart und deiner Zukunft so umzugehen, dass du frei bist, sie in der Rolle zu erkennen, die sie für dein Leben haben. Verstehe, dass sie dir geholfen haben und helfen sollen, dein Wesen zu begreifen.

Bitte dein Wesen, dir diese Freiheit zu geben und dich in diesem Erkenntnisprozess zu unterstützen.

Spüre dein Wesen und entscheide dich für Schönheit, Geborgenheit, Dankbarkeit und Liebe – Bewusstseinszustände, um die herum sich dein Leben ordnen soll.

Atme langsam tief ein und aus.

Und zum Abschluss bitte dein Wesen noch einmal, deine Wahrnehmung auf das zu richten, was dich nährt, was dir Energie gibt und was wesentlich ist.

Spüre die Kraft deines Wesens in deinen Augen.

Durch diese Augen, die von deinem Wesen beseelt sind, betrachte von jetzt an die Welt. Spüre, was zu dir gehört, was wesentlich ist, was deinem Wesen entspricht und was im Gegensatz dazu die Reste des geschichtlichen Ich sind.

Atme langsam tief ein und aus.

Und öffne dann die Augen.

FRAGEN UND ANTWORTEN

Frage:

Wenn ich meine Wahrnehmung gezielt ausrichten will, sollte ich doch kein Fernsehen mehr sehen und keine Zeitung mehr lesen, die meine Aufmerksamkeit auf viel Negatives, Unerfreuliches und Problematisches richten. Oder?

Antwort:

Grundsätzlich glaube ich, dass man sehr wachsam sein muss, welchen Energien man Zugang zu seinem Bewusstsein erlaubt. Wahrnehmungsausrichtung bedeutet, dass man sowohl im Umfeld als auch in sich selbst nur Energien suchen sollte, die auch ins eigene Leben kommen sollen. Auf Aspekte im äußeren Leben oder auch auf Gefühle, Gedanken, Erinnerungen oder Handlungsweisen, die man loswerden möchte, sollte man keinerlei Wahrnehmung richten. Für unsere Wahrnehmung sollten nur noch Dinge interessant sein, die zu uns passen, oder Dinge, die wir in etwas umwandeln können, das zu uns passt. Unsere Wahrnehmung lenkt Schöpfungsenergie. Wenn wir zum Beispiel vor dem Fernseher sitzen und völlig willkürlich Energien und Informationen durch unser Bewusstsein fließen lassen, verlieren unsere eigenen gewünschten Energien an Eindeutigkeit und Kraft, und wir lassen uns vom Umfeld prägen.

Es gibt wenige Menschen, die sich rundherum gut oder in Ordnung finden, und auch wenige, die zu ihren Fehlern und Schwächen stehen, unabhängig davon, ob diese tatsächlich da sind oder nur als solche empfunden werden.

Der Grund ist offensichtlich. Wir haben uns so sehr daran gewöhnt, den Erwartungen anderer Menschen entsprechen zu wollen und deren Anforderungen an unsere inneren und äußeren Qualitäten zu befriedigen, dass wir ständig ein waches Auge darauf haben, wie wir bei anderen Menschen ankommen und ankommen könnten. Alles an uns, was diesen Anforderungen oder Erwartungen vielleicht nicht entsprechen und die erhoffte Anerkennung, Bewunderung, Aufmerksamkeit, Achtung oder gar Liebe mindern könnte, wird maskiert. Kleidung und Make-up retouchieren unser Äußeres, Rollenspiele und Rhetorik sollen über Persönlichkeitsschwächen hinwegtäuschen, und der letzte Ausweg ist immer noch Schüchternheit und Arroganz.

Der große Nachteil solcher Verschleierungsversuche ist, dass sie einerseits die Bindungen an unser geschichtliches Ich aufrechterhalten und uns andererseits viel Energie wegfressen, die wir dringend bräuchten, um unsere geistigen Energien zu intensivieren und auszurichten.

Um diese Energieverschwendung in Zukunft zu vermeiden und gleichzeitig unsere Freiheit zu vergrößern, ist es wichtig, dass wir gleichgültiger gegenüber den Sichtweisen und Erwartungen anderer Menschen werden und die vermeintlichen eigenen Schwächen als Aspekte des geschichtlichen Ich einordnen. Gleichzeitig müssen wir die über Jahre in der Maske gebundene Energie befreien, indem wir die vermeintlichen Schwächen zeigen, darüber sprechen und vor allem sämtliche Schleier beseitigen, hinter denen wir sie bislang versteckt gehalten haben. Dazu dient die folgende Übung.

ÜBUNG: SCHWÄCHEN ZUGEBEN

Machen Sie diese Übung zunächst wieder allein mit sich selbst und dann später gemeinsam mit Ihrem Partner oder mit Freunden. Sie wird viel Mut erfordern, aber Ihre Selbstachtung und Ihre Energie werden im Laufe der Übung stark anwachsen. Und nichts zieht die Energien des eigenen Wesens, der Seele und geistiger Helfer mehr an als absolute Offenheit und Ehrlichkeit sich selbst und anderen gegenüber.

Suchen Sie sich wieder einen Platz, an dem Sie ungestört sind und wo Sie sich wohl fühlen. Erforschen Sie 30 bis 60 Minuten lang, wann Sie zum Beispiel feige waren, oder wann Sie aus Angst vielleicht etwas getan haben, das Sie nicht hätten tun sollen, oder auch, wann Sie aus Angst etwas nicht getan haben, das Sie gern getan hätten. Wann haben Sie einem Menschen nicht das gesagt oder gezeigt, was Sie wirklich gedacht und gefühlt haben?
Wann haben Sie unehrlich auf etwas reagiert? Wann haben Sie aus egoistischen Motiven jemanden benachteiligt?
Haben Sie eine versteckte oder offensichtliche Sucht? Oder haben Sie einmal einen schlimmen Fehler gemacht, den Sie nie zugegeben haben?
Wann sind Sie vor der Verantwortung geflüchtet?
Wann waren Sie richtig enttäuscht, verletzt, beleidigt oder am Boden zerstört durch das, was eine andere Person getan, gesagt oder Ihnen gegenüber an den Tag gelegt hat?
Wovor haben Sie Scheu? Das können Situationen, Menschen oder Gedanken sein. Manche Menschen haben zum

Beispiel eine unglaubliche Scheu vor der Frage, ob ihr Leben so überhaupt sinnvoll ist.

Was haben Sie erlebt, woraus Sie den Schluss ziehen könnten, dass Sie ein Opfer sind und ein Recht auf Selbstmitleid haben?

Welche Misserfolge haben Sie wirklich geprägt?

Und am Schluss fragen Sie sich, ob Sie sich selbst auch dann noch für liebenswert halten, wenn Sie nicht geschminkt sind, keine Kleider anhaben, nicht auf Ihre Diplome verweisen können, kein Geld haben und sich nicht hinter jemandem verstecken können.

Wenn Sie solche tatsächlichen oder vermeintlichen Schwächen zugeben können, wird die Energie, die Sie gebraucht haben, um sie zu verstecken, wieder frei und die Chance ist groß, dass sich dieser lähmende Zustand des Versteckens und des Rollenspiels als Zwang in Ihnen auflöst und Sie sich wieder frei fühlen.

Ziel dieser Übung ist es, Verstecktes ans Licht zu bringen und die Energie freizusetzen, die zum Verstecken gebraucht wurde. Eine Analyse, wie es zu all dem kam, Begründungen und Entschuldigungen sind irrelevant.

Solange Sie noch etwas verstecken, können Sie es nie auflösen oder loswerden. Und bevor Sie das Alte nicht losgeworden sind, können Sie auch nicht erwarten, dass Ihnen Ihre Seele etwas Neues schickt.

Wenn Sie in dieser Zeit einiges gefunden haben, kommen Sie mit Ihren Freunden zusammen und sprechen über das, was Sie entdeckt und aufgeschrieben haben. Die anderen in der Gruppe tun natürlich das Gleiche. Damit wird die Energie allmählich von dem Erlebten und lang Versteckten abgelöst. Sie werden sich bedeutend freier fühlen und endlich wieder Raum haben, um sich selbst und Ihr Leben zu verändern, ohne die Angst, sich selbst dabei zu entlarven. Wenn Sie nach Ihren Schwächen forschen, suchen Sie dabei auch nach Gefühlen, die mit diesen Erinnerungen einhergehen. Diese Gefühle sollten Sie dann in das jeweilige Buch Ihrer Gefühle und Resonanzen aufnehmen.

295

Jedes Gruppenmitglied sollte Gelegenheit haben, seine Erinnerungen mit den anderen zu teilen. Wichtig ist dabei, zu spüren, wie gut es sich anfühlt, einen Fehler oder eine Schwäche zugeben zu können, und Mut zu fassen, es von jetzt immer zu tun. Wichtig ist auch, einfach zuzuhören, ganz neutral mit einem inneren »Aha, verstehe«. Kein Gruppenmitglied sollte versuchen, den jeweiligen Sprecher zu drängen, zu therapieren und mit ihm zu diskutieren. Nur eines ist von Bedeutung: die bewusste Erfahrung, Schwächen zugeben zu können.

Von Menschen, die diese Übung schon gemacht haben, habe ich in der Regel folgende Rückmeldung bekommen: Am Anfang der Übung geht die Stimmungskurve nach unten, aber später geht sie steil nach oben und fällt auch nicht mehr ab. Das heißt, wir müssen uns durch die problematische Anfangsphase hindurchkämpfen.

In dieser Übung klären wir für uns: »Wie bin ich früher gewesen?« Und dann stellen wir die Weichen neu und fragen uns: »Wie will ich von jetzt an sein?«

Achten Sie beim Üben auch darauf, dass Sie der Gefahr entgehen, in Vergangenem zu wühlen und ständig darüber zu reden. Sie sollten lediglich Themen ans Licht bringen, die Sie lange unter Verschluss gehalten haben, und diese dann möglichst mit den Menschen besprechen, die davon betroffen waren oder sind. Der offene Austausch nicht nur in der Gruppe, sondern auch mit den ursprünglich Betroffenen führt dazu, dass Sie keine Energie mehr brauchen, um die betreffende Sache weiterhin geheim zu halten, und das gibt Ihnen Ihre Freiheit zurück.

Ich glaube, wir alle sind mit einer gewissen Menge an Energie geboren, vergleichbar mit einer Batterie. Aber diese Energiebatterie reicht nicht lange aus, wenn wir nur davon leben und sie nicht wieder aufladen. Laden können wir sie dadurch, dass wir uns mit allen Aspekten des Lebens frei austauschen, Raum für unser Wesen schaffen, im Fluss bleiben und damit auch den Lebensenergien erlauben, ständig durch uns hindurch zu fließen.

Wenn wir dagegen von allen möglichen Ängsten blockiert sind, zum Beispiel von der Angst, das Gesicht zu verlieren, zu versagen, nicht mehr liebenswert oder nicht mehr sicher zu sein, können die Energien weder aus uns hervor noch in uns hinein fließen. Wir schneiden uns ab vom Fluss des Lebens.

In dem Moment, wo wir diese Ängste aber nicht mehr verstecken und über sie reden, verschwinden sie. Der Energiefluss kommt wieder in Gang und das Leben kann sich neu in uns entfalten.

Das heißt aber natürlich nicht, dass wir jedem ständig auf die Nase binden müssen, was wir denken, fühlen und tun. Es geht nur um die Auflösung von Verdrängtem, das uns belastet. Wir wollen uns wieder frei verhalten können, und wenn wir das schon tun, gibt es dort auch nichts anderen gegenüber darzustellen oder zu klären. Wir sollen zu uns selbst stehen, indem wir integer sind und einander liebevoll lassen, und genau das sollten wir auch anderen Menschen erlauben.

Jeder hat das Recht, seine Privatsphäre für sich zu behalten. Unter einer Privatsphäre verstehe ich aber keine Heimlichkeiten, sondern vielmehr Gedanken, die vielleicht noch gar nicht fertig sind, Gefühle, die jemand hat, oder Dinge, die er tut und auf die er nicht angesprochen werden möchte, weil sie nur für ihn allein gedacht sind. Deshalb sollte man auch nicht über andere Menschen sprechen, weder positiv noch negativ.

Denn immer, wenn wir über andere Menschen sprechen, mischen wir uns in deren Energiesystem ein und verbreiten etwas über sie, das sie vielleicht gar nicht verbreitet haben möchten. Und dabei spielt es gar keine Rolle, ob das nun positive oder negative Dinge sind, die verbreitet werden. Allein die Tatsache, dass wir über Menschen sprechen, macht sie zum Zentrum der Wahrnehmung anderer und schafft damit Energieverbindungen, die sie vielleicht gar nicht haben möchten. Über etwas zu sprechen, ist etwas anderes, als über den Menschen zu sprechen, der es tut. Letzteres ist aus meiner Sicht ein Eingriff in die Privatsphäre.

Doch nun noch einmal zurück zu unserer Übung. Es geht darum, Dinge aufzuschreiben und zu besprechen, über die Sie noch nie gesprochen haben, denn alles, was bereits besprochen wurde, ist ja bereits abgelöst.

Ich erzähle Ihnen dazu eine Geschichte von jemandem, der mir eines Tages gestanden hat, dass er ganz naiv etwas hat mitgehen lassen. »Das lag da rum«, sagte er, »und da hab ich gedacht, dass es zu mir passt, und habe es eingesteckt. Aber hinterher dachte ich, dass es vielleicht jemand anderem gehört. Soll ich es wieder hinlegen oder ist es dafür zu spät?«

Er hatte bis dahin zu niemandem darüber gesprochen, und keiner wusste davon. Aber es war interessant, dass ihm später selber diese Bedenken gekommen waren und er nach Klärung suchte. Als er in der Situation war, hatte er den Gegenstand liegen sehen und ihn spontan mitgenommen. Doch als er dann zu Hause war, kamen ihm Bedenken bezüglich seines Verhaltens: Vielleicht war der Gegenstand doch nicht verloren oder zufällig abgelegt worden, sondern gehörte jemandem, der ihn nun vermisste. Und er überlegte sich: »Wenn ich ihn nun wieder hinlege, findet der Besitzer ihn womöglich gar nicht mehr. Und ein anderer nimmt ihn dann weg.« Er sah keine Lösung, was ihn stark beschäftigte.

So ähnlich geht es uns vielleicht mit vielen Situationen, in denen wir nicht integer waren und nicht auf unser Herz gehört haben. Und schon die Tatsache, dass wir etwas hinterfragen, das wir getan oder gesagt haben, zeigt ja, dass unser Herz anderer Meinung ist. Denn zu dem, was eindeutig ist, stellt unser Herz keine Fragen.

FRAGEN UND ANTWORTEN

Frage:
Was könnte langfristig das Resultat dieser Übung sein?
Antwort:
Die Übung hat zwei wichtige Aspekte: das Mitteilen des Verheimlichten und das Ausgleichen des nicht integren Verhaltens. Beides wird zu Erleichterung führen, weil man nichts mehr verstecken muss und Schuldgefühle sich auflösen. Die Selbstachtung wird wieder wachsen, und das eigene Han-

deln wird wieder unbeschwerter. Das bringt innere Zufriedenheit und Sicherheit, und die Angst vor Entlarvung wird verschwinden. Ihr Umfeld mag dann immer noch alle möglichen guten oder unguten Meinungen über Sie haben, aber das wird Sie nicht mehr berühren, weil Sie von sich selbst und Ihrer Integrität überzeugt sind.

Sie fühlen sich nicht mehr getroffen oder betroffen. Sie stehen zu sich.

Frage:

Wenn jemand beim Erzählen in der Gruppe nur eine Andeutung macht und zum Beispiel sagt: »Ich bin von meinem Vater gedemütigt worden«, was könnte man dann fragen, um im Sinne der Übung mehr aus ihm herauszulocken?

Antwort:

Man könnte zum Beispiel fragen: »Bei welcher Gelegenheit hat er das gemacht? Wie hat es sich angefühlt? Was hast du gesagt oder getan oder eben nicht?« Die Tatsache, dass sein Vater ihn gedemütigt hat, ist ja nicht das Thema, sondern wie er damit umgegangen ist. Man könnte dann weiter fragen: »Wieso hast du nicht zu dir gestanden? Wie hast du versucht, dem zu entgehen? Bist du etwa gleich handgreiflich geworden?«

Der Sinn des Fragens sollte immer sein, den Redenden dorthin zu führen, wo er sich öffnen kann und zugibt, wie mies er war oder wie verzweifelt er geflohen ist oder was sonst er vielleicht an Anrüchigem getan hat.

Frage:

Muss derjenige, der gerade mit Erzählen dran ist, das Gefühl von damals wirklich noch einmal erleben, bevor er sich davon lösen kann? Sollte ihn die Gruppe dorthin führen?

Antwort:

Nein, die Gruppe sollte niemanden zu therapieren versuchen, sondern lediglich gut zuhören und den Betreffenden, wenn er keine richtigen Aussagen macht, durch Fragen dazu zu bringen, deutlicher zu werden. Und wenn er die Gefühle nicht wirklich rüberbringen oder empfinden kann, könnte man vielleicht fragen, wie sich das angefühlt hat, worüber er erzählt, aber es sollte nicht darauf herumgeritten werden, weil das eine innere Öffnung nur noch schwieriger macht. Alles Reden sollte freiwillig und ein Bedürfnis sein.

Die folgende Meditation hilft uns dabei, tief in unserem Innern eine kraftvolle Entscheidung für unsere Freiheit zu treffen. Wir wollen in unserem Leben Raum schaffen für unser Wesen und Verstrickungen aus unserer Geschichte auflösen.

MEDITATION – ENTSCHEIDUNG FÜR DIE FREIHEIT

Schließe die Augen. Atme langsam tief ein und aus.

Denke an deine beiden Knie. Atme langsam ein und aus.

Denke an deine beiden Schultern. Atme langsam ein und aus.

Denke an deinen Solarplexus. Atme langsam ein und aus.

Denke an dein Herz. Atme langsam ein und aus.

Stelle dir jetzt mit jedem Atemzug vor: Du atmest strahlende, kraftvolle Energie ein und beim Ausatmen verteilst du diese Energie in deinem Körper und in deinem Bewusstsein. Spüre, wie sich dein Körper mehr und mehr mit Energie füllt.

Atme weiter Energie ein und schicke diese Energie beim Ausatmen über die Grenzen deines Körpers hinaus in den Raum.

Fülle den Raum mit strahlender, kraftvoller Energie.

Diese Energie hat die Kraft, deine Gedanken, deine Gefühle und deine inneren Bilder Wirklichkeit werden zu lassen, wenn du das möchtest.

Atme langsam tief ein und aus und sage dann leise in Gedanken zu dir selbst, wenn du möchtest, sage und empfinde:

»Ich öffne mich für mein Wesen, meine Sehnsüchte, meine Fähigkeiten und meine Möglichkeiten.

Ich entscheide mich, in meinem Leben Raum zu schaffen für den Ausdruck meines Wesens.
Ich möchte Menschen anziehen, Situationen und geistige Wesen, die mir helfen, mein Wesen zu spüren und zum Ausdruck zu bringen.«

Atme langsam tief ein und aus.
Jetzt stelle dir vor, du kannst auf der einen Seite dein Wesen wahrnehmen und auf der anderen dein geschichtliches Ich. Wende dich deinem Wesen zu, entscheide dich tief im Innern deines Bewusstseins und übermittle deinem Wesen, dass du von jetzt an jeden Tag mehr und mehr Raum schaffen wirst, in dem sich deine Sehnsüchte, Fähigkeiten und Möglichkeiten entfalten können.
Sage deinem Wesen, dass du bereit bist, alles Notwendige zu tun, um diesen Raum zu schaffen.
Und dann sage deinem Wesen, dass du dich als eigenständiges Ich empfindest, als eine Bewusstseinsqualität mit freiem Willen und freier Entscheidung. Es ist die Freiheit, dich für die Energien und Einflüsse zu entscheiden, die sich an dich binden sollen, die dein Leben bestimmen und gestalten sollen.
Diese Freiheit, diese Möglichkeit der freien Entscheidung, diesen freien Willen willst du mehr und mehr nutzen, bewusst, gezielt, unter allen Umständen und zu jeder Zeit.
Bitte dein Wesen um Hilfe, bitte um Impulse von innen und von außen, die dir den Weg zeigen.
Bitte um die Kraft, diese Entscheidung aufrechterhalten zu können, von jetzt an für den Rest deines Seins in diesem Leben.
Bitte dein Wesen, dich dort zu berühren, wo du es am meisten spürst. Spüre die Einheit mit ihm.
In dieser Einheit mit deinem Wesen empfinde tief in deinem Bewusstsein: »Ich bin unbegrenzt, ewig und frei. Ich bin.«

Wende dich in diesem Gefühl, in dieser Wahrnehmung an dein geschichtliches Ich. Dieses geschichtliche Ich hat dich bis jetzt begleitet mit dem Ziel, dir bei der Suche nach dei-

301

nem Wesen zu helfen. Aber du kannst dein Wesen nur finden, wenn du dich jetzt von ihm löst.

Seine Art mit dem Leben umzugehen ist nur noch zum Teil das, was deinem Wesen entspricht.

Frage dein geschichtliches Ich, was es dir anbietet auf dem Weg zu deinem Wesen. Welche Eindrücke und Eigenheiten sollst du mitnehmen, weil sie zu deinem Wesen passen? Frage es.

Und dann bedanke dich für die Begleitung bis jetzt und erlaube deinem geschichtlichen Ich, die Dinge verschwinden zu lassen, die du jetzt nicht mehr brauchst oder nicht mehr haben möchtest.

Bitte dein geschichtliches Ich, dir in Zukunft noch das zur Verfügung zu stellen, was zu deinem Wesen passt und worauf du zurückgreifen möchtest.

Wende dich jetzt wieder deinem Wesen zu. Bitte es aus den Tiefen deines Bewusstseins um Klärung, Ordnung und Heilung deines Körpers, deiner Gefühle, deiner Gedanken und deines Lebens.

Atme langsam tief ein und aus.

Sage deinem Wesen, dass du dich abends, wenn du schlafen gehst, aus freiem Willen ihm überlassen möchtest, damit es in der Nacht wirken kann, unbehindert von deinem geschichtlichen Ich, um für Klärung, Ordnung und Heilung zu sorgen.

Es ist dieser Wunsch, mit dem du abends schlafen gehen wirst: der Wunsch nach Klärung, Ordnung und Heilung deines Körpers, deiner Gefühle, deiner Gedanken, deines Lebens.

Und jetzt sende diese Energie deines Wesens, göttliche Urenergie hinaus in die Welt um auch dort zu klären, zu ordnen und zu heilen, wo immer es gebraucht wird.

Atme langsam tief ein und aus.

Und mach dir noch einmal bewusst: Du bist frei zu ent-

*scheiden und die Aspekte deines geschichtlichen Ich zu
nutzen, die deinem Wesen entsprechen. Die anderen Aspekte kannst du verschwinden lassen und als Erfahrung betrachten, die du nicht weiter nutzen willst.
Atme langsam tief ein und aus.
Und öffne allmählich die Augen.*

Hilfe auf dem Weg zu unserer Bestimmung erhalten wir aber nicht nur von unserem Wesen und von unserer Seele, sondern auch von geistigen Wesen, die sich mit uns austauschen, die uns helfen und uns lehren wollen, allerdings nur, wenn wir offen dafür sind und darum bitten.

Geistige Freunde, Helfer, Lehrer und der freie Wille

Unter *geistigen Freunden* verstehe ich Wesenheiten, die uns freundlich gesonnen sind und die an unserem Leben teilnehmen und einen Austausch suchen. Das können zum Beispiel verstorbene Freunde oder Verwandte sein oder Personen, die wir aus anderen Leben kennen und die uns geistig immer noch nah sind. Oft gehören zu den geistigen Freunden auch Wesen, die zwar gelebt haben, aber nicht zur selben Zeit wie wir. Wir haben sie also gar nicht persönlich gekannt, sondern nur von ihnen gehört, zum Beispiel von unserer Urgroßmutter. Mit ihr sind wir vielleicht durch ein Liebesband verbunden, denn die Urgroßmutter liebte die Großmutter, die wiederum die Mutter liebte, und die Mutter liebt uns, und deshalb hat auch die Urgroßmutter Interesse an uns. Geistige Freunde haben oft noch die gleiche Sichtweise, die sie schon zu ihren Lebzeiten hatten, und ihre Lern- und Erkenntnisprozesse sind auch begrenzt. Aber sie sind uns liebevoll zugewandt, was ihre Anwesenheit zwar ganz angenehm, aber nicht immer hilfreich macht, da sie uns entsprechend ihrer früheren Art und Sichtweise zur Seite stehen wollen.

Dann gibt es *geistige Helfer*. Sie haben einen viel größeren Überblick über die Natur der Dinge als wir selbst und auch als unsere geistigen Freunde und sind daher in der Lage, uns weit blickend zu führen mit der Absicht, unser Leben einfacher und erfolgreicher zu machen. Auch sie sind sehr liebevoll mit uns verbunden. Geistige Helfer können uns zum Beispiel sagen, dass wir eine bestimmte Aktie nicht kaufen sollen, weil sie den Bach runtergehen wird, oder dass wir unser Haus verkaufen sollen, weil es in einer Gegend steht, in der sich demnächst eine Naturkatastrophe ereignen wird. Auf sie zu hören beziehungsweise ihre Hinweise ernsthaft zu berücksichtigen, lohnt sich immer.

Und dann gibt es noch *geistige Lehrer*. Ihnen ist es relativ egal, wie gut oder chaotisch unser Leben abläuft, denn sie sehen alle unsere Erfolge und Fehlentscheidungen als Lernprozesse. Geistige Lehrer versuchen uns auf vielerlei Weise verstehen zu helfen, was unser Wesen ist und warum wir hier sind. Sie arbeiten mit uns zusammen an der Erweiterung unseres Bewusstseins und daran, unsere Schöpferkraft zu steigern und unser Selbstbewusstsein zu entwickeln.

Geistige Lehrer sind nicht immer sehr rücksichtsvoll, denn für sie spielt es keine Rolle, wie wir uns fühlen. Ihnen ist nur wichtig, dass wir Fortschritte machen, und das ist für uns nicht immer angenehm. Liebevolles Schulterklopfen bekommen wir von unseren geistigen Freunden und Helfern. Die Hilfe geistiger Lehrer erfahren wir zum Beispiel in Träumen, oder sie nehmen uns mit auf Astral- und Bewusstseinsreisen oder vermitteln uns überraschende Erkenntnisse und Einsichten in Zuständen plötzlicher Klarheit oder durch Zeichen, die sie uns schicken.

Alle diese geistigen Wesen haben andere Energiestrukturen als wir. Sie sind sehr feinstofflich und ihre Anwesenheit und Energie ist nicht immer so einfach zu spüren. Wenn wir nicht die distanzierte Stimmung suchen, die notwendig ist, um sie wahrzunehmen, zum Beispiel, weil wir in Automatismen verwickelt sind oder in Selbstmitleid baden, kann es durchaus sein, dass ihre Impulse einfach an uns vorbeigehen. Auch wenn wir uns innerlich nicht bewusst für diese Art von Energie öffnen und darum bitten, kann kein geistiges Wesen Einfluss auf uns nehmen und uns helfen, selbst wenn es wollte. Wir müssen uns also bewusst auf geistige Wesen und ihre Hilfe einstimmen.

Jeder von uns hat viele geistige Freunde, Helfer und Lehrer, aber sie werden nur aktiv, wenn wir sie darum bitten und dafür bereit sind.

»Aber gerade wenn wir verwickelt sind, brauchen wir doch deren Hilfe am meisten«, denken Sie jetzt vielleicht. Das stimmt, aber sie werden sich uns niemals deutlich zuwenden, helfen oder Zeichen schicken, wenn wir uns nicht bewusst dafür öffnen, bereit werden und sie darum bitten. Sie achten unseren freien Willen und wissen, dass wir nur durch ihn, durch die Führung unseres Kern-Ich die Möglichkeit haben, zu lernen, zu begreifen und uns zu entwickeln.

Geistige Wesen würden nie gegen unseren freien Willen in unser Leben eingreifen, selbst dann nicht, wenn wir eine Fehlentscheidung treffen. Sie würden uns nie zwingen, in eine bestimmte Richtung zu gehen, aber sie bieten sich uns an. Und selbst wenn wir uns bewusst für ihre Hilfe öffnen, werden sie uns nichts abnehmen oder gar Probleme für uns lösen. Sie erwarten vielmehr, dass wir die nötige Energie in uns aufbauen und uns selbst auf den Weg machen, geben uns aber alle möglichen Impulse sowie innere und äußere Hilfestellung. »Hilf dir selbst, dann hilft dir Gott«, ist ein altes Sprichwort, das sich auch hier bestätigt. Wenn wir auf dem Weg sind, kommen die geistigen Wesen so richtig zur Sache und füllen unsere Energie und unser Handeln mit Information, Intensität und Ausrichtung, und zwar aus ihrer höheren Perspektive.

FRAGEN UND ANTWORTEN

Frage:
Wie kommt man in Kontakt mit geistigen Wesen?
Antwort:
Zunächst ist es wichtig, dass man sich möglichst häufig ihrer Existenz bewusst wird und über sie nachdenkt. Dann ver-

sucht man, in Gedanken mit ihnen zu reden, selbst wenn man nicht weiß, wer sie sind, was sie können und ob sie antworten werden. Wenn es um hilfreiche Impulse von ihnen geht, kann man zum Beispiel sein Problem, seine Fragen und die eigene Sichtweise darstellen und um Inspiration und Hilfe bitten, am besten vor dem Einschlafen, denn in der Nacht, wenn unser geschichtliches Ich weniger aktiv ist, können sie den Kontakt leichter herstellen. Man könnte sich auch hinsetzen, all das aufschreiben und dann auch mögliche Antworten und neue Sichtweisen ergänzen mit der inneren Bitte, dass sie diese Inhalte prägen, während wir sie aufschreiben, und dabei ganz unmerklich ihre Hilfe einfließen lassen.

Frage:

Gibt es Schicksalsaufgaben, die nicht zu erfüllen sind? Manchmal glaube ich, dass es völlig unmöglich ist, sein Schicksal zu erfüllen.

Antwort:

Die Seele schickt niemanden in die Katastrophe. Wann immer ein Mensch mit einer Absicht geboren wird, kann diese Absicht auch erfüllt werden. Offen ist allerdings noch, auf welchem Weg, wie genau und in welcher Zeit. Da gibt es viele Möglichkeiten.

Wenn wir geboren werden, bringen wir eine Art Schicksalsnetz mit, ein Netz mit großen Maschen aus energetischen Themen, Aufgaben und Lernprozessen. Innerhalb dieses Netzes sind wir relativ frei. Wir können nach Belieben von einer Masche zur anderen wechseln und uns darin ganz unterschiedlich und frei verhalten. Unser Schicksal als Summe aller Möglichkeiten besteht in der Art und Weise des Ideennetzes an sich. Unser freier Wille besteht in der Möglichkeit, uns relativ beliebig in und durch diese Maschen zu bewegen.

Auch wenn ein Mensch in ein wenig unterstützendes Umfeld geboren wird und ein geschichtliches Ich mit vielen Hemmungen entwickelt, hat seine Seele das bereits im Schicksalsnetz und seinen Möglichkeiten einkalkuliert. Und selbst wenn die Umstände im Leben, besonders zu Beginn sehr hemmend zu sein scheinen und dafür sorgen, dass der Weg zum Ziel richtig schwierig wird, wird es ihm immer möglich sein, dieses Ziel und damit seine Bestimmung zu erreichen, wenn er die Möglichkeiten seines Schicksalsnetzes nutzt.

Trotzdem haben wir auch die Freiheit zu sagen: »Ich will mein geschichtliches Ich nicht loslassen, ich gebe mein Selbstmitleid nicht auf, und jede Anstrengung, etwas zu verändern, ist mir zu viel, weil ich nicht an Erfolg und Freiheit glaube.«

Mit einer solchen Einstellung werden wir unsere Fähigkeiten nicht nutzen können, unsere Energien werden immer schwächer werden, und irgendwann wird uns die Seele aus dem Verkehr ziehen, weil unser Leben keinen Sinn mehr macht und keine weiteren Erkenntnisse mehr möglich sind.

Das Hauptproblem wird also nie sein, dass wir unsere Bestimmung nicht erreichen können, sondern allenfalls, zu begreifen, dass wir nicht unser geschichtliches Ich sind und uns jederzeit davon distanzieren können.

Frage:

Was genau kann ich machen, wenn ich zum Beispiel trübsinnig als geschichtliches Ich aufwache?

Antwort:

Dann müssen Sie sich innerlich davon distanzieren, indem Sie mit ihm sprechen und sich deutlich als eine andere Instanz erkennen. Unser Wesens-Ich kann niemals trübsinnig sein. Sie könnten sich zum Beispiel sagen: »Aha, das ist mein altes Ich, das sich mal wieder aufspielt. Ich will mich aber nicht auf seine Seite schlagen.«

Und dann wenden Sie sich Ihrem Wesens-Ich zu und fragen es, was es Ihnen raten würde. Sie versuchen also, sich als unabhängige Instanz zu empfinden, und sammeln von beiden Seiten Informationen oder Sichtweisen. Das erinnert Sie an Ihre Freiheit, sich bewusst entscheiden zu können.

Es wäre allerdings gut, diese innere Distanz schon vorher zu üben und nicht erst, wenn Sie mitten in dem Problem sind. In dem Maße, in dem Sie Ihre innere Unabhängigkeit üben, wird auch Ihre Unabhängigkeit äußeren Dingen gegenüber wachsen und sich entwickeln, eine natürliche Distanz, die Ihre Freiheit der Entscheidung und der Wahrnehmung fördert.

Frage:

Ist das geschichtliche Ich auch in der Nacht aktiv, wenn ich schlafe?

Antwort:

Ja, aber auch Ihr Wesens-Ich. Beide wirken ohne Unterlass auf Sie, aber nur in dem Maße, in dem Sie sich mit ihnen identifiziert haben.

Frage:

Es gibt sogenannte Nahtod-Erlebnisse, wo das Bewusstsein scheinbar den Körper verlässt und wundersame Visionen durchlebt. Wie genau kann man sich das vorstellen?

Antwort:

Bei solchen Nahtod-Erlebnissen erfolgt eine Trennung des Kern-Ich vom geschichtlichen Ich, und plötzlich sieht man alles ganz klar. Der Sinn oder Unsinn des bisherigen Lebens und auch die eigene Bestimmung offenbaren sich. In dem Zusammenhang fällt mir der Bericht eines Schweizer Gospelsängers ein, der mit seinem Motorrad fast tödlich verunglückte und dabei ein solches Nahtod-Erlebnis hatte. Er konnte von oben sehen, wie sein Körper zertrümmert da lag, und er glaubte, dies sei sein Ende. Was ihn in diesem Zustand jedoch am meisten verblüffte, war die Gefühllosigkeit, mit der er das feststellte. Es war eine ganz sachliche Erkenntnis, die er innerlich mit »Aha, das war es also« kommentierte. Dann beobachtete er, beziehungsweise sein Kern-Ich, wie sein Körper eingesammelt und im Krankenhaus wieder zusammengeflickt wurde, und das, obwohl sein Herz und sein Gehirn kaum noch Aktivität zeigten. Er hörte, was die Ärzte und Anwesenden dazu sagten. Dann stieg er plötzlich in einen Lichtkanal ein und traf dort andere Wesen, die ihm sagten, was seine Bestimmung im Leben ist und warum er wieder in sein Leben zurückfinden musste. Es war ein sehr mys-

tisches Erlebnis, in dem er alles ganz klar erkennen und begreifen konnte, ohne Verwicklung, ohne Angst, aber auch
ohne Freude.

Als er nach einer Weile in seinem Körper wieder aufwachte,
war ihm völlig klar, dass er aus seiner Geschichte aussteigen
musste und dass es für ihn etwas Wichtiges zu tun gab. Ich
denke, er erkannte klar den Unterschied zwischen seinem
geschichtlichen Ich und dem Wesen, das ihm seine Bestimmung zeigte.

Frage:

*Ich habe folgendes Problem: Wenn ich durch den Wald
jogge, habe ich oft Angst, überfallen zu werden. Wenn ich
nun mit meinem Wesens-Ich spreche, sagt es einfach: »Ich
will durch den Wald joggen, es tut mir gut und ich habe Spaß
daran. Aber das hilft mir nicht.«*

Antwort:

Ich glaube nicht, dass Ihr Wesens-Ich das sagt, sondern eher
Ihr geschichtliches Ich. Das Wesens-Ich würde wahrscheinlich so etwas sagen wie: »Es gehört zu mir, es ist ein Ausdruck
meiner Freude an der Bewegung, ich bin behütet. Nichts
kann mir passieren, außer dem, was ich zu mir einlade.«

Das geschichtliche Ich hat viele Aspekte, auch positive, die
zum Beispiel sagen: »Joggen war schon immer gut und gesund und macht auch jetzt Spaß.«

Aber dann ist da eben auch der andere Aspekt des geschichtlichen Ich, der sagt: »Da ist aber kürzlich eine Frau beim Joggen überfallen worden, und die war auch blond.«

Und das Wesens-Ich würde wieder sagen: »Du stirbst nie zufällig, und es passiert nur, was auf deinem Weg liegt. Und im
Moment liegt nichts auf deinem Weg, also jogge weiter und
lass dich nicht beunruhigen.«

Das Problem ist immer die einseitige Verwicklung mit dem
geschichtlichen Ich, die über lange Zeit gepflegt wurde. Sie
müssen als Ausgleich dazu mehr erforschen, wie die Einstellung Ihres Wesens zum Leben ist, und die ist wertfrei und
angstfrei. Und vor allem hat Ihr Wesen keine Angst vor dem
Tod.

Der Weg zur Meisterschaft

Auf dem Weg zur Meisterschaft durch dieses Leben und hin zu unserer Bestimmung haben wir im Grunde genommen die Aufgabe, uns bewusst zu werden, dass wir nicht unser geschichtliches Ich mit seinen Begrenzungen sind. In diesem Bewusstsein haben wir dann die Freiheit, unseren Körper zu heilen, das geschichtliche Ich aufzulösen, uns mit dem Wesen zu verbinden und Kontakt mit der Seele oder geistigen Helfern aufzunehmen. Voraussetzung dafür ist aber, dass wir frei über unsere Wahrnehmung und die Ausrichtung unserer eigenen Energien verfügen können.

Aber wenn wir uns über Jahrzehnte daran gewöhnt haben, uns selbst als geschichtliches Ich zu sehen, ist dies in der Praxis doch schwieriger und langwieriger, als man annehmen sollte.

Fragen und Antworten

Frage:
Welche Übungen tragen dazu bei, dass man sein Wesens-Ich schneller finden und leben kann?

Antwort:
Auf jeden Fall müssen wir uns unserer Verwicklungen und Automatismen im Wahrnehmen und Handeln möglichst klar bewusst werden. Und dazu ist ständige Wachheit erforderlich. Wir können uns zum Beispiel mehrmals am Tag fragen: »Was würde mein geschichtliches Ich jetzt sagen oder tun und was dagegen mein Wesens-Ich?« Allein die Tatsache, dass wir diese Frage stellen, gibt uns das Gefühl von Freiheit, weil wir spüren, dass es eine unabhängige Instanz in uns sein muss, die diese Frage stellt.

Das geschichtliche Ich versucht immer, die alten Gewohnheiten und Sichtweisen beizubehalten. Also können wir uns öfter fragen: »Wiederhole ich mich, oder tue ich etwas Neues, lerne und forsche ich?« Das Wesens-Ich versucht alles, um deutlich zu machen, dass wir immer behütet sind, dass uns nichts passieren kann und dass es das Wichtigste ist, seinem Herzen treu zu bleiben und integer zu sein. Also fragen wir uns: »Habe ich Vertrauen, dass alles gut wird? Folge ich dem Weg meines Herzens? Stehe ich zu dem, was ich denke, fühle und tue?«

Frage:

Gibt es eine andere Möglichkeit, sämtliche Ängste abzulegen, als sich von seinem geschichtlichen Ich zu trennen?

Antwort:

Nein, denn die Ängste sind nur im geschichtlichen Ich. Das Wesens-Ich hat keine Ängste. Die Zuwendung zum Wesen, die Abwendung vom geschichtlichen Ich führt zur Auflösung der Ängste. Als praktische Übung hat sich bewährt, immer das zu tun, wovor man Angst hat. Damit hört man auf, dem geschichtlichen Ich weiterhin Bedeutung zu geben.

Frage:

Es wurde mehrfach gesagt, dass man Raum schaffen muss, indem man bestimmte Aspekte ablegt, um neue angehen zu können. Was macht die Begrenztheit des zur Verfügung stehenden Raumes aus?

Antwort:

Die Begrenzung unseres Lebensraumes besteht aus den Dingen, die unsere Wahrnehmung, unsere Aufmerksamkeit und unsere Energie binden. Je mehr bindende Kräfte wir in unserem Leben zulassen, desto weniger Energie und Entscheidungsfreiheit haben wir. Das Auflösen von Bindungen, zum Beispiel Verpflichtungen, Wiederholungen, Verantwortung für unwesentliche Dinge, befreit unsere Wahrnehmung, und unsere Aufmerksamkeit kann wieder wandern gehen.

Viel Energie wird zum Beispiel durch all das gebunden, was wir an Heimlichkeiten, Feigheiten, Ängsten und so weiter herumschleppen. Das hält unseren Wahrnehmungs- und Aktionsraum klein.

Wenn wir nun anfangen, diese Dinge aufzuklären, wie in der Übung »Schwächen zugeben« vorgeschlagen, können die gebundenen Energien wieder frei werden. Verwicklung mit anderen Menschen hören auf, und unser Raum wird größer. Wenn sich unsere Verwicklungen lösen, hören auch unsere automatischen Reaktionen auf. Und in dem Maße, in dem die automatischen Reaktionen weniger werden, wächst unsere Freiheit der Wahrnehmung.

Unser ständiger Begleiter ist der Tod

Wenn es um die klare Entscheidung geht, sich aus seiner Geschichte zu lösen und seinem Wesen zuzuwenden, und die Motivation fehlt, weil alles so anstrengend scheint, sollten wir uns immer vor Augen halten: Der Tod ist unser ständiger Begleiter. Viele Menschen verhalten sich unter anderem deshalb so unsinnig und wesensfremd und verlieren sich in Bedeutungslosigkeit, weil sie denken, dass sie ewig leben und immer noch genug Zeit haben, irgendwann alles besser zu machen.

Wenn Sie aber tatsächlich mal mit Ihrem Tod reden und ihn fragen könnten, wann er Sie holt, und er würde Ihnen antworten: »Noch nicht, aber nutze deine Zeit. Sie kann schneller um sein, als du denkst«, dann sähe vermutlich alles ganz anders aus. Dann würde Ihnen nämlich bewusst werden, dass Ihre Zeit hier irgendwann zu Ende sein wird und Sie versuchen sollten, schon jetzt so zu leben, dass Sie am Ende mit vollen Koffern gehen können.

Natürlich sollten wir keine Angst vor dem Tod haben, aber wir können den Tod als Ratgeber benutzen. Wenn wir uns klarmachen, dass der Tod ein ständiger Begleiter ist, statt ihn in der Hoffnung zu verdrängen, dass wir ja noch so viel Zeit haben, ist es auch sehr viel einfacher, unsere eigene Geschichte loszulassen und uns wesentlichen Dingen zuzuwenden, die wir noch erleben wollen, bevor wir sterben. Jeder Tag, den wir nicht so leben, dass wir wirklich etwas davon haben, dass er uns berührt und uns unserer Bestimmung näher bringt, ist ein verlorener Tag. Und wenn wir irgendwann sterben, ist es eben nicht mehr wichtig, warum wir etwas nicht getan haben. Dann ist nur noch von Bedeutung, ob wir es getan haben oder nicht.

Die folgende Meditation soll uns helfen, zu noch mehr innerer Klarheit über den Unterschied zwischen unserem Wesen und unserem geschichtlichen Ich zu kommen. Wir können uns ganz bewusst von den verschiedenen Aspekten des geschichtlichen Ich lösen, wenn wir sie erkennen und spüren, wie wir sie festhalten.

MEDITATION – LÖSUNG AUS DER GESCHICHTE

Schließe die Augen. Atme langsam tief ein und aus.
Denke an deine beiden Knie. Atme langsam ein und aus.
Denke an deine beiden Schultern. Atme langsam ein und aus.
Denke an deinen Solarplexus. Atme langsam ein und aus.
Denke an dein Herz. Atme langsam ein und aus.
Stelle dir jetzt mit jedem Atemzug vor: Du atmest strahlende, kraftvolle Energie ein und beim Ausatmen verteilst du diese Energie in deinem Körper und in deinem Bewusstsein.
Spüre, wie sich dein Körper mehr und mehr mit Energie füllt.
Atme weiter Energie ein und schicke diese Energie beim Ausatmen über die Grenzen deines Körpers hinaus in den Raum.
Fülle den Raum mit strahlender, kraftvoller Energie.
Diese Energie hat die Kraft, deine Gedanken, deine Gefühle und deine inneren Bilder Wirklichkeit werden zu lassen, wenn du das möchtest.

Atme langsam tief ein und aus und sage dann leise in Gedanken zu dir selbst, wenn du möchtest, sage und empfinde:
»Ich suche den Kontakt zu meinem Wesen. Ich möchte es spüren und in meinem Leben zum Ausdruck bringen.
In dieser Verbindung mit meinem Wesen möchte ich Schönheit finden in mir und um mich herum.

Ich möchte Geborgenheit und Vertrautheit finden in mir selbst und in der Welt.

Ich möchte tief in meinem Innern Dankbarkeit empfinden. Dankbarkeit für die Freiheit meiner Entscheidung, die Freiheit meines Willens, die Freiheit, Schöpferkraft beliebig lenken zu können mit dem Ziel, mein Leben so zu gestalten, wie es meinem Wesen entspricht.

Ich möchte lieben und verstehen – die Welt genauso wie mich selbst. Ich möchte alles, was ist, lieben wie mich selbst.«

Atme langsam tief ein und aus.

Und jetzt spüre auf der einen Seite dein Selbst und auf der anderen Seite dein geschichtliches Ich.

Das Ich in der Mitte, das bist jetzt du. Freier Wille, freie Entscheidung, freie Wahrnehmung.

Du hast die Freiheit, deine Wahrnehmung auf dein geschichtliches Ich zu richten. Dort warten angenehme Erfahrungen und Erlebnisse, aber auch Ängste, Verzweiflung, Resignation, Abhängigkeiten, Süchte, Wut, Angst, Routine, Kleinlichkeit, Intoleranz – Betrachtungsweisen deiner Geschichte, geprägt von anderen Menschen.

Löse dich nun von deinem geschichtlichen Ich und betrachte dein Wesen. Dort warten Liebe, Verständnis, Dankbarkeit, Geborgenheit, Schönheit, Intensität und Lebenslust. Dort ist die Sehnsucht zu wachsen, zu reifen, das Leben zu verstehen. Durch dieses Wesen fließt göttliche Energie, schöpferische Energie im Einklang mit dem Sein. Göttliche Energie fließt frei durch das Wesen.

Das geschichtliche Ich hat sich davon abgetrennt. Es versteht den göttlichen Strom nicht mehr. Es stellt sich gegen den Strom, hat sich isoliert und ist einsam. Es sucht nach Sicherheit, nach Vertrautheit in der Gewohnheit.

Du hast die Freiheit, deine Wahrnehmung entweder auf das Wesen zu richten oder auf dein geschichtliches Ich. Du bist ganz frei.

Atme langsam tief ein und aus.
Jetzt betrachte dein geschichtliches Ich. Welche Aspekte davon willst du loslassen? Lass dich von deinem Wesen beraten, mit dem du jetzt verbunden bist. Welche Aspekte deiner Geschichte sollen aus deiner Wahrnehmung verschwinden?
Welche Abhängigkeiten gilt es um deiner Freiheit willen loszulassen?
Welche Gewohnheiten und Süchte gilt es um deiner Freiheit willen loszulassen?
Welche Ängste und Hemmungen gilt es loszulassen?

Jetzt wende dich an dein Wesen. Öffne dein Herz ganz weit und lade es ein, einzuziehen und dort zu bleiben.
Spüre, wie dein Wesen Einzug hält in dein Herz.

Jetzt, wo dein Wesen in deinem Herzen wohnt, wende dich wieder deinem geschichtlichen Ich zu.
Das geschichtliche Ich hat kein Wesen. Es ist die Konstruktion deiner Geschichte, eine Gedankenform, gebaut aus Erfahrungen und Gefühlen der Vergangenheit.
Dein geschichtliches Ich hat kein Wesen und kann sich deshalb in seine Bestandteile auflösen.
Sieh, wie das Wesen in viele kleine Teilchen zerfällt, die aber miteinander verbunden sind, alle eingeschlossen in deinem Herzen.
Und jetzt sieh, wie das geschichtliche Ich in winzig kleine Teile zerfällt. Sie haben keine Verbindung miteinander, werden nicht durch göttliche Energie genährt, sondern nur dadurch aufrechterhalten, dass du ihnen Beachtung schenkst.
Lass die Teilchen deiner Geschichte wegtreiben, die aus deinem Wesen verschwinden sollen, und integriere die Teilchen, die in deinem Wesen Platz haben.
Dein geschichtliches Ich hat kein Wesen. Es löst sich auf, sobald du ihm deine Aufmerksamkeit entziehst.
Dein Wesen ist göttliche Kraft, die du mit deinem freien Willen aktivieren, lenken und leben kannst.

Atme langsam tief ein und aus.

Erinnere dich abends, wenn du schlafen gehst, an diese Empfindung. Lass dein geschichtliches Ich in Teilchen zerfallen. Behalte nur das, was zu deinem Wesen passt, und lass den Rest sich auflösen.

Empfinde diese Transformation abends, wenn du schlafen gehst, als Befreiung deines Seins.

Atme langsam tief ein und aus.

Und dann spüre tief in dir: »Ich bin unbegrenzt, ewig und frei.«

Atme langsam tief ein und aus.

Und dann öffne ganz langsam die Augen.

Diese Meditation lässt in uns die Klarheit darüber wachsen, dass unser geschichtliches Ich, so machtvoll es auch zu sein scheint, kein eigenes Wesen besitzt und deshalb auch keine eigene Energie. Es kann sich also nicht selbst aufrechterhalten, nur mit der Energie, die wir ihm geben.

Wenn Sie während der Meditation einen Aspekt Ihres geschichtlichen Ich finden, von dem Sie glauben, dass er aufgelöst werden muss, weil er Ihnen lästig ist und Sie behindert, dann sollten Sie diesen Aspekt von jetzt an bewusst ignorieren und ihn aus Ihrem Denken, Fühlen und Handeln ausblenden, damit er seine Energie verliert und sich auflösen kann. Allerdings wird Ihr geschichtliches Ich dann versuchen, sich zu verteidigen und Sie in Ihren Versuchen zu entmutigen. Es wird Ihnen sagen: »Das kann nicht gehen. Es ist viel zu schwierig und dauert zu lange.« Oder: »Was würde sich dadurch schon ändern? Das lohnt sich doch gar nicht« oder etwas ähnliches.

Alle möglichen geschichtlichen Ideen, die Sie jemals hatten, werden nun eingesammelt und gegen Sie – gegen Ihren freien Willen – verwendet, um Sie aufzuhalten. Das geschichtliche Ich muss dies tun, weil es spürt, dass Sie ihm Energie entziehen und es sich auflösen wird. Und das versucht es zu verhindern.

Sie dürfen sich aber nicht entmutigen lassen. Sagen Sie zu sich: »Ich entscheide mich ganz klar, dass ich weg von meiner Geschichte und hin zu meinem Wesen will. Ich will wesentlich werden, und was mich behindert, muss weg. Verwicklungen mit Menschen, jede Art von Sucht oder Abhängigkeit, jede Art von Angst oder Feigheit, die mich davon abhält zu tun, woran mir etwas liegt, jede Art von Rollenspiel oder Verschleierung, mit der ich versuche, mich zu schützen, und auch mein Wertesystem muss weg.«

Bewertung ist nichts anderes als Größenwahn des geschichtlichen Ich, das glaubt, es habe eine Menge Erfahrungen gemacht und viel erlebt, was ihm das Recht gibt, zu beurteilen und zu bewerten, was gut und was schlecht ist, was man tun und was man nicht tun sollte, was richtig und was falsch ist. Dass es aber viele Sichtweisen gibt und vieles, von dem es nie gehört hat, will es nicht anerkennen.

Die Tendenz des geschichtlichen Ich zu bewerten äußert sich in vielfältiger und nicht immer offensichtlicher Weise. Wir können zum Beispiel wütend, enttäuscht oder frustriert sein über etwas, was wir nicht für richtig halten. Wir können Dinge ablehnen oder Ängste davor entwickeln, weil wir bewerten. Wir können uns beklagen und Schuld zuweisen, weil wir an unseren Werten festhalten. Und auch wenn wir uns überfordert oder als Opfer fühlen und in Selbstmitleid zerfließen, liegen die Ursachen dafür in der Dominanz und im Größenwahn unseres geschichtlichen Ich, das sich hinter seiner Erfahrung versteckt und nicht für das Neue öffnen will.

Wir dürfen uns also nicht verunsichern lassen, egal wie schlüssig die Zweifel scheinen, denn dann hätte das geschichtliche Ich genau das erreicht, was es wollte: Es hätte uns wieder auf seine Seite gezogen und könnte sich von unserer Energie nähren. Jede Verwicklung beginnt sich aufzulösen, wenn eine klare Entscheidung getroffen wird, die nichts anderes zulässt. Es zu versuchen, ist zu wenig.

FRAGEN UND ANTWORTEN

Frage:
Was ist zum Beispiel eine Verwicklung mit einem Menschen?

Antwort:

Wenn Sie jemanden nicht leiden können, wenn Sie jemanden hassen, von jemandem enttäuscht sind oder jemandem Vorwürfe machen. Oder wenn Sie verwickelt sind, weil Sie jemanden lieben. Immer wenn der Bezug zu Menschen uns dazu bringt, etwas zu tun, was wir eigentlich nicht tun wollen, oder etwas zu unterlassen, was wir eigentlich gern tun würden, oder uns in unseren Gedanken und Gefühlen nicht mehr frei zu fühlen, sind wir verwickelt. Auch angenehme Verwicklungen beschneiden unsere Freiheit.

Frage:

Kann ich mich auch entscheiden, zum Beispiel meinen Beruf loszulassen?

Antwort:

Wenn wir Aspekte des geschichtlichen Ich loslassen wollen, geht es dabei nicht um eine Sache, einen Partner oder einen Beruf, sondern vielmehr um eine Einstellung, die wir haben und die unser Leben beeinflusst. Es geht zum Beispiel nicht darum, seinen Partner hinauszuwerfen, sondern darum, klar herauszufinden, wie man zwischenmenschlichen Austausch und Inspiration erleben möchte. Wenn dann der Partner aufgrund der gewonnenen Erkenntnisse trotzdem rausfliegt, ist das die Folge eben dieser Erkenntnisse, nicht aber eines alten Opfergefühls.

Obwohl das geschichtliche Ich auch angenehme und nützliche Erfahrungen gemacht hat und uns zur Verfügung stellt, dürfen wir seine ungünstigen Eigenheiten nicht verteidigen. Vielleicht möchte jemand zum Beispiel aufhören zu rauchen, weil er spürt, wie abhängig er davon ist. Er weiß auch, dass er damit seinen Körper vergiftet, dass er viel schneller altert als ein Nichtraucher, dass er weniger Konzentration und Vitalität hat, immer in eine unangenehme Duftwolke gehüllt ist, ständig hustet und oft erkältet ist. Er fällt eine klare Entscheidung für seine Freiheit und möchte das Rauchen loslassen in der Erkenntnis, dass es achtlos sich selbst und dem Leben gegenüber ist.

Und er ist sich bewusst, dass der Teil, der so achtlos war,

wahrscheinlich sein geschichtliches Ich ist, das sich offensichtlich wenig um sein Wesen kümmert und darum, was ihm entspricht. Er sagt also zu seinem geschichtlichen Ich: »Schluss jetzt. Ich nehme es nicht mehr hin, dass du mich Stück für Stück umbringst. Ich werde mich jetzt auf die Suche nach meinem Weg machen. Und du hältst mich nicht auf. Ab morgen wird nicht mehr geraucht.«

Trotz dieser klaren Entscheidung wird das geschichtliche Ich jetzt jammern, seinen Standpunkt verteidigen und vielleicht sagen: »Spiel dich doch nicht so auf, die paar Zigaretten am Tag. Und es war doch immer schön, du hast doch sonst nichts zum Genießen. Außerdem ist gar nicht erwiesen, dass das Rauchen wirklich schädlich ist.«

Jetzt gibt es nur eines: entschieden bleiben und sich nicht einlullen lassen. Man sollte klare äußere Zeichen setzen, indem man zum Beispiel symbolisch alle Zigaretten und sämtliche Aschenbecher wegwirft, die Vorhänge wäscht, zehn Liter Wasser zur Reinigung trinkt und das geschichtliche Ich schließlich fragt: »Was sagst du jetzt? Es ist mir egal, was du denkst. Ich will frei sein, ohne Abhängigkeiten.«

Damit geht man ganz auf Konfrontationskurs und trennt sich bewusst von diesem süchtigen Teil des geschichtlichen Ich. Wie wir geschichtliche Verwicklungen im Detail lösen, ist natürlich nicht wirklich wichtig und hängt auch von unserer Persönlichkeit ab. Wichtig ist jedoch, dass wir entschieden bleiben.

Frage:

Was könnte man zu seinem geschichtlichen Ich sagen, wenn es einen durch Ängste behindert?

Antwort:

Man könnte zum Beispiel sagen: »Du hast mich so lange Zeit mit deinen Ängsten kontrolliert, geprägt, geschoben und behindert, aber jetzt ist Schluss damit. Von jetzt an werde ich genau das machen, wovor ich Angst habe. Ich will wieder frei sein und alles tun können, was ich will. Anders ist mein Leben nicht lebenswert.«

Man kann mit seinem geschichtlichen Ich so umgehen, als ob da tatsächlich eine Person wäre, mit der man spricht. Das geschichtliche Ich hat zwar kein Wesen, erscheint aber wie ein Wesen, weil es während unserer gesamten Geschichte als eine Art Scheinpersönlichkeit aufgebaut wurde.

Das geschichtliche Ich hat kein Wesen. Es lebt ausschließlich von der Energie, die wir ihm geben. Und wenn wir unseren freien Willen einsetzen und unsere Energie von ihm abziehen, wird es sich auflösen. Und damit lösen wir uns von unserer Geschichte und werden wieder gegenwärtig, also genau das, was uns in vielen spirituellen oder esoterischen Traditionen als Weg zu uns selbst und zu Gott empfohlen wird.

Manche psychologischen oder psychotherapeutischen Richtungen verfolgen eine andere Strategie zur Freiheit. Sie sagen, dass man das geschichtliche Ich und seine Entstehung genau verstehen muss, um es aufarbeiten zu können. Natürlich kann man das machen, aber auf diese Weise wird sich das geschichtliche Ich nicht auflösen. Es wird nur besser verständlich, nimmt dadurch aber auch mehr Raum ein. Und immer wenn wir uns damit beschäftigen, egal in welcher Form, wird es durch unsere Aufmerksamkeit genährt und bekommt noch mehr Energie. Wie sinnvoll das ist, müssen wir für uns selbst entscheiden.

Frage:
Wie kann sich das Wesen orientieren, wenn es die persönliche Geschichte abgelegt hat?
Antwort:
Das Wesen wird sich an dem orientieren, was im Moment gerade ist und was es erlebt haben will, bevor der Tag zu Ende geht. Wenn wir mit dem Wesens-Ich in Kontakt kommen wollen, können wir zum Beispiel, wenn wir morgens aufwachen, erst einmal genau schauen, wo wir sind, wie das Wetter ist, ob es schon nach Kaffee riecht, und uns dann fragen, was wir jetzt am liebsten tun würden, was es zu erleben

und zu lernen gibt und was uns der heutige Tag bringen soll. Diese Beobachtungen und Fragen sensibilisieren uns für die Impulse unseres Wesens.

Das Wesens-Ich unterscheidet sich vom geschichtlichen Ich hauptsächlich dadurch, dass es großes Interesse daran hat, unsere Schöpferkraft ständig neu in Fluss zu bringen.

Das geschichtliche Ich brauchen wir im Grunde genommen kaum, wenn wir in der Gegenwart immer wieder alles neu aufbauen wollten. Das tun wir in der Praxis zwar nicht, aber es wäre theoretisch möglich. Auf jeden Fall ist es hilfreich, jede Routine im Denken, Fühlen und Tun immer wieder zu durchbrechen und damit das Gespür für das eigene Wesen zu erhöhen. Indem wir unsere Routine immer wieder durchbrechen, wird uns bewusst, dass alles immer auch ganz anders sein könnte.

Wenn wir uns für unser Wesen öffnen und von unserer Vergangenheit abwenden wollen, ist es hilfreich, nicht mehr über unsere Vergangenheit nachzudenken, nicht mehr davon zu erzählen und uns vielleicht auch nicht mehr mit zu vielen Gegenständen zu umgeben, die uns an unsere Geschichte erinnern.

Frage:

Wie antwortet das Wesens-Ich? Kann man es nur spüren?

Antwort:

Anfänglich spüren wir es hauptsächlich, aber mit mehr Übung kann sich das Gespür dann auch in Sprache übersetzen. Das geschichtliche Ich antwortet in der Regel mit konkreten Bildern, Informationen oder Erinnerungen aus unserer Geschichte. Das Wesens-Ich bezieht sich nicht auf unsere Geschichte, sondern nur auf das Jetzt und auf unsere Möglichkeiten. Deshalb spricht es auch nicht im eigentlichen Sinne, sondern gibt uns ein Gefühl, ein Wissen, eine Erkenntnis.

Frage:

Ich hatte mal in einem Vortrag von einem angeblich Erleuchteten einen Anflug von Hochnäsigkeit. Ich habe mich mit den

Erleuchteten identifiziert und fühlte mich richtig überheblich. Kann es denn sein, dass ein wirklich guter Meister so etwas neutralisieren würde?

Antwort:

Was bei Ihnen reagiert hat, war das geschichtliche Ich. Und es ist nicht die Aufgabe des Vortragenden, das zu neutralisieren. Das ist Ihre eigene Aufgabe. Jesus sagte ja auch zu den Menschen: »Gehe hin und sündige nicht mehr. Dein Glaube hat dir geholfen.« Er hat es auch nicht für sie gemacht. Was Sie aus dem machen, was jemand sagt oder tut, ist immer Ihre Sache und hat nichts mit dem anderen zu tun.

Überheblichkeit, Hochnäsigkeit oder Größenwahn gehören immer zum geschichtlichen Ich. Wenn Sie diesen Weg der Freiheit gehen, wird Ihnen mehr und mehr auffallen, wie verbunden Sie sich mit allem fühlen, was ist. Dann können Sie nicht mehr anders, als die Menschen zu lieben, selbst wenn sie sich noch so merkwürdig verhalten. Auch Pflanzen und Tiere lieben Sie dann auf die gleiche Weise.

Frage:

Wenn man Dinge erforschen will, macht man das mit dem Wesen oder mit dem geschichtlichen Ich?

Antwort:

Das Wesen hat nur ein Ziel: die Kraft des Bewusstseins zu erhöhen. Alles, was diesem Ziel förderlich ist, ist Teil des Wesens, während alles, was zum Beispiel Wiederholung ist, zur Geschichte gehört.

Wenn das Wesen Neues erforscht, dann will es dieses Neue verinnerlichen und ganzheitlich begreifen. Wenn das geschichtliche Ich etwas erforscht, dann will es das Neue in Bezug zum Bekannten setzen und alte Erkenntnisse weiterführen. Nur das Wesen ist offen für grundsätzlich neue Erkenntnisse.

Frage:

Kann es sein, dass mich mein geschichtliches Ich manchmal an der Nase rumführt?

Antwort:

Das geschichtliche Ich sagt nur, was es sagen kann. Um jemanden an der Nase herumzuführen, braucht man ein eigenes Wesen, und das hat es nicht. Es kann also nur aufgrund seiner Geschichte zu irgendwelchen Schlüssen kommen. Es kann natürlich sein, dass Sie versucht haben, Ihr Wesen anzusprechen, sich aber nicht wirklich Ihrem Wesen zugewandt haben. Dann antwortet das geschichtliche Ich, aber nicht, weil es Sie an der Nase herumführen will, sondern weil es sich angesprochen fühlt.

Um das zu vermeiden, sollten Sie in den Zustand des geistlosen Starrens oder in tiefe Meditation gehen und sagen: »Was immer an Antworten kommt, muss meine Entwicklung, meine Schöpferkraft und meine Erkenntnis fördern.«

Und dann warten Sie auf Antwort. Dabei werden Sie auch merken, dass bestimmte Antworten gar nicht zu dieser Einstellung passen. Aus diesem Grund sollte man ernsthafte Fragen an sein Wesen auch nicht zwischen Tür und Angel stellen.

Übungen für jeden Tag

Alles, was Sie bisher gelesen und durchgearbeitet haben, hatte nur ein Ziel: Ihre Einstellung zu sich selbst und zu Ihrem Leben allmählich zu verändern. Aber das Auflösen der Verwicklungen unseres geschichtlichen Ich und die Hinwendung zu unserem Wesen ist ein längerer Prozess, der Entschiedenheit und Ausdauer braucht. Die folgenden vier Übungen werden diesen Prozess erheblich beschleunigen, wenn Sie sie regelmäßig machen.

1. Aspekte der Geschichte ablösen

Schreiben Sie auf, von welchem Aspekt Ihres geschichtlichen Ich Sie sich verabschieden wollen, welcher Aspekt in etwa zwei Monaten nicht mehr aktiv sein soll.

Angenommen Feigheit oder die Scheu, Menschen gegenüber offen zu sein, wäre ein Aspekt, den Sie loswerden wollen. Dann könnten Sie zum Beispiel sagen: »Ich entscheide mich, das, was ich bisher verdrängt habe, auf den Tisch zu bringen und auszugleichen. Ich traue mich, Menschen zu sagen, was ich über sie denke, auch wenn ich mich bisher nicht getraut habe, das zu tun. Ich traue mich, nein zu sagen, auch wenn der andere mich in den Boden stampft oder dafür verachtet.«

Schreiben Sie irgendeinen Aspekt auf, beschreiben sie ihn ganz deutlich mit Beispielen und beschließen Sie, ihn in zwei Monaten gelöscht zu haben. Das bedeutet, dass der Inhalt zwar noch in Ihrem Bewusstsein vorhanden, aber nicht mehr in Ihrem Leben wirksam ist und auch keine Energie mehr von Ihnen bekommt.

Fangen Sie ruhig mit einem Thema an, das Sie richtig plagt. Nehmen Sie es als eine Herausforderung, an der sich erweisen wird, wie gut Sie Ihr geschichtliches Ich schon im Griff haben, und vor allem: Seien Sie entschieden!

2. Rollen erforschen

Menschen, die Ihnen begegnet sind oder die jetzt noch ein Teil ihres Lebens sind, wirken in unterschiedlicher Weise auf Sie:

- als Rückenwind, der Ihnen Ihre Möglichkeiten und Fähigkeiten zeigt und Motivation und Zutrauen vermittelt;
- als Gegenwind, der Ihnen Probleme macht und Sie auffordert, Ihre Fähigkeiten zu nutzen und Verwicklungen und Abhängigkeiten aufzulösen.
- als Konfrontation, die Sie in Frage stellt und anregt, zu überprüfen, ob Sie wirklich zu Ihren Gefühlen, Meinungen und Taten stehen.

Nehmen Sie sich in den nächsten Monaten immer mal wieder eine halbe Stunde Zeit, in der Sie über die Menschen nachdenken, die Ihnen in der Vergangenheit begegnet sind oder mit denen Sie immer noch zu tun haben. Schreiben Sie ein paar Namen auf und fragen Sie sich: »War oder ist er oder sie Rückenwind, Gegenwind oder Konfrontation?« Und in der Annahme, dass es sich bei all diesen Menschen um liebevolle Gesandte Ihrer Seele handelt, die Sie an etwas erinnern sollen, fragen Sie sich: »An welche Möglichkeiten, Fähigkeiten und Sehnsüchte erinnert er oder sie mich?«

Die Funktion zu verstehen, die diese Menschen in Ihrem Leben haben, hat auch den Effekt, dass sich Ihre persönlichen emotionalen Verwicklungen mit diesen Personen auflösen und Sie frei im Umgang mit ihnen werden. Und erst in dieser Freiheit können Sie das, was sie in ihrer Funktion in Ihnen anregen, wirklich nutzen.

3. Verheimlichtes beichten

Geheimnisse oder gar Schuldgefühle mit sich herumzutragen, bindet viele Energien. Deshalb sollten Sie bisher Verheimlichtes oder Verdrängtes mit den Menschen klären, die es betroffen hat oder noch betrifft, oder mit Ersatzpersonen. Der erste Teil der Aufgabe besteht darin, das bisher Verheimlichte mitzuteilen. Wenn Sie beispielsweise jemanden angelogen haben, rufen Sie ihn an und sagen ihm: »Ich habe dir damals die Unwahrheit gesagt. Es tut mir sehr Leid. Kann ich etwas tun, um das auszugleichen?«

Der zweite Teil besteht im Ausgleichen. Wenn Sie nicht wissen, wie Sie etwas ausgleichen können, was Sie zum Beispiel beschädigt oder weggenommen haben, dann fragen Sie denjenigen, den es betrifft, was Sie zum Ausgleich tun können.

Und wenn das nicht geht, weil derjenige nicht mehr erreichbar ist, fragen Sie denjenigen, dem Sie es erzählen, was er als Ausgleich vorschlagen würde.

Wenn Sie zum Beispiel jemanden um Geld betrogen haben, dann fragen Sie sich, wem Sie an seiner Stelle zum symbolischen Ausgleich eine größere Summe Geld zukommen lassen könnten. Es geht bei der Auflösung verheimlichter Dinge um die Aktion des »Beichtens« und Ausgleichens. In Gedanken zu beichten oder auszugleichen ist nicht das Gleiche.

4. Selbstbeobachtung

Wenn wir die Kontrolle über unsere geistigen Energien haben wollen, sollten wir sie auch wahrnehmen können. Die meisten Gedanken, Gefühle und sogar Handlungen laufen unbewusst ab. Deshalb besteht ein Teil der Übung darin, mehrmals am Tag innezuhalten und sich zu fragen: Was denke ich? Was fühle ich? Was tue ich? Will ich das so? Warum tue ich es so? Sind Verwicklungen die Ursache? Liegt mir wirklich etwas daran?

Der zweite Teil der Übung besteht darin, dass Sie es sich zur Angewohnheit machen, sich abends vor dem Schlafengehen etwas Zeit zu gönnen, den Tag an sich vorüberziehen zu lassen und sich dabei die gleichen Fragen zu stellen. Sollten Sie etwas entdecken, was Sie so nicht mehr möchten, dann entscheiden Sie sich gleich, es in Zukunft, ja schon am nächsten Tag anders zu handhaben, so wie es Ihrem Wesen entspricht. Entscheiden Sie sich, nicht mehr automatisch zu reagieren, sondern Ihre geistigen Energien von jetzt an bewusst zu lenken.

Dieser Entschluss wird vielleicht nicht sofort wirksam werden, wenn sich die Situation schon am nächsten Tag wider ergibt, aber wenn sie in fünf oder zehn Tagen wieder auftaucht, bestimmt.

Dann werden Sie erstens merken, dass die Situation eingetreten ist, und zweitens frei sein zu entscheiden, ob und wie Sie reagieren wollen. Das ist Freiheit.

Die Weichen werden gestellt

Wir befinden uns jetzt an einer wichtigen Wegkreuzung, an einem Punkt, wo Weichen gestellt werden. Jetzt geht es darum, dem geschichtlichen Ich zu sagen: »Ich werde mich nicht länger deinem Einfluss beugen.« Wenn Sie das jetzt nicht klar sagen und entscheiden, werden Sie nie wirklich weiterkommen.

Fangen Sie gleich dort an, wo es schwer ist. Und tun Sie es entschieden, denn sonst kann sich nichts verändern.

Ich kenne persönlich viele Menschen, die es in dieser klaren Entscheidungsphase geschafft haben, Süchte von heute auf morgen loszulassen, weil sie sich aus freiem Willen für ein freies Leben entschieden haben und ihnen alles andere zu wenig erschien.

Auch wenn wir uns jetzt noch als Opfer empfinden, dem eine andere Person oder auch Institution die Freiheit raubt, liegt es an uns zu entscheiden, dass wir uns unsere Freiheit von jetzt an nicht mehr nehmen lassen. In dem Moment, in dem wir beschließen, niemandem mehr die Macht über unsere Gefühle zu geben, sind wir frei. Solange wir glauben, dass irgendetwas, ein Mensch oder eine Sache, Macht über unsere Gefühlswelt hat und wir dem anderen diese Macht überlassen, können wir niemals wirklich frei werden, sondern bleiben ein Spielball unseres Umfelds.

Manche von uns stehen sogar noch unter dem Einfluss von Menschen, die gar nicht mehr da oder vielleicht sogar längst tot sind. Und doch erlauben wir ihnen, in den Erinnerungen unserer Geschichte einen sehr mächtigen Einfluss auszuüben.

Freiheit folgt unserer klaren Entscheidung für die Unabhängigkeit im Jetzt. Sagen Sie zum Beispiel zu sich selbst und zu Ihrem geschichtlichen Ich: »Ich werde nicht mehr zulassen, dass irgendein Mensch, egal was er tut oder zu mir sagt, die Macht hat, meine Gefühle zu lenken. Auch keine Sache und keine Situation soll diese Macht mehr haben. Ich übernehme die ganze Verantwortung für alle meine Gefühle.«

Nach dieser Einstimmung stelle ich nun die Abschlussmeditation vor, denn es ist an der Zeit, Entscheidungen zu treffen. Entscheiden Sie sich, in dieser Meditation hemmende Aspekte Ihres geschichtlichen Ich endgültig aufzulösen, Kontrolle über Ihre Wahrnehmung auszuüben und sich Ihrem Wesen anzuvertrauen.

Der Weg in die Freiheit ist lang, aber er beginnt hier und jetzt, und nur das ist wichtig.

MEDITATION – EINKLANG MIT DEM WESEN

Schließe die Augen. Atme langsam tief ein und aus.
Denke an deine beiden Knie. Atme langsam ein und aus.

Denke an deine beiden Schultern. Atme langsam ein und aus.

Denke an deinen Solarplexus. Atme langsam ein und aus.

Denke an dein Herz. Atme langsam ein und aus.

Stelle dir jetzt mit jedem Atemzug vor: Du atmest strahlende, kraftvolle Energie ein und beim Ausatmen verteilst du diese Energie in deinem Körper und in deinem Bewusstsein.

Spüre, wie sich dein Körper mehr und mehr mit Energie füllt.

Atme weiter Energie ein und schicke diese Energie beim Ausatmen über die Grenzen deines Körpers hinaus in den Raum.

Fülle den Raum mit strahlender, kraftvoller Energie.

Diese Energie hat die Kraft, deine Gedanken, deine Gefühle und deine inneren Bilder Wirklichkeit werden zu lassen, wenn du das möchtest.

Atme langsam tief ein und aus und sage dann leise in Gedanken zu dir selbst, wenn du möchtest, sage und empfinde:

»Ich bin frei. Ich habe einen freien Willen und eine freie Entscheidung, das Geschenk meiner Seele, das Geschenk meines Ursprungs. Ich bin frei.

Alles, worauf ich meine Wahrnehmung richte, prägt meine Gefühle, meine Gedanken, meine körperlichen Energien und meine Lebensqualität.

Ich kann frei entscheiden, worauf ich meine Wahrnehmung richte.

Ich spüre mein Wesen in meinem Herzen.

Es führt mich zu Schönheit, innen und außen.

Es führt mich zu Geborgenheit und Vertrautheit, innen und außen.

Es führt mich zu Dankbarkeit dafür, dass die Dinge sind, wie sie sind, und vor allem für meine Freiheit, die Freiheit des Willens und der Entscheidung.

Und mehr als zu allem anderen führt mich mein Wesen in

*meinem Herzen zur Liebe zu mir selbst, meinen Möglich-
keiten und dem Sein.«*

Atme langsam tief ein und aus.
*Wende dich jetzt deinem geschichtlichen Ich zu. Es hat
dich bis hierher begleitet, um dir einen Teil der Welt zu zeigen, deine Welt. Jetzt ist es Zeit, dich von deinem geschichtlichen Ich zu verabschieden,*
*es im Laufe der nächsten Jahre Stück für Stück aus deinem
Bewusstsein auszublenden.*
*Sage deinem geschichtlichen Ich, welchen Teil von ihm du
als erstes auflösen wirst, weil du ihm keine Beachtung mehr
schenkst. Und sage deinem geschichtlichen Ich, warum dieses Auflösen um deines Wesens willen notwendig ist.*

*Lege die Hand auf dein Herz und spüre dein Wesen. Bitte
dein Wesen aus den Tiefen deines Bewusstseins, dir zu helfen, den Teil, der sich auflösen soll, von jetzt an auszublenden, ihm keine Energie mehr zu geben, sondern ihn klein
und kleiner werden zu lassen, bis er ein nicht mehr wahr-
nehmbarer Teil deiner Geschichte ist.*
*Nun sage deinem Wesen, dass du diese Hilfe verdient hast,
weil du alles tun wirst, um dies zu erreichen. Du beginnst
mit einem Teil und wirst dann Teil für Teil dein ganzes geschichtliches Ich auflösen, bis du frei bist, du selbst zu sein.*

*Jetzt bitte dein Wesen, dir zu zeigen, wohin du gelangen
wirst auf diesem Weg. Was in der Zukunft aus dir werden
kann. Wie du in der Zukunft sein wirst.*
Eine Zukunft in Freiheit.
*Freiheit bedeutet, sein zu können, was du sein möchtest.
Erreichen zu können, was du erreichen möchtest. Fühlen
zu können, was du fühlen möchtest. Denken zu können,
was du denken möchtest. Und wahrnehmen zu können,
was du wahrnehmen möchtest.*
*Dafür lohnt es sich, diese Weiche zu stellen, die deinen
Weg von deiner Geschichte, deinem geschichtlichen Ich
wegführt.*

Atme langsam tief ein und aus.

Und empfinde tief in deinem Bewusstsein: »Ich will diese Freiheit. Ich will die Freiheit der Entscheidung. Selbstverantwortlichkeit, Integrität in Liebe.«

Die Stimme deines Herzen will frei sein, über alle Maßen.

Atme langsam tief ein und aus und öffne dann die Augen.

Winter

Wenn das Alte endet, beginnt das Neue.

Ich geh' den Weg allein. So muss es sein.
Ich muss ich selbst sein. Ich muss frei sein.
Muss es wagen oder sterben.

Die Wahrnehmung neu ausrichten

Während Sie dieses Buch lasen, haben Sie symbolisch – vielleicht sogar tatsächlich – ein ganzes Jahr durchlaufen. Jetzt ist in unserem Buch wieder Winter, die Zeit, in der das alte Jahr als Entwicklungs- und Schöpfungszyklus endet und ein neues beginnt. Aber selbst wenn Sie viel schneller gelesen haben sollten, hat es sicherlich eine längere Weile gedauert, bis Sie all das erfolgreich in Ihr Leben integrieren konnten, was ich in diesem Buch vorgestellt habe.

In diesem fünften und letzten Teil fordere ich Sie nun auf, sich eindeutig für die Visionen zu entscheiden, die in Zukunft Ihr Leben bestimmen sollen. Sie können die Tür zur Freiheit öffnen, indem Sie Ihre Wahrnehmung gezielt neu ausrichten und damit die Schöpferkräfte Ihres Bewusstseins lenken und Ihre Wirklichkeit so gestalten, wie Sie sie gestalten möchten. Aber all dies ist nur möglich, wenn Sie spüren können, dass Ihr geschichtliches Ich sehr relativ ist und im Grund genommen wenig weiß, egal wie eingenommen es von sich ist.

Solange Sie in dem Netz der Verwicklungen gefangen sind, das Ihr geschichtliches Ich geknüpft hat, nützt es Ihnen wenig, dass Ihr Bewusstsein die Fähigkeit hat, Ihre Wirklichkeit zu gestalten, denn alles, was Sie gestalten würden, wäre nur eine, wenn auch erfolgreiche Wiederholung dessen, was war. Und genau das möchte ich verhindern. Deshalb habe ich das, was Sie vielleicht am meisten interessiert, erst ganz an das Ende dieses Buches gestellt. Denn hätte es schon am Anfang gestanden, hätten Sie vielleicht den gesamten Rest meiner Aussagen wohlwollend übersprungen, um nur das dauerhaft werden zu lassen, was sich aus der Sicht Ihres geschichtlichen Ich bewährt hat und daher erstrebenswert scheint. Aber das wäre das Ende Ihrer Freiheit gewesen und vor allem auch das Ende eines sinnvollen Lebens.

Der Tod hätte sich vielleicht schon in die Hände gespuckt, Sie nachts aufgesucht und gefragt: »Sag mal, warum soll ich dich noch leben lassen? Erkläre dich!« Und was wäre wohl seine Antwort gewesen, wenn Sie dann gesagt hätten: »Es ist alles so angenehm und vertraut, ich fühle mich wohl so, wie es ist«?

Wahrscheinlich so etwas wie: »Angenehm ist es wohl schon zwanzig Jahre, aber was an dem, was du tust und erlebst, berührt dich wirklich noch, wo gibt es noch etwas Neues, wo ist Spannung und Anregung, wo Freude und Entwicklung? Gibt es irgendetwas Wesentliches, was du noch erleben möchtest, bevor ich dich mitnehme? Wenn nicht, ist deine Zeit um, dein Leben ist sinnlos. Ich werde dich gleich mitnehmen und deinen Lebensfaden abschneiden. Meine Sense ist schon gewetzt.«

So ähnlich passiert es tatsächlich. In gewisser Weise ist der Tod ein Gesandter unserer Seele, der auf uns wartet, sobald sich unser Leben erfüllt hat oder sinnlos geworden ist. Er ist wie ein Ratgeber, der uns hilft zu entscheiden, was in seiner Gegenwart noch wesentlich ist. Damit, dass es nichts Wesentliches mehr gibt, nichts, was uns wirklich berührt, laden wir ihn ein. Für mich ist der Tod real, egal ob man lieber glaubt, dass er ein Teil von uns selbst oder eine fremde Instanz, vielleicht ein Teil unserer Seele ist. Die tägliche Frage, was man noch erleben oder erfahren möchte, bevor man stirbt, lohnt sich. Und der Tod reagiert nur auf die wirklichen Sehnsüchte unseres Wesens, nicht auf Scheinwerte von außen.

FRAGEN UND ANTWORTEN

Frage:
Wenn unsere Wahrnehmung unser Schicksal lenkt und wir damit unsere Schöpfungsenergien so ausrichten, dass wir das in unser Leben ziehen, was wir haben möchten, dann ist es doch völlig egal, was bisher in unserer Geschichte passiert ist?

Antwort:

Ja, Sie sagen es! Es gibt keinen vernünftigen Grund, sich hinter seiner Vergangenheit zu verstecken oder sie als Entschuldigung für Getanes oder Nicht-Getanes zu missbrauchen.

Frage:

Wenn ich mich mit dieser Konsequenz ausrichte, kann ich dann überhaupt noch Kompromisse machen?

Antwort:

Nicht wirklich, denn dann wird die Kompromissfähigkeit durch Rücksichtslosigkeit ersetzt werden müssen. Mit »Rücksichtslosigkeit« meine ich allerdings nicht wie die meisten Menschen Egoismus, sondern verstehe darunter, dass ich mich *eindeutig* für etwas entscheide, egal welche Konsequenz das für mich oder meine Zukunft haben mag, denn Konsequenzen leite ich ja wieder aus meiner Vergangenheit ab.

Rücksichtslosigkeit ist ein extrem wichtiger Aspekt der Freiheit, denn die meisten Menschen tun nicht das, was ihnen ihre innere Stimme sagt, weil sie etwas im Außen berücksichtigen oder Rückschlüsse aus ihrer Vergangenheit ziehen. Rücksichtslos sein heißt, nur die Entscheidung zu verfolgen, die gefällt wurde, zu der man steht und die sich richtig anfühlt, und nichts anderes zu berücksichtigen. Rücksichtslos sein heißt, sich ganz dem Ziel hinzugeben, das man erreichen möchte, weil man eine innere Sehnsucht danach spürt. Wenn wir unter Rücksichtslosigkeit das verstehen, was ich eben beschrieben habe, dann sind rücksichtslose Menschen ganz schwer einzuordnen und zu verstehen, weil sie nicht mehr »typisch menschlich« sind. Den meisten Menschen wird nämlich schon ganz früh beigebracht, dass sie ihre eigenen Sehnsüchte, aber auch ihre Fähigkeiten und Möglichkeiten und damit ihre Einzigartigkeit zurückstellen und Rücksicht auf andere nehmen müssen. Und wenn sie trotz der gründlichen Anleitung nicht rücksichtsvoll genug sind, werden sie durch fesselnde Strukturen von außen in ihre Schranken verwiesen, durch Moral, Ethik, Religion, das soziale Gefüge oder wissenschaftliche Scheinerkenntnisse. Wer sich schließlich in solchen Strukturen bewegt und bemüht ist, sie

335

um ihrer selbst willen aufrechtzuerhalten, kann nicht mehr zu dem stehen, was er wirklich will, sondern wird bei all seinen Entscheidungen diese Rahmenbedingungen berücksichtigen. Das wird er so lange tun, bis er vergisst, was er wirklich will und was seinem Leben entspricht.

Rücksichtslosigkeit bedeutet, bei einer Entscheidung nichts anderes zu berücksichtigen als die Sache, über die entschieden wird, nach dem Maßstab des eigenen Wesens und entsprechend der innersten Gefühle. So werden sämtliche Schöpfungsenergien des Bewusstseins auf diesen einen Punkt gerichtet, und die Entscheidung führt zur Manifestation, muss zur Manifestation führen.

Der Grund, warum viele Menschen zwar vieles haben möchten, es aber nie erreichen, liegt in erster Linie darin, dass sie ihre Energien zerstreuen und keine klare Entscheidung fällen, indem sie alles mögliche andere berücksichtigen, und zwar in erster Linie Menschen. Menschen in ihrer Einzigartigkeit und in ihren Sehnsüchten liebevoll sein zu lassen, ist durchaus im Einklang mit Rücksichtslosigkeit. Menschen zum Beispiel aus Schuldgefühlen heraus zu berücksichtigen, also ohne dass das Berücksichtigen gleichzeitig auch eine tiefe Sehnsucht ist, hat jedoch nichts mit liebevollem Lassen zu tun. Es ist genau das Gegenteil davon.

Viele werden sich an dieser Stelle fragen: »Aber was ist mit Mitleid oder Mitgefühl?« Mitleid empfindet man nur deshalb, weil man zu wissen glaubt, was für den anderen gut ist, und feststellt, dass er das nicht hat: »Dem geht es so schlecht, dem muss ich doch helfen. Das kann ich ihm doch nicht antun, wie fühlt der sich denn dann?«

Aber wer von uns weiß denn wirklich, was für einen anderen Menschen gut ist, was auf seinem natürlichen Weg liegt und seinem Wesen entspricht, oder gar, was er im Moment braucht, um wieder zu seinem Wesen zu finden? Hat eine solche Haltung nicht ein bisschen was von Größenwahn?

Frage:

Ich habe den starken Drang, anderen zu helfen. Gehört das zu meinem Potential oder ist es Größenwahn?

Antwort:

Es kommt darauf an, mit welcher Einstellung Sie helfen. Wenn ich zum Beispiel aus freien Stücken zu Ihnen komme, Sie bitte, etwas Bestimmtes für mich zu tun, und Sie es gern tun, sind Sie vielleicht ein Handlanger des Schicksals, mein Rückenwind. Sie helfen mir, es tut Ihnen gut, und Sie lernen vielleicht etwas dabei. Dann ist alles bestens. Sie tun, was auf Ihrem Weg liegt.

Wenn Sie jedoch beobachten, wie ich scheinbar etwas Falsches mache, und mir dann sagen: »Das geht so nicht. Ich zeige dir mal, wie man so etwas macht«, dann ist das etwas völlig anderes. Sie hätten dann weder nachgeforscht, warum ich es so tue, noch wüssten Sie genau, was es für eine Wirkung auf mich haben könnte. Vielleicht haben Sie mich von einem Lernprozess abgehalten, und möglicherweise haben Sie sogar nur geholfen, um sich selbst darzustellen oder Schuldgefühlen zu entgehen

Ich glaube, dass Bewusstsein, egal in welcher Form oder Dimension es auftritt, immer nur ein Ziel hat, nämlich an Energie und Erkenntnis zu wachsen. Bei allem, was Sie tun, sollten Sie sich also auch die Frage stellen: »Führt das, was ich tue, zu einem Zuwachs an Erkenntnis und Energie bei mir selbst und bei anderen?« Vielleicht ist es besser, jemandem zu zeigen, wie er fischen kann, statt für ihn zu fischen. Vielleicht muss er es auch selbst lernen.

Ein Beispiel: Zwei Bettler sitzen an der Straße. Bei dem einen haben Sie spontan das Gefühl, dass nichts zurückkäme und er selbstverständlich einstreichen würde, was Sie ihm gäben. Zu dem anderen aber treibt es Sie geradezu hin, und Sie fühlen tief in sich den Impuls, ihm etwas geben zu wollen. Und dann geben Sie großzügig und lächeln den Mann an. Er lächelt zurück, freut sich sichtlich, und Sie fühlen sich gut.

Das Gefühl, etwas geben zu müssen, kann nicht der Maßstab für das Handeln sein, ein innerer Impuls, es zu tun, es zu wollen, hingegen schon. Nach diesem Impuls zu handeln, ist rücksichtslos. Sie ignorieren Ihr Pflichtbewusstsein und folgen Ihrem Gefühl.

Vielleicht helfen Sie gern, weil Sie wirklich Freude daran haben zu sehen, was sich verändert. Und dem können Sie auch ganz viel für sich entnehmen.

Mitleid zu empfinden als eine Art natürliche Selbstüberschätzung des geschichtlichen Ich, das alles zu wissen glaubt, tut Ihnen selbst nicht gut und vielleicht noch nicht einmal demjenigen, für den Sie meinen, etwas tun zu müssen. Vielleicht verhindern Sie ja gerade dadurch einen wichtigen Lernprozess. Schlechtes Gewissen oder Mitleid sind keine guten Ratgeber für unsere Handlungen, Impulse unseres Wesens oder auch Freude dagegen schon.

Ein anderes Beispiel: Angenommen Sie fahren im Auto und sehen, wie eine Schildkröte über die Straße kriecht. Jetzt haben Sie verschiedene Möglichkeiten. Erstens: Sie halten mit quietschenden Reifen an, tragen die Schildkröte an den sicheren Straßenrand und fahren beruhigt weiter in dem Glauben, das Leben des Tieres gerettet zu haben. Zweitens: Sie halten an und warten, bis die Schildkröte über die Straße gelaufen ist, weil Sie Achtung vor ihrem eigenständigen Leben haben und nicht eingreifen wollen. Und drittens: Sie überfahren das Tier und sagen: »Pech gehabt, zur falschen Zeit am falschen Ort.« Welche dieser Möglichkeiten wäre im Sinne dessen, was ich oben erklärt habe?

Sicher die zweite: Sie halten an und warten, bis die Schildkröte die Straße überquert hat, ohne aktiv in deren Schicksal einzugreifen. Sie vor lauter Fürsorge zurückzutragen, würde bedeuten, ihr ganzes Lebenssystem durcheinander zu bringen. Sie würde ihren natürlichen Weg verlieren und nicht begreifen, warum sie plötzlich fliegt. Vielleicht hätte sie sogar einen Schock.

In den Berichten über Jesus steht zum Beispiel auch, dass er entweder seine Hilfe angeboten hat oder dass Hilfesuchende von selbst zu ihm gekommen sind. Nie hat er seine Hilfe offensichtlich aufgedrängt. Und wenn Hilfesuchende geheilt wurden, sagte Jesus zu ihnen: »Dein Glaube hat dir geholfen. Gehe hin und sündige nicht mehr.«

Daraus könnte man den Schluss ziehen, dass auch Jesus nicht zu denen gehörte, die selbstgefällig glaubten, sie müssten jedem helfen. Er half und heilte, wenn das Schicksal oder sein

Vater jemanden zu ihm führte, und er machte auch klar, dass er mit der Heilung nur bedingt oder gar nichts zu tun hatte. Sein Glaube habe dem Betreffenden geholfen und nun solle er nicht noch einmal die Sünde begehen, sich gegen sein Wesen und Gott zu wenden.

Frage:
Was kann man in diesem Zusammenhang unter Glauben verstehen?

Antwort:
Zunächst muss uns klar sein, dass an etwas zu glauben, nicht das Gleiche ist, wie etwas zu wissen. Wenn Jesus hier also von Glauben gesprochen hat, kann er nicht gemeint haben, dass jemand wusste, etwas werde eintreten, und deshalb trat es auch ein. Im Gegenteil, Glauben ist im Grundsatz ein Nicht-Wissen. Wissen kann man nur das, was man erfahren hat.

Der ausgesprochene Glaube scheint eher ein inneres Öffnen der Wahrnehmung gegenüber etwas Neuem zu sein, etwas, das bisher kein Teil der eigenen Geschichte war.

»Dein Glaube hat dir geholfen« heißt: Der Betreffende hat etwas in sein Erfahrungssystem zugelassen, das sich bis zu diesem Zeitpunkt noch nicht ereignet hatte, sich aber hätte ereignen können. Sein geschichtliches Ich hat den alten Zustand nicht verteidigt. Dementsprechend wäre ein gläubiger Mensch ein Mensch, der Neues für möglich hält, ein Mensch mit einer offenen Wahrnehmung, nicht verkrustet in seiner Geschichte, unabhängig von seiner Geschichte.

Ein Ungläubiger wäre demzufolge ein Mensch, der seine Geschichte verteidigt und auf Altem und Erprobtem beharrt, das sich bis jetzt bestätigte. Ein gläubiger Mensch will und kann seinen Erfahrungshorizont erweitern und hält Dinge für möglich, die aus der eigenen Geschichte nicht ableitbar sind. Damit wird Neues möglich, unser Wesen und die Seele können die Summe aller Möglichkeiten in uns wirken lassen. Wenn Sie nach der Arbeit mit diesem Buch irgendwann sagen können: »Ich glaube, dass in meinem Leben Dinge möglich sind, die sich nicht aus meiner Geschichte herleiten lassen«, öffnen Sie damit Türen für Dinge, die Sie sich jetzt noch nicht einmal ausdenken können. Begrenzungen und Probleme Ihrer Geschichte und allem, was daraus entstanden ist, sind dann unwesentlich und werden Sie nicht mehr aufhalten. Im oben beschriebenen Sinne sind Sie dann gläubig geworden.

Das Loslassen der eigenen Geschichte und die Fähigkeit, Neues für möglich zu halten und damit in sein Leben einzuladen, gehören untrennbar zusammen.

Sie brauchen sich mit dieser Einstellung nicht einmal mehr vorstellen zu können, was noch alles kommen kann, denn alles, was Sie sich vorstellen können, kommt letztlich aus Ihrer Geschichte. Und genau die wollen Sie ja loswerden. Statt entsprechend alter Muster Dinge zu erwarten, sollten Sie einfach abwarten in dem Vertrauen, dass Ihr Wesen, nachdem Sie sich von Ihrer Geschichte gelöst haben, die Dinge in Ihr Leben zieht, die schön sind, die Ihnen Gelassenheit und Liebe geben und Sie zu Ihrer Bestimmung führen. Wenn Sie in Ihrem Leben wirklich erfolgreich sein wollen, dann erwarten Sie nichts, sondern warten Sie ab.

Frage:
Und so geschehen Wunder oder das, was man so unter Wundern versteht?

Antwort:
Ja, so geschehen Wunder. Ein Wunder ist alles, was in der Geschichte bisher keinen Platz hatte und das Verständnis und die Möglichkeiten des Zeitgeistes sprengt. Jemand, der Wunder vollbringt, hat eine größere Wahrnehmungsfähigkeit und erweitert die Wahrnehmung anderer Menschen. Und indem sich deren Wahrnehmung erweitert, wird Neues möglich, und der Zeitgeist verändert sich.

Erinnern Sie sich nochmals an meine Definition einer Dimension: Eine Dimension ist beschreibbar als eine Summe von Schöpfungsideen, und Schöpfungsideen sind geistige Strukturen, die den Schöpfungsstrom lenken und ihn zur Manifestation in einer gewissen Form bringen.

Jemand, der an seiner Geschichte festhält, verteidigt seine eigenen begrenzten Schöpfungsideen und verhindert damit, dass etwas Neues kommen kann. Jemand, der aber im gerade definierten Sinne gläubig ist, der also weiß, dass er nicht weiß, kann seine Wahrnehmung öffnen und darauf vertrauen, dass das göttliche Sein die Möglichkeit hat und bereit ist, alles zu schaffen, auch Dinge, die weit außerhalb der eigenen Vorstellung liegen, und damit ist er immer bereit für einen Wechsel der Dimension.

Wenn neue Schöpfungsideen in uns Einzug halten können, die nichts mit der alten Geschichte zu tun haben, dann bedeutet das, dass sich unsere Dimension verändern kann. Und eine solche starke Veränderung unserer Dimension findet gerade heute für viele Menschen statt. Viele Dinge verlieren ihre Gültigkeit, ein neuer Zeitgeist entsteht mit neuen Möglichkeiten und Normen.

Frage:

Ich habe noch eine Frage zur Wahrnehmung. Ich nehme in letzter Zeit viele Menschen, die ich schon länger kenne, ganz anders wahr. Hat sich meine Wahrnehmung durch die Arbeit mit den Inhalten dieses Buches vielleicht verändert, oder haben sich die anderen verändert?

Antwort:

Hauptsächlich wird sich wahrscheinlich Ihre Wahrnehmung verändert haben, wobei sich Menschen natürlich auch ständig verändern, aber selten drastisch und schnell. Es ist aber überhaupt nicht wichtig, das zu klären. Wichtig ist nur, was Sie wahrnehmen. Denn Ihre Wahrnehmung und deren Inhalte lenken die Energien, in Ihnen selbst und um Sie herum. Selbst wenn Sie etwas wahrnehmen würden, was objektiv überhaupt nicht da ist und nur eine vollkommene Projektion darstellt, würde sich diese Projektion allmählich in Ihrem Leben manifestieren.

Wir brauchen uns also auch nie Gedanken darüber zu machen, ob etwas in objektivem Sinne tatsächlich um uns herum geschieht oder ob wir es uns einbilden. Entscheidend ist nur, dass alles, was wir wahrnehmen, auf uns wirkt und deshalb auf unsere erlebte Wirklichkeit.

Was nicht von uns, unserem Körper oder unserem Unterbewusstsein wahrgenommen wird, kann nicht auf uns wirken. Insofern lenkt unsere Wahrnehmung unsere erlebte Wirklichkeit. Und unsere Wirklichkeit ist deshalb immer subjektiv.

Einstimmung zum Aufbruch

Am Anfang dieses Buches haben wir uns mit der Erforschung unserer Lebensabsicht und unserer Sehnsüchte beschäftigt. Wir suchten unseren individuellen Lebensstil als Ausdruck der Lebensqualität, mit der wir uns wohlfühlen und die uns auch die notwendige Energie und Motivation gibt, um unsere Lern-, Erfahrungs- und Schöpfungsziele erreichen zu können.

Zunächst war es uns wichtig, die von außen übernommenen und unserem Wesen fremden Sehnsüchte von denen unterscheiden zu lernen, die den Tiefen unseres Wesens entspringen und uns zu Dingen führen, die uns wirklich berühren und die deshalb für uns wesentlich sind, im Gegensatz zu jenen, die nicht wirklich einen Unterschied machen in unserem Leben und für unser Lebensgefühl und demnach unwesentlich sind. Dabei haben wir erkannt, dass dies schwieriger ist, als es vielleicht anfänglich schien, und dass dieses tägliche Beobachten eine Übung werden muss, die uns immer begleitet.

Jeden Abend, wenn wir schlafen gehen, sollten wir uns fragen, was uns an diesem Tag berührt und uns Energie gegeben hat und wenn, wo und warum wir Energie verloren haben. Dieses tägliche Beobachten schärft unsere Wahrnehmung für uns selbst (wie wir denken, fühlen und handeln), aber auch für das Leben, das wir führen. Es entwickelt unser Selbstbewusstsein und die Klarheit darüber, wie wir denken, fühlen und handeln.

Wenn wir Aspekte an uns und an unserem menschlichen Leben entdecken sollten, die uns Energie rauben und die Erfüllung unserer wesentlichen Sehnsüchte erschweren, dann erhöht die tägliche Beobachtung dessen unsere Motivation, etwas zu verändern, denn wir spüren klar, wie viel Energie wir mit Unwesentlichem verlieren. Aber erst die Lösung von unserem geschichtlichen Ich hilft uns, diese Perspektive klar einnehmen zu können und auch zu erkennen, wie viele Menschen ihre Energie vergeuden und schon gar nicht mehr richtig leben, ohne Ziel, ohne Begeisterung und ohne Erneuerung. Sie haben so wenig Glanz in den Augen wie ein Zombie, eine menschliche Hülle, die keine Lebenskraft mehr hat.

Wenn wir in dieser Phase erkennen sollten, wie sehr uns unsere Geschichte in die Irre geleitet hat, weg von uns selbst und in ein Leben, das fremdbestimmt und voller fremder Werte ist, die uns nichts geben, aber Energie rauben, dann dürfen wir auf keinen Fall nach jemandem suchen, der uns bemitleidet und tröstet, denn dann würden wir uns hinter einer zusätzlichen, wenn auch angenehmen fremden Energie verstecken. Und sollte diese Energie irgendwann nicht mehr zur Verfügung stehen, haben wir nichts mehr übrig, weil wir alle Verantwortung abgegeben haben und jetzt auch niemand mehr da ist, der sie für uns trägt. Selbstverantwortung ist ein wichtiger Schritt in die Freiheit, und wir sollten uns als Hilfe lieber Menschen suchen, die uns weiterhelfen, indem sie uns als Rücken- oder Gegenwind herausfordern und uns wertvolle Impulse geben, aber ohne Verantwortung für uns zu übernehmen oder uns durch Mitleid und Trost zu lähmen.

Auch Liebe sollten wir von Menschen nur annehmen, wenn es eine Liebe ist, die loslassen und unseren freien Willen achten kann, eine Liebe, die uns nicht prägt, nicht abhängig macht und auch nicht mit wohlmeinenden Ratschlägen erstickt, eine Liebe, die uns frei lässt und mit Verständnis nährt. Das ist die Art von Liebe, die uns gut tut und voran bringt.

Nur wenn uns niemand die Verantwortung für unser Leben und unsere Entwicklung abnimmt, haben wir die Möglichkeit, die Verbindung zu unserem Urgrund, unserem Wesen wieder herzustellen. Wenn wir die Verantwortung in fremde Hände geben und uns hinter etwas verstecken, bleibt der Kanal zu unserem Wesen verschlossen, und unser geschichtliches Ich mit all seinen fremden Ansichten, Betrachtungsweisen und Glaubenssätzen übernimmt die Führung.

Wenn Sie sich jeden Abend fragen, was Sie im Laufe des vergangenen Tages berührt hat, wird das mit der Zeit zu einer enormen Steigerung Ihres Selbstbewusstseins und Ihrer Klarheit darüber führen, wer Sie sind und was Sie wollen.

Der erste wesentliche Schritt auf dem Weg zu unserer Freiheit ist das Erkennen unserer Lebensabsicht, und das braucht eine wache Beobachtung dessen, was wir denken, fühlen und tun, ein klares Bewusstsein für uns selbst – Selbstbewusstsein.

Der nächste Schritt in die Freiheit besteht darin, Energie zu sammeln, um später wirksam magische Kräfte in Bewegung setzen und zur Manifestation bringen zu können.

Unser übliches Problem besteht darin, dass wir zwar alle mit viel Energie geboren wurden, dass diese Energie aber ungerichtet hinausfließt und nicht wieder ersetzt wird. Dies geschieht durch die mannigfachen Verwicklungen unseres geschichtlichen Ich, das uns ständig zu automatischen Reaktionen in unserer Wahrnehmung und in unserem Handeln bringt und uns damit zum Spielball unserer Geschichte, unseres Umfelds und sogar unserer Zukunft macht. Wenn wir in dieser reaktiven Art mit unserem Leben umgehen, haben wir aber keine Kontrolle über unsere Gefühle mehr. Negative und positive Gefühle machen sich beliebig in unserem Bewusstsein breit und verhindern eine klare Ausrichtung unserer geistigen Energien. Und das geht nicht nur auf Kosten unserer Lebensqualität, sondern auch auf Kosten unserer Energie. Der Weg aus diesem Dilemma ist, zu begreifen, dass wir ein Kern-Ich haben, oder besser: ein Kern-Ich sind, das nicht Teil unserer persönlichen Geschichte ist, sondern sich als eine Art unabhängiger Beobachter mit unserer Geschichte, mit unserem Wesen und mit jedem beliebigen Aspekt der äußeren Wirklichkeit identifizieren und diese damit zu seiner Wirklichkeit machen kann.

Als Kern-Ich mit der Fähigkeit zur beliebigen Identifizierung mit Dingen können wir aber auch innerlich auf Distanz gehen und völlig frei bleiben, um unsere Schöpfungsenergien beliebig zu gestalten. Dazu haben wir gelernt, als neutraler Beobachter in eine innere »Aha«-Einstellung zu gehen, in der wir wahrnehmen und feststellen, was ist, ohne darauf zu reagieren oder es zu bewerten. Diese innere Distanz stoppt unsere Tendenz, oder besser: die Tendenz unseres geschichtlichen Ich, ständig und dauernd zu reagieren und damit alle Erfahrungen unserer Geschichte wieder lebendig werden zu lassen. Innere Distanz führt systematisch zur Auflösung aller Verwicklungen mit Dingen, Situationen und besonders mit Menschen, die uns nicht nur lähmen, sondern vor allem auch enorm viel Energie blockieren oder sogar auffressen.

Solche Verwicklungen mit Menschen können sowohl angenehm (zum Beispiel Verliebtheit) als auch unangenehm (zum Beispiel Ärger) sein, aber sie vernichten immer schöpferische Energie. Ähnlich ist es auch mit anderen Verwicklungen, zum Beispiel mit Rollen, die wir selbst spielen: das Weibchen, die Sexbombe, die Luxusbiene, der kernige Raucher, der triebhafte Fleischfresser, der schnittige Autofahrer, der sensible Intellektuelle, der überlegene Ratgeber, der arme Junge ...

Das Spielen jeder Rolle verhindert zum einen die korrekte Wahrnehmung dessen, was ist, denn man betrachtet alles durch diese Rolle, obwohl man sie selbst nur spielt. Zum anderen werden neue Impulse, die von innen aber auch von außen kommen, sofort verdrängt, wenn sie nicht zu der Rolle passen oder keinen Platz darin haben. Rollen blockieren unser Wesenspotential.

Wenn wir schon Rollen spielen wollen, dann sollten wir sie ständig bewusst verändern, und zwar einfach nur um des Veränderns willen, damit wir in der Rolle nicht einfrieren und sie schließlich mit uns selbst verwechseln. Wir können zum Beispiel von Zeit zu Zeit unser Äußeres verändern: Haare kurz oder lang, Bart weg oder dran, andere Kleidung, anderer Umgang, anderes Restaurant, anderes Auto.

Solche Veränderungen einfach um der Veränderung willen sind nur wirksam, wenn wir sie über längere Zeit suchen, zum Beispiel indem wir uns sechs Wochen lang in jeder Hinsicht völlig anders verhalten als sonst. Und nachdem wir unsere Rolle vier oder fünf Mal bewusst drastisch verändert haben, werden wir uns kaum noch hinter irgendeiner Rolle verstecken, weil wir Rollen als Rollen erkannt haben und sie nicht mehr so ernst nehmen können, wie wir sie vielleicht vorher genommen haben.

Wie viele Menschen kennen Sie, die zum Beispiel nicht ungeschminkt oder korrekt gekleidet das Haus verlassen wollen? Die nehmen ihre äußere Rolle noch sehr wichtig.

Eine Rolle wird nur dann wichtig, wenn es die einzige ist, die wir spielen. Sobald wir mehrere Rollen abwechselnd spielen, er-

345

kennen wir deutlich, dass wir nicht die Rolle, sondern der Schauspieler sind, und noch dazu einer, der mehrere Rollen drauf hat und sie beliebig wechseln kann. Das ist Freiheit, Freiheit im Tun.

Dann haben wir auch erkannt, wie wichtig es ist, Ungeklärtes aus der Vergangenheit zu klären, weil es uns noch beschäftigt und sehr viel Energie bindet. Das können verdrängte Gefühle sein, Wut, Angst, Enttäuschung, Frustration, Ärger, aber auch Schuldgefühle in Bezug auf Dinge, die wir getan oder Unwahrheiten, die wir verbreitet haben. All das muss freigesetzt werden, indem wir es der Person beichten, die es ausgelöst hat oder davon betroffen war.

Alles, was unsere eigene Integrität in Frage stellt, nagt an unserem Selbstwert. Daher sollten wir es offen zugeben, zum Beispiel, dass wir in der Prüfung geschummelt haben, dass wir gestohlen oder Geld abgezweigt haben oder dass wir anderen die Schuld an etwas zugeschoben haben, das wir selbst zu verantworten hatten.

Zu unseren Schwächen zu stehen und all unsere Verfehlungen zu beichten, setzt gebundene Energie frei, die wir gebraucht haben, um all dies zu verstecken. Ganz frei sind wir aber erst dann, wenn wir auch alles ausgeglichen haben, an den Betroffenen oder an Ersatzpersonen, die den Ausgleich symbolisch entgegennehmen.

Fehler und Schwächen zuzugeben, macht frei. Hand aufs Herz, wie viele davon schleppen Sie mit sich herum, weil Sie sich nie dazu bekannt haben? Das frisst Ihnen Energie weg ohne Ende, und Sie bleiben immer verwickelt und kommen nicht weiter.

Das Gefühl, integer zu sein, hat weniger damit zu tun, was wir tun, denken und fühlen, sondern eher damit, wie wir dazu stehen und ob wir es mit unserem Gewissen vereinbaren können. Wer integer ist, kann auch offen sein, muss es aber natürlich nicht sein, wenn er gern seine Privatsphäre wahren möchte.

Was immer wir getan haben, von dem Moment an, in dem wir es zugegeben und uns entschieden haben, nie wieder so zu sein, ist alles bestens und wir sind frei, vorausgesetzt, wir sind auch um Ausgleich bemüht.

Eine andere Form der Verwicklung äußert sich darin, dass man Vorwürfe macht und die Schuld an der eigenen Stimmung oder Lebensqualität auf andere schiebt: zum Beispiel auf den Arzt, der bei der Geburt die Nabelschnur angeblich nicht richtig durchtrennt hat und der nun Schuld daran ist, dass wir heute so nervös und ängstlich sind. Oder man beschuldigt die eigene Mutter oder den Vater, etwas Bestimmtes getan oder nicht getan und damit die Probleme ausgelöst zu haben, die wir heute haben.

Schuldzuweisungen setzen gewaltige Energievernichtungsprozesse in Gang. Um von ihnen ablassen zu können, sollten wir uns zum Beispiel fragen, ob das, was wir anderen vorwerfen, nicht vielleicht von unserer Seele gezielt verursacht war, im Sinne von Rückenwind, Gegenwind oder Konfrontation, die uns auf unseren Weg zu Freiheit und Erkenntnis bringen sollten.

Häufig sind wir in dem Moment frei, in dem wir die Funktion oder Rolle wahrnehmen können, die Menschen oder Situationen für uns erfüllen, und wir die Dinge, die geschehen oder gesagt werden, nicht mehr persönlich nehmen. Auch wenn wir zu verstehen versuchen, dass jeder Mensch das, was er tut, nur tut, weil er sich im Recht dazu fühlt oder sogar etwas Gutes tun will, und nur den Menschen hinter seiner scheinbar üblen Rolle erkennen, lösen sich solche Verwicklungen relativ leicht auf.

Auch Eltern sind Menschen und selbst ein Chef ist ein Mensch!

Egal welche Art von Verwicklung wir auflösen wollen, es ist erforderlich, dass wir Verantwortung für uns selbst übernehmen. Wir sind ganz allein für die eigenen Gefühle verantwortlich und müssen lernen, gezielt und kontrolliert mit ihnen umzugehen, weil Gefühle die kraftvollsten Schöpfungsenergien sind, die unser Bewusstsein zur Verfügung stellen kann.

Wenn wir die Verantwortung für unsere Gefühle abgeben, können wir sie nie mehr beherrschen und ihr Schöpfungspotential auch nicht.

Selbstverantwortung für unsere geistigen Energien zu haben, bedeutet, Gefühle bewusst an- und ausschalten zu können und zu wissen, wie wir uns beliebig mit Dingen identifizieren und uns davon prägen lassen können. Ähnlich wie wir uns einen Film anschauen, können wir Menschen betrachten und Dinge oder ein bestimmtes Umfeld auf uns wirken lassen, damit sie unsere Gefühle prägen. Und irgendwann brauchen wir uns nur noch daran zu erinnern, und unsere Gefühle stellen sich dazu passend ein. Und noch später können wir unsere Gefühle einfach selbst bestimmen.

Die meisten Menschen halten das für völlig unakzeptabel, kalt, unromantisch, egoistisch oder ganz einfach für »unmenschlich«, weil sie die allgemeine Ansicht teilen, nach der es normal zu sein scheint, dass ein Mensch von Gefühlen abhängig ist und nun mal Schwächen hat, dass er reaktiv ist und bestimmte Dinge braucht, um Gefühle haben zu können.

Auch dass diese Abhängigkeit in die Sucht führt, wird für normal gehalten. Es gibt sogar Stimmen, die behaupten, jeder Mensch sei süchtig. Viele Menschen glauben, es sei normal, dass der Mensch schwach ist. Doch das ist nicht der Fall. Menschen halten es für normal, weil die meisten Menschen Schwächen haben, und da sie es für normal erklären, brauchen sie auch nichts dagegen zu tun. Vielleicht sind Schwächen und Abhängigkeiten tatsächlich normal, aber sicher nicht natürlich.

Natürlich ist, dass der Mensch in seinem Bewusstsein frei ist. Normal ist, dass viele Menschen diese Freiheit aufgegeben haben und nicht mehr suchen.

Freiheit bedeutet in diesem Zusammenhang, dass wir immer selbst entscheiden können, an welche Gefühle sich unser Kern-Ich anhängt. Aber meistens erleben Menschen diese Freiheit nicht, weil ihre Gefühle schon vorsortiert wurden und sie sich automatisch an die Gefühle anbinden, die sie aus ihrer Geschichte kennen, statt an die Summe aller Möglichkeiten.

Was diese Freiheit bedeutet und wie gut das beliebige Anbinden an Gefühle funktioniert, kann man bei Kindern beobachten. Kinder können in kürzester Zeit ein ganzes Spektrum an Gefühlen durchleben. Man muss nur entsprechende Reize setzen: ein kleines Geschenk, eine Überraschung, eine Zeichnung oder eine Geschichte. Die Phantasie von Kindern ist schnell in

Bewegung zu bringen, und ihre Gefühle wechseln mit den sich ständig verändernden Szenen.

Genau so wäre es auch bei Erwachsenen, wenn sie nicht »normal« geworden wären und diese Freiheit aufgegeben hätten.

Das Auflösen all unserer Verwicklungen können wir natürlich nicht in einem Jahr oder gar in noch kürzerer Zeit erfolgreich bewerkstelligen, aber wenn wir einmal begriffen haben, dass es geht und wie es geht, und wir uns bewusst für die Freiheit entscheiden, werden die Verwicklungen Jahr für Jahr weniger werden, und irgendwann müssen wir sogar damit rechnen, dass andere uns als unnormal oder unmenschlich bezeichnen, weil wir nicht mehr in der gleichen Weise verwickelt sind wie sie.

Das Schreiben der drei Bücher der Gefühle und Resonanzen treibt diesen Prozess der Klärung und Auflösung unserer Verwicklungen weiter voran. In das erste schreiben wir einmal pro Woche alle Gefühle, die wir jemals hatten, um zu sehen, mit welchen Gefühlen wir uns in der Vergangenheit beschäftigt haben, und um zu erkennen, dass diese Gefühle unserem Umfeld entsprechen.

Im zweiten Buch geht es um die Gefühle der Gegenwart. Indem wir an diesem Buch schreiben, werden wir wacher uns selbst gegenüber und entwickeln ein starkes Selbstbewusstsein. Das regelmäßige Schreiben an beiden Büchern wird zu mehr und mehr Erkenntnis über uns führen und die durch Verwicklungen gebundenen Energien wieder freisetzen.

Wir werden auch klar spüren, welche Gefühle wir wirklich in unserem Leben haben wollen. Und diese Gefühle schreiben wir dann in das dritte Buch, das Buch für unsere Zukunft.

In dieses Buch schreiben wir alle Gefühle, die uns durch unser Leben begleiten sollen, und zwar in allen Lebensbereichen, zum Beispiel, dass wir uns leicht und vergnügt fühlen wollen, oder dass wir Spannung, Überraschung, Abenteuer oder Zärtlichkeit lieben.

Und dann, nachdem wir diese Gefühle klar in uns erkannt, uns für ihre Umsetzung entschieden, durch die Distanz zum geschichtlichen Ich gebundene Energie befreit und neue Wesensenergie aktiviert haben, ist es jetzt, in diesem Teil des Buches, an der Zeit, konkrete Visionen zu entwickeln und diese mit Energie so lebendig und kraftvoll zu machen, dass sie sich in unserem Leben manifestieren können. Bei den Visionen und Phantasien, die es jetzt zu entwickeln gilt, geht es nicht so sehr um äußere Details, die wir in unserem Leben anstreben, sondern mehr um die Gefühle, die solche Details begleiten und die durch eben diese Details leichter entstehen können. Gefühle sind die wirksamsten Kräfte in uns. Wie wir zu ihnen kommen und welche Bilder oder äußeren Hilfestellungen wir dazu benutzen, ist dabei eher nebensächlich.

Um diese Gefühle ganz deutlich und möglichst vollständig in uns zu spüren, sollten wir uns nochmals an alle Übungen und Meditationen erinnern, die wir bis jetzt gemacht haben, und besonders das Buch der Zukunft zu Rate ziehen. Es ist wichtig, die ersehnten Gefühle für alle Lebensbereiche – Partnerschaft, Wohnen, Arbeiten, beruflicher Ausdruck, Gesundheit und Freizeit – zu bestimmen und sie dann in passende Phantasien einzubauen. Nehmen Sie sich Zeit für die Entwicklung Ihrer Phantasien und Visionen. Gehen Sie intensiv in die Gefühle hinein, bis Sie ganz sicher sind, dass Sie sich darin wohlfühlen und sie Ihnen gut tun. Erinnern Sie sich an Filme und Bücher, Menschen oder Situationen, die diese Gefühle in Ihnen hervorgerufen haben, und bauen Sie dann noch Phantasien dazu auf, in denen Sie sich selbst als Teil der Szene fühlen können. Die konkreten Details dieser Phantasien sind nur insofern wichtig, als Sie durch sie leichter in Ihre Gefühle hineinfinden. Für die spätere Manifestation ist aber nur das Gefühl selbst wichtig, und dieses Gefühl zieht vielleicht sogar Dinge an, die Sie sich nicht einmal vorstellen konnten, die aber genau dem Gefühl entsprechen.

Wenn Sie eine neue Wohnung suchen, sagen Sie sich zum Beispiel: »Wenn ich im Wohnzimmer sitze, möchte ich weit schauen können, auf Grün und auf Wolken.« Alle anderen Details lassen Sie weg, weil Ihnen die großzügige Weite vielleicht das Wichtigste ist. Aus der Wohnung, die Sie mit diesen Energien anziehen, schauen Sie dann vielleicht nicht auf Wiesen, sondern auf einen See oder über die wunderschönen Dächer vieler Einfamilienhäuser. Vielleicht sieht sie auch ganz anders aus als erwartet, aber sie weckt das gleiche Gefühl in Ihnen, das Sie in Ihren Phantasien empfunden haben.

Wenn Ihnen an Romantik und Zärtlichkeit in der Partnerschaft liegt, stellen Sie sich eine Wunschszene mit einem Partner vor, der Sie einfach nur sanft berührt, und schon rieseln Ihnen angenehme Schauer über den Rücken. Mehr Details zu diesem Partner müssen Sie gar nicht festlegen. Das Gefühl, das Ihnen am wichtigsten ist, ist das durch diese Berührung ausgelöste, weil diese Berührung viel über das Wesen dieses Partners und auch über die Art der Beziehung zum Ausdruck bringt, und Sie vielleicht glauben, dass alles andere dann sowieso passt.

Wichtig ist, dass Sie ganz genau beschreiben können, welche Art von Gefühlen Sie in den nächsten fünfzehn Jahren in jedem Lebensbereich haben wollen und welches Umfeld oder welche Menschen Sie sich als dazu passend vorstellen könnten. Aber, wie gesagt, die Konzentration sollte immer auf den Gefühlen liegen und nicht auf äußeren Details.

Wenn Sie zum Beispiel sagen würden, dass Sie sich in der Partnerschaft gut fühlen möchten, wäre das viel zu wenig. Sie sollten das Gefühl für sich selbst, aber auch für andere so deutlich beschreiben können, dass es als eindeutig empfunden wird und sich dann entsprechend klar und eindeutig in der Aura festsetzen kann.

Wenn Sie in sich schon einige wesentliche Gefühle geklärt haben, die Sie von jetzt an begleiten sollen, sind Sie bereit für die folgende Meditation. Sie lässt diese Gefühle für Ihr künftiges Leben noch klarer werden, damit Sie sie bewusst und entschieden in Ihrem Unterbewusstsein verankern können, um Ihre neue Lebenserfahrung zu prägen. Sie sollten sie abends mit in den Schlaf nehmen, um sie noch tiefer in Ihr Unterbewusstsein einsinken und von dort aus wirken zu lassen.

MEDITATION – GEFÜHLE FÜR DIE ZUKUNFT

Schließe die Augen. Atme langsam tief ein und aus.
Denke an deine beiden Knie. Atme langsam ein und aus.
Denke an deine beiden Schultern. Atme langsam ein und aus.
Denke an deinen Solarplexus. Atme langsam ein und aus.

Denke an dein Herz. Atme langsam ein und aus.

Stelle dir jetzt mit jedem Atemzug vor: Du atmest strahlende, kraftvolle Energie ein und beim Ausatmen verteilst du diese Energie in deinem Körper und in deinem Bewusstsein. Spüre, wie sich dein Körper mehr und mehr mit Energie füllt.

Atme weiter Energie ein und schicke diese Energie beim Ausatmen über die Grenzen deines Körpers hinaus in den Raum.

Fülle den Raum mit strahlender, kraftvoller Energie.

Diese Energie hat die Kraft, deine Gedanken, deine Gefühle und deine inneren Bilder Wirklichkeit werden zu lassen, wenn du das möchtest.

Atme langsam tief ein und aus und sage dann leise in Gedanken zu dir selbst, wenn du möchtest, sage und empfinde: »Ich bin mehr als mein Körper. Ich bin Bewusstsein, unbegrenzt, ewig und frei.

Meine Gefühle, meine Gedanken und das, was im Zentrum meiner Wahrnehmung steht, lenkt die Schöpferkraft, die durch mich fließt.

Ich übernehme Verantwortung für meine Gefühle und meine Gedanken.

Ich übernehme Verantwortung für das, worauf sich meine Wahrnehmung richtet.«

Atme langsam tief ein und aus.

Und jetzt nimm vor dir dein geschichtliches Ich wahr, die Energien, mit denen du bis jetzt eins warst. Sage zu diesem geschichtlichen Ich und empfinde, was du sagst: »Du warst bis jetzt mein Fahrzeug, das Medium, durch das ich die Wirklichkeit erlebt und geschaffen habe.

Und ich werde auch in Zukunft auf dich zurückgreifen, wenn es dem Weg meines Wesens entspricht.

Ich stehe jetzt an der Schwelle und werde einen neuen Schritt machen, hinein in meine Freiheit.

Und um dieser Freiheit willen werde ich mich von dir lösen. Und nur noch gelegentlich eins mit dir sein.«

Atme langsam tief ein und aus.

Und jetzt nimm vor dir dein Wesens-Ich wahr, dein Wesen, deinen Kern.

Sage zu diesem Wesens-Ich und fühle, was du sagst: »Ich möchte von jetzt an eins mit dir sein. Ich möchte dich in mir fühlen und mein Leben in Zukunft durch dich und mit dir gestalten, in Freiheit.

Ich möchte eins mit dir werden und mein zukünftiges Leben in Freiheit gestalten, mit dir und durch dich.«

Atme langsam tief ein und aus.

Und jetzt frage dein Wesen: »Welche Gefühle sollen mich in Zukunft begleiten? Wie will ich mich in Zukunft fühlen? Mit welchen Gefühlen möchte ich einschlafen?

Und mit welchen Gefühlen möchte ich aufwachen?

Welche Gefühle möchte ich bezüglich meiner Bedeutung für andere Menschen haben?

Welche Gefühle möchte ich haben, was meine Art und Weise, durchs Leben zu gehen, betrifft?

Welche Gefühle möchte ich dort haben, wo ich zu Hause bin?

Welche Gefühle möchte ich in einer Partnerschaft erleben?

Welche Gefühle möchte ich in meinem Beruf erleben?

Und welche Gefühle möchte ich bezogen auf Geld und finanzielle Freiheit haben?«

Atme langsam tief ein und aus.

Und wenn du möchtest, sage leise in Gedanken zu dir selbst: »Ich möchte Verantwortung übernehmen für diese Gefühle und für alle Gefühle, die meinem Wesen entsprechen.

Ich möchte meine Wahrnehmung auf das richten, was diese Gefühle nährt, und alles andere ausblenden – aus meiner Wahrnehmung, aus meinem Denken, aus meinem Fühlen.

Morgens, wenn ich aufwache, möchte ich an diese Gefühle denken und sie in mir spüren, in meinem Körper. Und abends, wenn ich einschlafe, möchte ich mit diesen Gefüh-

len einschlafen. Und in der Nacht, während ich schlafe, möchte ich sie nähren.

Meine Gefühle und meine Wahrnehmung lenken mein Schicksal. Besonders in den nächsten Tagen werde ich diesen Gefühlen Aufmerksamkeit schenken und meine Wahrnehmung bewusst und gezielt einsetzen.«

Atme langsam tief ein und aus.
»Mein Bewusstsein lenkt die Schöpferkräfte und gestaltet mein Leben. Und dafür möchte ich Verantwortung übernehmen.«
Atme langsam tief ein und aus.
Und dann öffne allmählich die Augen.

FRAGEN UND ANTWORTEN

Frage:
Ich habe verstanden, dass man nur beim Beobachten nicht verwickelt ist. Was ist aber, wenn ich mich in der Natur aufhalte und davon so ergriffen bin, dass die Tränen fließen?

Antwort:
Wenn wir uns in dieser Form berühren lassen, befinden wir uns in einem der Bewusstseinszustände Geborgenheit, Schönheit, Liebe oder Dankbarkeit. Dennoch sollten wir die Freiheit haben, auch diese Stimmung hinter uns zu lassen und wieder wir selbst zu sein, beziehungsweise unser Wesen klar spüren zu können. Diese Zustände führen uns zu unserem Wesen, aber unser Wesen ist mehr als Einklang mit dem Sein. Es ist auch Neugier und Ausdruck von Schöpfungspotential.

Frage:
Wie kann man sich auf der einen Seite berühren lassen und gleichzeitig Beobachter sein?

Antwort:
Wir machen uns auf die Suche nach Dingen, die uns berühren, weil wir herausfinden möchten, was unserer eigenen Le-

bensabsicht entspricht. Und wenn wir es herausgefunden haben, wissen wir, mit welchen natürlichen Stimmungen wir durchs Leben gehen wollen und wie wir mit Hilfe äußerer Umstände in diese Stimmungen kommen können. Dennoch sollten wir unsere Stimmungen nicht von diesen äußeren Umständen abhängig machen.

Ein Beispiel: Sie kaufen sich zum ersten Mal ein tolles Auto, weil Sie Geld geschenkt bekommen haben. Jetzt fahren Sie mit diesem »Schlitten« durch die Gegend, haben das Gefühl von Freiheit und Großzügigkeit und wissen, dass dieses souveräne Gefühl Ihnen entspricht. Von nun an brauchen Sie das Auto nicht mehr, weil Sie das erkannt haben und dieses Gefühl als ein Teil Ihres natürlichen Wesens jederzeit erzeugen können, selbst wenn das Auto nicht mehr da sein sollte. Sich berührt zu fühlen, zeigt uns den Weg zu unserer Bestimmung. Beobachter zu sein, verhindert, dass wir uns verwickeln und auf dem Weg zu unserer Bestimmung aufhalten lassen.

Ohne Selbstverantwortung können wir den Weg der spirituellen Magie nicht gehen. Deshalb hilft Ihnen die folgende Meditation, sich Ihrer Verantwortung für die Energien bewusst zu werden, mit denen Sie Ihr Leben prägen. Sie nehmen sie tief in sich an und entscheiden sich für die Freiheit, mit Ihrer Wahrnehmung und Ihren Gefühlen Ihr Leben selbst zu gestalten.

MEDITATION – FREIHEIT UND VERANTWORTUNG

Schließe die Augen. Atme langsam tief ein und aus.
Denke an deine beiden Knie. Atme langsam ein und aus.
Denke an deine beiden Schultern. Atme langsam ein und aus.
Denke an deinen Solarplexus. Atme langsam ein und aus.
Denke an dein Herz. Atme langsam ein und aus.
Stelle dir jetzt mit jedem Atemzug vor: Du atmest strahlende, kraftvolle Energie ein und beim Ausatmen verteilst du diese Energie in deinem Körper und in deinem Bewusstsein.

Spüre, wie sich dein Körper mehr und mehr mit Energie füllt. Atme weiter Energie ein und schicke diese Energie beim Ausatmen über die Grenzen deines Körpers hinaus in den Raum.

Fülle den Raum mit strahlender, kraftvoller Energie.

Diese Energie hat die Kraft, deine Gedanken, deine Gefühle und deine inneren Bilder Wirklichkeit werden zu lassen, wenn du das möchtest.

Atme langsam tief ein und aus und sage dann leise in Gedanken zu dir selbst, wenn du möchtest, sage und empfinde: »Ich bin mehr als mein Körper. Ich bin Bewusstsein, unbegrenzt, ewig und frei.

Ich bin mehr als meine Geschichte. Ich bin mehr als meine Gegenwart. Ich bin mehr als meine Zukunft.

Durch mich als ewiges Bewusstsein fließen die Schöpferkräfte des Seins. Ich kann sie formen und ausrichten durch das, was ich denke, fühle und wahrnehme.«

Atme langsam tief ein und aus.

Und jetzt fühle tief innen, im Kern deines Bewusstseins: »Ich übernehme Verantwortung für mein Leben und weiß, dass niemand sonst für das verantwortlich ist, was mir widerfährt. Nur ich selbst.

Ich übernehme Verantwortung für meine Gefühle und lasse nicht zu, dass irgendjemand oder irgendetwas sie für mich prägt oder verändert.

Ich übernehme Verantwortung für meine Gedanken.

Und ich denke nur das, was meinem Wesen entspricht.

Ich übernehme Verantwortung für meinen Körper und bringe ihn in den Zustand, der meinem Wesen entspricht.

Ich suche in meinem Leben nach Schönheit, nach Geborgenheit, nach Dankbarkeit für das, was ist, und nach Liebe zu allem, was ist.

Ich löse mich bewusst von meiner Geschichte und meinem geschichtlichen Ich, denn ich bin mehr als meine Geschichte.

Ich trage Sorge für meine Gegenwart und gestalte sie meinem Wesen entsprechend, unabhängig und ohne Gedanken an die Zukunft.

Ich wähle in der Gegenwart bewusst die Gefühle, die mich berühren und die meinem Wesen entsprechen. Und ich weiß, dass diese Gefühle mich nähren und sicher in die Zukunft führen.

Ich richte meine Wahrnehmung auf Umstände und Menschen, die mir helfen, mich diesen Gefühlen zu nähern, sie zu spüren und in meinem Energiefeld zu verankern.

Morgens, wenn ich aufwache, erinnere ich mich an diese Gefühle.

Und abends, wenn ich schlafen gehe, nehme ich diese Gefühle mit in den Schlaf.

Ich spüre, wie die Schöpfungskräfte durch mein Bewusstsein fließen, wie sie von diesen Gefühlen geprägt und durch meine Wahrnehmung ausgerichtet werden und wie sie mein Leben formen.«

Atme langsam tief ein und aus.

Und dann fühle und empfinde tief in deinem Innern: »Ich suche die Freiheit meines Bewusstseins in diesem Leben.

Ich möchte die Freiheit meines Bewusstseins erfahren, spüren und leben, frei von meiner Geschichte, frei von anderen Menschen, frei von den Umständen des Lebens.

Ich möchte spüren, wie ich die Schöpferkräfte lenken kann durch meine Wahrnehmung und durch meine Gefühle.

Es ist meine Aufgabe in diesem Leben, diese Gefühle ständig neu zu erforschen und meine Wahrnehmung präzise auszurichten, auf mein Wesen und die Manifestation meines Wesens im Außen. Und ich werde diese Aufgabe erfüllen.«

Atme langsam tief ein und aus.

Und jetzt spüre, wie du mit jedem Atemzug größer wirst, dich ausdehnst wie ein Ballon.

Und in diesem Zustand der Ausdehnung spüre tief in dir: »Ich bin frei. Ich kann wahrnehmen, was ich will, fühlen, was ich will, und mein Leben gestalten, wie ich will. Ich bin frei. Freies Bewusstsein unbegrenzt und ewig. Frei.«

Atme langsam tief ein und aus.
Und öffne dann allmählich die Augen.

Übung: Visionen für die nächsten fünfzehn Jahre

In dieser Übung nutzen Sie die gesamte Vorarbeit, die Sie durch die intensive Beschäftigung mit diesem Buch bereits geleistet haben, um Ihre inneren Energien neu auszurichten und so die Zukunft zu erschaffen, die Sie sich wünschen. Die Lösung von Ihrem geschichtlichen Ich hat Sie in die Lage versetzt, wieder klarer zu sehen, was in Ihrem Leben wesentlich ist und zu Ihnen passt, und was im Gegensatz dazu unwesentliche, von außen übernommene Lebensaspekte sind, die Sie nicht befriedigen und Ihnen sogar kostbare Energie rauben. Besonders die Übung der Selbstbeobachtung und das Schreiben an Ihrem dritten Buch der zukünftigen Gefühle und Resonanzen hat Ihnen wahrscheinlich die Augen dafür geöffnet, wie Sie wirklich durchs Leben gehen wollen und welche Ziele Sie anstreben. Jetzt geht es darum, kraftvolle Visionen zu entwickeln und darüber die Gefühle in Ihnen entstehen zu lassen, die Sie künftig begleiten sollen.

Gefühle sind die wirksamsten Schöpferkräfte, die wir haben. Deshalb entwickeln wir in dieser Übung zwar Visionen für alle wesentlichen Lebensbereiche unserer Zukunft – Freundschaft, Partnerschaft, Gesundheit, Beruf, Wohnqualität, Freizeitqualität –, aber wichtig sind nicht die Details dessen, was wir uns vorstellen, sondern die Gefühle, die in uns entstehen, während wir in diesen Phantasien baden. Diese starken Gefühle prägen unser Energiefeld und werden entsprechend unser Leben in neue Bahnen lenken. Wir werden sogar Dinge anziehen, die wir uns vorher nicht einmal vorstellen konnten, die aber zu unseren Gefühlen passen.

Im ersten Teil der Übung gehen Sie wieder an einen vertrauten Ort, nehmen sich viel Zeit und lassen alles, was Sie bis jetzt über Ihre Sehnsüchte und Gefühle herausgefunden haben, wieder in sich auftauchen. Am besten schreiben Sie es auf. Blättern

Sie auch in Ihren Büchern der Gefühle und Resonanzen, um zusätzliche Inspiration zu bekommen.

Sammeln Sie erwünschte Gefühle für viele unterschiedliche Lebensbereiche und überlegen Sie auch, welche Umstände oder äußeren Details Ihnen zu diesen Gefühlen verhelfen könnten. Eine präzise Beschreibung der Umstände ist nicht wichtig, denn sie werden ohnehin so kommen, dass sie zu Ihren Gefühlen passen und vielleicht ganz anders, als Sie sich das im Moment vorstellen können. Die erwünschten Gefühle sollten Sie dagegen so genau wie möglich beschreiben.

Hier ein paar Beispiele für unterschiedliche Lebensbereiche:

Welche Gefühle meinen Sie, wenn Sie zum Beispiel sagen: »Ich will mich in meinem Körper so fühlen, dass es mir entspricht.« Meinen Sie dann: alt, jung, vital, gesund, dick, dünn, schlank, muskulös, zart, dynamisch, beweglich? Achten Sie darauf, dass Sie diese Gefühle nicht bewerten. Nehmen wir jetzt an, Sie wollen sich vital fühlen. Dann malen Sie sich jetzt zu diesem Gefühl passende Szenen aus: Sie wachen morgens auf, strecken sich, springen aus dem Bett, hüpfen ins Bad und finden das gut. Oder Sie strampeln mit dem Fahrrad den Berg hinauf, erreichen den höchsten Punkt und rasen dann in atemberaubendem Tempo bergab. Oder Sie fahren auf Inlineskates durch die Stadt, legen sich elegant in die Kurven und wenn Sie bremsen müssen, tun Sie das so, dass Sie keinen Moment lang aus dem Gleichgewicht geraten.

Solche Phantasien oder Bilder lassen ein vorher vielleicht nur vage spürbares Gefühl von Vitalität plötzlich in Ihnen lebendig werden, und andere Gefühle gleich mit.

Im Bereich Partnerschaft beispielsweise beschreiben Sie all die Gefühle, die mit Ihrem Partner leicht erlebbar sein sollen. Zum Beispiel wünschen Sie sich einen Partner, von dem Sie sich verstanden fühlen, mit dem Sie Zärtlichkeit austauschen können, von dem Sie sich geliebt fühlen, der Sie liebevoll lassen kann, um den Sie sich kümmern können, mit dem Sie Fröhlichkeit, Heiterkeit, Beweglichkeit, Abenteuer, Kreativität und Impulsivität teilen können. Wie der Partner sein muss, damit all dies möglich ist, ist nicht wichtig.

Im Bereich zwischenmenschliche Beziehungen beschreiben

Sie zum Beispiel, wie Sie sich fühlen wollen, wenn Sie mit anderen Menschen zusammen sind. Welche Bedeutung wollen Sie für die anderen haben? Wie sollen sie sich Ihnen offenbaren? Welche Abenteuer wollen Sie mit ihnen erleben? Wie viel Zeit wollen Sie miteinander verbringen?

Für Ihren beruflichen Ausdruck sollten Sie klären: Wie wollen Sie sich fühlen, damit Sie Ihre Berufung spüren? Welche Gefühle sollen in Ihrem Beruf möglich sein? Soll er Abenteuer, inneren und äußeren Reichtum, Herausforderungen, Überraschungen oder Unwägbares bieten? Welche Entwicklungsmöglichkeiten soll es geben?

Bezogen auf Ihren Wohnraum sollten Sie klären: Wie wollen Sie sich an den Orten fühlen, an denen Sie sich länger aufhalten, vor allem in Ihrer Wohnung? Großzügig, weit, klein, kuschelig, hoch oben mit Ausblick oder unten mit Garten? Wie sollte das Verhältnis zu den Nachbarn sein? Was möchten Sie fühlen, wenn Sie Ihr Haus von weitem sehen?

Bezogen auf Ihre Freizeit könnten Sie klären: Welche Gefühle will ich erleben, die ich sonst nirgendwo erlebe? Was will ich tun, was eigentlich sinnlos ist und nur Freude macht?

Und zu guter Letzt sollten Sie auch nach den Gefühlen forschen, die Ihre Persönlichkeit typisch und einzigartig machen und die Sie lieben, zum Beispiel: leicht, vergnügt, heftig, intensiv, albern, kreativ, abenteuerlustig, angstfrei, distanziert, verwickelt, verliebt, liebend?

Je mehr Fragen Sie zu den einzelnen Bereichen finden können, desto leichter und besser können Sie Ihre Gefühle definieren.

Diesen Teil der Übung sollten Sie zu Beginn ruhig einmal in der Woche machen, später vielleicht einmal im Monat und noch später, wenn sich Ihr Leben schon in Ihrem Wesen entsprechenden Bahnen bewegt, einmal pro Jahr, aber dann für einige Tage hintereinander.

Im zweiten Teil der Übung treffen Sie sich wieder mit Ihren vertrauten Freunden, um Ideen über zusätzliche Möglichkeiten auszutauschen. Das funktioniert ähnlich wie in einer Brainstormingrunde. Die Ideen, die Sie von den anderen hören, sollen Ihnen zusätzliche Inspiration geben. Sie werden wahrscheinlich einiges hören, was auch Ihren Sehnsüchten entspricht, Ihnen aber bis dahin entgangen ist.

Einer in der Runde sollte zwanglos beginnen, über ersehnte Gefühle und Phantasien dazu zu reden. Die anderen hören einfach zu und ergänzen ganz spontan, was ihnen noch zusätzlich einfällt. Derjenige, der gerade dran ist, sollte alle Kommentare als Inspiration für später auffassen und sich vielleicht Notizen dazu machen.

Allerdings ist es nicht sinnvoll, über das Gesagte zu diskutieren oder es sogar zu bewerten. Jede Art von Anregung sollte vom Redner zunächst weder abgelehnt noch angenommen werden. Sie sollten erst einmal Zeit haben, auf ihn zu wirken. Denn wenn der Betreffende nicht selbst darauf gekommen ist, kann man daraus schließen, dass diese Gedanken und Anregungen für ihn nicht so offensichtlich sind oder zumindest bis jetzt nicht waren. Wenn er sie also gleich als passend oder unpassend einordnen müsste, würde er sie vermutlich zunächst ablehnen, wenn sie ihn nicht gleich begeistern.

Die Gruppenmitglieder sollten darauf achten, dass ihre Kommentare die Stimmung der Übung nicht zerstören und auch niemanden lächerlich machen oder vor den Kopf stoßen. Die Gruppenmitglieder sind dazu da, dem jeweils Sprechenden durch Nachfragen zu helfen, nochmals in die Tiefe zu gehen, seine erwünschten Gefühle möglichst präzise zu beschreiben und vielleicht auch auf neue Gefühle zu kommen.

Fragen und Antworten zum Ablauf der Übung

Frage:

Wenn einer in der Gruppe gar nichts sagen will, was macht man dann mit ihm?

Antwort:

Dann müssen Sie ihn eben lassen. Es kann aber durchaus sein, dass er sich gar nicht drücken will, sondern seine Gefühle nur nicht in Worte fassen kann. Dann fragt man ihn eben nach typischen Szenen, die er sich als wünschenswert vorstellt und aus denen man die Gefühle dann vielleicht ableiten könnte.

Wenn demjenigen, der dran ist, beispielsweise nichts zum Thema Partnerschaft einfällt, könnte einer aus der Gruppe möglicherweise nachfragen: »Hättest du gern einen Partner zum Durchschmusen oder lieber ein knallhartes Zugpferd, das dich mitschleppt?« Vielleicht erkennt er dann sofort: »Ein Zugpferd eher nicht.« »Aha, du suchst also eher Geborgenheit?« »Ja, schon eher.« Auf diese Weise könnte man über Fragen und Antworten den angestrebten Gefühlen auf die Spur kommen.

Frage:

Wenn das Gefühl nicht rüberkommt, weil derjenige, der darüber spricht, eine völlig gegensätzliche Energie zu haben scheint, sollte man ihm das dann nicht sagen? Jemand beschreibt sich zum Beispiel als absolut weich, ist aber hart wie Stahl. Wie soll sich diese Weichheit denn manifestieren?

Antwort:

Es ist nicht Sinn der Übung, dass jemand seinen jetzigen Zustand beschreibt; es geht vielmehr um die Gefühle, die ihn in Zukunft begleiten sollen.

Wenn aber einer zum Beispiel völlig energielos sagen würde: »Ich möchte in Zukunft Leidenschaft und Intensität erleben«, sollten Sie sich eine Bemerkung wie »Mit der Ausstrahlung kommst du da nie hin« verkneifen, denn sie wäre überhaupt nicht hilfreich. Wir müssen uns Folgendes vor Augen führen: Wäre seine Ausstrahlung bereits jetzt anders, dann wäre er ja schon am Ziel und würde das gar nicht mehr erwähnen. Das ist ja genau der Punkt: Was wir als Sehnsucht haben, ist eben noch nicht da, auch nicht in unserer Aura. Es wird also immer einen scheinbaren Widerspruch zwischen Wunsch und Wirklichkeit geben. Und deshalb ist es völlig egal, was im Moment an Energie wahrnehmbar ist oder nicht. Wichtig ist nur, was in Zukunft an Energie da sein soll und ob der Redner diese Sehnsucht klar formulieren kann.

Frage:

Wir haben in der Gruppe zweimal erlebt, dass sich die Perso-

nen durch unser Feedback verändert haben. Ich hatte das Gefühl, dass es ihnen nun besser gelingen wird, das Erwünschte auch anzuziehen.

Antwort:

Wenn es so war, ist es schön, aber grundsätzlich ist das gar nicht der Zweck der Übung. Kein Teilnehmer soll sich in dieser Übung verändern. Es geht nur darum, dass man Klarheit über seine Gefühle gewinnt beziehungsweise über die Gefühle, die einen in Zukunft begleiten sollen. Und je intensiver die Phantasien sind, die dazu gefunden werden, desto besser. Wenn Sie Ihre Gefühle und dazu passende Situationen für jeden Lebensbereich beschrieben und Rückmeldungen dazu aus der Gruppe bekommen haben, sollten Sie das alles abends mit in den Schlaf nehmen, damit es sich über Nacht in Ihnen ordnen kann. Morgens entscheiden Sie sich dann, welche dieser Gefühle Sie tatsächlich übernehmen möchten, und lassen diese Gefühle von da an in Ihrer Phantasie immer wieder so lebendig werden, dass Ihre Aura umgeprägt wird und Sie dann die Energie ausstrahlen, die Entsprechendes in Ihr Leben ziehen kann.

Damit das geschehen kann, müssen Sie genau wissen, wie Ihre zukünftigen Gefühle sein sollen. Und dabei soll die Gruppenarbeit helfen. Veränderungen sollen und werden erst später erfolgen.

Frage:

Ich hatte während der Übung ganz starke Zweifel, ob das, was ich erzählt habe, überhaupt zu verwirklichen ist. Und diese Zweifel kamen erst, nachdem ich es so deutlich formuliert hatte.

Antwort:

Genau deshalb sollen wir mit vertrauten Personen über unsere Sehnsüchte sprechen. Es scheint ein geistiges Gesetz zu sein, dass man Wünsche erst klar formulieren muss, um herausfinden zu können, ob man dazu steht und sie wirklich zu einem gehören. Und erst, wenn wir klar erkannt haben, dass sie tief in uns selbst entspringen und Teil unseres Wesens sind, haben wir die Sicherheit und die Motivation, uns ganz klar für sie zu entscheiden und auch alles Notwendige zu tun, damit sie sich manifestieren können.

In der nächsten Meditation entscheiden Sie sich noch einmal klar und bestimmt für den Weg zur Freiheit. Sie öffnen sich bewusst für die Impulse und Energien Ihres Wesens und werden bereit, alles Notwendige zu tun, damit Ihr Leben wesentlich wird.

MEDITATION – DER WEG ZUM WESEN

Schließe die Augen. Atme langsam tief ein und aus.
Denke an deine beiden Knie. Atme langsam ein und aus.
Denke an deine beiden Schultern. Atme langsam ein und aus.
Denke an deinen Solarplexus. Atme langsam ein und aus.
Denke an dein Herz. Atme langsam ein und aus.
Stelle dir jetzt mit jedem Atemzug vor: Du atmest strahlende, kraftvolle Energie ein und beim Ausatmen verteilst du diese Energie in deinem Körper und in deinem Bewusstsein. Spüre, wie sich dein Körper mehr und mehr mit Energie füllt.
Atme weiter Energie ein und schicke diese Energie beim Ausatmen über die Grenzen deines Körpers hinaus in den Raum.
Fülle den Raum mit strahlender, kraftvoller Energie.
Diese Energie hat die Kraft, deine Gedanken, deine Gefühle und deine inneren Bilder Wirklichkeit werden zu lassen, wenn du das möchtest.

Atme langsam tief ein und aus und sage dann leise in Gedanken zu dir selbst, wenn du möchtest, sage und empfinde:
»Ich bin mehr als mein Körper. Ich bin Bewusstsein unbegrenzt, ewig und frei.
Durch mich als ewiges Bewusstsein fließen die Schöpferkräfte und werden geformt durch meine Gefühle und Ge-

danken und durch die Ausrichtung meiner Wahrnehmung.
Die Schöpferkräfte fließen durch mich hindurch und formen sich um mich herum entsprechend meinen Gefühlen, meiner Gedanken und meiner Wahrnehmung.
Von jetzt an und für immer übernehme ich die Verantwortung für meine Gefühle.
Niemand außer mir hat die Macht zu bestimmen, welche Gefühle durch mich fließen.
Ich entscheide ganz frei, ganz unabhängig von meinem Umfeld, von meiner Vergangenheit und von meiner Zukunft, welchen Gefühlen ich tief in mir Raum gebe. Anstatt zu reagieren, erzeuge ich meine Gefühle aktiv.
Ich übernehme die Verantwortung für die Gefühle, denen ich in mir Raum gebe und die ich aussende.
Auch für meine Gedanken übernehme ich die Verantwortung.
Und genauso für meine Wahrnehmung. Meine Augen, meine Ohren, meine Hände und meine Nase sind nur offen für Dinge, die ich erhalten und mit Energie nähren möchte.«

Atme langsam tief ein und aus.
Indem du dir bewusst wirst, dass du mehr bist als deine Geschichte und mehr als die Zukunft, die bis jetzt geschaffen ist, siehst du die Tür, die in die Freiheit führt.
Die Seele, dein Urgrund, zeigt dir diese Tür immer wieder, zu unterschiedlichen Zeiten in deinem Leben, damit du sie öffnen, hindurchgehen und Verantwortung für dein Leben übernehmen kannst.
Freiheit bedeutet, die Bindung an die Geschichte zurückzulassen, Verhaltensweisen, Gewohnheiten, Vertrautes und Liebgewonnenes zurückzulassen. Und nur das zu behalten, was deinem Wesen entspricht.
Die Tür zur Freiheit zu öffnen bedeutet, Verwicklungen aufzulösen, die dich an Menschen binden. Diese Menschen liebevoll zu entlassen. Sie loszulassen.
Die Tür zur Freiheit zu öffnen bedeutet, allein zu sein mit sich und der Kraft der Freiheit, sich nicht mehr zu verste-

cken, hinter Menschen, hinter materiellen Dingen und hinter Umständen, die scheinbar Sicherheit bieten.

Indem du die Tür zur Freiheit öffnest, entscheidest du dich ganz klar dafür, dass die Führung deines Wesens und wesentliche Gefühle von jetzt an dein Leben prägen sollen.

Atme langsam tief ein und aus.

Und jetzt frage tief in dich hinein: »Bin ich bereit, die Tür zur Freiheit zu öffnen und meinen Körper, meine Gefühle und meine Gedanken voll verantwortlich meinem Wesen entsprechend neu zu gestalten, und zwar mit allen Konsequenzen?

Bin ich bereit, dem Tod, der immer an meiner Seite ist, ins Auge zu sehen und ihm zu sagen, dass ich Zeit brauche, weil ich viel Wesentliches zu tun habe?«

Atme langsam tief ein und aus.

Und jetzt wende dich deinem Wesen zu. Spüre dein Wesen neben dir und bitte es aus deinem tiefsten Innern um Unterstützung. Bitte es um Kraft, damit du deine wirklichen Wünsche und Sehnsüchte spüren kannst.

Bitte um Führung durch Menschen, die dir begegnen, durch Umstände, durch Begegnungen jeglicher Art.

Bitte darum, dass du heute Nacht, wenn du im Schlaf eins wirst mit deinem größeren Sein, Gewissheit darüber bekommst, was du in den nächsten fünfzehn Jahren in dein Leben ziehen möchtest, weil es wesentlich ist.

Bitte darum, dass du heute Nacht erfahren wirst, was in den nächsten fünfzehn Jahren wesentlich für dich sein wird.

Denn morgen früh, wenn du aufwachst, wirst du dich entscheiden, diesen Weg zu gehen, ganz bewusst und mit allen Konsequenzen, wenn du willst.

Atme langsam tief ein und aus.

Um diesen Weg in die Freiheit gehen zu können, musst du nicht einmal daran glauben.

Alles, was du brauchst, ist die Bereitschaft zur unermüdlichen Erforschung deiner Sehnsüchte und der Gefühle, die *dir entsprechen, ein Ausrichten der Wahrnehmung und eine klare Entscheidung.*

Und jedes Stückchen Freiheit, das du erreichst, wird dich deinem Wesen näher bringen und es stärker und bewusster machen.

Der Zweifel deines geschichtlichen Ich ist bedeutungslos, wenn du dich ihm nicht anschließt.

Atme langsam tief ein und aus.

Und jetzt spüre in deinen Körper hinein. In deinem Körper wirst du den Punkt der Freiheit spüren. Spüre in deinen Körper hinein. Dorthin, wo du den Punkt der Freiheit spürst. Dehne diesen Punkt aus, lass ihn größer und größer werden. Bitte deinen Körper, dich von jetzt an ebenfalls auf den Weg in die Freiheit zu führen, indem er entsprechend für dich reagiert, bevor du überhaupt bewusst wahrnehmen kannst.

Atme langsam tief ein und aus.

Und denke daran, die Kraft deiner Seele ist bei dir, um dich zu führen, wenn du diesen Weg in die Freiheit gehen willst. Stimme dich heute Nacht, wenn du schlafen gehst, auf dein Wesen ein, auf deine Sehnsüchte und auf die Gefühle, die dich in den nächsten fünfzehn Jahren begleiten sollen, damit sie dir morgen ganz klar und vertraut sind.

Atme langsam tief ein und aus.

Und wenn du heute Nacht schlafen gehst, frage tief in dich hinein: »Will ich diesen Weg in die Freiheit gehen?«

Atme langsam tief ein und aus.

Und öffne dann die Augen.

Frage:

> *Während der Meditation habe ich etwas gemerkt: Wenn ich zu den Stärken stehe, die ich mir wünsche, fällt es auch mir leichter, einen anderen Menschen so anzuschauen, als hätte er diese Stärken bereits. Und es ist wahrscheinlich, dass meine Augen ihm dann die Kraft geben, auch so zu werden.*

Antwort:

Genau so ist es. Durch die Kraft unserer Augen bringen wir unser Umfeld dazu, uns in einer gewissen Weise zu sehen, und gleichzeitig sehen wir auch uns selbst und unser Umfeld in der gleichen Weise.

Man sagt, dass die Augen der Spiegel der Seele sind. Und man könnte noch weiter gehen und sagen, dass alles, was ein Mensch ist, war und sein will, in seinen Augen zu sehen ist. Und die Ausstrahlung der Augen ändert sich von Sekunde zu Sekunde.

An dieser Stelle möchte ich einen Vortrag in dieses Buch einfügen, den ich vor einiger Zeit in Trance zu diesem Thema gehalten habe, oder besser: den meine Tranceebene Harald Zwei zu diesem Thema gehalten hat. Harald Zwei spricht als meine Tranceebene seit über zwanzig Jahren in privaten Sitzungen zu Einzelpersonen, auf Seminaren zu den Teilnehmern oder auch auf großen Kongressen, und zwar über die unterschiedlichsten Themen. Harald Zwei sagt von sich, dass er kein Wesen ist und auch nie war, und dass er auch nicht in die Dimension von Raum und Zeit eingebunden ist, so wie wir es sind. Er bezeichnet sich selbst als Dimension. Entsprechend extrem und manchmal nicht ganz leicht nachzuvollziehen sind seine Aussagen, die unsere übliche Betrachtungsweise nicht selten erheblich herausfordern und die von unserem geschichtlichen Ich vertretenen Werte bisweilen sogar regelrecht bedrohen. Ich selbst empfinde seine Aussagen über die Jahre hinweg allerdings als extrem schlüssig, überzeugend und bereichernd und möchte Ihnen seine Stellungnahme zu diesem Thema deshalb nicht vorenthalten.

Vortrag von Harald Zwei

Das menschliche Bewusstsein ist ein Ausfluss des großen unermesslichen Seins, der alles durchdringenden Absicht, des göttlichen Urgrundes, auf dem alles existiert, was existiert. Diese große Absicht, der göttliche Urgrund, birgt in sich die Fähigkeit, nicht nur zu schaffen – gleichmäßig, homogen, aus sich selbst heraus –, sondern auch die Fähigkeit, sich selbst zu teilen und durch die einzelnen Teile, die er selbst in sich erschafft, die anderen Teile zu betrachten.

Damit kann er undefiniertes Bewusstsein zu Selbstbewusstsein werden lassen.

Und es ist genau diese Fähigkeit, die auch das menschliche Bewusstsein als eine Summe von Schöpfungsideen im Unterschied zu anderen Bewusstseinsstrukturen in dieser Existenz mitbekommen hat. Und deshalb ist der Mensch mit genau der gleichen Sehnsucht geboren wie das göttliche Sein, nämlich sich selbst zu erkennen, in seinem Selbstbewusstsein ständig zu wachsen und damit auch sein Schöpfungspotential zu vergrößern.

Jeder Mensch in seiner Wirklichkeit – im Unterschied zu Tieren, Pflanzen oder Mineralien – birgt tief in sich die Fähigkeit, sich als göttliches Prinzip zu erkennen, zu begreifen und in seiner Schöpferkraft zu vervollkommnen.

Anders ausgedrückt heißt das, ein Mensch ist hierher gekommen – und zwar jenseits seiner individuellen Absicht, die er bezogen auf ein individuelles Leben mitgebracht hat –, um sich selbst als göttliches Schöpfungspotential zu begreifen, sich selbst zu erkennen, sein Selbstbewusstsein wachsen zu lassen und damit sein Schöpfungspotential zu erhöhen.

Das heißt, die letzte Absicht in einem bestimmten menschlichen Leben ist die Absicht zu begreifen, dass alles, was dieses menschliche Bewusstsein in einem Leben erfährt, von ihm selbst geschaffen ist. Es geht darum zu begreifen, dass es sich über seine eigene Schöpfung selbst erkennen kann, und zwar als Schöpfungspotential und als verursachendes Prinzip.

Und je mehr das menschliche Bewusstsein erkennt, dass die Schöpfung ein Spiegel seines eigenen Schöpfungspotentials ist, desto mehr wachsen nicht nur sein Selbst-Bewusstsein und das Bewusstsein über seine schöpferische Kraft, sondern auch das Schöpfungspotential an sich. Und mit diesem wachsenden Schöpfungspotential und Selbstbewusstsein wächst auch das göttliche Sein, in dem all dies stattfindet und das in einer ständigen Ausdehnung begriffen ist, und zwar in jeder Form.

Dafür, dass das menschliche Bewusstsein gekommen ist, um zu erkennen, dass es selbst schaffen und sich damit selbst erkennen kann und damit sein Schöpfungspotential erhält und steigert, ist es zunächst völlig nebensächlich, was es genau erschafft. Das bedeutet, völlig unabhängig davon, wie sich ein individuelles Leben entwickeln mag, wird die letzte Erkenntnis des menschlichen Bewusstseins am Ende dieses Lebens darin bestehen, dass es sein Leben selbst erzeugt hat.

Diese Erkenntnis nützt am Ende eines Lebens vielleicht nicht mehr sehr viel, um dieses Leben in eine neue Form zu bringen. Aber trotzdem wächst das Bewusstsein in dieser Erkenntnis. Und dieses wachsende Bewusstsein ist dann in der Lage, in einer anderen oder auch einer vergleichbaren Dimension intensiver zu schaffen und zu erkennen.

Nun gibt es unabhängig von dieser letzten Absicht eines Menschen auch ergänzende Teilabsichten, die nicht nur damit zu tun haben, sich zunächst als Schöpfer zu begreifen, sondern eher damit, ganz bestimmte Arten und Weisen des Schöpfens auszuprobieren – einfach gesagt –, um sich darin noch tiefer zu begreifen. Der Schöpfungsprozess und das Verständnis davon ist also einerseits Sinn der Urabsicht, aber andererseits ist auch die Art der Schöpfung, also das, was geschaffen wird, durchaus wesentlich.

Wir sagten zu Beginn, dass das menschliche Bewusstsein die Fähigkeit, sich selbst zu teilen, vom göttlichen Urgrund übernommen hat. Und diese Fähigkeit zur Teilung äußert sich im menschlichen Bewusstsein darin, dass es die Bewusstseinsstrukturen, die es in ein bestimmtes Leben mitgebracht hat, in einer Form von Teilung erfährt, zum Beispiel in der Form, dass es gewisse Bewusstseinsschichten gibt, die sich hier mit der Schöpfung identifizieren und dann daraus ihre Geschichte erleben, nämlich das geschichtliche Ich. Und dann gibt es Teile, die dieses Sein nur als unbeteiligte Beobachter betrachten, und dann noch das große Potential der mitgebrachten Absicht, das wir das Wesens-Ich genannt haben.

Nun kann man sagen, um sich als Schöpfer in einer Wirklichkeit begreifen zu können, ist es notwendig, dass man sich dieses beobachtenden Teiles bewusst wird, der die Fähigkeit hat, sich beliebig mit seiner Schöpfung zu verwickeln und zu identifizieren, ohne aber Teil davon zu sein. Der beobachtende Teil ist ausschließlich das Schöpfungsprodukt einer übergeordneten Instanz, in eurem Fall eurer Seele oder des Ausflusses eurer Seele, den man als Ebene Zwei von euch beschreiben könnte. Das heißt, die beobachtende Instanz ist ein Teil der Ebene Zwei.

Wenn sich diese beobachtende Instanz selbst als beobachtende Instanz erkennt, beginnt sich die Freiheit des Schaffens im menschlichen Bewusstsein erst richtig zu entfalten. Denn sich selbst als beobachtende Instanz zu erkennen bedeutet, kein Teil der erlebten Geschichte und überhaupt kein Teil der eigenen Schöpfung mehr zu sein, sondern sich als das verursachende Prinzip des Geschaffenen zu erkennen, das sich selbst im Geschaffenen genauso begreifen kann wie in der zur Wirkung gekommenen schöpferischen Energie.

Wir haben vorhin gesagt, dass es egal ist, was letztlich geschaffen wird, denn solange das beobachtende Ich sich selbst als Schöpfer begreift, ist ein Teil der Lebensabsicht schon erfüllt. Es ist aber dennoch so, dass sich die Schöpfungskraft in dem Maße vervollkommnen kann, in dem auch die anderen Teile der mitgebrachten Absicht in diese Schöpfung einfließen und eine Richtung in der Schöpfung verfolgen.

Und genau das ist ja das Thema, mit dem ihr euch hier auseinander setzt. Die Aufgabe unseres werten Freundes Harald Eins bestand darin, euch zu zeigen, dass dieser beobachtende Teil des menschlichen Bewusstseins sich selbst durchaus als Beobachter begreifen und aus der zwanghaften Identifizierung mit seiner Geschichte herauslösen kann. Es ist aber ein Herauslösen, das für die meisten Menschen, die zu eurer Zeit leben, niemals möglich sein wird, weil sie nicht wissen, was menschliches Bewusstsein wirklich darstellt und dass es innerhalb dieses Bewusstseins eine beobachtende Essenz gibt, die sie für ihre Freiheit nutzen könnten.

Das göttliche Urmeer besitzt genau die gleichen Aspekte. Das göttliche Urmeer ist einerseits ein liebevoller Beobachter,

der alles sein lässt und sich nicht mit der Schöpfung identifiziert. Aber gleichwohl fließt aus ihm alles heraus, was in der
Vergangenheit jemals geschaffen wurde, was in der Gegenwart geschaffen wird und was in der Zukunft jemals geschaffen werden wird.

Insofern seid ihr dem göttlichen Prinzip sehr ähnlich, allerdings in eurem Schöpfungspotential sehr, sehr stark reduziert.
Und die meisten Menschen sind eher noch mehr reduziert, da
sie nicht erkennen, dass sie erst als Beobachter die wahre Freiheit des Schöpfens erlangen.

Die in dieser Thematik gestellte Aufgabe besteht darin, eure
beobachtende Instanz zu fördern und damit die Verwicklungen mit eurer Geschichte und eurer Schöpfung loszulassen und
so frei zu werden, dass ihr die Wahl habt, auch die anderen
Aspekte eurer Absicht, die in eurem mitgebrachten Wesen versteckt sind, anzuzapfen, sie zu nutzen und Wirklichkeit werden zu lassen und darin euer größeres Sein zu erkennen. Ihr
solltet nicht nur eure Schöpferkraft, sondern auch euer größeres Sein erkennen, das vom göttlichen Urgrund ausgeflossen,
aber immer noch ein Teil davon ist.

Eure Aufgabe besteht darin, jetzt am Ende zu erkennen,
dass der wesentliche Teil von euch, der freie Wille, den ihr
vom göttlichen Urgrund erhalten habt, der Beobachter ist, der
sich niemals in irgendetwas verwickelt, sondern nur unbeteiligt beobachtet und seine freiwillige Verwicklung dann beliebig nutzen kann, um eine Schöpfung zu aktivieren oder die
Schöpfungskraft zu lenken.

Das Bindeglied, das den Beobachter in euch mit seiner
Schöpfung verbindet, ist eure Beobachtungsgabe, eure Wahrnehmung. Eure Wahrnehmungsfähigkeiten wie sehen, hören,
riechen, schmecken, tasten, aber auch alle außersinnlichen
Wahrnehmungsfähigkeiten verbinden euer Leben und eure beobachtende Instanz mit Schöpfungsideen und Schöpfungsenergien. Und durch diese Verbindung entsteht die eigentliche
Schöpfung, der eigentliche Schöpfungsprozess.

Deshalb ist das Ziel eures Entwicklungsprozesses, für euch
selbst zu erkennen, dass ihr nur dann, wenn ihr euch als beob-

achtende Instanz begreifen und spüren könnt, in der Lage seid, den Beobachtungskanal beliebig zu lenken und eure Wirklichkeit entsprechend eurer Absicht beliebig zu gestalten. Nur dann kann das eigentliche schöpferische Prinzip in euch zum Ausdruck kommen.

Wenn ihr euch als Beobachter erkannt und begonnen habt, diese schöpferischen Energien nach Belieben zu lenken, um eure Wirklichkeit zu gestalten, besteht der nächste Schritt darin, die Gestaltung eurer Wirklichkeit an die große Urabsicht, das göttliche Sein, das göttliche Urmeer anzupassen. Das bedeutet, dass ihr euch in der großen Absicht des großen Seins treiben lasst und der Beobachter in euch zwar seine Selbstständigkeit bewahrt, sich aber nicht gegen diese große göttliche Absicht stellt, sondern mit ihr fließt. Denn er erkennt, dass das Wesens-Ich, das mit ihm in dieses Leben eingetaucht ist, im Einklang mit der großen Absicht ist und dass insofern nicht nur das Wesen, sondern auch das große Sein nach Erfüllung sucht.

Wer sich selbst nicht als beobachtende Absicht erkennt und sich deshalb in seiner Geschichte verwickelt, stellt sich unbewusst gegen den Schöpfungsstrom, und das ist die Ursache aller Probleme, aller Krankheiten und alles dessen, was ein Mensch in seinem Leben als unangenehm empfindet. Als unangenehm wird nur das empfunden, was nicht im Einklang mit dem Wesen und dem großen Sein ist.

Ein Mensch, der sich nicht selbst in seiner beobachtenden Instanz erkennt, verliert sich in seiner Schöpfung und besitzt keine Freiheit mehr. Und damit verliert er das wichtigste Geschenk des Menschen, den freien Willen. Keine andere Bewusstseinsform, kein Tier, keine Pflanze, kein Mineral, noch sonst eine Bewusstseinsform, die ihr in eurer Welt kennt, hat einen freien Willen. Sie leben von selbst aus ihrem Wesen heraus im Einklang mit dem Sein. Doch die meisten Menschen missachten dieses Geschenk, das ihnen Erkenntnis bringen soll, bis sie es nicht mehr spüren und erkennen.

Ein Mensch, der sich als Beobachter erkennen kann und sich wieder mit dem großen Sein in Einklang bringt, genießt den Tanz der Schöpfung ebenso wie das Gefühl, dass er ständig an Erkenntnis und Kraft wächst.

Die Fähigkeit zu schaffen, was dem Wesen entspricht, basiert einerseits auf der Freiheit der Wahrnehmung, andererseits aber auch auf der Menge der Kraft, die ein Mensch zur Verfügung hat. Und die Menge der Kraft, die einem Menschen für die Gestaltung seiner Wirklichkeit zur Verfügung steht, ist wiederum abhängig davon, inwieweit er wirklich zum Beobachter geworden ist und jede Art von Verwicklung vermeidet, denn nur dort verliert er Energie.

Unglücklicherweise empfinden die meisten Menschen das als menschlich, was wir als Verwicklung bezeichnen. Die meisten Menschen finden es sehr menschlich, sich nicht als Beobachter zu empfinden, sondern gefangen zu sein im Netz der Verpflichtung, der Abhängigkeit und der Sucht, die sich in unterschiedlichster Form äußert. Sie verteidigen ihre Abhängigkeit als das, was einen Menschen typisch menschlich macht, aber nichts ist weiter weg von der Wahrheit.

Das eigentliche Geschenk, das, was den Menschen wesentlich von jeder anderen Bewusstseinsform unterscheidet, ist die Freiheit der Wahrnehmung, oder anders ausgedrückt, die Kompetenz des Beobachter-Seins.

Und deshalb ist das Wichtigste, was ein Mensch wieder lernen muss, zu verstehen, dass er jede Art von Verwicklung, wie angenehm sie auch scheinen mag, aufgeben kann, um zum Beobachter zu werden mit der Fähigkeit, seinen freien Willen zu nutzen.

Viele von euch sind in ihrem Leben Verwicklungen nachgejagt, wobei völlig nebensächlich ist, ob sie als Selbstmitleid oder Selbstbestrafung oder als Verstecken hinter scheinbaren Sicherheiten durch Menschen, Strukturen oder sonstige Dinge gelebt wurden. Doch nur das Loslassen von Verwicklungen bringt wirkliche Klarheit und führt den Menschen in die Freiheit.

Deshalb geht es nur darum, eine ganz wesentliche Entscheidung zu fällen, vielleicht die wesentlichste, die ihr jemals gefällt habt. Es ist die Entscheidung für den Status eines Beobachters, der sich mit nichts und niemandem verwickelt.

374

Diese Entscheidung scheint einfach zu sein, aber wie ihr vielleicht schon gemerkt habt, ist sie im Detail sehr schwierig umzusetzen. Denn diese Entscheidung bedeutet zum Beispiel, sich von der Angst, was die Zukunft wohl bringen mag, zu verabschieden. Auch die Angst vor Verlust, vor Untergang und sogar vor dem Tod müssen bedeutungslos werden, wenn ihr Beobachter werden wollt.

Es ist aber allein die neutrale Position des Beobachters, welche die Schöpfungsenergie ungefiltert und ungebremst in Aktion bringen und letztendlich die Art von Schöpfung erzeugen kann, die eurem Wesen entspricht und die Kraft eures göttlichen Seins spürbar werden lässt. Und deshalb geht es um diese Entscheidung für die Freiheit, die aus der Position des Beobachters entsteht. Aus dieser Entscheidung ergibt sich dann eine weitere Entscheidung. Sie besteht darin, die Wahrnehmung gezielt nur noch auf die Aspekte eurer bisherigen Schöpfung zu lenken, die ihr nähren und denen ihr Energie geben wollt, und alles andere auszublenden.

Auch das erfordert viel Kraft und Wachheit, weil es so sehr angenehm ist, sich in seiner vertrauten Schöpfung zu verlieren, in seinen Gedanken, seinen Gefühlen und seinen Worten.

Was ihr bis jetzt geschaffen habt, ist für eure Freiheit bedeutungslos. Einzig bedeutsam ist, ob ihr empfinden könnt, dass ihr als beobachtende Instanz in keiner Weise mehr verwickelt seid. Nur dann seid ihr frei.

Es geht um die Entscheidung, dass ihr eure Wahrnehmung von jetzt an nur noch auf die Dinge richten wollt, die euch nähren, auf die Gefühle und äußeren Umstände, die euch gut tun und euch Energie geben, und dass ihr ständig zu erkennen versucht, wie eure Wirklichkeit tatsächlich von euch verursacht wird.

Es spielt deshalb keine Rolle, wie unglücklich euer Leben bis jetzt vielleicht war. Entscheidend ist nur die Erkenntnis, dass ihr es selbst gestaltet habt, und zwar durch die Art, wie ihr gedacht und gefühlt und worauf ihr eure Wahrnehmung gerichtet habt.

Da ihr eure Wirklichkeit ohnehin selbst geschaffen habt,

könnt ihr sie nun auch selbst verändern, indem ihr eure Gefühle und eure Wahrnehmung neu ausrichtet und für diese Entscheidung Verantwortung übernehmt. Fühlt diese Verantwortung und die Möglichkeit für eure Freiheit und die Kraft eures Wesens in der folgenden Meditation und entscheidet euch, eure geistigen Energien klar und entschieden als Schöpferkräfte für euer Leben einzusetzen und entsprechend auszurichten.

HARALD ZWEI-MEDITATION – AUSRICHTUNG DER SCHÖPFERKRÄFTE UNSERES BEWUSSTSEINS

Schließe die Augen. Atme langsam tief ein und aus.
Denke an deine beiden Knie. Atme langsam ein und aus.
Denke an deine beiden Schultern. Atme langsam ein und aus.
Denke an deinen Solarplexus. Atme langsam ein und aus.
Denke an dein Herz. Atme langsam ein und aus.
Stelle dir jetzt mit jedem Atemzug vor: Du atmest strahlende, kraftvolle Energie ein und beim Ausatmen verteilst du diese Energie in deinem Körper, in deinen Gedanken und in deinen Gefühlen.
Atme weiter Energie ein und schicke diese Energie beim Ausatmen über die Grenzen deines Körpers hinaus in den Raum. Fülle den Raum mit Energie.
Spüre, wie sich der Raum mehr und mehr mit schöpferischer Energie füllt, ungerichtet und bereit, von dir geleitet zu werden.

Atme langsam tief ein und aus.
Und dann sage halblaut zu dir selbst: »Ich bin der Beobachter.
Ich bin frei und beobachte.
Alles, was ich in meinem Leben geschaffen habe, alles, was ich durchlebt und erlebt habe, ist meine Schöpfung.
Ich habe es geschaffen durch meine Erwartungen, Hoffnungen und Ängste, durch das, worüber ich geredet und nach-

gedacht habe. Durch die Gefühle, denen ich mich hingegeben habe. Und durch meine Wahrnehmung, die all das
wichtig erscheinen ließ, was ich sah, spürte und hörte.
Jetzt, als Beobachter distanziere ich mich ganz klar davon.
Ich höre jetzt der großen Absicht meines Wesens zu, und
sie sagt mir in diesem Moment, was ich in der Zukunft fühlen und denken soll.«
Und jetzt frage sie: »Was soll ich denken und fühlen?«
Spüre und höre zu.

Jetzt sage in Gedanken zu dir selbst, was du in der Zukunft
denken und fühlen willst.

Atme langsam tief ein und aus.
Und jetzt stell dir vor: Mit jedem Atemzug wirst du größer
und größer. Der Raum zwischen deinen Zellen wird größer.
Du dehnst dich aus.
Der Raum zwischen sämtlichen Zellen deines Körpers,
zwischen allen Teilchen deines Bewusstseins wird größer.
Größer und größer.
Spüre, wie groß du wirst und wie viel Raum in dir ist.
In diesen Raum fließt jetzt Schöpfungsenergie, reine Schöp-
fungsenergie, ungerichtet und ohne Form.
Sie füllt diesen Raum aus und macht dich stark. Spüre die
Kraft dieser Schöpfungsenergie, die jeden Raum ausfüllt.

Und jetzt denke ganz still, ohne irgendein Gefühl, an die
wichtigsten Dinge, die du in den nächsten Jahren erreichen
willst, insoweit du eine Empfindung dafür hast.

Und jetzt werde ganz still. Spüre noch einmal die Kraft in dir.

Und dann zieh dich zusammen und lass diese Kraft hinausfließen, damit sich das manifestieren kann, was du in den
nächsten Jahren erleben möchtest. Lass diese Kraft hinausfließen, indem du dich zusammenziehst.
Damit ist die geistige Schöpfungsenergie geprägt und wirkt
für dich von diesem Moment an.

Und jetzt wende dich an dein Wesen und sage ihm aus tiefster Überzeugung, als Beobachter, was du von jetzt an für die Erfüllung dieser Sehnsüchte zu tun bereit bist.

Spüre diese Entschiedenheit in deinen Augen und merke dir dieses Gefühl.

Spüre diese Entschiedenheit in deinem Bauch und merke dir dieses Gefühl.

Wende dich jetzt noch einmal deinem Wesen zu, als Beobachter, und bitte es von tief innen um Hilfe, um Kraft und darum, dass es dich führt.

Bitte darum, dass es dir Klarheit gibt und Entschiedenheit auf deinem Weg.

Weil du ein Teil von ihm selbst bist, liebt dich dein Wesen über alles.

Es ist immer bei dir, bereit dir zur Seite zu stehen, solange du Beobachter bist und es in deiner Verwicklung nicht ausgrenzt.

Es liebt dich über alles als einen Teil von sich selbst.

Atme langsam tief ein und aus.

Und dann werde still und mach dir bewusst, dass du Schöpfungsenergie geprägt hast, die jetzt für dich wirkt, die aber ständig genährt werden muss, durch deine Wahrnehmung, durch deine Gedanken und durch deine Gefühle.

Atme langsam tief ein und aus.

Und jetzt atme die Energie dieses Raumes ein. Atme sie tief in dich hinein. Spüre sie überall.

Wenn du die ausgesandte Schöpfungsenergie nähren willst, brauchst du nur Gefühle zu entwickeln, die dem entsprechen, was du nähren willst. Oder du wirst ganz still, gleichgültig, begibst dich in einen Zustand der Stille und denkst einfach daran.

Atme langsam tief ein und aus.

Lass diese Energie in dir wirken.

*Danke deinem Wesen dafür, dass es dir hilft, die Freiheit
des Willens zu nutzen.
Die Menschen, die heute diese Freiheit suchen, werden die
Erde in eine neue Zukunft führen.
Atme langsam tief ein und aus.*

Ausklang der Übung

Ich hoffe, dass Sie dieser kraftvolle Harald Zwei-Vortrag und die
von ihm geführte Meditation in die richtige Stimmung für Ihren
Aufbruch gebracht haben. Um Ihnen aber noch mehr Mut, Sicherheit und vor allem Entschiedenheit auf Ihrem Weg in die Freiheit mitzugeben, habe ich im Anschluss einige Kommentare und
Beobachtungen von Teilnehmern an meinen Seminaren zu-
sammengestellt, die sich ausgiebig mit dieser Thematik beschäftigt und sie auch konsequent in ihr Leben umzusetzen versucht
haben. Es handelt sich dabei um Rückmeldungen, die spontan
und vielleicht nicht ganz durchdacht sind, die aber sehr gut
wiedergeben, was die Teilnehmer an persönlicher Entwicklung,
aber auch an inneren und äußeren Schwierigkeiten auf ihrem
Weg beobachtet haben. Vielleicht können diese Rückmeldungen
Ihre Wahrnehmung erweitern und Ihnen helfen, auch an sich
Dinge zu beobachten, die Ihnen sonst möglicherweise entgangen
wären. Auf jeden Fall werden sie Ihnen Mut machen, entschieden voranzuschreiten, und vielleicht fühlen Sie sich auch nicht so
allein mit Ihren Problemen auf dem neuen Weg.

RÜCKMELDUNGEN:

★ Ich habe einen Großteil meiner Ängste abgelöst und viele
neue Dinge, auch beruflich, in Angriff genommen. Ich habe
mich auf viel Neues eingelassen. Und ich spüre, dass ich viel eigenständiger in meinen Gefühlen geworden bin, dass ich mich
nicht mehr so sehr von Randenergien in meinem Gefühlsaufbau
stören lasse. Das wird meinen weiteren Weg in die Freiheit entscheidend beeinflussen.

★ Ich bin in der letzten Zeit ein bisschen gebeutelt worden, habe aber festgestellt, dass ich auch in dieser Situation immer besser in meinem Lächeln bleiben konnte – auch in dem Vertrauen, dass sich das Blatt wieder wenden wird. Ich denke mir, dass ich in Zukunft wesentlich mehr von meinen Gefühlen leben werde, auch dort, wo es vom Umfeld her an sich nicht so erwünscht ist.

★ Mein Ziel ist, jeden Tag im Jahr glücklich zu sein, und ich komme diesem Ziel ständig näher. Ich kann immer öfter sagen, dass ich glücklich bin, egal, wo ich bin. Ich spüre mein Wesen viel mehr und lebe auch mehr meine Gefühle. Und wenn ich gelegentlich mein Wesen ganz lebe und es mir völlig gleichgültig ist, was mein Umfeld gerade denkt oder dazu sagt, fühle ich mich wirklich frei, locker und lässig. Da bin ich einen wesentlichen Schritt weitergekommen. Auch Ruhe und Gelassenheit kann ich immer mehr integrieren, in allen Lebensbereichen. Darüber bin ich sehr froh.

★ Anfangs hatte ich noch Zweifel, aber jetzt glaube ich, dass ich in vollem Vertrauen bin. Mein Vertrauen ist meiner Ansicht nach nicht mehr erschütterbar. Mein Drang nach Freiheit war schon immer da, aber jetzt kann man ihn nicht mehr einschränken. Ich habe zwar noch einen Rest von Helfersyndrom, glaube aber, dass ich andere jetzt schon besser lassen und warten kann, bis man mich fragt. Im Ganzen bin ich einen Riesenschritt vorwärts gekommen.

★ Für mich war es ein sehr wechselvoller Prozess. Es war teilweise sehr, sehr schön und teilweise sehr, sehr mühevoll, nämlich dort, wo ich immer wieder in alte Energiemuster gefallen bin. Und ich hatte auch oft das Gefühl, als ob ich mit den Füßen in einer Art Kleister stecke. Ich habe immer versucht, alle vorgeschlagenen Übungen mit großem Eifer umzusetzen, habe aber gemerkt, dass dieser Vorsatz im Alltagstrott wieder unterzugehen droht. Vom Ergebnis her habe ich kein so eindeutig erfolgreiches Gefühl, aber das hat meine Entschlossenheit nicht berührt. Im Gegenteil, sie ist eher noch gewachsen.

★ Ich habe meine Vergangenheit mit Heftigkeit erschaffen und muss sie nun, wie es scheint, mit ebenso großer Heftigkeit wieder auflösen. Hier habe ich gelernt, dass ich meine Zukunft immer wieder neu schaffen kann. Wenn man mich fragt, kann ich mit gutem Gewissen sagen, dass ich zu meiner Vergangenheit stehe, dazu, wie ich jetzt bin, und auch zu dem, was ich mir neu erschaffen werde. Mein Entschluss kann nicht mehr ins Wanken gebracht werden.

★ Zu Beginn hatte ich viele Zweifel und wenig Vertrauen und Selbstvertrauen. Ich habe das Gefühlsbuch eine Zeit lang sehr intensiv geführt und mir meine Verwicklungen klar gemacht, was zu einem Durchbruch geführt hat. Ich bin fest entschlossen, mein Wesens-Ich zu leben und zum Beobachter zu werden.

★ Mein Leben hat sich kolossal verändert. Ich bin aus meinem goldenen Käfig ausgebrochen und in die Freiheit geflogen. Und ich merke, dass ich immer weniger Ängste vor Menschen habe und dabei bin, Nähe und Liebe zuzulassen und auch zu geben, und zwar eine Liebe, die keine Bedingungen stellt. Das Ganze möchte ich mit Verspieltheit und Fröhlichkeit leben. So, wie ich jetzt bin, kenne ich mich gar nicht. Ich merke, dass da noch ganz viele bisher nicht entdeckte Talente in mir stecken. Die werde ich in den nächsten Jahren zum Ausdruck bringen.

★ Ich hatte zu Beginn große Probleme mit meinem geschichtlichen Ich. Es kam mir vor, als ob ich es weinen sehe, weil es vernichtet werden sollte. Und da kam plötzlich Liebe, Vertrauen und Dankbarkeit auf. Und ich habe gemerkt, dass die andere, die dunkle Seite auch ihre Berechtigung hat. Ein Baum hat Wurzeln und eine Krone, ohne Wurzeln gibt es keine Krone. Harald Zwei sagt ja: »Ich liebe alles, was ist, und alle Menschen lieben mich.«

★ Ich bin in diesem Jahr ruhiger geworden und weiß, dass ich keine Lust mehr habe, mich verwickeln zu lassen oder sinnlos aufzuregen. Ich weiß auch, dass ich nur noch Klarheit haben und bei jedem Menschen, dem ich begegne, denken möchte: »Ach, der ist ja auch süß!« Ich will mein Leben leicht und locker leben. Ich bin sehr dankbar und habe auch gemerkt, dass es etwas in mir geben muss, das mich sehr gern haben muss, weil ich so viele schöne Dinge erleben durfte.

★ Eine für mich sehr wichtige Idee war, dass niemand wirklich wichtig ist. Und damit meine ich die Rollen, die er spielt. Und selbst das geschichtliche Ich ist unwesentlich. Das wirklich Wesentliche kann man gar nicht beschreiben und auch nicht wirklich hinterfragen. Das hat mich innerlich irgendwie frei gemacht.

★ Mich hat am meisten berührt, dass ich erkannt habe, wie sehr ich in meine alte Geschichte verwickelt bin und wie sie mich immer wieder einholt. Aber nun merke ich, dass ich sagen kann: »Aha, das will ich ja gar nicht.« Und dann kann ich mir das, was ich stattdessen haben will, selber aufbauen. Ich bin gar nicht ausgeliefert, so wie ich das mein ganzes Leben lang empfunden habe, sondern kann jetzt zum Macher werden. Es gibt einen Spruch, der gut dazu passt: »Ich fürchte nichts, ich hoffe nichts, ich glaube nichts, ich bin frei.« Und ich möchte noch ergänzen: Ich mache selber. Ich entscheide und sonst nichts und niemand. Nichts kann mich einengen, nichts kann mir meine Vision von Freiheit nehmen.

Es gibt eine Flut solcher Rückmeldungen, die ich alle hier hätte aufnehmen können, aber die entscheidenden Aussagen können so zusammengefasst werden: Alte Muster aufzulösen ist schwer, das Umfeld versucht das zu verhindern; niemandem mehr die Schuld zuschieben zu können, ist hart, Selbstmitleid aber so süß; Kontrolle über die eigenen Gefühle zu bekommen, braucht ständiges bewusstes Arbeiten daran, wohl über Jahre hinweg; unüblich zu sein, erzeugt Zweifel; jedes bisschen Fortschritt erzeugt Euphorie.

Ein sehr bekanntes Lied von Sammy Davis Jr. passt aus meiner Sicht hervorragend zum Thema dieses Buches und wurde von einer Seminarteilnehmerin so rührend gesungen, dass wir alle den Tränen nahe waren. Es lohnt sich, mal hineinzuhören und sich davon inspirieren zu lassen oder zumindest den Text in Ruhe zu verinnerlichen. Deshalb gebe ich ihn nachfolgend in Englisch und Deutsch wieder.

I gotta be me (I've got to be me)
Whether I'm right or whether I'm wrong
Whether I'll find a place in this world or never belong
I gotta be me, I gotta be me
What else can I be but what I am?

I want to live not merely survive
And I won't give up this dream of life that keeps me alive
I gotta be me, I gotta be me
The dream that I see makes me what I am.

That far away prize, a world of success
It's waiting for me if I need the call
I won't settle down or settle for less
As long as there's half a chance that I can have it all.

I'll go it alone that's how it must be
I'm not right for somebody else if I'm not right for me
I gotta be me, I gotta be free
To try to do it or die. I gotta be me.

Ich muss ich selbst sein
Ob ich Recht habe oder nicht,
ob ich einen Platz in dieser Welt finde oder nirgends hingehöre,
ich muss ich selbst sein, ich muss ich selbst sein.
Was sonst kann ich sein, außer ich selbst?

Ich möchte leben, nicht nur überleben
und ich werde ihn nicht aufgeben, den Lebenstraum, der mich lebendig hält.
Ich muss ich selbst sein, ich muss ich selbst sein.
Der Traum, den ich sehen kann, macht mich zu dem, was ich bin.

Dieser Preis in der Ferne, eine Welt voll Erfolg,
er wartet auf mich, wenn ich den Ruf brauche.
Ich werde nicht ruhen, werde nicht weniger hinnehmen,
solange es nur eine halbe Chance gibt, dass ich alles haben
kann.

Ich geh den Weg allein, denn so muss es sein.
Ich bin für niemand anderen richtig, wenn ich nicht für mich
selbst richtig bin.
Ich muss ich selbst sein, ich muss frei sein
Muss es wagen oder sterben. Ich muss ich selbst sein!

FRAGEN UND ANTWORTEN

Frage:
*Wir haben einerseits erfahren, dass wir nicht wichtig sind.
Andererseits haben wir gestern förmlich in unseren Sehn-
süchten und Wünschen gebadet. Bedeutet das, dass man erst
einmal die Fülle und Vielfalt leben soll, um sich dann im
Alter auf das Wesentliche zu beschränken?*

Antwort:
Wenn ich davon spreche, dass ein Mensch nicht wichtig ist,
dann meine ich, dass es keinen Anlass gibt, sich wichtig zu
nehmen in Bezug zu anderen Menschen oder auch zum Leben an sich, dass es sinnlos ist, eine Rolle zu spielen, sich
hinter bestimmten Dingen zu verstecken, nicht aus dem
Haus zu gehen, ohne sich zurecht gemacht zu haben, vorzugeben, man wäre etwas, das man nicht ist. Im Prinzip
interessiert das niemanden. Wir sind nicht wirklich wichtig
in dieser Welt. Auch unsere Sichtweise und unsere Meinung
sind nicht wirklich wichtig, obwohl wir das natürlich gern
anders hätten.

Kein einzelner Mensch ist wichtig. Wenn er nicht da wäre,
würde der Welt nicht viel fehlen, und zwar nicht nur, weil es
genügend Menschen gibt, sondern weil jeder Mensch sein
Leben selbstverantwortlich für sich lebt und auch leben muss,
denn es geht in seinem Leben um seine Lern- und Erfah-

rungsprozesse. Was andere tun oder begreifen, ist neben-sächlich.

Ein Mensch kann eine Scheinwichtigkeit bekommen, wenn sich jemand von ihm abhängig macht. Aber das ist keine tatsächliche Wichtigkeit, denn sie entsteht nur in der Illusion dessen, der glaubt, dass der andere wichtig ist.

Wenn wir begreifen, dass es im Prinzip überhaupt nicht wichtig ist, wer wir sind, wie wir sind oder was wir sagen, und dass wir eben nur ein Wassertropfen im großen schöpferischen Fluss sind, können wir sehr viel leichter mit Dingen umgehen und brauchen weder Rollen zu spielen noch uns hinter etwas zu verstecken oder unehrlich zu sein. Denn was ist schon wichtig an uns? Es lohnt sich überhaupt nicht, irgendwelche Rollen zu spielen.

Ich glaube sogar, dass wirkliche Integrität und Makellosigkeit nur möglich sind, wenn ein Mensch aufhört, sich wichtig zu nehmen.

Frage:

Wie unterscheidet sich Magie von »spiritueller Magie des Bewusstseins«, so wie sie als Ziel unseres Weges aufgefasst worden ist?

Antwort:

Unter Magie verstehe ich die Fähigkeit, ungerichtete Schöpferkraft auszurichten und Form gewinnen zu lassen. Übertragen auf uns bedeutet das, wenn es uns gelingt, absichtlich, gezielt und bewusst durch die Konzentration auf bestimmte Ideen einen Filter für Schöpferkraft in uns zu erzeugen, richten wir den Fluss der Schöpfungsenergien aus und können die Wirklichkeit entstehen lassen, die dazu passt. Um diesen Filter aufzubauen, benutzen wir unsere Wahrnehmung auf der einen und unsere Gefühle und Gedanken, die wir zu jeder Zeit und an jedem Ort ganz frei entwickeln können, auf der anderen Seite.

Wir alle betreiben die ganze Zeit Magie, wir können gar nicht anders, denn wir konzentrieren uns ständig auf irgendetwas und haben auch ständig Gefühle oder Gedanken. Aber oftmals sind wir unbewusste Magier mit der Konsequenz, dass das, was wir in unserem Leben erzeugen, nicht dem entspricht, womit wir uns wohl fühlen und was unserer Absicht entspricht. Und unbewusst wie wir sind, verwickeln wir uns auch noch in diese Fehlschöpfungen und glauben sogar, dass wir ein Teil davon oder sogar ihre Opfer sind. Darüber vergessen wir völlig, dass wir die Freiheit haben, einen bewussten magischen Akt zu vollziehen.

In diesem Buch beschäftigen wir uns nun ausgiebig damit, wie wir in unserem Bewusstsein wieder frei werden können: indem wir Gefühlsbücher schreiben, indem wir offen und ehrlich sind, indem wir Integrität und Makellosigkeit anstreben, indem wir aufhören zu reagieren, indem wir lernen, Gefühle beliebig aufzubauen, und indem wir wieder phantasievoll werden, um alle möglichen Arten von Verwicklung aufzulösen und uns wieder als Beobachter zu empfinden, der sich von seiner Geschichte distanzieren und neue Wege gehen kann. Aber all dies unterstützt nur den magischen Prozess, indem wir ihn bewusst durchschauen und gezielt einsetzen können.

Unter spiritueller Magie verstehe ich aber nicht die willkürliche Ausrichtung von Schöpfungsenergien, sondern die bewusste Suche nach unserer Bestimmung. Alles, was spirituelle Magie an Schöpfungsenergien freisetzt, dient der Manifestation unserer Lebensabsicht und dem Aufbau von Erkenntnis und Selbstbewusstsein und vollzieht sich im Einklang mit dem großen Sein, dem göttlichen Urgrund.

Wir sind in diese Wirklichkeit von Raum und Zeit gekommen, um mit unserer Schöpferkraft zu spielen. Wenn ein Maler eine Idee für ein Bild hat und er die Leinwand aufspannt und diese Idee in Form bringt, dann verändert er sich, während seine Idee Form gewinnt.

Es ist nicht so, dass er das fertige Bild braucht, um sich damit zu identifizieren und dahinter zu verstecken, und er macht es auch nicht für andere und deren Anerkennung und Bestätigung. Er macht es für sich, und es geht dabei eher um den Prozess des Malens und das Erkennen des Ergebnisses als Spiegel seiner Energie, der ihm Selbsterkenntnis ermöglicht.

Er empfindet sich beim Malen als Schöpfer seiner Welt auf dem Bild, und er lernt, das schöpferische Prinzip als Sammlung von Schöpfungsideen zu durchschauen, an die er sich binden kann und welche die Schöpfungsenergien in Form von Farbe durch ihn lenken. Wir alle sind Maler des Bildes unserer Wirklichkeit, und das Ergebnis hat mit uns zu tun. Aber natürlich wollen wir nicht nur irgendwelche Bilder malen, um das Malen an sich zu lernen. Wir sind auch in diese Welt gekommen, um ganz bestimmte Bilder zu malen. Und diese Bilder sind als Summe von Schöpfungsideen in unserer Absicht angelegt.

Doch da wir eine persönliche Geschichte und entsprechend viele Bilder gemalt haben und dazu neigen, uns mit dieser Geschichte zu verwickeln, verlieren wir uns manchmal in all den Bildern und haben nicht mehr die Freiheit, neue Bilder zu malen, die wirklich zu uns passen würden. Wir haben die gleichen Ideen und malen mit den gleichen Farben, nur vielleicht technisch besser, und manchmal malen wir sogar im Auftrag anderer Menschen Bilder, die gar nichts mit uns zu tun haben.

Deshalb erforschen wir die Farben und Ideen der vorhandenen Bilder und fragen uns, was an ihnen uns wirklich berührt, weil es im Einklang mit unserer Absicht und unseren Fähigkeiten und Möglichkeiten ist und uns die Gefühle gibt, die wir suchen und in denen wir stark sind. Wir erforschen auch fremde Bilder auf der Suche nach Entsprechung, bis wir die Gefühle klar begreifen, die zu uns gehören, und bis wir wissen, in welchen Bildern wir sie am besten finden können. Es geht dabei nicht so sehr um die Bilder und darum, ob wir selbst oder andere Künstler sie gemalt haben, sondern nur darum, dass sie uns die Qualität unserer wesentlichen Gefühle zeigen können und damit den Weg zu unserer Bestimmung. Wenn wir unsere Malerei gefunden haben, haben wir unser Lebensziel erreicht: Wir wissen, was wir sind, was wir wollen und welche Energien zu uns gehören. Und dann können wir, unabhängig von den äußeren Umständen, beliebig aus unserem Wesen heraus Gefühle erzeugen. Dann sind wir frei. Und das ist das Ziel der »spirituellen Magie«.

Frage:

Als ich in der Gruppe über meine Gefühle sprach, konnte ich sie sehr gut fühlen, aber ein paar Stunden später fiel meine Energie scheinbar auf den Nullpunkt und ich war so weit weg von meinen Gefühlen, dass ich gar nichts mehr empfinden konnte. Ich war einfach leer. Was bedeutet das?

Antwort:

Zunächst ist das kein schlechtes Zeichen, im Gegenteil. Es gibt zwei Ebenen in uns, auf denen sich Magie vollziehen kann. Die eine ist die Ebene der Gefühle. Gefühle sind die stärksten schöpferischen Energien, die wir bewusst zur Verfügung haben. Gedanken dagegen formen die Strukturen, in denen sich schöpferische Prozesse entfalten können. Elektrische oder elektromagnetische Energien bauen die Stofflichkeit auf, in der es zur Manifestation kommt. Die Gefühle aber sind die dynamischen Kräfte, die den Schöpfungsprozess vorantreiben. Wenn wir unsere Gefühle kontrollieren können, können wir sie als prägende Kräfte benutzen, um die herum sich Wirklichkeit entsprechend manifestiert. Aber die notwendige Freiheit im Umgang mit den Gefühlen zu erreichen, ist ein langwieriger Prozess und in der täglichen Praxis von vielen Problemen begleitet. Wahrscheinlich dauert er ein Leben lang.

Die zweite Ebene, auf der sich Magie entfaltet, ist nicht ganz so einfach zu beschreiben und nachzuempfinden. Auf dieser Ebene geht es darum, in einem absoluten Zustand des Nichtverwickelt-Seins eine völlig klare Absicht in sich zu tragen. Und diese Absicht hat nichts mit Gefühlen zu tun und auch nichts mit Gedanken, sondern mit einer Verbindung zu den ursprünglichen Schöpfungsideen und Schöpfungsenergien, die wir in der Absicht ausrichten können.

Oberflächlich ausgedrückt können wir uns vorstellen, dass wir nirgendwo verwickelt sind, wenn es uns gelingt, in einem Zustand völligen Friedens absolut still in uns selbst zu sein. Ich meine einen Zustand ohne Gedanken und ohne Gefühle, im Grunde genommen eine Art geistigen und körperlichen Nullpunkt. Jede Art von Verwicklung äußert sich in Gefühlen, Gedanken oder körperlichen Reaktionen.

An diesem absoluten Nullpunkt, im Zustand des Nicht-ver-wickelt-Seins, reicht es aus, sich an eine beliebige Absicht aus dem großen Absichtsmeer anzubinden, eine beliebige Schöpfungsidee in sich zu empfinden, und sie wird sich ma-nifestieren, und zwar ziemlich schnell.

Ich versuche ein Beispiel zu geben: Es gibt im großen Strom des absoluten Seins oder im göttlichen Urgrund die Absicht, geistige Energie zu einer Form werden zu lassen. Darüber hi-naus gibt es für eine bestimmte Zeitqualität und bestimmte Schöpfungsideen – zum Beispiel die Schöpfungsidee Mensch – kleine Ideen, die ebenfalls Form gewinnen wollen. So eine kleine Idee könnte zum Beispiel den Körper eines sechzehn-jährigen Menschen formen. Der Körper eines sechzehnjähri-gen Menschen hat in der Grundidee ganz bestimmte Qua-litäten. Er ist vital, heftig, ausdrucksstark, gesund, wider-standsfähig und dynamisch und hat darüber hinaus natürlich noch individuelle Ideen, passend zur individuellen Absicht, die in seiner individuellen Form Ausdruck gewinnen. Nun können wir uns in diesem Zustand des Nicht-verwickelt-Seins an den Teil der großen Absicht anbinden, der diesen sechzehnjährigen Körper perfekt formt.

Wir könnten das dann auch noch reduzieren, indem wir nur die Absicht oder Idee einer Leber oder die Sehabsicht oder die Geschmacksabsicht in uns aufnehmen. Das sind alles Unterformen oder Schöpfungsideen der großen Absicht.

Wenn es uns gelingt, uns in diesem Zustand der absoluten Stille und des absoluten Friedens an diese Absicht zu hängen und sie durch uns fließen zu lassen, wird diese Absicht Form annehmen.

Wenn zum Beispiel ein dreißig Jahre alter Körper ziemlich ver-kommen ist, weil sich derjenige, der in ihm steckt, nicht um ihn gekümmert und ihn durch Rauchen, Trinken oder übermä-ßig viel Sonne vergiftet hat, könnte ein Heiler, der in diesen ab-soluten Zustand des Nicht-verwickelt-Seins geht, mit diesem Körper und der Person dahinter Kontakt aufnehmen, die Schöpfungsideen, die einen dynamischen Körper von sech-zehn Jahren erzeugen, im großen Strom der Absicht suchen, sich damit identifizieren und sie dann in den Körper dieser

Person fließen lassen. Und wenn dies gelingt, werden die neuen Schöpfungsideen, abgezweigt aus dem Meer der großen Absicht, die Form dieses Körpers entsprechend verändern. Solche Meister der stillen Absicht können auch ihre eigene Form beliebig verändern. Sie können sich alt, jung, dick oder dünn machen. Sie können jegliche Funktion des Körpers übersteigern oder reduzieren, weil sie in der Lage sind, das schöpferische Prinzip hinter der äußeren Form durch sich selbst fließen zu lassen und damit zur Manifestation zu bringen.

Es wird nur von wenigen solcher Meister berichtet, aber Jesus hat seine Wunder wohl auf diese Weise gewirkt. Das mag in Ihren Ohren sehr spekulativ klingen und für Sie persönlich auch kaum relevant scheinen, weil Sie dort noch lange nicht sind, aber ich glaube durchaus, dass man solche Möglichkeiten in sich bewegen sollte, um seine eigene Wahrnehmung zu erweitern und die Grenzen der Geschichte aufzulösen. Wir können diese Zusammenhänge sogar im Kleinen für uns nutzen. Angenommen, es gelingt uns, uns daran zu erinnern, wie wir zu einer bestimmten Zeit im Leben waren, und dann lassen wir diese Gefühle wieder in uns lebendig werden und fühlen die Kraft, die damals durch uns geflossen ist, wieder in unserer Erinnerung, dann könnten wir diese Kraft in die Gegenwart zurückholen und damit eine Veränderung in uns erreichen. Wir haben vielleicht noch keinen Zugang zum Meer der großen Absicht und all seinen Schöpfungsideen, aber wir haben Zugang zu unseren erlebten Schöpfungsideen und können diese wieder in die Gegenwart holen, besonders in diesem Zustand der Stille oder Leere, nach dem Sie gefragt haben und der so kraftvoll genutzt werden kann.

Frage:

An diesem inneren Nullpunkt haben wir also keine Gefühle. Aber dennoch sollen wir uns an unsere Gefühle als Sechzehnjährige erinnern. Wie soll das denn gehen?

Antwort:

Unser Bewusstsein ist wie eine Art Energiekörper, in dem alles gespeichert ist, was jemals war, alle Schöpfungsideen und deren Manifestationen, mit denen wir jemals zu tun hatten.

Ich spreche bewusst von Schöpfungsideen und nicht von Erlebnissen, denn jedes Erlebnis kommt ja aus einer Idee. Alle Ideen, die unser Leben je prägten, sind in diesem Bewusstseinskörper gespeichert und dort für immer enthalten. Wenn ich nun sage, wir sollen uns erinnern, dann meine ich nicht die Art von Erinnerung, die uns vermittelt, wie wir damals waren oder was wir erlebt haben, sondern eine Verlagerung der Wahrnehmung hin zu der Idee, die damals lebendig war und zur Manifestation kam beziehungsweise unser Leben prägte.

Wir verändern unsere Wahrnehmungsebene, indem wir in unserer Wahrnehmung unsere jetzigen Ideen durch die früheren ersetzen und damit so etwas wie eine Zeitreise machen, aus dem Jetzt zurück an den Punkt von damals.

Es ist zwar keine wirkliche Zeitreise, sondern eine Reise durch unser Bewusstsein, aber sie ist vergleichbar mit einer Reise durch Zeit und Raum, weil wir dann nicht mehr hier wahrnehmen, sondern nur noch dort und damit auch andere Ideen und Energien in uns wirken.

Je ausschließlicher wir das in einem Zustand der Stille tun, desto mehr tritt diese Erinnerung als ein »durch und durch gehendes Gefühl« und als ein Spüren der damaligen Idee zutage.

Ein Beispiel: Angenommen, wir stellen fest, dass unser Körper insgesamt kraftloser ist, dass er krank wird oder seine Form verändert. Jetzt können wir einen magischen Prozess in Gang setzen, indem wir unsere Wahrnehmung aus der Gegenwart zurückziehen, alle Verwicklungen abschneiden und uns wieder voll und ganz auf das Gefühl von damals einlassen, als wir gesund waren, und die Ideen zu spüren versuchen, die damals durch uns flossen beziehungsweise in uns wirkten. Damit holen wir das Gefühl von damals aus der Vergangenheit in die Gegenwart zurück. Auf die gleiche Weise können wir uns mit Ideen identifizieren, die bis jetzt noch nicht in unserem Leben aktiv waren, aber von jetzt an wirksam sein sollen. Dazu müssen wir sie zunächst im Außen suchen oder aber im großen Meer des Seins, in das wir im Zustand der Stille eintauchen können.

Frage:

Ich habe noch nicht verstanden, was das genau mit meiner Frage zu tun hat.

Antwort:

Es ging ja darum, dass Sie sich merkwürdig unbeteiligt und ohne Energie gefühlt haben. Und da habe ich gesagt, dass das gut ist. Es ist deshalb gut, weil dieser Zustand des Nicht-verwickelt-Seins – ein Zustand, in dem man sich merkwürdig distanziert von allem fühlt – ein weiterer Schritt in die Freiheit ist. Der Zustand der Stille führt uns dazu, dass unsere Verwicklung mit dem Sein immer kleiner wird. Und daraus erwächst die Möglichkeit, mit neuen Absichtsströmen in Verbindung zu treten und damit etwas Neues zu schaffen.

Wenn wir ganz still werden und jede Verwicklung loslassen, gibt es aufgrund alter Wahrnehmungsgewohnheiten aber zunächst das Problem, dass wir uns nur an die Energien erinnern, die uns früher schon einmal irgendwie begegnet sind.

Wenn wir uns jetzt aber einen neuen Zustand wünschen, den wir in dieser Form noch nie kennen gelernt haben, dann müssen wir bereit dafür werden, Neues wahrzunehmen. Wenn wir neue Schöpfungsideen erwarten, können wir uns nicht nur an Schöpfungsideen des großen Stromes anschließen, die bereits durch uns hindurch geflossen sind, sondern auch an Ideen, die irgendwo oder irgendwann geflossen sind oder fließen werden, aber in unserem Leben bisher noch keine prägende Kraft hatten.

Unser magisches Potential ist nicht auf unsere eigene Vergangenheit begrenzt, sondern umfasst auch alle anderen Bereiche von Raum und Zeit.

Spirituelle Magie ist ein Schlüssel zur Freiheit, aber nur, wenn wir ihn benutzen.

Die Abschlussmeditation führt Sie nochmals durch die wesentlichen Gedanken dieses Buches und lässt die Gesetzmäßigkeiten von »spiritueller Magie« in Ihnen lebendig werden. Aber vor allem stimmt sie Sie nochmals kraftvoll auf Ihren Aufbruch in ein freies Leben ein, in dem Sie all die Dinge in Gang setzen können, die Sie sich wünschen und die Ihrem Wesen entsprechen.

ABSCHLUSSMEDITATION – SPIRITUELLE MAGIE DES BEWUSSTSEINS

Schließe die Augen. Atme langsam tief ein und aus.
Denke an deine beiden Knie. Atme langsam ein und aus.
Denke an deine beiden Schultern. Atme langsam ein und aus.
Denke an deinen Solarplexus. Atme langsam ein und aus.
Denke an dein Herz. Atme langsam ein und aus.
Stelle dir jetzt mit jedem Atemzug vor: Du atmest strahlende, kraftvolle Energie ein und beim Ausatmen verteilst du diese Energie in deinem Körper und in deinem Bewusstsein. Spüre, wie sich dein Körper mehr und mehr mit Energie füllt.
Atme weiter Energie ein und schicke diese Energie beim Ausatmen über die Grenzen deines Körpers hinaus in den Raum.
Fülle den Raum mit strahlender, kraftvoller Energie.
Diese Energie hat die Kraft, deine Gedanken, deine Gefühle und deine inneren Bilder Wirklichkeit werden zu lassen, wenn du das möchtest.

Atme langsam tief ein und aus und sage dann leise in Gedanken zu dir selbst, wenn du möchtest, sage und empfinde tief in dir:
Ich bin mehr als mein Körper. Ich bin mehr als meine Geschichte.
Ich bin ewiges Bewusstsein, unbegrenzt und frei.
Ich bin herausgeflossen aus der Dimension meiner Seele, um mich hier in dieser Wirklichkeit zum Ausdruck zu bringen, um mich selbst zu spüren und zu erleben als schöpferische Kraft.
Durch mein Bewusstsein fließt Schöpferenergie aus dem großen Sein. Und diese Schöpferenergie forme ich durch

meine Wahrnehmung, durch meine Gedanken und besonders durch meine Gefühle.

Alles, was ich in meiner Geschichte erlebt habe, ist entstanden durch die Schöpferenergie, durch die Gefühle und die Wahrnehmung, die ich pflegte. Entweder haben andere Menschen die Gefühle in mich hineingepflanzt oder ich selbst habe sie erzeugt, aus eigener Kraft. Doch was immer ich erlebt habe in meiner Geschichte, habe ich erzeugt und angezogen als Spiegel meiner selbst.

Das Erzeugen meiner Geschichte war ein magischer Akt meines Bewusstseins.

Das, was ich erwartet und erhofft habe, und das, wovor ich Angst hatte, hat die Schöpferenergie gelenkt und zu meiner Wirklichkeit gemacht.

Niemand anders ist Verursacher meiner Geschichte als ich selbst.

Und so wie ich meine Geschichte erzeugt habe, kann ich jetzt meine Gegenwart und meine Zukunft erzeugen. Statt meine Wahrnehmung und meine Gefühle unbewusst fließen zu lassen, übernehme ich Verantwortung. Und diese Verantwortung macht den unbewussten Prozess des Schaffens zu einem bewussten magischen Akt.

Ich bin mir bewusst, dass das bewusste Schaffen meiner Wirklichkeit Distanz von meiner Schöpfung braucht. Ich muss Beobachter werden von allem, was ist.

Und beobachten bedeutet, es wahrzunehmen, es zu verstehen, aber es nicht in die eigenen Gefühle zu integrieren.

Beobachten heißt, die Wahrnehmung wertfrei, beliebig und bewusst auf einzelne Aspekte richten zu können.

Als freier Beobachter entscheide ich mich jetzt, von nun an meine Wahrnehmung gezielt auszurichten und meine Gefühle eigenständig und unabhängig vom Umfeld zu erzeugen.

Als Beobachter löse ich mich bewusst von meiner Geschichte. Ohne zu werten lasse ich sie als das stehen, was sie war, wende mich meinem Wesen zu und spüre dort, wer ich bin und was ich will in diesem Leben.«

Atme langsam tief ein und aus.
Und jetzt frage dein Wesen: »Welches sind die wichtigsten Gefühle, die mich in allen Lebensbereichen begleiten sollen, von jetzt an für die nächsten fünfzehn Jahre?
Welche Umstände, welche Begegnungen und welche Erfahrungen würden dazu passen?«
Und jetzt spüre, wie Schöpferenergie in dich hineinfließt, wie sie von diesen Gefühlen und Bildern geprägt wird und wie sie wieder aus dir hinausfließt, um Entsprechendes anzuziehen.
Beobachte diese Prägung erstaunt, aber gleichzeitig erfreut und dankbar.

Atme langsam tief ein und aus.
Du bist jetzt an einem Punkt in deinem Leben, wo dir die Tür zur Freiheit gezeigt wird. Der Schlüssel zu dieser Tür ist die bewusste Entscheidung, Verantwortung zu übernehmen für deine Gefühle und deine Wahrnehmung.
Die Verantwortung dafür, von Menschen, Dingen und Situationen unabhängig zu sein.
Unabhängig zu sein von Gewohnheiten, die dich aufhalten, und von jeder Art von Sucht, die dir und deinem Körper nicht gut tut.
Du kannst diese Tür zur Freiheit nur öffnen, wenn du dich jetzt bewusst entscheidest, deine Süchte und Abhängigkeiten loszulassen und die volle Verantwortung für deine Gedanken, deine Gefühle und deine Wahrnehmung zu tragen.
Fühle die bewusste Entscheidung in deinem Herzen und öffne die Tür.
Hinter der Tür erwartet dich eine neue Zukunft. Eine freie Zukunft.
Wenn du dich entscheidest und durch diese Tür gehst, wird dein Wesen die Zeitqualität für dich formen und das in dein Leben bringen, was dich zur jeweiligen Zeit weiterbringt.
Sobald du die Schwelle überschritten hast, gibt es kein Zurück mehr in das alte Sein. Denn Zurückkehren bedeutet den Tod.

Sobald du diesen Schritt über die Schwelle freiwillig und entschieden gemacht hast, holt dich dein Wesen dort ab und zeigt dir den Weg.

Empfinde tief in deinem Herzen: »Ich bin frei und unbegrenzt.

Hinter dieser Tür werde ich mein Wesen suchen und der Stimme meines Herzens folgen.«

Und jetzt empfinde Dankbarkeit dafür, dass dir dein Wesen diese Tür überhaupt gezeigt und dich vor die Wahl gestellt hat, hindurchzugehen.

Und jetzt schau dich um und sieh all die anderen Menschen, die du zurücklassen musst in ihrem Gefangensein.

Spüre, dass du die Aufgabe hast, sie nachzuziehen, Stück für Stück, Mensch für Mensch.

Spüre den Unterschied zwischen der Verwicklung, in der sie leben, und der Freiheit, die sich für dich entfalten wird.

Spüre den Unterschied zwischen der freien Kraft des Lebens, die durch dich hindurchfließt, und dem Netz der Verwicklung, das die Lebenskraft gefangen hält.

Und jetzt spüre, wie die Stimme deines Herzens zu dir spricht und dir sagt, wie sie dich führen wird.

Reiche dieser Stimme deine Hand und bedanke dich für ihre Nähe.

Atme langsam tief ein und aus.

Und jetzt frage dich noch einmal: »Bin ich bereit, Verantwortung für meine Wahrnehmung und meine Gefühle zu übernehmen?«

Atme langsam tief ein und aus.

Die Erfahrung, die du in den letzten Monaten gemacht hast, wird bei dir bleiben und dir den Weg zu dir selbst zeigen. Je lebendiger du sie hältst, desto eindeutiger wird der Weg sein.

Atme langsam tief ein und aus.

Und öffne dann allmählich die Augen.

Anhang

Meditative Übungen auf Kassetten und CDs

CD zu diesem Buch

Entfalte Deine Bestimmung – *Meditativ die Energien des Erfolgs freisetzen*

Eine geführte Meditation in Verbindung mit einer besonderen Klangtechnik für eine schnelle und wirksame Ausrichtung unserer geistigen Energien.

Diese speziell zum vorliegenden Buch entwickelte CD erleichtert den Zugang zu unseren unbewussten Schichten und hilft uns, die geistigen Energien – innere Bilder, Gedanken und besonders Gefühle – dort zu verankern, die wir durch die praktische Arbeit mit diesem Buch als unserem Wesen entsprechend gefunden haben und die von jetzt an uns selbst und unser Leben prägen sollen.

Die meditative Einstimmung auf unsere Wunsch- und Erfolgsenergien wird wirksam durch eine spezielle Klangkomposition von Harald Wessbecher unterstützt. Verschiedene Formen von Rauschen verschmelzen beim Stereo-Hören im Kopf zu dreidimensionalen Mustern, die gemeinsam mit genau darauf abgestimmten Tönen unsere Gehirntätigkeit harmonisieren und synchronisieren.

Unsere Gefühle kommen in Fluss, gleichen sich aus und werden in einem Zustand von tiefer körperlicher und geistiger Entspannung letztlich still. In diesem Zustand haben wir freien Zugang zu unserem Unterbewusstsein und können dort gezielt und wirksam neue Inhalte und Energien verankern.

Zum Hören brauchen Sie ein CD-Abspielgerät mit Kopfhörer und mindestens 45 Minuten Zeit, in der Sie niemand stören kann. Hören Sie diese CD täglich einmal, mindestens 21 Tage lang ohne Unterbrechung, damit sich die neuen Inhalte und Energien tief in Ihrem Unterbewusstsein festsetzen und dort eine Eigendynamik entwickeln können. Es braucht eine gewisse Zeit, bis sie sich gegen alte Energien behauptet haben. Später benutzen Sie diese CD, wann immer sie möchten.

ERGÄNZENDE ÜBUNGEN AUF KASSETTEN / CD

Die folgenden Übungen auf Kassetten / CDs können die in diesem Buch beschriebenen Übungen und Meditationen äußerst wirksam unterstützen.

Alle diese Übungen sind mit der erwähnten Klangtechnik kombiniert, die unsere Gehirntätigkeit mit Hilfe von dreidimensionalen Rauschformen (DRF) und harmonisierenden Tönen synchronisiert und uns in einen Zustand tiefer körperlicher und geistiger Entspannung gleiten lässt. Wir brauchen diesen Zustand als eine Art Arbeitszustand, in dem wir unsere unbewussten Fähigkeiten anzapfen und entwickeln können.

Die Wirksamkeit dieser Technik konnte im Laufe von zwanzig Jahren durch die praktischen Erfahrungen unzähliger Klienten und Seminarteilnehmer bestätigt werden, die ihre schöpferischen und wahrnehmenden Bewusstseinskräfte aus sich selbst heraus entwickelt haben. Aber auch objektive Gehirnmessungen (EEG) und Hautwiderstandsmessungen nach der Chinesischen Akupunkturmethode (Mora-Methode) machen deutlich, wie leicht es uns fällt, in solche tiefen und gesunden Entspannungszustände zu gleiten, wenn wir entsprechende äußere Hilfestellung erhalten, beispielsweise durch die beschriebene Klangtechnik.

Für ein wirksames Hören der Übungen ist der Stereoeffekt wesentlich. Deshalb sollten Sie die Übungen über Kopfhörer oder zumindest Stereo-Lautsprecher hören und sich mindestens 45 Minuten Zeit dafür zu nehmen, in der Sie ungestört sind. Es ist hilfreich, vorher und nachher noch etwas ruhige Zeit einzuplanen, um sich auf die Übungen einzustellen beziehungsweise sie nachwirken zu lassen und sich vielleicht einige Notizen zu machen.

Die Übungen lassen sich in zwei Gruppen einteilen: 1) Übungen, die zum Ziel haben, neue Ideen und Energien in unserem Unterbewusstsein zu verankern. Wenn Sie diese Übungen hören, brauchen Sie selbst nichts zu tun und können während des Hörens auch einschlafen, ohne dass die Übung unwirksam wird. Durch die Wirkung der Klangtechnik bleibt das Unterbewusstsein auch im Schlaf aufnahmebereit. Unabhängig vom Grade der Wachheit sollten solche »Ideen-Übungen« 21 Tage lang täglich gehört werden, damit sich die neuen Energien und Ideen fest im Unterbewusstsein verankern und eine beständige Eigendynamik entfalten können.

2) Bei den »Arbeitsübungen« sind Sie aufgefordert, aktiv zu werden, entweder indem Sie die Inhalte Ihrer unbewussten Ebenen erforschen oder indem Sie neue geistige Muster schaffen, mit denen Sie Einfluss nehmen auf Ihren Körper, auf Ihre Fähigkeiten oder auf verschiedene Bereiche Ihres Lebens. Dazu gehört unter anderen die bereits erwähnte CD *Entfalte Deine Bestimmung*. Bei allen »Arbeitsübungen« sollen Sie zwar tief entspannt, aber dennoch wach genug sein, um aktiv Fragen stellen oder auch Gefühle und Bilder aufbauen zu können. Arbeitsübungen, mit denen Sie Einfluss auf Ihre körperlichen und geistigen Energien nehmen möchten, sollten ebenfalls 21 Tage ohne Unterbrechung gehört werden, um den neuen Energien und Ideen die Möglichkeit zu geben, sich zu stabilisieren und gegen die alten, überholten, aber immer noch wirksamen Energien durchzusetzen.

Ideenkassetten sind in der nachfolgenden Auflistung mit I gekennzeichnet, Arbeitskassetten mit A und Übungen, die Sie zunächst 21 Tage lang hören sollten, sind mit einem ● gekennzeichnet.

- **Meditation – Freude,** Seite 28
Lichtmeditation I •
Ich bin I •
Leitgedanken abends/morgens I •
Grundpersönlichkeit I •
Befreiende Gefühle im Schlaf I •

- **Meditation – Menschen als
Vorbilder,** Seite 30
Selbsterkenntnis A
Neue Perspektiven A
Wunschpartner I •

- **Meditation – Dankbarkeit,
Geborgenheit, Schönheit und
Liebe,** Seite 33
Lichtmeditation I •
Liebe, Freundschaft,
Partnerschaft I •
Leitgedanken abends/morgens I •
Ich bin I •

- **Übung: Was langweilt mich in
meinem Leben?,** Seite 58
Selbsterkenntnis A
Selbstausdruck I •
Neue Perspektiven A
Selbstbeobachtung abends A
Ich bin I •

- **Übung: Welche Menschen
berühren mich?,** Seite 73
Neue Perspektiven A
Liebe, Freundschaft,
Partnerschaft I •
Wunschpartner I •
Selbstbeobachtung abends A
Grundpersönlichkeit I •

- **Meditation – Zwei Energie-
punkte spüren,** Seite 83
Lichtmeditation I •
Leitgedanken abends/
morgens I •
Grundpersönlichkeit I •
Intuition A / I
Meditation A / I

- **Meditation – Gestaltung der
Persönlichkeit,** Seite 101
Entfalte Deine
Bestimmung A •
Persönlichkeitsgestaltung
im Schlaf I •
Gestaltendes Selbst I •
Neue Perspektiven A
Selbsterkenntnis A

- **Übung: Welche Orte, Länder
und Kulturen berühren mich?**
Seite 103
Selbstbeobachtung abends A
Grundpersönlichkeit I •
Neue Perspektiven A
Liebe, Freundschaft,
Partnerschaft I •

- **Übung für jeden Tag: Suche
nach dem Wesen und
dem Wesentlichen,** Seite 104
Selbstbeobachtung abends A
Frei von der Vergangenheit I •
Selbstausdruck I •
Neue Perspektiven A
Grundpersönlichkeit I •
Unabhängigkeit A
Selbstwertgefühl A

● **Meditation – Sehnsucht nach dem Wesen,** Seite 106
Lichtmeditation I ●
Persönlichkeitsgestaltung
im Schlaf I ●
Liebe, Freundschaft, Partnerschaft
I ●
Selbsterkenntnis A
Selbstausdruck I ●
Leitgedanken abends/morgens I ●

● **Meditation – Lebenssinn,**
Seite 116
Grundpersönlichkeit I ●
Selbstbeobachtung abends A
Befreiende Gefühle im Schlaf I ●
Intuition A / I
Ich bin I ●
Geistige Helfer A
Traumbewusstsein I ●

● **Meditation – Vorbilder,**
Seite 119
Persönlichkeitsgestaltung
im Schlaf I ●
Grundpersönlichkeit I ●
Unabhängigkeit A

● **Übung: Welche Wesensaspekte fühlen sich aufgehalten?,** Seite 154
Selbstausdruck I ●
Selbstbeobachtung abends A
Befreiende Gefühle im Schlaf I ●
Kraftvolles Selbst I ●
Neue Perspektiven A

● **Meditation – Das Tor zum Wesen öffnen,** Seite 157

Neue Perspektiven A
Kraftvolles Selbst I ●
Selbstbeobachtung abends A

● **Meditation – Erforschung des Wesens,** Seite 160
Ich bin I ●
Grundpersönlichkeit I ●
Frei von der Vergangenheit I ●
Loslassen I ●
Selbstbeobachtung abends« A
Befreiende Gefühle im Schlaf I ●
Geistige Helfer A

● **Meditation – Verständnis, Toleranz und Liebe,** Seite 171
Liebe, Freundschaft,
Partnerschaft I ●
Selbstausdruck I ●
Loslassen I ●
Lichtmeditation I ●
Befreiende Gefühle im Schlaf I ●
Unabhängigkeit A

● **Übung für jeden Tag: Auflösung von Verwicklungen und Abhängigkeiten,** Seite 178
Unabhängigkeit A
Loslassen I ●
Befreiende Gefühle im Schlaf I ●
Leitgedanken abends/
morgens« I ●

● **Meditation – Der Beginn eines neuen Weges,** Seite 179
Kraftvolles Selbst I ●
Ich bin I ●
Neue Perspektiven A

Frei von der Vergangenheit I ●
Unabhängigkeit A
Selbstausdruck I ●

● **Übung für jeden Tag: Das
Wesen verinnerlichen:** Seite 194
Lichtmeditation I ●
Loslassen I ●
Intuition A / I
Leitgedanken abends/morgens I ●
Befreiende Gefühle im Schlaf I ●

● **Meditation – Schönheit,
Geborgenheit, Dankbarkeit und
Liebe,** Seite 196
Ich bin I ●
Lichtmeditation I ●
Liebe, Freundschaft,
Partnerschaft I ●
Loslassen I ●
Leitgedanken abends/morgens« I ●
Geistige Helfer A

● **Meditation – Inspiration,**
Seite 198
Intuition A / I
Grundpersönlichkeit I ●
Ich bin I ●
Selbstbeobachtung abends A
Neue Perspektiven A

● **Meditation – Ein Dialog
zwischen Wesens-Ich und
geschichtlichem Ich,** Seite 201
Frei von der Vergangenheit I ●
Selbstbeobachtung abends A
Grundpersönlichkeit I ●
Selbsterkenntnis A

Selbstausdruck I ●
Unabhängigkeit A
Loslassen I ●

● **Übung: »Die drei Bücher
der Gefühle und Resonanzen«,**
Seite 206
Ich bin I ●
Grundpersönlichkeit I ●
Selbstbeobachtung abends A
Liebe, Freundschaft,
Partnerschaft I ●
Selbsterkenntnis A
Neue Perspektiven A
Frei von der
Vergangenheit I ●
Unabhängigkeit A
Meditation A / I
Selbstausdruck I ●

● **Übung: Geistloses Starren,**
Seite 230
Selbstausdruck I ●
Vision A / I
Loslassen I ●
Konzentriert sein A

● **Meditation – Besinnung auf das
Wesentliche,** Seite 236
Ich bin I ●
Grundpersönlichkeit I ●
Befreiende Gefühle
im Schlaf I ●
Selbstausdruck I ●
Neue Perspektiven A
Selbsterkenntnis A
Selbstbeobachtung abends A
Geistige Helfer A

- **Übung: Ordnen und klären,** Seite 238
Selbstbeobachtung abends A
Selbstausdruck I ●
Gestaltendes Selbst I ●
Befreiende Gefühle im Schlaf I ●
Meditation A / I
Ich bin I ●
Traumbewusstsein I ●
Geistige Helfer A

- **Übungen für jeden Tag: Das Kern-Ich stärken, den freien Willen aufbauen,** Seite 242
Selbstbeobachtung abends A
Neue Perspektiven A
Unabhängigkeit A
Kraftvolles Selbst I ●
Frei von der Vergangenheit I ●
Loslassen I ●

- **Meditation – Freiheit und Hingabe an das eigene Wesen,** Seite 243
Ich bin I ●
Grundpersönlichkeit I ●
Lichtmeditation I ●
Loslassen I ●
Leitgedanken abends/ morgens I ●

- **Meditationen – Erstes und zweites Gespräch mit dem geschichtlichen Ich und dem Wesens-Ich,** Seite 264 und Seite 267
Ich bin I ●
Grundpersönlichkeit I ●
Selbstausdruck I ●

Frei von der Vergangenheit I ●
Lichtmeditation I ●

- **Meditation – Freiheit der Wahrnehmung,** Seite 289
Gestaltendes Selbst I ●
Befreiende Gefühle im Schlaf I ●
Entfalte Deine Bestimmung A ●
Unabhängigkeit A
Loslassen I ●

- **Übung: Schwächen zugeben,** Seite 294
Selbstausdruck I ●
Selbstwertgefühl A
Loslassen I ●
Ich bin I ●
Leitgedanken abends/ morgens I ●

- **Meditation – Entscheidung für die Freiheit,** Seite 300
Selbstausdruck I ●
Neue Perspektiven A
Grundpersönlichkeit I ●
Befreiende Gefühle im Schlaf I ●
Gestaltendes Selbst I ●
Unabhängigkeit A

- **Meditation – Lösung aus der Geschichte,** Seite 313
Frei von der Vergangenheit I ●
Selbstbeobachtung abends A
Unabhängigkeit A
Selbstausdruck I ●
Befreiende Gefühle im Schlaf I ●

● **Übungen für jeden Tag: Aspekte der Geschichte ablösen – Rollen erforschen – Verheimlichtes beichten – Selbstbeobachtung,** Seite 323–326
Frei von der Vergangenheit I ●
Selbsterkenntnis A
Selbstausdruck I ●
Selbstbeobachtung abends A

● **Meditation – Einklang mit dem Wesen,** Seite 327
Lichtmeditation I ●
Ich bin I ●
Grundpersönlichkeit I ●
Selbstausdruck I ●
Selbstwertgefühl A

● **Meditation – Gefühle für die Zukunft,** Seite 351
Gestaltendes Selbst I ●
Persönlichkeitsgestaltung im Schlaf I ●
Befreiende Gefühle im Schlaf I ●
Entfalte Deine Bestimmung A ●
Selbstbeobachtung abends I ●

● **Meditation – Freiheit und Verantwortung,** Seite 355
Selbsterkenntnis A
Gestaltendes Selbst I ●
Ich bin I ●
Kraftvolles Selbst I ●
Befreiende Gefühle im Schlaf I ●

● **Übung: Visionen für die nächsten fünfzehn Jahre,** Seite 358
Neue Perspektiven A

Selbstausdruck I ●
Frei von der Vergangenheit I ●
Intuition A / I
Meditation A / I

● **Meditation – Der Weg zum Wesen,** Seite 364
Selbstausdruck I ●
Ich bin I ●
Grundpersönlichkeit I ●
Kraftvolles Selbst I ●
Neue Perspektiven A
Gestaltendes Selbst I ●

● **Meditation – Ausrichtung der Schöpferkräfte unseres Bewusstseins,** Seite 376
Entfalte Deine Bestimmung A
Frei von der Vergangenheit I ●
Kraftvolles Selbst I ●
Gestaltendes Selbst I ●
Befreiende Gefühle im Schlaf I ●

● **Abschlussmeditation: Spirituelle Magie des Bewusstseins,** Seite 393
Ich bin I ●
Grundpersönlichkeit I ●
Intuition A / I
Lichtmeditation I ●
Entfalte deine Bestimmung A
Selbstheilung aktiv A
Selbstheilung passiv I ●
Körperbewusstsein A
Körpergestaltung A
Idealgewicht A

Unterstützend kann man zu allen praktischen Übungen und Meditationen dieses Buches auch folgende Übungskassetten ohne sprachliche Führung einsetzen. Sie öffnen unser Unterbewusstsein durch die bereits beschriebene Klangtechnik, aber weil sie keine inhaltlichen Vorgaben machen, lassen sie freien Raum für eigene Ideen und einen eigenständigen Übungsverlauf.

Sie können sie leise im Hintergrund hören, während Sie praktische Übungen machen oder die Meditationen im Buch lesen, oder Sie hören sie mit Kopfhörer, während Sie Ihre geistigen Energien erforschen oder Ihr Unterbewusstsein mit neuen Energien prägen.

Konzentriert sein A
Kreativ sein A / I
Meditatives Fließen I
Meditation A / I
Ruhig und gelassen I

KURZBESCHREIBUNGEN DER OBEN GENANNTEN ÜBUNGSKASSETTEN (IN ALPHABETISCHER REIHENFOLGE)

Befreiende Gefühle im Schlaf
Sie lernen, grundsätzliche Stimmungsmuster – Kerngefühle - aufzubauen, die Ihnen unabhängig von Ihrer derzeitigen Lebenssituation und individuellen Sehnsüchten mehr Kraft, Motivation und Vitalität geben, Sie vor Verwicklungen mit ungünstigen Energien bewahren und Sie frei machen, Ihr Potential zu leben.

Frei von der Vergangenheit
Sie lernen, Verwicklungen mit und Abhängigkeiten von Ihrer Vergangenheit zu lösen, alte Verhaltensmuster loszulassen und frei zu werden für eine von Ihrer Geschichte unabhängige Gestaltung der Zukunft.

Geistige Helfer

Sie öffnen Ihre Wahrnehmung für den bewussten Kontakt mit geistigen Freunden, Helfern und Lehrern, die Sie ständig begleiten, und lernen deren Impulse, Ideen und Energien deutlicher wahrzunehmen und zu verstehen. Auch ein Kontakt mit Ihrer Seelenebene ist möglich.

Gestaltendes Selbst

Sie erinnern sich wieder daran, dass Sie Ihr Leben und Ihre Lebensqualität ganz unabhängig von Ihrer Vergangenheit im Jetzt beliebig neu gestalten können, und zwar durch die Energien, die Sie bewusst in sich aufnehmen und als prägende Energien nach außen abstrahlen. Dies lässt Ihr Vertrauen wachsen und Sie bewusster und umsichtiger mit Ihrem Leben umgehen.

Grundpersönlichkeit*

Sie lernen, sich von Ihrem geschichtlichen Ich zu lösen und Ihr Wesen, Ihre Kernpersönlichkeit mit ihren Sehnsüchten, Fähigkeiten und Möglichkeiten wieder wahrzunehmen. Die erwachenden Kräfte Ihres Wesens geben Ihnen Motivation und Klarheit, damit Sie Ihr Leben leichter, erfolgreicher und vor allem sinnvoll leben können.

Ich bin*

Sie erinnern sich an die unbegrenzte Kraft und die große Fülle von Fähigkeiten und Möglichkeiten Ihres Wesens und entwickeln Motivation und Kraft, diese wieder entschieden und voll Vertrauen zu leben. Ihr Selbstbewusstsein und Ihre Bereitschaft, Veränderungen als natürlichen Entfaltungsprozess des Lebens anzunehmen, wachsen.

Idealgewicht

In dieser Übung entwickeln Sie in Ihrer Phantasie Bilder und Ideen über Ihren Körper und darüber, wie Sie sich in ihm fühlen und bewegen wollen. Das Körpergewicht und der Körperzustand folgt Ihrem Körpergefühl und Ihrem Gefühl für Ihr Leben ganz allgemein. Ihr neues Gefühl für Ihren Körper wird ganz unmerklich auf seine Funktionen Einfluss nehmen, und dabei können sich seine Bedürfnisse, Essens- und Bewegungsgewohnheiten genauso verändern wie sein Ausdruck und seine Ausstrahlung.

Intuition*
In tiefer Entspannung öffnen Sie Ihre Wahrnehmung für Informationen, Impulse und Energien von den höheren Ebenen Ihres Bewusstseins. Sie öffnen sich für Antworten auf Fragen, für Lösungen zu Problemen oder auch einfach für Ideen, die Sie selbst und eine sinnvolle Gestaltung Ihres Lebens betreffen. Sie nehmen bewusster wahr, was Ihr größeres Sein Ihnen sagen möchte.

Körperbewusstsein
In dieser Übung lernen Sie, Kontakt mit dem Bewusstsein Ihres Körpers aufzunehmen. Jeder Teil Ihres Körpers, jede Zelle ist durchdrungen von Körperbewusstsein, das den Körper durch seine prägende Kraft formt. Sie können seine Sprache verstehen lernen und seine Bedürfnisse erkennen und in diesem Verständnis leichter Einfluss auf seinen Zustand nehmen.

Körpergestaltung
Sie formen die geistigen Energien Ihres Körper so, dass Sie Ihren Wünschen und Ihren tieferen Möglichkeiten entsprechen. Ihre Haltung, Ihre Beweglichkeit, die Kraft Ihrer Sinnesorgane, Ihre gesamte Erscheinung und Ihre Vitalität ist gelenkt durch die geistigen Energien und das Körpergefühl, das Sie pflegen.

Konzentriert sein
Klangmuster ohne sprachliche Führung intensivieren Ihre Konzentrationsfähigkeit und helfen Ihnen, mit Ihrer Wahrnehmung klar und ausschließlich bei einer Sache zu bleiben.

Kraftvolles Selbst
In dieser Übung aktivieren Sie Zuversicht und Selbstvertrauen, um Ihren neuen Weg motiviert und entschlossen gehen zu können. Sie entscheiden sich, die Ängste und Zweifel Ihres alten Ich zurückzulassen und die gewünschten Veränderungen mutig anzugehen.

Kreativ sein
Klangmuster ohne sprachliche Führung helfen Ihnen, in entspanntem Zustand Ihre Gedanken, Gefühle und Phantasien mühelos treiben zu lassen und einen Kanal für neue Ideen und Kreativität zu öffnen.

Leitgedanken abends/morgens ★
Abends lassen Sie den Tag sanft und harmonisch ausklingen und nehmen aufbauende, Zuversicht spendende und motivierende Ideen mit in den Schlaf, damit sich Ihre geistigen Energien wieder ausgleichen können und sich Ihr Körper regenerieren kann.

Morgens kehren Sie sanft in die Wachheit zurück und nehmen die in der Nacht entstandene Zuversicht und Entschiedenheit für eine leichte, erfolgreiche Lebensgestaltung mit in den Tag.

*Lichtmeditation**
Sie lernen, mit der Kraft Ihrer Seele in Kontakt zu kommen, dem liebevollen Licht, das Sie mit Verständnis und bedingungsloser Zuwendung trägt und auf Ihrem Lebensweg begleitet und schützt. Dieser Kontakt ist eine heilsame und schöne Erfahrung, die Ihren Ursprung wieder in Ihnen lebendig macht.

Liebe, Freundschaft
Sie lernen, Ihre Gefühle wieder fließen zu lassen und andere Menschen in sich aufzunehmen und zu verstehen. Sie spüren Liebe als verbindendes Prinzip und öffnen sich dafür, zu lieben und geliebt zu werden. Liebe wird wieder zu einer bestimmenden Qualität in Ihrem Leben.

*Loslassen**
Sie lernen, Verwicklungen mit momentanen Situationen, Menschen oder Umständen, die Ihr Denken und Fühlen beherrschen, aufzulösen und Ihre geistigen Energien neu auszurichten. Es entsteht wieder Raum für neue Ideen, klare Beobachtung und unabhängige Entscheidungen.

Meditation
Klangmuster ohne sprachliche Führung versetzen Sie in einen Zu-

stand vertiefter Stille. Gedanken und Gefühle kommen zur Ruhe, und Sie werden offen für Impulse aus den Tiefen Ihres Seins.

Meditatives Fließen

Harmonisierende Musikkompositionen laden Sie ein, Ihre Gedanken und Gefühle fließen zu lassen. Ihr Bewusstsein wird ruhig und klar, Ihre körperlichen und geistigen Energien ordnen sich und gleichen sich aus. Es entsteht Abstand zum Alltag und Raum für neue Ideen und Impulse.

Neue Perspektiven*

Sie entwickeln neue Visionen und schaffen Raum für Veränderungen. Ihre Bereitschaft, Altes loszulassen, wächst, und Entscheidungen für Neues können klarer und mit mehr Motivation getroffen werden.

Persönlichkeitsgestaltung im Schlaf

Sie lernen, Ihre bis jetzt gelebte Persönlichkeit neu zu formen, die größeren Möglichkeiten und Fähigkeiten Ihres Wesens zu integrieren und damit die Basis für eine sinnvolle und erfolgreiche Lebensgestaltung zu schaffen, die Ihrer ursprünglichen Lebensabsicht entspricht.

Ruhig und gelassen

Harmonisierende Klänge und beruhigende Musik bewirken, dass Sie einen gleichmütigen Abstand zu den Dingen finden. Ihre Gedanken und Gefühle werden still, Ihr Geist erholt sich und kann sich ruhig und gelassen neuen Themen zuwenden.

Selbstausdruck*

Sie lernen, die Sehnsüchte, Fähigkeiten und Möglichkeiten Ihres Wesens nicht nur zu spüren, sondern ihnen auch kraftvoll und entschieden Ausdruck zu verleihen. Statt sich den Umständen oder Menschen in Ihrem Umfeld anzupassen, vertreten Sie bewusst und klar sich selbst und Ihre Lebensabsicht.

Selbstbeobachtung abends

Die abendliche Betrachtung des Tagesgeschehens und Ihrer

Rolle darin schafft ein tiefes Bewusstsein über die Art und Weise, wie Sie denken, fühlen und handeln, und das ist Selbstbewusstsein im eigentlichen Sinne. Diese Klarheit hilft Ihnen, Ihre geistigen Energien für eine freie Lebensgestaltung eindeutiger und vor allem bewusster auszurichten.

Selbsterkenntnis*

Sie lernen, sich Ihrer Gedanken, Gefühle und Handlungen bewusst zu werden und zu spüren, ob Sie Ihrer Lebensabsicht und Ihren Sehnsüchten folgen oder sich von Ihrem Wesen entfernen. Sie werden sich Ihrer selbst bewusst und entwickeln Selbstbewusstsein und Selbstwertgefühl.

Selbstheilung aktiv

Sie nehmen bewusst Einfluss auf die geistigen Energien Ihres Körpers, um Selbstheilkräfte zu aktivieren oder Ihren Körper so zu verändern, dass er mehr Ihren Wünschen entspricht. Das geistige Energiefeld Ihres Körpers prägt seine materielle Form.

Selbstheilung passiv

Beim Hinübergleiten in den Schlaf öffnen Sie sich bewusst für die Heilintelligenz Ihres Unterbewusstseins und aktivieren dort Ihre Selbstheilkräfte während der Nacht. Beim sanften morgendlichen Aufwachen regen Sie diese Heilkräfte nochmals an und nehmen sie mit in den Tag.

Selbstwertgefühl

Sie erforschen Ihre Fähigkeiten und Möglichkeiten und lernen Ihre eigenen Werte schätzen. Nur was Sie an sich selbst spüren und verstehen, können Sie auch bewusst zur Gestaltung Ihrer Wirklichkeit einsetzen. Es ist leichter, erfolgreich zu sein, wenn wir wissen, warum wir den Erfolg verdient haben.

Traumbewusstsein*

Sie treiben sanft in den Schlaf, Ihr Wachbewusstsein löst sich von dieser Wirklichkeit und geht auf Reisen hinein in die Traumwelt, wo Raum und Zeit anderen Gesetzmäßigkeiten folgen. Dort können Sie frei von der Prägung Ihrer Vergangenheit beliebige Erfahrungen machen: Menschen aus Ihrer Vergangenheit wieder treffen und Personen aus der Zukunft kennen lernen; ganzheitliche Lösungen für Ihre Probleme und Antworten auf Ihre Fragen finden; Dinge mit Menschen erleben, die in der wachbewussten Wirklichkeit nicht möglich sind; und Sie können schöpferische Energien leichter freisetzen und damit Ihre wache Wirklichkeit neu prägen. Nehmen Sie Ihre Absicht beim Einschlafen mit in die Traumwelt und erleben Sie, wie Ihre Träume Ihrer Absicht folgen.

Unabhängigkeit*
Sie lernen, mit Ihren Gefühlen als den stärksten schöpferischen Bewusstseinskräften unabhängig, frei und souverän umzugehen. Ziel ist, nicht mehr auf Ihr Umfeld, Ihre Vergangenheit oder sogar Ihre mögliche Zukunft zu reagieren, sondern aktiv und kontrolliert nur den Gefühlen Intensität zu geben, die Ihr Leben gestalten sollen.

Wunschpartner
Sie nehmen das geistige Muster Ihres Wunschpartner mit in Ihre Traumwelt und träumen von ihm, träumen ihn vielleicht sogar herbei, bis er sich Ihnen in diesem Leben zeigt. Sollten Sie ihn schon kennen, dann gehen Sie gemeinsam in Ihren Träumen auf Reisen.

Kassettenpreis: Euro 15,90, SFR 24,90
CD-Preis: Euro 18,90, SFR 29,90

BEZUGSADRESSEN

Deutschland: Dynamis-Seminare, Sylvia Barris
        Scheffelstr. 65, 76135 Karlsruhe
        Tel. 0721-85183, Fax 0721-8428 95
        E-Mail: sbarris.dynamis-seminare@t-online.de

Österreich: Wera Schmölzer, Seminarorganisation
        Weissgerberlände 54/II/11, 1030 Wien
        Tel. + Fax 01-91 33 557,

oder 0699-1-91 33557
E-Mail: info@erfolgsclub.at

Schweiz: Baumgartner Bücher AG
Centralweg 16, Postfach,
8910 Affoltern a. A.
Tel. 01-242 76 53, Fax 01-242 76 86

* auch als CD erhältlich

Weiterführende Literatur

Individualität und Freiheit – *Die Gesetzmäßigkeit des Glücks verstehen und nutzen*

Dieses praktische Arbeitsbuch zeigt Ihnen, wie Sie Ihre bewussten und noch unbewussten Fähigkeiten und Möglichkeiten entwickeln können, um möglichst in allen Lebensbereichen erfolgreicher und Ihren Sehnsüchten entsprechend zu leben.
Leicht nachvollziehbare Schritte mit konkreten Übungen helfen Ihnen, sich selbst und Ihr Potential kennen zu lernen und mehr Selbstbewusstsein, Selbstwertgefühl und Selbstvertrauen zu entwickeln.

208 Seiten, gebunden,
Integral, ISBN 978-3-7787-9176-9
CD: Meditationen über Indiviualität und Freiheit
ISBN 978-3-7787-9177-6

Die Energie des Geldes – *Finanzielle Freiheit durch spirituelles Geldbewusstsein*

Der Fluss des Geldes wird von klaren, dynamischen Gesetzen gelenkt, die weder mit Zufall noch mit günstigen Randbedingungen etwas zu tun haben. Ihr Ursprung liegt im Menschen selbst. Dieses Buch vermittelt praktische Übungen in leicht nachvollziehbaren Schritten, um Gefühle, Gedanken und innere Bilder auszubauen, die den dynamischen Prinzipien des Geldes folgen und seinen Fluss lenken können.

208 Seiten, Taschenbuch,
Heyne, ISBN 978-3-453-70004-8

Die kindliche Psyche – *Ursprung und Entwicklung menschlichen Bewusstseins*

Gespräche mit einer größeren Bewusstseinsdimension – der Ebene II – vermitteln umfassende Einsichten in das Wesen des Menschen und die Entwicklung und Möglichkeiten unseres Bewusstseins. Aus einer ganzheitlichen Perspektive werden Fragen beantwortet wie:

– Wie entwickelt sich unser Bewusstsein in den Phasen Zeugung – Schwangerschaft – Geburt – Kindheit – Erwachsensein bis hin zum physischen Tod?
– Welche Möglichkeiten hat unser Bewusstsein für eine freie, bewusste und erfolgreiche Lebensgestaltung?
– Woher kommen Krankheiten? Wie sind sie aufzulösen?
– Wie findet man seinen individuellen Lebenssinn? Wie kann man ihn leben?
– Wie kann man Störungen im Bewusstsein erkennen und auflösen?
– Was kann man Kindern für ein optimales Leben mitgeben?

297 Seiten, leinengebunden,
Eigenverlag, ISBN 3-928333-05-4

Der Mensch als unerschöpfliche Quelle – *Impulse der Ebene II für ein tieferes Verständnis unserer Möglichkeiten*

Vorträge aus einer größeren Bewusstseinsdimension – der Ebene II – schaffen ein ganzheitliches Bild von unserer menschlichen Existenz. In erfrischender Klarheit werden tiefe Fragen nach unserem Sein beantwortet, Fragen wie:

- Woher kommt der Mensch, wohin geht er?
- Was bestimmt unser Schicksal, und wie können wir die Freiheit finden, unser Leben selbst zu gestalten?
- Wie können wir unser Wesen und unser Potential entdecken und leben?
- Was ist Liebe, und wie können wir sie in unserem Leben manifestieren?

297 Seiten, leinengebunden,
Eigenverlag, ISBN 3-928333-03-8

Gedanken und Leitsätze – Ideen der Ebene II zur Meditation und Inspiration

Eine sorgfältig zusammengestellte Auswahl von Zitaten aus Gesprächen und Vorträgen mit einer größeren Dimension von Bewusstsein – der Ebene II.

Sie inspiriert mit wertvollen Ideen und Informationen unser alltägliches Bewusstsein, regt zum Nachdenken an, rüttelt an unserem Wertesystem, hilft bei der Lösungsfindung von Problemen und dem Fällen von Entscheidungen.

Auf der Suche nach Antworten kann Sie dieses Buch inspirieren und intuitiv neue Wege zeigen.

88 Seiten, leinengebunden im Schuber
Eigenverlag, ISBN 3-9520804-1-1

Das dritte Auge öffnen – Eine neue Dimension der Wahrnehmung und Entfaltung mentaler Kräfte

Jeder hat die Fähigkeit, sich eine erweiterte Wahrnehmung anzueignen, die nicht durch die körperlichen Sinne vermittelt werden muss, sondern die direkt in unserem Bewusstsein stattfindet. Dieses Buch führt sie in eine neue Dimension der Wahrnehmung und zur Erweiterung ihrer psychischen Kräfte.

- Durch Re-Sensibilisierung paranormaler Kräfte, die wir als Kinder besaßen, bis sie uns aberzogen wurden.

- Durch eine Schulung der Intuition, um Situationen, menschliche Verhaltensweisen und ganze Lebensläufe »lesen« zu lernen wie ein offenes Buch.

- Durch Umsetzung der erweiterten Wahrnehmung in zielgerichtetes Handeln im Alltag.

- Durch ein höheres Bewusstsein, das zu mehr Lebensqualität führt.

316 Seiten, Paperback,
Integral-Verlag, München, ISBN 3-7787-9081-1

Die Bücher sind über den Buchhandel und über die auf Seite 411 f. genannten Bezugsadressen erhältlich.

Harald Wessbecher vermittelt seit über fünfzehn Jahren in Vorträgen, Seminaren und persönlichen Beratungen Methoden, die dabei helfen, gesünder, erfolgreicher und mit mehr Lebensqualität so zu leben, wie es den eigenen Sehnsüchten entspricht. Er macht praktisch erfahrbar, dass wir ungenutzte Bewusstseinskräfte besitzen, die sich für eine gezielte Gestaltung unseres Lebens entwickeln lassen und mit denen wir unsere Wirklichkeit ganzheitlich wahrnehmen können, auch in den Bereichen, die unseren körperlichen Sinnen verborgen bleiben.

Seine Methode für die gezielte Entfaltung dieser oft unentwickelten und zum Teil noch unbewussten Fähigkeiten im Menschen nennt er DES (Dynamische Entfaltung des Selbst). Hauptziel der DES-Methode ist es, in gezielten Schritten aus alten Verhaltensweisen und Wahrnehmungsmustern herauszufinden und wieder frei zu werden, um sich selbst leben und die vorhandenen körperlichen und geistigen Möglichkeiten entwickeln und nutzen zu können.